应用技术型高等教育"十三五"规划教材

（汽车类专业改革创新系列）

汽车发动机原理

主编　陈雯　吴娜

内 容 提 要

本书根据教育部应用型本科教育改革要求编写。

本书系统介绍了汽车发动机的工作原理、性能评定以及技术进展情况等。主要内容包括：工程热力学基础、发动机工作循环与性能指标、发动机的换气过程、燃料与燃烧、汽油机混合气的形成和燃烧、柴油机混合气的形成与燃烧、发动机的特性、发动机废气涡轮增压和发动机排放与控制等内容。每章前设有知识目标与能力目标，每章后附有知识训练与能力训练。本书注重理论与实践的结合，加强了针对性与应用性，旨在培养学生的技术应用能力。

本书可作为车辆工程、交通运输、汽车服务工程等应用型本科专业教材，也可作为在上述领域从事科研、设计制造、技术管理等方面工作的科技人员参考。

本书配有电子教案，读者可以从中国水利水电出版社网站和万水书苑免费下载，网址为：http://www.waterpub.com.cn/softdown/和 http://www.wsbookshow.com。

图书在版编目（CIP）数据

汽车发动机原理 / 陈雯，吴娜主编. -- 北京：中国水利水电出版社，2016.5
 应用技术型高等教育"十三五"规划教材. 汽车类专业改革创新系列
 ISBN 978-7-5170-4288-4

Ⅰ. ①汽… Ⅱ. ①陈… ②吴… Ⅲ. ①汽车－发动机－理论－高等学校－教材 Ⅳ. ①U464

中国版本图书馆CIP数据核字(2016)第088776号

策划编辑：宋俊娥　责任编辑：宋俊娥　加工编辑：高双春　封面设计：李　佳

书　名	应用技术型高等教育"十三五"规划教材（汽车类专业改革创新系列） **汽车发动机原理**
作　者	主编　陈雯　吴娜
出版发行	中国水利水电出版社 （北京市海淀区玉渊潭南路1号D座　100038） 网址：www.waterpub.com.cn E-mail：mchannel@263.net（万水） 　　　　sales@waterpub.com.cn 电话：（010）68367658（发行部）、82562819（万水）
经　售	北京科水图书销售中心（零售） 电话：（010）88383994、63202643、68545874 全国各地新华书店和相关出版物销售网点
排　版	北京万水电子信息有限公司
印　刷	三河市鑫金马印装有限公司
规　格	184mm×260mm　16开本　18.25印张　450千字
版　次	2016年5月第1版　2016年5月第1次印刷
印　数	0001—3000册
定　价	38.00元

凡购买我社图书，如有缺页、倒页、脱页的，本社发行部负责调换
版权所有·侵权必究

前言

随着汽车发动机性能研究的深入、结构的不断改进和电子技术的发展，汽车发动机原理的内容更新和补充也成为必然。本书按照汽车类人才培养目标，针对高等教育注重应用型人才培养的指导思想而编写。

本教材内容以加强针对性和应用性为原则，紧跟汽车发动机技术不断发展的形势，在教学内容现代化方面做了尝试。例如，汽油机混合气的形成以电控汽油喷射为主线展开讲述，不再涉及化油器形成混合气的内容，柴油机混合气的形成增添了柴油机燃料喷射系统的电控技术等方面的内容。每一章的内容我们都融合了汽车发动机近期发展比较成熟的新技术。

本书在讲解发动机实际循环的基础上，介绍了发动机主要性能与工作过程参数之间的内在联系，分析了影响发动机性能的各种因素，指出了合理使用发动机、提高发动机性能及实现节能减排的基本途径。本书共9章，包括：工程热力学基础、发动机工作循环与性能指标、发动机的换气过程、燃料与燃烧、汽油机混合气的形成和燃烧、柴油机混合气的形成与燃烧、发动机的特性、发动机废气涡轮增压和发动机排放与控制等内容。每章前设有知识目标与能力目标，每章后附有知识训练与能力训练。本书注重理论与实践的结合，旨在培养学生的技术应用能力。

本书可作为高等学校汽车类专业教学用教材，也可供相关人员学习和参考。

本书由山东交通学院陈雯、吴娜任主编。山东交通学院刁立福、郭荣春、张克松、衣丰艳、赵培全等老师对本书的编写提出了一些宝贵意见并提供了许多帮助。另外，山东交通学院庄彬、崔胜、张宇、刘伟、杨增、王正坤等为本书的资源建设和插图做了很多有益工作。编写过程中，参阅了许多作者的文献资料，在此，对他们表示衷心的感谢。

限于编者水平，书中的错误和不足之处在所难免，恳请广大读者批评指正。

编者

2016年2月于山东交通学院

目 录

前言
第1章 工程热力学基础 1
 1.1 热功转换的基础知识 2
  1.1.1 工质的热力状态及其基本状态参数 ... 2
  1.1.2 状态参数坐标图 3
  1.1.3 理想气体状态方程式 3
  1.1.4 工质的比热容 4
  1.1.5 热力过程 6
 1.2 热力学第一定律 7
  1.2.1 功、热量和内能 7
  1.2.2 封闭系统能量方程式 9
  1.2.3 开口系统稳定流动能量方程式与焓 ... 10
  1.2.4 熵及温熵图 12
 1.3 气体的热力过程 14
  1.3.1 定容过程 14
  1.3.2 定压过程 16
  1.3.3 定温过程 17
  1.3.4 绝热过程 18
  1.3.5 多变过程 20
 1.4 热力学第二定律 22
  1.4.1 热力循环与热效率 23
  1.4.2 热力学第二定律的几种表述 24
  1.4.3 卡诺循环与卡诺定理 24
 本章小结 25
第2章 发动机工作循环与性能指标 29
 2.1 发动机的理论循环 29
  2.1.1 发动机实际工作过程的简化 29
  2.1.2 三种基本的理论循环 30
  2.1.3 理论循环的评价指标 31
  2.1.4 理论循环的分析和比较 34
 2.2 发动机的实际循环 37
  2.2.1 实际循环示功图 37
  2.2.2 实际循环过程 38
  2.2.3 实际循环与理论循环比较 41
 2.3 发动机的指示指标 42
  2.3.1 发动机循环指示功 43
  2.3.2 发动机指示指标 43
 2.4 发动机的有效指标 45
  2.4.1 动力性指标 45
  2.4.2 经济性指标 46
  2.4.3 强化指标 47
 2.5 发动机的环境指标 48
  2.5.1 排气品质 48
  2.5.2 噪声 48
  2.5.3 车内空气污染 48
 2.6 机械损失与机械效率 49
  2.6.1 机械损失 49
  2.6.2 机械效率 49
  2.6.3 机械损失的测定 50
  2.6.4 影响机械损失与机械效率的主要因素 51
 2.7 发动机的热平衡 55
  2.7.1 发动机所耗燃油的热量 Q_1（kJ/h）............ 55
  2.7.2 转化为有效功的热量 Q_e（kJ/h）............ 55
  2.7.3 热量损失 55

本章小结 ……………………………… 57
第3章 发动机的换气过程 …………… 61
3.1 四冲程发动机的换气过程 ………… 61
  3.1.1 四冲程发动机的换气过程 …… 62
  3.1.2 换气损失 ……………………… 64
3.2 四冲程发动机的充气效率 ………… 66
  3.2.1 充气效率 ……………………… 66
  3.2.2 影响充气效率的因素 ………… 66
3.3 减少进气系统的阻力 ……………… 69
  3.3.1 减小进气门处的阻力 ………… 70
  3.3.2 减小进气道和进气管阻力 …… 76
  3.3.3 减小发动机节气门体部分的阻力 … 76
  3.3.4 减小空气滤清器的阻力 ……… 76
3.4 合理选择配气定时 ………………… 76
  3.4.1 合理选择配气定时 …………… 77
  3.4.2 发动机可变配气定时 ………… 78
3.5 进、排气管的动态效应及进气管长度 … 83
  3.5.1 进气管的动态效应 …………… 83
  3.5.2 可变进气管 …………………… 86
  3.5.3 惯性可变谐振增压进气系统 … 86
  3.5.4 排气管的动态效应 …………… 87
3.6 二冲程发动机的换气过程 ………… 88
  3.6.1 二冲程发动机的换气过程及示功图 … 88
  3.6.2 扫气泵 ………………………… 89
  3.6.3 换气系统的基本方案 ………… 90
  3.6.4 换气效率的评价 ……………… 92
  3.6.5 影响扫气效率的因素 ………… 93
  3.6.6 二冲程发动机的应用 ………… 93
本章小结 ……………………………… 94
第4章 燃料与燃烧 …………………… 98
4.1 发动机的燃料及使用特性 ………… 98
  4.1.1 发动机的燃料 ………………… 98
  4.1.2 燃料的使用特性 ……………… 100
  4.1.3 汽油和柴油性能的差异对发动机性能的影响 ……………… 107
  4.1.4 醇类燃料 ……………………… 108
  4.1.5 气体燃料 ……………………… 110
4.2 燃料燃烧热化学 …………………… 112
  4.2.1 燃料完全燃烧的化学反应 …… 112
  4.2.2 燃料燃烧时所需的空气量 …… 113
  4.2.3 过量空气系数与空燃比 ……… 114
  4.2.4 燃料和可燃混合气的热值 …… 115
4.3 燃料燃烧的基本知识 ……………… 115
  4.3.1 自燃与点燃 …………………… 115
  4.3.2 柴油机的低温多级着火过程 … 116
  4.3.3 汽油机的高温单级着火过程 … 116
  4.3.4 预混合燃烧和扩散燃烧的比较 … 117
本章小结 ……………………………… 117
第5章 汽油机混合气的形成和燃烧 …… 120
5.1 概述 ………………………………… 121
  5.1.1 化油器式汽油机 ……………… 121
  5.1.2 缸外汽油喷射式汽油机 ……… 121
  5.1.3 缸内汽油喷射式汽油机 ……… 122
5.2 发动机各种工况对混合气的浓度要求 … 122
  5.2.1 稳定工况对混合气的浓度要求 … 122
  5.2.2 变工况对混合气的浓度要求 … 123
5.3 汽油机混合气的形成 ……………… 123
  5.3.1 缸外汽油喷射式汽油机混合气的形成 ……………………… 123
  5.3.2 缸内直喷式汽油机混合气的形成 … 126
  5.3.3 均质压燃混合气的形成 ……… 127
5.4 汽油机的燃烧室 …………………… 129
  5.4.1 对汽油机燃烧室的要求 ……… 130
  5.4.2 常用典型燃烧室结构特点 …… 132
  5.4.3 其他类型燃烧室 ……………… 134
5.5 汽油机燃烧过程 …………………… 138
  5.5.1 汽油机的正常燃烧 …………… 138
  5.5.2 汽油机的不正常燃烧 ………… 145
  5.5.3 汽油机燃烧过程的影响因素 … 148
本章小结 ……………………………… 152
第6章 柴油机混合气的形成与燃烧 …… 156
6.1 柴油机的燃烧过程 ………………… 156
  6.1.1 柴油机的燃烧过程 …………… 156
  6.1.2 燃烧放热规律 ………………… 159
6.2 柴油机的燃油喷射与雾化 ………… 161
  6.2.1 燃油喷射过程 ………………… 161
  6.2.2 燃油的雾化和油束特性 ……… 167
6.3 混合气的形成及燃烧室 …………… 168

6.3.1 柴油机混合气的形成 …………… 168
6.3.2 燃烧室 …………………………… 173
6.3.3 燃烧过程的影响因素 …………… 181
本章小结 …………………………………… 185

第7章 发动机的特性 ……………………… 187
7.1 发动机工况与功率标定 ……………… 187
　7.1.1 发动机工况 …………………… 187
　7.1.2 发动机性能指标与工作过程参数间
　　　　的关系 ………………………… 189
　7.1.3 发动机标定工况及功率标定 … 190
7.2 发动机的负荷特性 …………………… 190
　7.2.1 汽油机负荷特性 ……………… 191
　7.2.2 柴油机负荷特性 ……………… 192
　7.2.3 汽油机、柴油机负荷特性曲线比较 193
　7.2.4 负荷特性试验 ………………… 194
7.3 发动机的速度特性 …………………… 194
　7.3.1 汽油机的速度特性 …………… 194
　7.3.2 柴油机速度特性 ……………… 196
　7.3.3 汽油机、柴油机速度特性曲线对比 199
　7.3.4 发动机扭矩特性 ……………… 199
　7.3.5 使用外特性 …………………… 201
　7.3.6 非稳定工况对外特性的影响 … 202
　7.3.7 速度特性试验 ………………… 202
7.4 发动机的万有特性 …………………… 203
　7.4.1 万有特性 ……………………… 203
　7.4.2 万有特性的制取 ……………… 203
　7.4.3 万有特性的应用分析 ………… 204
　7.4.4 万有特性试验 ………………… 205
7.5 发动机调整特性 ……………………… 205
　7.5.1 汽油机调整特性 ……………… 205
　7.5.2 柴油机调整特性 ……………… 208
7.6 柴油机的调速特性 …………………… 209
　7.6.1 发动机稳定工作原理 ………… 209
　7.6.2 调速特性 ……………………… 210
　7.6.3 调速器的工作指标 …………… 215
　7.6.4 柴油机调速特性试验 ………… 217
7.7 发动机台架试验 ……………………… 217
　7.7.1 发动机试验的分类及相关标准 … 217
　7.7.2 发动机试验台简介 …………… 218

　7.7.3 发动机功率的测量 …………… 219
　7.7.4 燃油消耗率的测量 …………… 223
　7.7.5 发动机功率标定及进气修正 … 225
本章小结 …………………………………… 226

第8章 发动机废气涡轮增压 ……………… 231
8.1 发动机增压概述 ……………………… 231
　8.1.1 增压的定义及衡量指标 ……… 231
　8.1.2 发动机增压的结构形式及分类 … 233
8.2 废气涡轮增压器基本原理 …………… 235
　8.2.1 离心式压气机的工作原理 …… 237
　8.2.2 径流式涡轮机的工作原理 …… 242
8.3 废气能量的利用 ……………………… 245
　8.3.1 发动机排气可用能量 ………… 245
　8.3.2 排气涡轮增压系统的基本型式及
　　　　能量利用 ……………………… 246
8.4 车用增压发动机性能 ………………… 249
　8.4.1 涡轮增压器与柴油机联合运行的
　　　　基本特点 ……………………… 249
　8.4.2 增压发动机在结构上的变动 … 253
　8.4.3 车用增压发动机性能 ………… 254
8.5 汽油机增压技术 ……………………… 259
本章小结 …………………………………… 261

第9章 发动机排放与控制 ………………… 263
9.1 发动机排放污染物及危害 …………… 263
9.2 发动机主要排放污染物的形成机理 … 265
9.3 汽油机排放污染物的影响因素及控制 … 266
　9.3.1 汽油机排放污染物生成的主要
　　　　影响因素 ……………………… 266
　9.3.2 汽油机的排放污染物的控制 … 268
9.4 柴油机排放污染物的影响因素及控制 … 273
　9.4.1 柴油机排放污染物生成的主要
　　　　影响因素 ……………………… 273
　9.4.2 柴油机的排放污染物的控制 … 274
9.5 排放测量与排放法规 ………………… 278
　9.5.1 排放测量 ……………………… 278
　9.5.2 排放法规 ……………………… 281
本章小结 …………………………………… 285

附录 常用符号表 ………………………… 286

1 工程热力学基础

1. 了解工质、比热容的概念及理想气体状态方程式。
2. 熟悉热力系统、平衡态、热力过程的概念。
3. 熟悉表征工质热力状态的状态参数及基本热力过程。
4. 掌握气体的基本热力过程（过程方程式、状态参数的变化、能量变化）。

能根据热力学基础知识分析现代发动机提高其性能的理论依据。

热力学是研究物质的能量（特别是热能）、能量传递和转换规律的科学。工程热力学是热力学的一个工程分支。研究的内容主要包括三部分：

（1）介绍构成工程热力学理论基础的两个基本定律——热力学第一定律和热力学第二定律。

（2）介绍常用工质的基本性质。

（3）根据热力学基本定律，结合工质的热力性质，分析计算实现热能和机械能相互转换的各种热力过程和热力循环，阐明提高转换效率的正确途径。

本章仅就工程热力学基础知识作一简要阐述，为学习汽车发动机原理提供必要的理论基础和分析计算方法。

1.1 热功转换的基础知识

1.1.1 工质的热力状态及其基本状态参数

工程热力学中，把实现热能与机械能相互转换的工作物质称为"工质"。

在热机中，热能向机械能的转换是通过气态工质热力状态的变化来实现的。常用的气态工质有气体和蒸汽两类，汽车发动机的工质是气体（空气和燃气），所以我们仅讨论气体的性质。

1. 热力系统

在热力学中，通常选取一定的工质作为研究的具体对象，称为热力系统，简称系统。与该系统有相互作用的其他系统称为外界。系统与外界之间的分界面称为边界。边界可以是真实的，也可以是假想的。系统通过边界与外界相互作用，进行物质和能量的交换，根据边界上的物质和能量交换情况，热力系统可分为以下几类：①开口系统，指与外界有物质交换的系统；②封闭系统，指与外界无物质交换的系统；③绝热系统，指与外界无热交换的系统；④孤立系统，指与外界既无物质交换，也无能量交换的系统。

2. 平衡状态及状态参数

平衡状态是指在没有外界宏观作用的情况下，系统中工质各部分的温度和压力均匀一致，其性质不随时间而变化的状态。处于平衡状态时，工质所有状态参数具有确定的数值。

气体的状态参数是指标志气体热力状态的物理量。常用的状态参数主要有 6 个，即压力 p、温度 T、比体积 v、内能 U、焓 H、熵 S。其中 p、T、v 可以直接用仪表测量，且其物理意义易被理解，所以称为描述工质状态的基本状态参数。

（1）压力 p

气体在单位面积容器壁上所施加的垂直作用力称为压力 p。按照分子运动论，气体的压力是大量分子向容器壁面撞击的统计量，是气体施加于容器壁面上的实际压力，称为绝对压力，其单位为 Pa，或计作 N/m^2，工程上亦常用 kPa 与 MPa 作单位。

压力一般用压力计测量，由于测量时处于大气环境中，故只需测得绝对压力和当地大气压力的差值，即相对压力。若绝对压力记作 p，压力计的读数压力即表压力，记作 p_g。由图 1-1 可知，表压力是绝对压力高出当时当地大气压力 p_0 的数值。其关系式为

$$p = p_0 + p_g \tag{1-1}$$

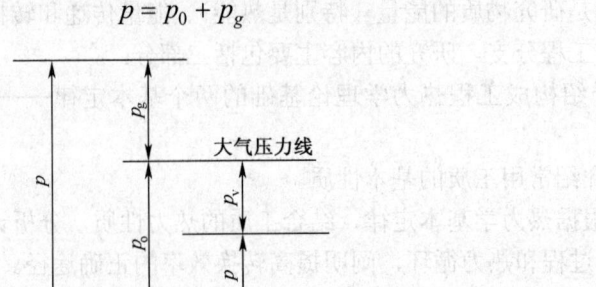

图 1-1 表压力、真空度与绝对压力的关系

如果容器内气体的绝对压力低于外界大气压力时，表压力为负数，仅取其数值，称之为

真空度，记作 p_v。即

$$p = p_0 - p_v \tag{1-2}$$

表压力、真空度都只是相对于当时当地的大气压力而言的。显然，只有绝对压力才是真正说明气体状态的状态参数。

（2）温度 T

温度表示气体冷热的程度。温度表示气体内部分子不规则运动的激烈程度，是与气体分子平均速度有关的一个统计量。气体的温度越高，表明气体分子的平均动能越大。

国际单位制采用热力学温度（也称为开尔文温度或绝对温度），用符号 T 表示，单位为 K。常用的另一温度为摄氏温度，用符号 t 表示，单位为℃。1K 等于水的三相点热力学温度的 1/273.15。SI 容许使用摄氏温度 t，并定义

$$T = t + 273.15 \tag{1-3}$$

必须指出，只有热力学温度才是状态参数。

（3）比体积 v

比体积是单位质量的物质所占有的体积

$$v = \frac{V}{m} \tag{1-4}$$

$$V = mv$$

式中　v——比体积；V——体积；m——质量。

单位体积物质的质量称为密度 ρ，显然比体积和密度互为倒数，即

$$\rho = \frac{m}{V} = \frac{1}{v} \tag{1-5}$$

比体积的单位为 m^3/kg；密度的单位为 kg/m^3。

1.1.2 状态参数坐标图

为了分析问题方便，工程上通常采用两个独立状态参数组成坐标图来确定气体所处的状态，如图 1-2 所示，图中给出了用压力和比体积组成的压力－比体积坐标图，简称压容图或 p-v 图，还有 T-s 图（温－熵图）。因为当热力系统处于某一平衡状态时，状态参数是一确定值，故任一平衡状态在所有状态参数坐标图上均有对应的一点。

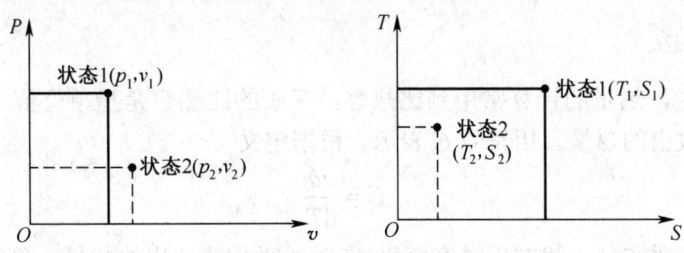

图 1-2　状态参数坐标图

1.1.3 理想气体状态方程式

所谓理想气体就是假设在气体内部其分子不占有体积，分子间又没有吸引力，这样的气

体称为理想气体。在热力学计算和分析中，常常把空气、燃气、烟气等气体都近似地看作理想气体，因气体分子之间的平均距离通常要比液体和固体的大得多，所以，气体分子本身的体积比气体所占的容积小得多；气体分子之间的相互吸引力也很小。通常把实际气体近似地看作理想气体来进行各种热力计算，其结果极其相似。所以对理想气体性质的研究在理论上和实际上都是很重要的。

根据分子运动论和对理想气体的假定，结合实验所得的一些气体定律，并综合表示成理想气体状态方程式（或称克拉贝隆方程式）。对 1kg 理想气体，其状态方程为

$$pv = RT \tag{1-6}$$

对 m kg 理想气体，其体积 $V = mv$

其状态方程为

$$pV = mRT \tag{1-6'}$$

式中 R——气体常数[J/(kg·K)]。其数值取决于气体的种类。

对于 1 千摩尔（kmol）理想气体，其质量为 μ kg（μ 为其相对分子质量），其体积为 $\mu v = V_m$（m³/kmol），按式（1-6）可以得出 1kmol 理想气体的状态方程为

$$p\mu v = \mu RT \tag{1-6''}$$

即

$$pV_m = R_m T \tag{1-6'''}$$

根据上式可得

$$R_m = \mu R = \frac{pV_m}{T} \tag{1-7}$$

根据阿佛加德罗定律可得同温同压下，相同体积的任何气体都具有相同数目的分子。因此，在同温同压下任何气体的千摩尔体积相等。在物理标准状况（p_0=1011325Pa，T_0=273.15K）条件下，千摩尔体积气体的 V_m 的数值等于 22.4 m³/kmol，故对于任何理想气体 R_m 的数值都相同，因此将 R_m 称为通用气体常数，p_0、T_0 及 V_m 值代入式（1-7）可得 R_m=8314.3J/(kmol·K)或

$$R = \frac{8314.3}{\mu} \text{ [J/(kg·K)]} \tag{1-7'}$$

理想气体状态方程式反映了理想气体三个基本状态参数间的内在联系：只要知道其中的两个参数就可以通过该方程求出第三个参数。

1.1.4 工质的比热容

在热力工程中，热量的计算常用到比热容。工质的比热容是指单位量的物质作单位温度变化时所吸收或放出的热量。用符号 C 表示。根据定义

$$C = \frac{dq}{dT} \tag{1-8}$$

式中 dq——某工质在某一状态下温度变化 dT 时所吸收或放出的热量。单位是 kJ 或 J。

比热容是物质的一个重要热力学性质。气体比热容数值与气体的性质、热力过程的性质和加热的状态等有关。

1. 比热容与物量单位的关系

因为工质的计量单位可用 kg、kmol、m³，故工质的比热容也有如下三种：

比质量热容 C kJ/(kg·K)
比摩尔热容 ϕ_c kJ/(kmol·K)
比容积热容 C' kJ/(m³·K)

2. 比定压热容 C_p 和比定容热容 C_v

气体在压力不变或体积不变的条件下被加热时的比热容，分别称为比定压热容和比定容热容。比定压热容记作 C_p[kJ/(kg·K)]，比定容热容记作 C_v[kJ/(kg·K)]，而比定压千摩尔热容记作 $C_{p.m}$[kJ/(kmol·K)]，比定容千摩尔热容记作 $C_{v.m}$[kJ/(kmol·K)]等。定义比热容比为

$$K = \frac{C_{p.m}}{C_{v.m}} = \frac{\mu C_p}{\mu C_v} \tag{1-9}$$

比热容比 K 又称绝热指数，它在工程热力学中有很重要的作用，将在以后用到。

气体定压加热过程中，在受热温度升高的同时，还要克服外界阻力而膨胀做功，所以同样升高1℃，比在定容加热时需要更多的热量。实验表明，理想气体的比定压热容值和比定容热容值的差是一个常数，即梅耶公式

$$C_{p.m} - C_{v.m} = R_m \tag{1-9'}$$

$$R_m = 8.3143 \text{ J/(kmol·K)} \tag{1-9''}$$

如果用 K 和 R_m 来表示 $C_{p.m}$、$C_{v.m}$，由梅耶公式可得

$$C_{v.m} = \frac{1}{K-1} R_m \tag{1-9'''}$$

$$C_{p.m} = \frac{1}{K-1} R_m \tag{1-9''''}$$

3. 真实比热容和平均比热容

根据大量精确的实验数据和比热容的量子力学理论，理想气体的比热容与压力无关，是温度的单值函数，可表示成下式

$$C = a + bt + ct^2 + \cdots\cdots \text{ [kJ/(kg·K)]} \tag{1-10}$$

式中，a、b、c 是常数，它们的数值随气体的种类及加热过程的不同而异，可由实验确定。

这种相应于每一温度下的气体比热容就叫作真实比热容。

已知气体的真实比热容随温度变化的关系为 $C = f(t)$ 时，气体由 t_1 升到 t_2 所需的热量可按下式计算

$$q_{1-2} = \int_{t_1}^{t_2} C \mathrm{d}t = \text{面积 } 12t_2t_1$$

$$= C_m\big|_{t_1}^{t_2} (t_2 - t_1) = \text{面积 } 1'2't_2t_1 \tag{1-11}$$

$C_m\big|_{t_1}^{t_2}$ 称为该气体在 t_1 到 t_2 温度范围内的"平均比热容"，如图1-3所示。根据真实比热容编制由0℃到t℃的平均比热容 $C_m\big|_0^t$ 的数据表，将给计算（因温度变化所引起的）比热容变化而导致的热量变化带来很大方便。

4. 定比热容

在实际应用中，当温度变化不大或不要求很精确的计算时，常忽略温度的影响而把理想气体的比热容当作常量，只按理想气体的原子数确定比热容，称为定比热容，如表1-1所示。

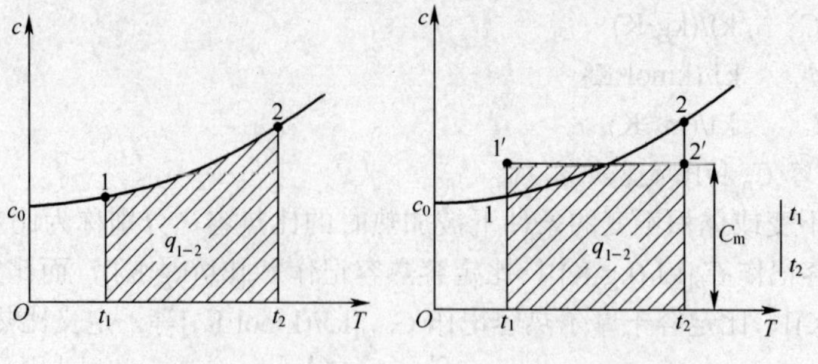

图 1-3 真实比热容与平均比热容

表 1-1 理想气体的定值比摩尔热容和比热容比

	单原子气体	双原子气体	多原子气体
$C_{v.m}$	$3/2R_m$	$5/2R_m$	$7/2R_m$
$C_{p.m}$	$5/2R_m$	$7/2R_m$	$9/2R_m$
K	1.66	1.40	1.29

1.1.5 热力过程

热力过程是指热力系统从一个状态向另一个状态变化时所经历的全部状态的总和。其在状态参数坐标图中表示为一条连续曲线，如图 1-4（a）中的 1—2 曲线。当工质从某一状态开始，经过一系列中间状态，又回复到原来状态时，则是封闭的热力过程，如图 1-4（b）中的闭合曲线，称为热力循环。

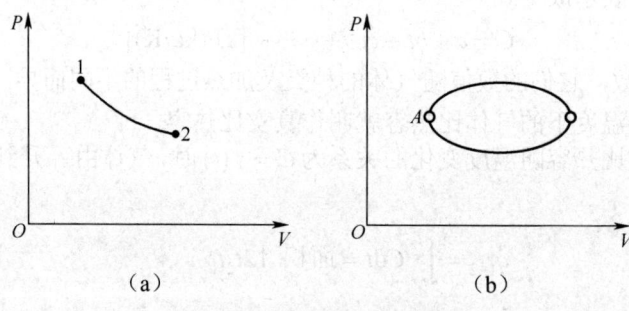

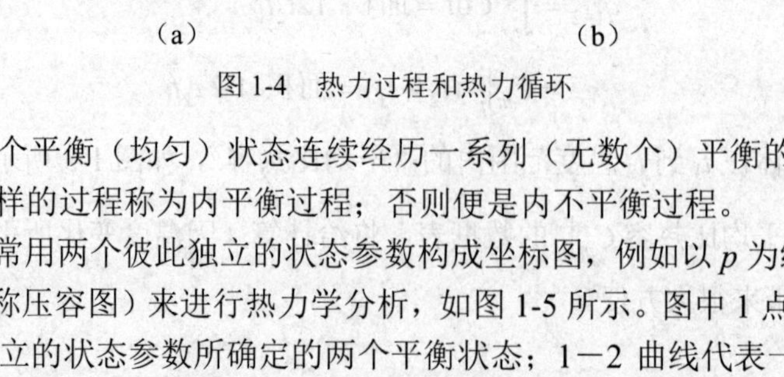

图 1-4 热力过程和热力循环

热力系统从一个平衡（均匀）状态连续经历一系列（无数个）平衡的中间状态过渡到另一个平衡状态，这样的过程称为内平衡过程；否则便是内不平衡过程。

在热力学中，常用两个彼此独立的状态参数构成坐标图，例如以 p 为纵坐标、v 为横坐标组成的坐标图（简称压容图）来进行热力学分析，如图 1-5 所示。图中 1 点、2 点分别代表 p_1、v_1 和 p_2、v_2 两个独立的状态参数所确定的两个平衡状态；1—2 曲线代表一个内平衡过程。如果工质由状态 1′ 变化到状态 2′ 所经历的不是一个内平衡过程，则该过程无法在 p-v 图上表示，仅可标出 1′、2′ 两个平衡态，其过程用虚线表示。

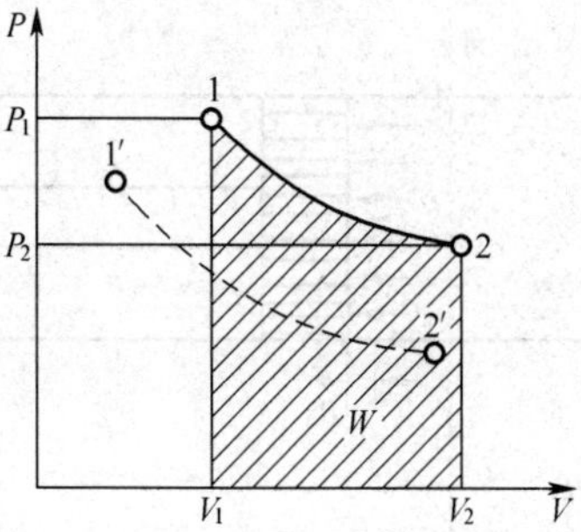

图 1-5　内平衡过程在 p-v 图上的表示

可逆过程：假设系统经历平衡过程 1－2，由状态 1 变化到状态 2，并对外作膨胀功 W（见图 1-5）。如果外界给以相同大小的压缩功 W 使系统从状态 2 反向循着原来的过程曲线经历完全相同的中间状态回复到原来的状态 1，外界也回复到原来的状态，即没有得到功，也没有消耗功，这样的平衡过程称为可逆过程。

只有无摩擦、无温差的平衡过程才有可逆性，即可逆过程就是无摩擦、无温差的平衡过程。

可逆过程是没有任何损失的理想过程，实际的热力过程既不可能是绝对的平衡过程，又不可避免地会有摩擦。因此，可逆过程是实际过程的理想极限。今后我们所讨论的主要是可逆过程。

1.2　热力学第一定律

热力学第一定律是能量转换与守恒定律在热力系统中的具体应用。它建立了热力过程中的能量平衡关系，是热力学宏观分析方法的主要依据之一。

热力学第一定律可表述为：在热能与其他形式能的相互转换过程中，其总能量保持不变。根据热力学第一定律要想得到机械能就必须花费热能或其他能量，那种不花费任何能量就可以产生动力的机器是不可能存在的。因此热力学第一定律也可以表述为：不花费任何能量就可以产生功的第一类永动机是不可能制造成功的。

因热力学第一定律主要表达：工质经历受热做功的热力过程时，工质从外界接收的热量、工质因受热膨胀而对外界做出的功、同时间内工质内部储存或付出的能量三者之间的平衡关系，因此下面对功、热量和内能作必要的介绍。

1.2.1　功、热量和内能

1. 工质的膨胀功 W

功是系统在热力过程中与外界交换的能量。图 1-6 表示 1kg 工质封闭在气缸内进行一个可逆过程的膨胀做功情况。假设活塞截面面积为 A，工质作用在活塞上的力为 pA，活塞被推进一微小距离 dx，在这期间，工质的膨胀极小，工质的压力近乎不变，因而工质对活塞作的功为

$$dW = pAdx = pdv \tag{1-12}$$

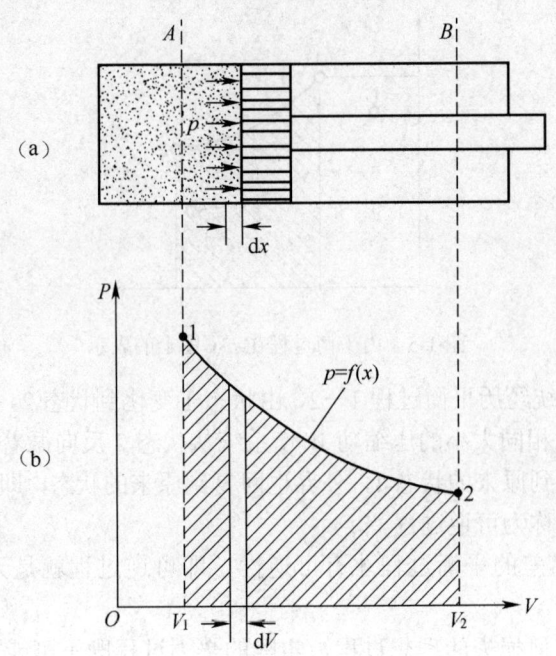

图 1-6 可逆过程的膨胀功

对可逆过程 1－2，工质由状态 1 膨胀到状态 2 所做的膨胀功为

$$W = \int_{V_1}^{V_2} p \mathrm{d}V \tag{1-13}$$

如果已知工质的初、终态参数，以及过程 1－2 的函数关系 $p = f(v)$，则可求得工质的膨胀功 W，其数值等于 $p\text{-}V$ 图上过程曲线 1－2 下面所包围的面积。因此 $p\text{-}v$ 图也叫示功图。

若气缸中的工质为 m kg，其总容积为 $V=mv$，膨胀功为

$$W = mw = \int_{V_1}^{V_2} pm\mathrm{d}v = \int_{V_1}^{V_2} p\mathrm{d}V \tag{1-14}$$

由此可见：

（1）功可以用 $p\text{-}v$ 图中热力过程曲线下的面积表示，即 $W_{1\text{-}2}$ 可用面积 1234 表示，如图 1-6（a）所示。

（2）功是一个过程量，而不是状态参数，过程沿不同路径，则有不同的功量。如 $W_{1\text{-}a\text{-}2} \neq W_{1\text{-}b\text{-}2}$，如图 1-7（b）所示。

图 1-7 过程的功量和热量

(3）当热力系统对外界做功时，工质膨胀，因 dv>0，故 w>0；同理，当 W>0 时，表示热力过程中工质膨胀，热力系统对外界做功。

当外界对热力系统做功时，工质被压缩，因 dv<0，故 w<0；同理，当 W<0 时，表示热力过程中工质被压缩，外界对热力系统做功。

当热力系统容积不变时，因 dv=0，故 w=0；同理，当热力系统与外界无功量交换时，表示热力过程中工质容积不变。

（4）热工计算中功的单位为焦耳（J）。

2．热量 Q

热量定义为系统在热力过程中由于与外界的温度不同而与之交换的能量。

热量和功一样不是热力状态的参数，而是工质状态改变时对外的效应，即传递中的能量。因此不能说："工质在该状态下具有多少热量。"

热量和功的不同之处在于：功是两个物体间通过宏观的运动发生相互作用而传递的能量；热量则是两物体间通过微观的分子运动发生相互作用而传递的能量。

按习惯，规定外界加给系统的热量为正，而系统放给外界的热量为负。国际单位制规定功 W 和热量 Q 的单位都用焦耳（J）。

3．工质的内能（热力学能）

热力系统处于宏观静止状态时系统内所有微观粒子所具有的能量之和，总称为工质的内能。用符号 U 表示，单位用 J 或 kJ。

由于工程热力学主要讨论热能和机械能之间的相互转换，不考虑化学变化和原子核反应的热力过程，故可认为这两部分能量保持不变，而认为工质内能是分子热运动的动能和克服分子间作用力的分子位能的总和。分子动能是由分子直线运动动能、旋转运动动能、分子内原子振动动能、原子内电子振动能等组成，由于工质内动能与内位能都与热能有关，故也称工质内部的热能。分子热运动的动能是温度 T 的函数；分子间的位能是比体积 v 的函数。因此工质的内能取决于工质的温度和比体积，即与工质的热力状态有关。一旦工质的状态发生变化，内能也就跟着改变。单位质量工质的内能 u 也是状态参数，其单位是 J/kg 或 kJ/kg。m kg 工质的总内能 $U = mu$。

工质内能的变化值 $\Delta U = U_2 - U_1$ 只与工质的初、终状态有关，而与工质由状态 1 变化到状态 2 所经历的过程无关。在热工计算中，通常只需计算内能变化值，对内能在某一状态下的值不予考虑。

对于理想气体，因假设其分子间没有吸引力，故理想气体分子间的位能为零，其内能 u 仅是温度的单值函数。

1.2.2 封闭系统能量方程式

热力学第一定律应用到不同系统的能量转换过程中去，可得到不同的能量平衡方程式。现在讨论最简单的封闭系统的能量转换情况。

封闭在气缸中的定量工质，可作为封闭系统的典型例子，如图 1-8 所示。假设气缸中的工质为 1kg，热力学第一定律可表达为

$$q = \Delta u + w \tag{1-15}$$

式中　q——外界加给每 kg 工质的热量（J/kg）；w——每 kg 工质对外界所做的功（J/kg）；Δu

——每 kg 工质内能的增加（J/kg）。

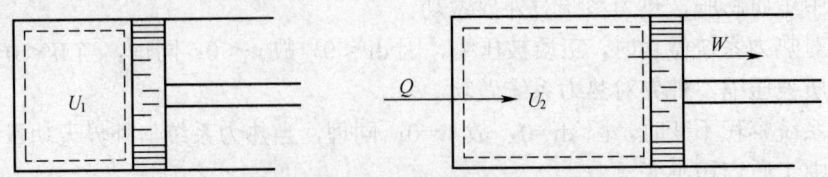

图 1-8 封闭工质的能量交换

对于 m kg 的工质，能量平衡方程式为

$$Q = \Delta U + W \tag{1-15'}$$

式（1-15）叫作热力学第一定律解析式或封闭系统能量方程式。式中各项可以是正数、零或负数。若 q 为负，表明工质对外界传出热量；w 为负，表明工质接受了外界的压缩功；Δu 为负，表明工质的内能减少。

以上公式是从热力学第一定律直接用于封闭系统而导出的，所以它们对于任何工质和任何过程都适用。

式（1-15）清楚地表明热量和功的转换要通过工质来完成。如果让热机工质定期回到它的初状态，周而复始，循环不息，就可不断地使热量转换为功。此时每完成一个闭合的热力过程（热力循环）工质的内能不变，即 $\oint du = 0$。根据式（1-15），在该周期内，工质实际所得到的热量将全部转变为当量的功。这正是热机工作的根本原理。由此可见，不消耗热量，或少消耗热量而连续作出超额机械功的热机是不存在的。热力学第一定律直接否定了这种创造能量的"第一类永动机"。

在上面讨论的封闭系统的能量平衡方程中，如果系统是经历比体积不变的等容过程，则由式（1-12）得

$$dw = pdv = 0$$

由式（1-15）得

$$dq = du + dw = du$$

即证明了对于理想气体，内能仅是温度的单值函数。也就是工质在等容过程中吸收或放出的热量，全部变为工质的内能增加或减少。同时根据比定容热容的定义有

$$dq = C_v dT$$

故

$$dq = C_v dT = du$$

1.2.3 开口系统稳定流动能量方程式与焓

实际上许多热机工作时，工质通常都不是永远封闭在热机中，而是连续地（气轮机、燃气轮机）或周期地（内燃机、蒸汽机）将已做功的工质排出，并重新吸入新工质，工质的热力循环要在整个动力装置内完成，对于有工质流入流出的热力设备，作为开口系统分析研究比较方便。

工质在开口系统中的流动可分为稳定流动和不稳定流动。对于工程上常见的各种热工设

备来说，在正常运动（即稳定工况）时，工质的连续流动情况将不随时间变化，表现为流动工质在各个截面上的状态和对外热量和功量的交换都不随时间变动，并且同时期内流过任何截面上的工质流量均保持相同。此工况就叫作稳定流动。严格地说，工质出入内燃机的气缸并不是连续的，而是重复着同样的循环变化，每一循环周期出入气缸的工质数量相同，也可以按稳定流动的情况分析。

如图 1-9 所示，1kg 工质在开口系统中作稳定流动，设系统在过程中从外界吸收热量 q 并对外输出可利用的机械功（技术功）。

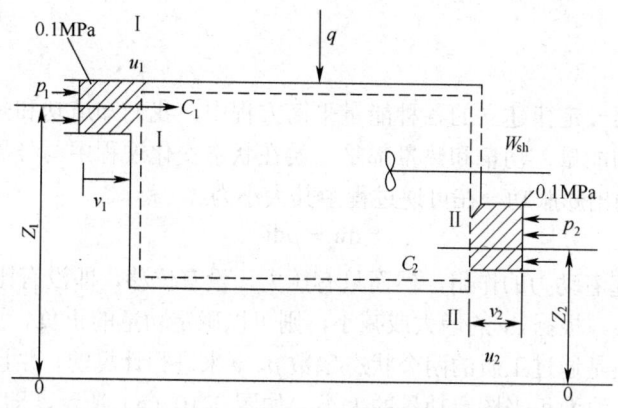

图 1-9　开口系统示意图

由图可见，1kg 工质流进界面 I-I 所携带进去的能量为：动能 $\dfrac{C_1^2}{2}$（J/kg）（C_1 为流速），位能 gZ_1（J/kg）（Z_1 为高度），内能 u_1（J/kg），流动功（推进功）p_1v_1（J/kg）。系统从外界吸入的热量为 q（J/kg）。

1kg 工质流出界面 II-II 所携出的能量为：$\dfrac{C_2^2}{2}$，gZ_2，u_2，p_2v_2，系统对外输出功 W_{sh}。

根据能量转换与守恒定律，稳定流动时输入能量等于输出能量，即

$$q + gZ_1 + \frac{C_1^2}{2} + u_1 + p_1v_1 = W_{sh} + gZ_2 + \frac{C_2^2}{2} + u_2 + p_2v_2$$

整理后可得

$$q = (u_2 + p_2v_2) - (u_1 + p_1v_1) + \frac{1}{2}(C_2^2 - C_1^2) + g(Z_2 - Z_1) + W_{sh} \tag{1-16}$$

$$q = \Delta u + \Delta(pv) + \frac{1}{2}\Delta C^2 + g\Delta Z + W_{sh}$$

式（1-16）就是开口系统稳定流动能量方程式，它广泛应用于汽轮机、燃气轮机、喷管、锅炉、泵、压缩机以及节流装置等热力设备的热工计算中。

由于流动工质除了自身内能 u 之外，总随带推进功 pv 一起转移，热力学中定义两者之和为焓 h，即

$$h = u + pv \text{（J/kg）} \tag{1-17}$$

m kg 工质的焓用 H 表示

$$H = U + pV \quad (\text{J}) \tag{1-17'}$$

h 是 1kg 工质的内能 u 和工质在流动时，由机械移动而携带的功 pv 的总和，其中 pv 又称为流动功或推进功，既然 p、u、v 都是工质的状态参数，因此由 p、u、v 所决定的焓 h 也是工质状态参数，焓被称为复合的状态参数。将式（1-17）代入式（1-16）得

$$\begin{aligned} q &= h_2 - h_1 + \frac{1}{2}(C_2^2 - C_1^2) + g(Z_2 - Z_1) + W_{sh} \\ &= \Delta h + \frac{1}{2}\Delta C^2 + g\Delta Z + W_{sh} \end{aligned} \tag{1-18}$$

1.2.4 熵及温熵图

在应用热力学第一定律建立的各种能量平衡方程中，我们知道功和热量都是能量，只不过是两种不同形式的能量，功量和热量都是工质在状态变化过程中与外界进行能量交换的度量，工质膨胀对外输出膨胀功，在可逆过程中其大小为

$$dw = pdv$$

在这里压力 p 起着动力的作用，然而只有压力，没有位移，即没有比体积 v 的变化 dv，则不可能有功的交换。根据 dv 的增大或减小，则可以确定功量的正负。

可见功量的交换是通过工质的两个状态参数 p、v 来进行计算的。并且可以在由 p、v 坐标组成的压容图上用一块面积来图示功量的大小。如图 1-10（a）所示，即曲线 1－2 下的面积 $12v_2v_1$ 所示。

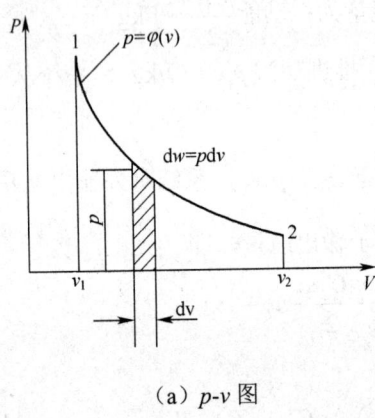
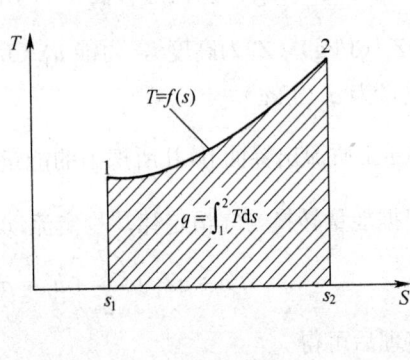

(a) p-v 图　　　　　　　　　　　　(b) T-S 图

图 1-10　可逆过程的 p-v 图和 T-S 图

热量 q 与功量 w 一样同是过程量，它们有同一性，对比起来分析，系统与外界发生热量交换时，起动力作用的是温度 T，没有温差就不可能发生实际的传热，在极限的情况下，系统与外界发生热量交换的温差为无穷小时，则属于可逆的传热过程。显而易见，有一个状态参数，它的变化可以判断热量的正负，并且与功量相仿可以构成类似的表达式和坐标图，并在类似的坐标图上用一块面积来图示热量。这个状态参数就是熵。

熵是一个导出的状态参数，它的定义式是

$$ds = \frac{dq}{T} \tag{1-19}$$

式中　dq——可逆过程中系统与外界交换的微元热量；T——可逆过程时的温度（可逆过程中工质与外界的温度随时保持相等）。

熵的定义是：熵的增量等于系统在可逆过程中交换的热量除以传热时的绝对温度所得的商。

1kg 工质的熵 s 的单位是（J/kg·K）。m kg 工质的熵 $S=ms$ 的单位是（J/K）。

下面证明熵是工质的一个状态参数。对任何工质来说，都可以严格地加以证明。这里仅针对理想气体作如下证明

$$ds = \frac{dq}{T}$$

1kg 理想气体在可逆过程中的能量平衡为

$$dq = du + dw$$

∵

$$du = C_v dT, \quad dw = pdv$$

∴

$$dq = C_v dT + pdv$$

又

$$pv = RT$$

则

$$ds = \frac{dq}{T} = \frac{C_v dT + pdv}{T} = \frac{C_v dT}{T} + \frac{Rdv}{v}$$

当理想气体由状态 1（p_1、v_1、T_1、s_1）经历可逆过程变化到状态 2（p_2、v_2、T_2、s_2）时，积分上式得：

$$\Delta s_{12} = s_2 - s_1 = \int_{T_1}^{T_2} C_v \frac{dT}{T} + R \ln \frac{v_1}{v_2}$$

其中，第二项只与初终态的比体积 v_1、v_2 有关而与过程的性质无关；第一项中 C_v 是温度的函数，故该项积分也仅与初终态的温度 T_1、T_2 有关而与过程性质无关。

当比热容 C_v 为定值时，则上式可简化为

$$\Delta s_{12} = s_2 - s_1 = C_v \ln \frac{T_2}{T_1} + R \ln \frac{v_2}{v_1} \tag{1-20}$$

既然，参数 s 从状态 1 到状态 2 的变化只与初态 1 和终态 2 有关，而与中间所经历的过程无关，这就说明 s 是状态参数。

同功量的图示相仿，也可用两个独立的状态参数 T、S 构成的状态图来表示热量。在 T-S 图上的一点表示一个平衡状态，一条曲线表示一个可逆过程，如图 1-9（b）所示的曲线 1—2。

$$dq = Tds$$

$$q = \int_1^2 Tds = 面积\ 12S_2S_1$$

因此 T-S 图上曲线 1—2 下的面积表示该过程中的传热量 q 的大小，故 T-S 图又称为"示热图"，它在热工分析中有重要的作用。

对于 m kg 工质的热量 Q，可按下式计算

$$Q = m\int_1^2 Tds = \int_1^2 Tds$$

从表 1-2 的对比中，可以清楚地看到熵与比体积是相互对应的一个状态参数。

表 1-2 熵与比体积对比表

	功量 w	热量 q
表达式	$dw = pdv$，$w = \int_{v_1}^{v_2} pdv$	$dq = Tds$，$q = \int_1^2 Tds$
动力	p	T
能量传递的方向	$dv>0$，$dw>0$，对外做功 $dv=0$，$dw=0$，不做功 $dv<0$，$dw<0$，外对内做功	$ds>0$，$dq>0$，工质吸热 $ds=0$，$dq=0$，绝热 $ds<0$，$dq<0$，工质放热
图示	p-v 图	T-s 图

熵是导出的状态参数，有如下性质：

（1）熵是一状态参数，如已知系统两个独立的状态参数，即可求出熵的值。

（2）只有在平衡状态下，熵才有确定值。

（3）与内能和焓一样，通常只需求熵的变化值 Δs，而不必求熵的绝对值。

（4）熵是可加性的量，m kg 工质的熵是 1kg 工质熵的 m 倍，$S=ms$。

（5）在可逆过程中，从熵的变化中可判断热量的传递方向——$ds>0$ 系统吸热；$ds=0$ 系统绝热；$ds<0$ 系统放热。

（6）熵可以判断自然界一切自发过程的熵变，$ds_{孤立系} \geq 0$。

1.3 气体的热力过程

在发动机中热能向机械能的转换是通过工质状态的变化即热力过程来实现的，因此对气体热力过程基本规律进行分析是很重要的。通过对热力学过程进行分析，确定过程中气体状态参数的变化规律，揭示出热力过程能量转换的特性。

热力过程的分析方法是：首先研究理想气体的可逆过程，导出过程方程式，利用过程方程和理想气体状态方程求出过程的初、终态参数（主要是 p、v、T）之间的关系式，并按热力学第一定律研究热力过程中气体吸收或放出的热量、内能的变化以及对外所做的功；然后引进各种有关的经验修正系数，将这种可逆过程的分析结果，换算成实际气体的不可逆过程。

工程热力学中把热机的工作循环概括为工质的热力循环，把整个热力循环分成几个典型的热力过程。由于定容、定压、定温和绝热过程中各有一个状态参数（分别为 v、p、T 和 S）保持不变，且这四个过程与实际热力设备中工质的状态变化较为接近，称其为基本的热力过程，所以为讲解发动机的热力循环，首先要介绍基本的热力过程。

1.3.1 定容过程

定容过程就是气体的比体积 v 保持不变的热力过程，如图 1-11（a）所示。

1. 定容过程方程式

$$v = 常数$$

定容过程曲线如图 1-11（b）中的线 1-2 或 1-2′所示。即在 p-v 图上是一条垂直于 v 轴的铅垂线。

2. 气体状态参数的变化

按照 $v=$ 常数和状态方程 $pv=RT$，可求得初、终态参数之间的关系为

$$v_1 = v_2 \text{ 或 } \frac{p_2}{p_1} = \frac{T_2}{T_1} \tag{1-21}$$

即在定容过程中，气体的绝对压力与绝对温度成正比。

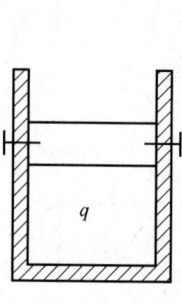
（a）定容加热过程

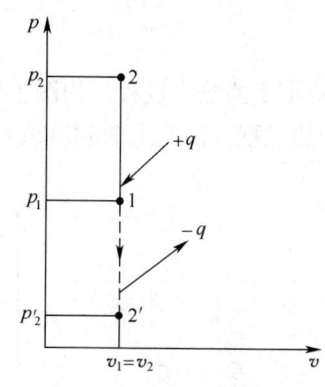
（b）p-v 图

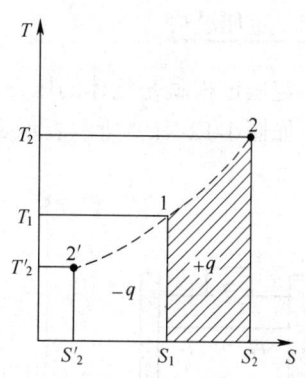
（c）T-S 图

图 1-11　定容过程在 p-v 图和 T-S 图上的表示

终止状态 T_2 与初始状态 T_1 的关系

$$T_2 = \frac{p_2}{p_1} T_1$$

$$T_2 = \lambda T_1 \tag{1-22}$$

式中　λ 为压力升高比。

3. 能量变化

（1）功量

定容过程的膨胀功 $w = \int_{v_1}^{v_2} p \mathrm{d}v$，因 $\mathrm{d}v=0$，所以 $w=0$。

（2）热量

根据比热容的定义 $C_v = \frac{\mathrm{d}q}{\mathrm{d}T}$，可得 $q = \int_{T_1}^{T_2} C_v \mathrm{d}T$，若假定 C_v 为定值，故定容过程中工质吸入（或放出）的热量为

$$q = \int_{T_1}^{T_2} C_v \mathrm{d}T = C_v (T_2 - T_1) \tag{1-23}$$

（3）内能

根据能量平衡方程式：$q = \Delta u + \int_{v_1}^{v_2} p \mathrm{d}v$

$$q = \Delta u = u_2 - u_1 C_v (T_2 - T_1) \tag{1-24}$$

即定容过程中工质吸入（或放出）的热量全部转换为工质内能的增加（或减少）。

4. 熵的变量

根据熵的定义式 $ds = \dfrac{dq}{T}$，又 C_v 为定值，故熵的变量 Δs 为

$$\Delta s = \int_1^2 \dfrac{dq}{T} = \int_1^2 \dfrac{C_v dT}{T} = C_v \ln \dfrac{T_2}{T_1}$$

在 T-S 图上（如图 1-11（c）所示）过程 1—2 或 1—2′ 为一条对数曲线。

1.3.2 定压过程

定压过程就是气体的压力 p 保持不变的热力过程，如图 1-12 所示。

如图 1-12（a）所示表示定压加热过程，活塞上的载质量 mg 保持不变。

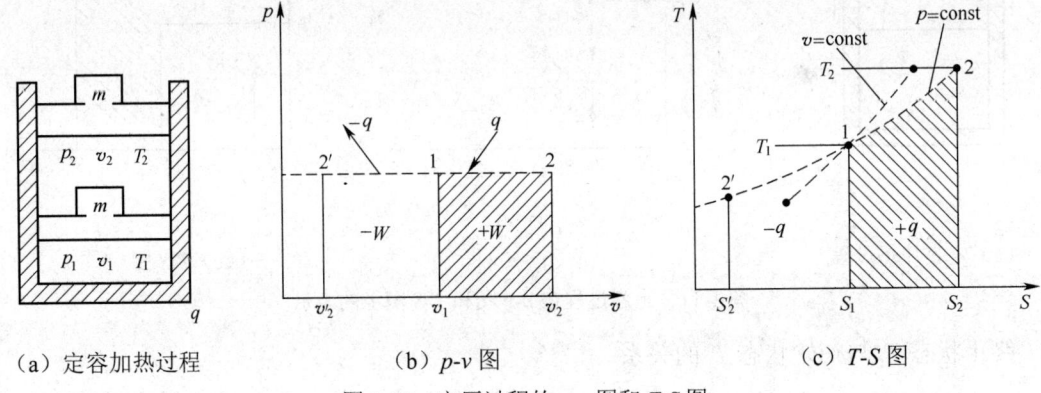

（a）定容加热过程　　　（b）p-v 图　　　（c）T-S 图

图 1-12　定压过程的 p-v 图和 T-S 图

1. 定压过程方程式

$$p = 常数$$

在 p-v 图上，定压过程曲线为一条平行于 v 轴的水平线如图 1-12（b）所示。

2. 气体状态参数的变化

根据 p=常数和 $pv=RT$，可求得定压过程初、终态参数关系为

$$\dfrac{v_2}{v_1} = \dfrac{T_2}{T_1} \tag{1-25}$$

即在定压过程中气体的比体积与绝对温度成正比。

终止状态 T_2 与初始状态 T_1 的关系

$$T_2 = \dfrac{v_2}{v_1} T_1$$

$$T_2 = \rho T_1 \tag{1-26}$$

式中　ρ 为预膨胀比。

3. 能量变化

（1）功量

定压过程中气体所做的膨胀功为

$$w = \int_{v_1}^{v_2} p\mathrm{d}v = p(v_2 - v_1) \tag{1-27}$$

在 $p\text{-}v$ 图上，1—2 直线下的面积即为气体所做的膨胀功。同理，直线 1—2′下的面积为压缩功。

（2）热量

根据比热容的定义 $C_p = \dfrac{\mathrm{d}q}{T}$ 及 C_p=常数，可求得定压过程中的热量为

$$q = \int_{T_1}^{T_2} C_p \mathrm{d}T = C_p(T_2 - T_1) \tag{1-28}$$

（3）内能

根据内能的计算公式 $\quad \Delta u = C_v \mathrm{d}T = C_v(T_2 - T_1)$

4. 熵的变量

根据熵的定义式 $\mathrm{d}s = \dfrac{\mathrm{d}q}{T}$ 及 C_p=常数，则熵的变量 Δs 为

$$\Delta s = \int_1^2 \dfrac{\mathrm{d}q}{T} = \int_1^2 \dfrac{C_p \mathrm{d}T}{T} = C_p \ln \dfrac{T_2}{T_1}$$

因为 $C_p > C_v$，故在 $T\text{-}S$ 图上，定压过程曲线与定容过程曲线相比较，它是一条较为平坦的对数曲线（如图 1-12（c）所示）。在达到相同气体温度情况下，需要吸入更多的热量，以便转变为对外的功量。

1.3.3 定温过程

定温过程就是温度保持不变的热力过程。

1. 定温过程方程式

$$T = \text{常数}$$
$$pv = \text{常数}$$

在 $p\text{-}v$ 图上定温过程为一条等边双曲线，如图 1-13（a）中曲线 1—2 或 1—2′所示。

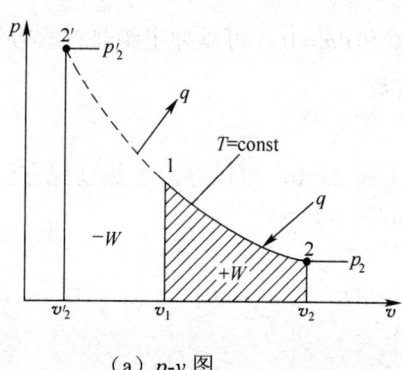
（a）$p\text{-}v$ 图

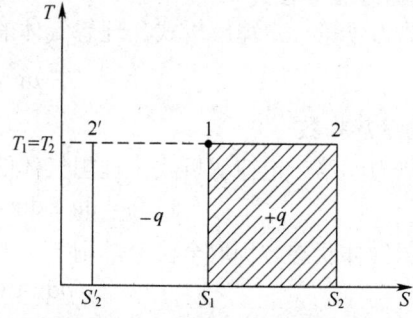
（b）$T\text{-}S$ 图

图 1-13　定温过程

2. 气体状态参数的变化

在定温过程中，气体初、终态参数的关系为

$$\frac{p_1}{p_2} = \frac{v_2}{v_1} \tag{1-29}$$

即在定温过程中，气体的绝对压力与比体积互成反比。

3. 能量变化

（1）功量

$$w = \int_1^2 p\mathrm{d}v = \int_1^2 \frac{RT}{v}\mathrm{d}v = RT\ln\frac{v_2}{v_1} = RT\ln\frac{p_1}{p_2} \tag{1-30}$$

（2）内能

定温过程中，$\Delta T = 0$，即 $\Delta u = 0$

（3）热量

根据能量平衡方程得：

$$q = \Delta u + w = w = \int_1^2 p\mathrm{d}v = RT\ln\frac{v_2}{v_1} = p_1 v_1 \ln\frac{p_1}{p_2} \tag{1-31}$$

可见，在定温过程，外界加给工质的热量全部转变为工质对外所做的膨胀功；反之，外界对工质所做的压缩功全部转换为热量释放给外界。

4. 熵的变量

根据熵的定义式 $\mathrm{d}s = \frac{\mathrm{d}q}{T}$ 及 $T=$常数，则定温过程中气体熵的变化为

$$\Delta S = \int_1^2 \frac{\mathrm{d}q}{T} = \frac{1}{T}\int_1^2 \mathrm{d}q = \frac{1}{T} RT\ln\frac{v_2}{v_1} = R\ln\frac{v_2}{v_1} = R\ln\frac{p_1}{p_2}$$

在 T-S 图上，定温过程为一条水平线，如图 1-13（b）所示，曲线 1—2 下面的面积表示了定温过程中气体所吸收的热量。

1.3.4 绝热过程

在绝热过程中的每一时刻，工质与外界均不发生热交换，即 $\mathrm{d}q = 0$。

1. 绝热过程方程式

根据热力学第一定律解析式、理想气体的性质和 $\mathrm{d}q = 0$，可以导出绝热过程方程式为

$$pv^k = 常数 \tag{1-32}$$

式中 k 为绝热指数。

根据热力学第一定律解析式、理想气体的性质和 $\mathrm{d}q=0$，可以导出绝热过程方程为

$$\mathrm{d}q = \mathrm{d}u + \mathrm{d}w = C_v\mathrm{d}T + p\mathrm{d}v = 0$$

对理想气体状态方程取全微分，则

$$p\mathrm{d}v + v\mathrm{d}p = R\mathrm{d}T$$

把这个结果代入上式，整理后得

$$(C_v + R)p\mathrm{d}v + C_v v\mathrm{d}p = 0$$

因 $C_v+R=C_p$，故 $v\mathrm{d}p + \frac{C_p}{C_v} p\mathrm{d}v = 0$

令 $\dfrac{C_p}{C_v}=k$，则：$v\mathrm{d}p+kp\mathrm{d}v=0$

两边同乘 $\dfrac{1}{pv}$，得：$\dfrac{\mathrm{d}p}{p}+k\dfrac{\mathrm{d}v}{v}=0$

对上式积分，可得：$\ln p+k\ln v=$ 常数

即：$\ln(pv^k)=$ 常数

即：$pv^k=$ 常数或 $p_1v_1^k=p_2v_2^k$

上式即为绝热过程方程式。k 为绝热指数或比热比，其数值随气体的种类和温度而变。当 C_p、C_v 取常数时，k 也是定值。对于空气和燃气，$k=1.4$。

绝热过程曲线在 p-v 图上是一条较定温线斜率大的不等边双曲线（高次双曲线），如图 1-14（a）所示。

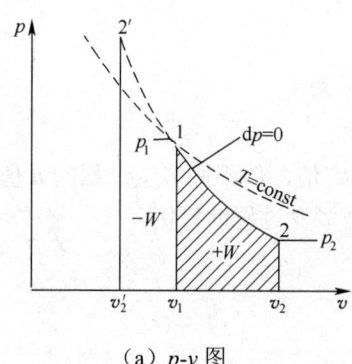
（a）p-v 图

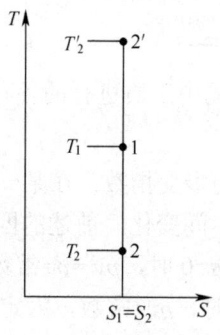
（b）T-S 图

图 1-14　绝热过程

2. 状态参数的变化

由绝热过程方程式和理想气体状态方程式，可以得到绝热过程气体初、终态参数的如下关系式

$$\dfrac{p_1}{p_2}=\left(\dfrac{v_2}{v_1}\right)^k \qquad (1\text{-}33)$$

$$\dfrac{T_1}{T_2}=\left(\dfrac{v_2}{v_1}\right)^{k-1} \qquad (1\text{-}33')$$

$$\dfrac{T_1}{T_2}=\left(\dfrac{p_1}{p_2}\right)^{\frac{k-1}{k}} \qquad (1\text{-}33'')$$

3. 能量变化

（1）功量

根据能量平衡方程式　$w=-\Delta u$

$$w = C_v(T_1 - T_2)$$
$$= \frac{1}{k-1}R(T_1 - T_2) \tag{1-34}$$
$$= \frac{1}{k-1}(p_1v_1 - p_2v_2)$$

在 p-v 图上,绝热过程的膨胀功可用曲线 1－2 下面的面积表示。

（2）内能　$\Delta u = C_v \Delta T$

（3）热量　绝热过程中工质与外界没有热交换（$dq = 0$）。

4. 熵的变量

绝热过程中熵的变量为：$ds = \dfrac{dq}{T} = 0$,即绝热过程是熵不变的过程,也称为定熵过程,因此在 T-S 图上绝热过程曲线是一条平行于 T 轴的垂直线,如图 1-14（b）所示。

1.3.5　多变过程

实际热机中工质进行的各种热力过程通常可表示为

$$pv^n = 常数 \tag{1-35}$$

式中　n 称为多变指数,在某一多变过程中,n 为一定值,但不同多变过程的 n 值各不相同,可在 $0 \sim \pm \infty$ 间变化。前述的四种基本热力过程都是多变过程的特例。

当指数 $n=0$ 时,$pv^0=p=$常数,为定压过程；

当 $n=1$ 时,$pv=$常数,为定温过程；

当 $n=k$ 时,$pv^k =$ 常数,为绝热过程；

当 $n=\infty$ 时,$p^{\frac{1}{\infty}}v = p^0v = v =$ 常数,为定容过程。

当 n 等于 0、1、k、∞ 以外的某一数值时,它表示了上述四种基本过程之外的热力过程。N 的数值可以根据实际过程的具体条件来确定。

将式（1-32）中的 k 换成 n,即变成式（1-35）,因此上面讨论的绝热过程初终状态之间的关系式（1-33）（1-33′）（1-33″）及计算对外功量变换的关系式（1-34）都将直接适用于多变过程。表 1-3 列出经替换指数后的有关公式。

表 1-3　理想气体的各种热力过程（定比热）

	定容过程	定压过程	定温过程	绝热过程	多变过程
多变指数 n	∞	0	1	k	n
过程方程式	$v=$定值	$p=$定值	$pv=$定值	$pv^k=$定值	$pv^n=$定值
p、v、T 之间的关系式	$\dfrac{p_2}{p_1} = \dfrac{T_2}{T_1}$	$\dfrac{v_2}{v_1} = \dfrac{T_2}{T_1}$	$\dfrac{p_2}{p_1} = \dfrac{v_1}{v_2}$	$\dfrac{p_2}{p_1} = \left(\dfrac{v_1}{v_2}\right)^k$ $\dfrac{T_2}{T_1} = \left(\dfrac{v_1}{v_2}\right)^{k-1}$ $\dfrac{T_2}{T_1} = \left(\dfrac{p_2}{p_1}\right)^{\frac{k-1}{k}}$	$\dfrac{p_2}{p_1} = \left(\dfrac{v_1}{v_2}\right)^n$ $\dfrac{T_2}{T_1} = \left(\dfrac{v_1}{v_2}\right)^{n-1}$ $\dfrac{T_2}{T_1} = \left(\dfrac{p_2}{p_1}\right)^{\frac{n-1}{n}}$

续表

	定容过程	定压过程	定温过程	绝热过程	多变过程
热力学能变化 Δu	$C_v(T_2-T_1)$ （C_v=定值）	$C_v(T_2-T_1)$ （C_v=定值）	0	$C_v(T_2-T_1)$ （C_v=定值）	$C_v(T_2-T_1)$ （C_v=定值）
焓变化 Δh	$C_p(T_2-T_1)$ （C_p=定值）	$C_p(T_2-T_1)$ （C_p=定值）	0	$C_p(T_2-T_1)$ （C_p=定值）	$C_p(T_2-T_1)$ （C_p=定值）
比熵变化 Δs	$C_v \ln \dfrac{T_2}{T_1}$ （C_v=定值）	$C_p \ln \dfrac{T_2}{T_1}$ （C_p=定值）	$\dfrac{q}{T}$ $R\ln\dfrac{v_2}{v_1}$ $R\ln\dfrac{p_1}{p_2}$	0	$\left.\begin{array}{l}C_v\ln\dfrac{T_2}{T_1}+R\ln\dfrac{v_2}{v_1}\\ C_p\ln\dfrac{T_2}{T_1}-R\ln\dfrac{p_2}{p_1}\\ C_v\ln\dfrac{p_2}{p_1}+C_p\ln\dfrac{v_2}{v_1}\\ C_n\ln\dfrac{T_2}{T_1}\end{array}\right\}$ （C_v、C_p=定值）
过程功 $w=\int_1^2 p\mathrm{d}v$	0	$p(v_2-v_1)$ $R(T_2-T_1)$	$RT\ln\dfrac{v_2}{v_1}$ $RT\ln\dfrac{p_1}{p_2}$ $p_1v_1\ln\dfrac{v_2}{v_1}$	$\dfrac{1}{k-1}(p_1v_1-p_2v_2)$ $\dfrac{R}{k-1}(T_1-T_2)$	$\dfrac{1}{n-1}(p_1v_1-p_2v_2)$ $\dfrac{R}{n-1}(T_1-T_2)$
过程热量 q	$C_v(T_2-T_1)$	$C_p(T_2-T_1)$	w	0	$\dfrac{n-k}{n-1}C_v(T_2-T_1)$
过程比热 C	C_v	C_p	∞	0	$\dfrac{n-k}{n-1}C_v$

多变过程对外热量交换与绝热过程有所不同。根据公式（1-15），$q=\Delta u+w$，既然多变过程的外功为

$$w=\frac{R}{n-1}(T_1-T_2)$$

同时

$$\Delta u=C_v(T_2-T_1)$$

则

$$q=\left(C_v-\frac{R}{n-1}\right)(T_2-T_1) \tag{1-36}$$

如果用 C_n 来表示多变过程定比热容，则

$$q=C_n(T_2-T_1)=\left(C_v-\frac{R}{n-1}\right)(T_2-T_1)$$

故

$$C_n=\left(C_v-\frac{R}{n-1}\right) \tag{1-37}$$

由式（1-37）、$C_p-C_v=R$ 和 $C_p/C_v=k$，可得

$$C_n = C_v - C_v \frac{k-1}{n-1} = C_v \frac{n-k}{n-1} \qquad (1\text{-}37')$$

上式说明多变过程比热容 C_n 的数值不仅取决于气体本身（C_v、k 值），还和过程性质（n）有关。

图 1-15 表示四种基本热力过程曲线画在同一个 $p\text{-}v$ 图和 $T\text{-}S$ 图上的情况。

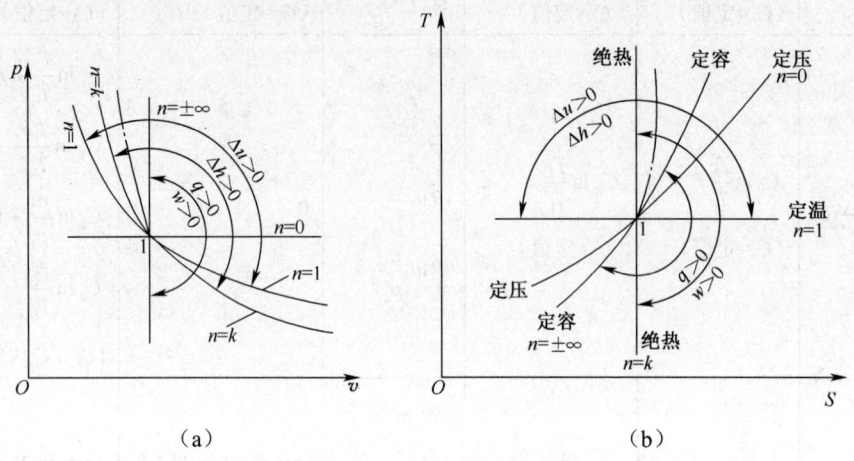

图 1-15　多变过程在 $p\text{-}v$ 图和 $T\text{-}S$ 图的规律定性分析

由图可见，多变指数 n 在坐标图上的分布有以下规律：由 $n=0$ 开始沿顺时针方向看，n 由 $0 \to 1 \to k \to \infty$ 是逐渐变化的。因而，对于任意多变过程，只要知道多变指数 n 的值，就能确定该过程在 $p\text{-}v$ 图及 $T\text{-}S$ 图上的相对位置。例如，当已知一多变过程的 $n=1.2$ 时，过程线在 $p\text{-}v$ 图及 $T\text{-}S$ 图上位于 $n=1$ 及 $n=k$ 之间。

根据 $p\text{-}v$ 图及 $T\text{-}S$ 图能较容易地分析某一热力过程的热功转换情况并比较不同热力过程功及热量的大小，由图 1-15 可分析如下。

（1）在过程中热力学能及焓的增减以定温线为分界线。在定温线上方（$T\text{-}S$ 图）或者右上方（$p\text{-}v$ 图）的各过程由于 $\Delta T > 0$，则有 $\Delta u > 0$，$\Delta h > 0$；而在定温线下方（$T\text{-}S$ 图）或左下方（$p\text{-}v$ 图）的各过程由于 $\Delta T < 0$，则有 $\Delta u < 0$，$\Delta h < 0$。

（2）在过程中功量的正负以定容线为分界线。在定容线的右方（$p\text{-}v$ 图）或者右下方（$T\text{-}S$ 图）的各过程由于 $\Delta v > 0$，则有 $w > 0$，工质对外做功；而在定容线左方（$p\text{-}v$ 图）或左上方（$T\text{-}S$ 图）各过程由于 $\Delta v < 0$，则有 $w < 0$，外界对工质做功。

（3）在过程中热量的正负以绝热线为分界线。在绝热线的右方（$T\text{-}S$ 图）或者右上方（$p\text{-}v$ 图）的各过程由于 $\Delta s > 0$，则有 $q > 0$，工质从外界吸热；而在绝热线左方（$T\text{-}S$ 图）或左下方（$p\text{-}v$ 图）的各过程由于 $\Delta s < 0$，则有 $q < 0$，工质对外放热。

有了以上判定标准，就可方便地从坐标图上分析一个过程中能量转换和状态变化情况或者根据能量转换和状态变化情况在坐标图上绘出该热力过程。

1.4　热力学第二定律

热力学第一定律确定了热功转换之间的数量关系，而热力学第二定律则指明了实现热功转换的条件、限度以及自发过程进行的方向性。

1.4.1 热力循环与热效率

1. 热力循环

热变功的根本途径是依靠工质的膨胀。为了连续不断地将热转换为功，工程上是通过热机来实现的，工质在热机气缸中仅仅完成一个膨胀过程不可能连续做功。为了重复地进行膨胀过程，工质在每次膨胀做功之后，必须进行某种压缩过程，使它回复到初态，以便重新膨胀做功，这种工质从初态出发，经过一系列变化又回到初态的封闭过程，称为热力循环（简称循环）。

根据效果的不同，将热力循环分为正向循环和逆向循环。把热能转换为机械功的循环叫正向循环（或热机循环）；依靠消耗机械功而将热量从低温热源传向高温热源的循环叫逆向循环（或热泵循环）。

如图 1-16 所示，设 1kg 工质进行一个可逆的正向循环。在 $p\text{-}v$ 图上可看出，膨胀过程 1－a－2 曲线高于压缩过程 2－b－1 曲线，即过程 1－a－2 所做的膨胀功大于过程 2－b－1 所消耗的压缩功，整个循环中工质作出的净功 $\oint \mathrm{d}w$ 为正，用 w_0 表示净功的绝对值，在 $p\text{-}v$ 图上封闭曲线 1－a－2－b－1 所包围的面积表示 w_0 的数值。在 $T\text{-}S$ 图上看出，工质的吸热过程曲线 1－a－2 高于工质的放热过程曲线 2－b－1，即过程 1－a－2 中工质的吸热量 $\int 1a2\mathrm{d}q$ 大于过程 2－b－1 中工质放出的热量，整个循环中工质从高温热源中接受的净热量 $\oint \mathrm{d}q$ 为正。用 q_1 表示循环中工质从高温热源中接受热量的绝对值，用 q_2 表示工质向低温热源放出热量的绝对值，则循环中工质接受的净热量为 $q_1 - q_2$，它可用 $T\text{-}S$ 图上曲线 1－a－2－b－1 所包围的面积表示。按热力学第一定律，循环中工质所接受的净功为 $\oint \mathrm{d}q = \oint \mathrm{d}u + \oint \mathrm{d}w$，因为 $\oint \mathrm{d}u = 0$，所以，循环净功等于循环净热

$$q_1 - q_2 = w$$

即热力循环中工质从高温热源所接受的热量 q_1，只有一部分热量变成循环净功 w_0，而另一部分热量放出给低温热源。

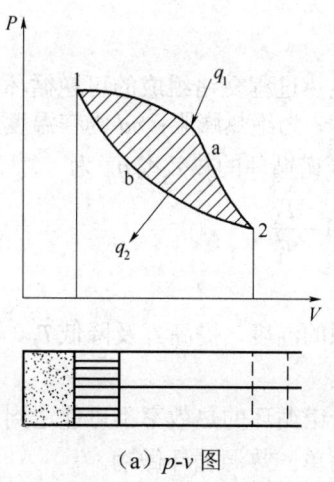
（a）$p\text{-}v$ 图

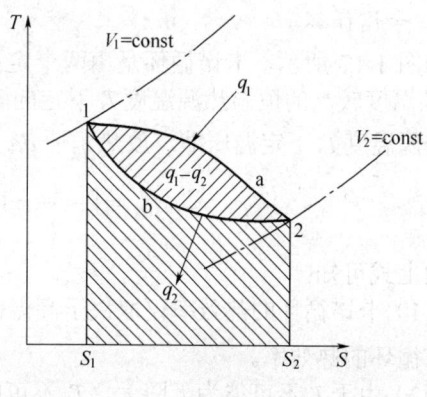
（b）$T\text{-}S$ 图

图 1-16 正向循环

2. 热效率

为了评价热力循环在能源利用方面的经济性，通常采用热力循环的净功 W_0 与工质从高温热源接受的热量 q_1 的比值作为指标，称为循环热效率，用 η_t 表示，即

$$\eta_t = \frac{W_0}{q_1} = \frac{q_1 - q_2}{q_1} = 1 - \frac{q_2}{q_1}$$

热效率是衡量热机性能的重要指标之一，它说明了工质从高温热源吸收的热量有多少转换为功，从上式可以看出，q_2 越小，η_t 越大，但因 $q_2 \neq 0$，所以 η_t 总小于1。

1.4.2 热力学第二定律的几种表述

实践表明：通过摩擦作用可以将机械功全部转换为热，而任何热机也不可能把全部吸收的热连续地转变为机械功。即任何热机的热效率不仅不能超过100%，而且实际上永远达不到100%，在这个事实的基础上总结得出热力学第二定律，已被确定为自然界中另一条客观规律。

热力学第二定律有许多种表达式，其实质都完全一致，即都是说明实现某些具体热功转换过程的必要条件的，以下两种说法具有普遍意义。

（1）根据长期制造热机的经验总结出：为了连续地获得机械功，必须有两个热源，热机工作时，从高温热源取得热量，把其中一部分转变为机械功，把另一部分热量传给低温热源。因此这种表达方式是：不可能创造出只从热源吸收热量做功而不向冷源放热的热机，或者说单热源热机是不存在的。

从单一热源不断吸取热量而将它全部转变为机械功的热机称为第二类永动机，因此又可以表述为第二类永动机是不可能实现的。

（2）根据长期制造制冷机的经验总结出：不管利用什么机器，都不可能不付出代价地实现把热量由低温物体转移到高温物体。于是热力学第二定律又可以表示为：热量不可能自发地从冷物体转移到热物体。

1.4.3 卡诺循环与卡诺定理

前已述及，热机循环的热效率不可能达到100%，那么可能达到的高极限究竟是多少？卡诺在1924年提出了最理想的热机工作方案，即卡诺循环。

1. 卡诺循环

如图1-17所示，卡诺循环是由两个定温过程和两个绝热过程交错组成的可逆循环。其中 ab 为在温度较高的恒温热源温度 T_1 下定向膨胀，吸热 q_1；bc 为绝热膨胀；cd 为在温度较低的恒温冷源温度 T_2 下定温压缩，放热 q_2；da 为绝热压缩。卡诺循环的热效率 η_{tk} 为

$$\eta_{tk} = 1 - \frac{q_2}{q_1} = 1 - \frac{T_2(S_b - S_a)}{T_1(S_b - S_a)} = 1 - \frac{T_2}{T_1}$$

由上式可知：

（1）卡诺循环的热效率仅取决于高温热源和低温冷源的温度，提高 T_1 及降低 T_2，可以提高卡诺循环的热效率。

（2）由于 T_1 不可能为无限大，T_2 不可能为零，所以卡诺循环的热效率不可能达到100%。

（3）当 $T_1 = T_2$ 时，卡诺循环的热效率为零即不可能由单一热源循环做功。

（4）无论采用什么工质和什么循环，也无论将不可逆损失减小到何种程度，在一定的温度范围 T_1 到 T_2 之间，不能期望制造出热效率超过 $\left(1-\dfrac{T_2}{T_1}\right)$ 的热机，最高热效率也只能接近 $\left(1-\dfrac{T_2}{T_1}\right)$，而实际上是不能达到的。

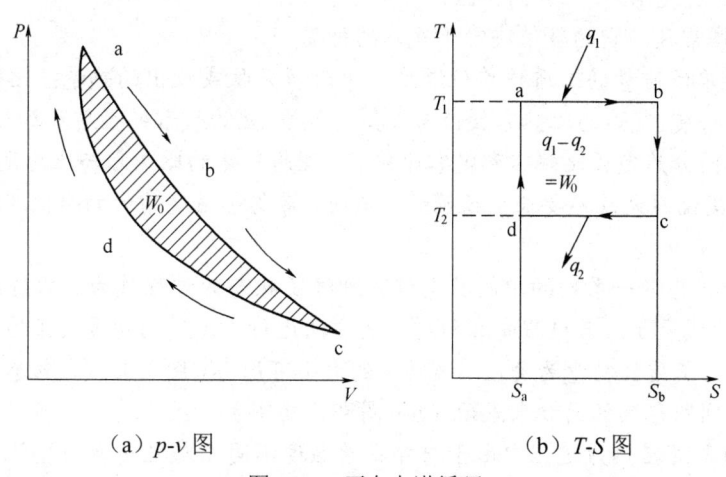

（a）p-v 图　　　（b）T-S 图

图 1-17　正向卡诺循环

2. 卡诺定理

卡诺定理的内容是：工作在两个恒温热源之间的循环，不管采用什么工质，如果是可逆的，其热效率为 $\left(1-\dfrac{T_2}{T_1}\right)$；如果是不可逆的，其热效率恒小于 $\left(1-\dfrac{T_2}{T_1}\right)$，即以卡诺循环的热效率为最高。

卡诺定理告诉我们，两个给定热源之间的所有循环中，以卡诺循环的热效率为最高，一切实际的循环都是不可逆循环，因此实际循环的热效率必小于相同热源条件下卡诺循环的热效率，所以提高热效率的途径是尽量减少过程的不可逆性，使实际循环尽量接近卡诺循环。卡诺定理还指出了两个给定热源之间所有的卡诺循环的热效率相等，与工质的性质无关，因此影响热效率的基本因素仅仅是热源的温度。提高热效率的另一基本途径是提高高温热源的温度 T_1 和降低低温热源的温度 T_2。为了提高热效率，现代热机就是沿着这条途径发展的。

本章小结

热力学是研究物质的能量（特别是热能）、能量传递和转换规律的科学。在热机中，热能向机械能的转换是通过气态工质热力状态的变化来实现的。"工质"即实现热能向机械能转换的工作物质，常用的工质状态参数主要有 6 个，即压力 p，温度 T，比体积 v，内能 U，焓 H，熵 S。其中 p、T、v 可以直接用仪表测量，且其物理意义易被理解，所以称之为描述工质状态的基本状态参数。压力是指气体在单位面积容器壁上所施加的垂直作用力，压力由压力计测量，所以有相对压力和绝对压力之分。状态参数指的是绝对压力。温度表示气体冷热的程度。温度表示气体内部分子不规则运动的激烈程度,是与气体分子平均速度有关的一个统计量。气体的温度越高,表明气体分子的平均动能越大。状态参数指的是热力学温度(也称为开尔文温度)。比体积是单位质量的物质所占有的体积,与气体的密度成反比。

理想气体的状态方程为:

对 1kg 理想气体为: $pv=RT$

对于 m kg 理想气体为: $pv=mRT$

式中　R——气体常数,它的数值决定于气体的种类。

比热容是指单位质量的工质作单位温度变化时所吸收或放出的热量。比热容是物质的一个重要的热力学性质。气体的比热容数值与气体的性质、热力过程的性质和加热的状态等有关。根据加热过程不同分为定压比热容和定容比热容。理想气体的比热容与压力无关,是温度的单值函数,当温度变化不大或不要求很精确的计算时,常忽略温度的影响而把理想气体的比热容当作常量。

工质由初始状态经一系列的中间状态过渡到终了状态的过程称为热力过程。该过程可用 p-v 图上的一条曲线表示。若过程向容积增大的方向进行,工质的功量为正值;若过程向容积减小的方向进行,工质的功量为负值。该功量的大小可用 p-v 图上曲线、初态及终态的容积区间,横坐标 v 之间所包围的面积来表示(p-v 图即示功图)。

热量定义为系统在热力过程中由于与外界的温度不同而与之交换的能量。热量和功的不同之处在于:功是两个物体间通过宏观的运动发生相互作用而传递的能量;热量则是两物体间通过微观的分子运动发生相互作用而传递的能量。工质的内能指工质内部所具有的各种能量。功和热量是过程,即与进行的热力过程有关;内能是状态量,取决于工质的温度和比体积。内能的变化值只与工质的初、终状态有关,而与工质由状态1到状态2所经历的过程无关。

任何热力过程能量的转换符合热力学第一定律,过程所吸收的热量转变为过程的功量和工质内能的增量。

工质由初始状态点经过一系列的状态变化又回到初始状态的全部过程称为热力循环。热力学第二定律说明,工质经历热力循环只可能将吸入热量的一部分转变为功,另一部分热量会传给冷源而得不到利用。因此,任何热力循环的热效率总是小于100%。

知识训练

1. 选择题

(1) 在内燃机中,热能向机械能的转换是通过气体的(　　)变化来实现的。

　　A. 热力状态　　　　B. 性质　　　　C. 数量　　　　D. 能量

(2) 热力系统与外界有物质交换的称为(　　)。

　　A. 闭口系统　　　　B. 开口系统　　　C. 绝热系统　　　D. 孤立系统

(3) (　　)假设气体内部不占有体积,分子间无吸引力。

　　A. 工质　　　　　　B. 燃气　　　　C. 理想气体

(4) 热力系统从某一状态变为另一状态时所经历的全部状态的总和称为(　　)。

　　A. 热力过程　　　　B. 比热容　　　C. 定比热容

(5) 功和热量均为(　　)。

A．状态量　　　　　B．过程量　　　　　C．既非状态量也非过程量

(6)（　　）是由于温度不同，系统与外界在热力过程中交换的能量。

A．热量　　　　　　B．内能　　　　　　C．功量

(7) 对于理想气体，（　　）是温度的单值函数。

A．内能　　　　　　B．热量　　　　　　C．功量

(8) 定压过程终了状态的容积与初始状态的容积之比称为（　　）。

A．后膨胀比　　　　B．预膨胀比　　　　C．压力升高比

(9) 定容过程终了状态的压力与初始状态的压力之比称为（　　）。

A．后膨胀比　　　　B．预膨胀比　　　　C．压力升高比

2．判断题

(1) 系统与外界无热量交换的系统称为闭口系统。（　　）

(2) 用压力表测得的压力即为气缸内气体的压力。（　　）

(3) 温度越高，表明气体分子的平均动能越大。（　　）

(4) 工质在某状态下具有 m kJ 的热量。（　　）

(5) 某一热力过程的初始状态和终了状态一定，则过程的功量为定值。（　　）

(6) 热力学第一定律表明：热力过程中，工质吸收的热量、工质膨胀对外做的功及工质内部储存或付出的能量三者之间的平衡关系。（　　）

(7) 定容过程和定压过程的比热容相等。（　　）

(8) 理想气体的 $C_p > C_v$，故在 T-S 图上过同一状态点的定压线斜率小于定容线斜率。（　　）

3．填空题

(1) 气体的状态参数包括_____；基本状态参数包括_____。

(2) 单位面积的容器壁面上作用的垂直力称为_____。

(3) 气体的_____是气体内部分子不规则运动激烈程度的度量。

(4) _____等于系统在可逆过程中交换的热量除以传热时的绝对温度所得的商。

(5) 在压容图上，热力过程曲线与横坐标所包围的面积代表_____。

(6) 在温熵图上，热力过程曲线与横坐标所包围的面积代表_____。

4．简答题

(1) 何谓工质？

(2) 如果容器中气体的压力保持不变，那么压力表的读数一定也保持不变，对吗？表压力能否作为工质的状态参数？为什么？

(3) 热力学温度是如何定义的？与摄氏温度的关系？

(4) 何谓比热容？比定压热容和比定容热容哪个大？为什么？

(5) 功、热量、内能有何相同之处？有何不同之处？

(6) 指出压容图和温熵图的物理意义。

(7) 为什么将定容、定压、定温和绝热过程称为基本的热力过程？

(8) 熟悉定容、定压、定温和绝热四种特殊热力过程参数间的关系式及功量、热量的计算。

(9) 什么叫热力循环？何谓热效率？如何表示？有何意义？

（10）热力学第二定律的几种表述是什么？
（11）何谓卡诺循环？卡诺定理的内容是什么？

依据热力学基础知识，分析说明从哪些方面采取措施以提高发动机性能。

2 发动机工作循环与性能指标

1. 了解理论循环的简化条件。
2. 掌握影响理论循环的因素分析。
3. 熟悉实际循环进行过程。
4. 熟悉实际循环与理论循环差异分析。
5. 掌握发动机性能的评价指标。

1. 能根据理论循环分析解释现代发动机提高其性能的理论依据。
2. 能依据发动机的性能指标对发动机性能给予正确评价。

发动机性能指标是评定发动机性能好坏的各种物理量的总称,主要包括动力性指标(如功率、扭矩、平均压力等)和经济性指标(如热效率、燃油消耗率等),此外还有运转性能、工作可靠性、结构工艺性等指标。

在此仅介绍发动机动力性和经济性的评定指标。

2.1 发动机的理论循环

2.1.1 发动机实际工作过程的简化

发动机的实际工作循环是由进气、压缩、燃烧、膨胀及排气五个过程所组成的,每一过程中工质状态参数的变化及工质与外界的能量交换非常复杂。为了便于研究,在工程热力学中通常将发动机实际工作循环加以抽象简化,忽略次要因素的影响,概括为由几个基本热力过程所组成的理论循环,以便定量分析,从而找到提高发动机性能的基本途径。

通常按以下条件进行简化:

(1)假设工质是理想气体,其比热容为定值。

(2)假设工质是在闭口系统中进行热力循环,不考虑进、排气过程,并忽略气体流动阻力的影响。

(3)假设压缩与膨胀过程是绝热等熵过程,忽略气缸壁传热、摩擦及漏气等热损失。

(4)假设燃烧是定容或定压加热。气体放热为定容放热。

(5)忽略实际过程中的各种损失,假设循环过程为可逆过程。

2.1.2 三种基本的理论循环

发动机有三种基本的理论循环,分别是混合加热循环、定容加热循环和定压加热循环。

1. 混合加热循环

高速柴油机的燃烧过程基本上由定容燃烧和定压燃烧两个阶段组成,故其工作循环可以理想化为混合加热循环。

图 2-1 为混合加热循环的 p-v 图和 T-S 图,该循环由五个可逆过程组成:1—2 为绝热压缩过程;2—3 为定容加热过程,吸热量为 Q_{1v};3—4 为定压加热过程,吸热量为 Q_{1p};4—5 为绝热膨胀过程;5—1 为定容放热过程,放热量为 Q_2。

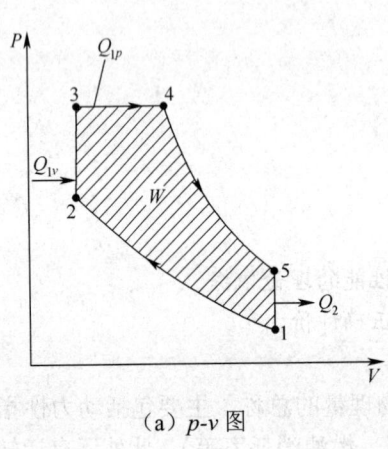
(a) p-v 图

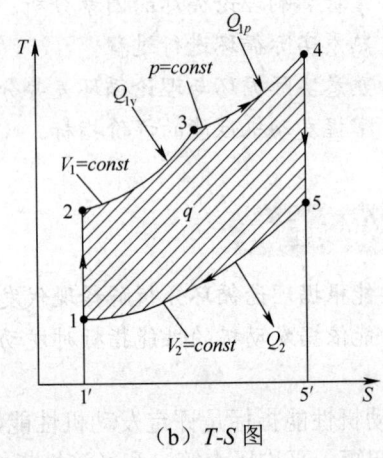
(b) T-S 图

图 2-1 混合加热循环

2. 定容加热循环

汽油机中混合气燃烧迅速,气缸内温度、压力增长很快,可以认为其燃烧过程基本上是在容积不变的条件下进行的,即可简化为定容加热循环。图 2-2 为定容加热循环 p-v 图和 T-S 图。该循环包括四个可逆过程:1—2 为绝热压缩过程;2—3 为定容加热过程,加热量为 Q_1;3—4 为绝热膨胀过程;4—1 为定容放热过程,放热量为 Q_2。

3. 定压加热循环

高增压和低速大型柴油机中,由于受燃烧最高压力的限制,大部分燃料是在上止点后压力基本一定的情况下燃烧,其工作循环可以理想化为定压加热循环。

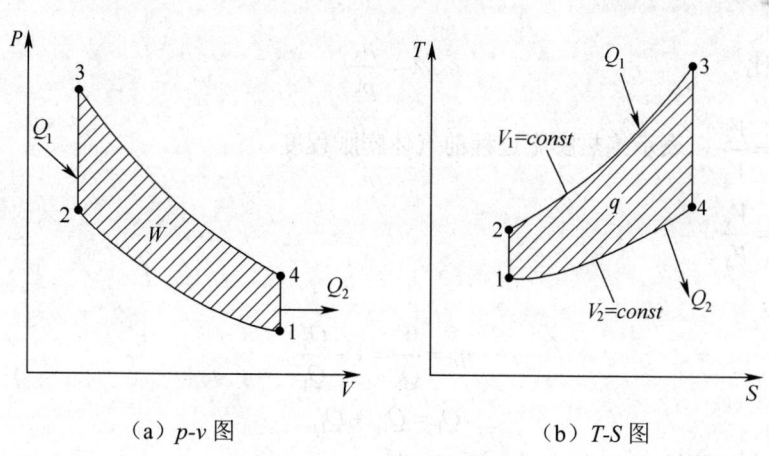

(a) p-v 图　　　　　　　　(b) T-S 图

图 2-2　定容加热循环

定压加热循环 p-v 图和 T-S 图如图 2-3 所示，该循环由四个可逆过程组成：1—2 为绝热压缩过程；2—3 为定压加热过程，加热量为 Q_1；3—4 为绝热膨胀过程；4—1 为定容放热过程，放热量为 Q_2。

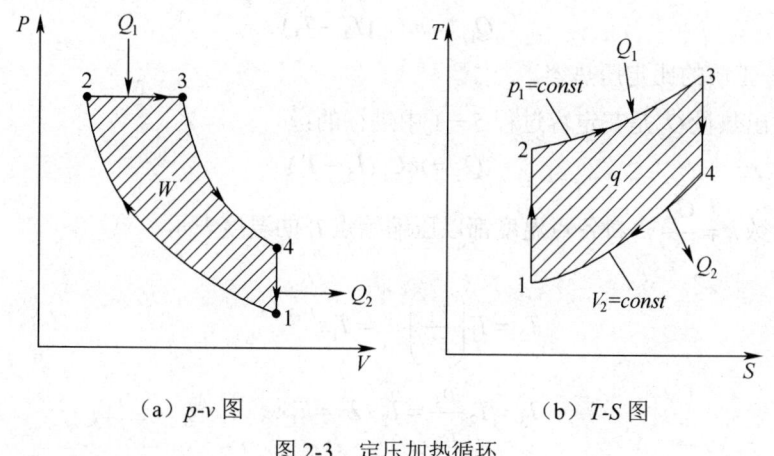

(a) p-v 图　　　　　　　　(b) T-S 图

图 2-3　定压加热循环

2.1.3　理论循环的评价指标

1. 循环的热效率 η_t

$$\eta_t = \frac{W}{Q_1} = \frac{Q_1 - Q_2}{Q_1} = 1 - \frac{Q_2}{Q_1}$$

式中　W——工质的循环净功（J）；Q_1——m kg 工质在循环中吸收的热量（J）；Q_2——m kg 工质在循环中放出的热量（J）。

热效率 η_t 可用来评定循环的经济性。

（1）混合加热循环的热效率

定义下列循环特性参数：

压缩比

$$\varepsilon = \frac{V_1}{V_2}$$

压力升高比
$$\lambda = \frac{p_3}{p_2}$$

预胀比 $\rho = \dfrac{V_4}{V_3}$，表示绝热膨胀过程前气体膨胀程度。

后胀比 $\delta = \dfrac{V_5}{V_4}$

根据定义：
$$\eta_t = \frac{W}{Q_1} = 1 - \frac{Q_2}{Q_1}$$

因为
$$Q_1 = Q_{1v} + Q_{1p}$$

其中沿定容过程线 2—3 加入的热量 Q_{1v} 为
$$Q_{1v} = mC_v(T_3 - T_2)$$

式中　m——燃气质量，空气中已含油气；C_v——工质的比定容热容。

其中沿定压过程线 3—4 加入的热量 Q_{1p} 为
$$Q_{1p} = mC_p(T_4 - T_3)$$

式中　C_p——工质的比定压热容。

循环中放出热量 Q_2 是在定容过程 5—1 中进行的：
$$Q_2 = mC_v(T_5 - T_1)$$

令绝热指数 $k = \dfrac{C_p}{C_v}$，将各点温度都以压缩始点 T_1 的温度表示

$$T_2 = T_1\left(\frac{V_1}{V_2}\right)^{k-1} = T_1\varepsilon^{k-1}$$

$$T_3 = T_2 \frac{p_3}{p_2} = T_2 \cdot \lambda = T_1\lambda\varepsilon^{k-1}$$

$$T_4 = T_3 \frac{V_4}{V_3} = T_3\rho = T_1\lambda\rho\varepsilon^{k-1}$$

$$T_5 = T_4\left(\frac{V_4}{V_5}\right)^{k-1} = T_4\left(\frac{V_4}{V_1}\right)^{k-1} = T_4\left(\frac{\frac{V_4}{V_2}}{\frac{V_1}{V_2}}\right)^{k-1} = T_4\left(\frac{\rho}{\varepsilon}\right)^{k-1} = T_1\lambda\rho^k$$

将以上各式代入 η_t 公式得

$$\eta_{tm} = 1 - \frac{Q_2}{Q_1} = 1 - \frac{1}{\varepsilon^{k-1}} \cdot \frac{\lambda\rho^k - 1}{(\lambda - 1) + k\lambda(\rho - 1)} \tag{2-1}$$

上式说明：混合加热循环热效率 η_{tm} 与压缩比 ε、压力升高比 λ、预膨胀比 ρ 以及工质的绝热指数 k 有关。

（2）定容加热循环热效率

对比图 2-1 和图 2-2 可发现，定容加热循环是当混合加热循环 $\rho = 1$ 时的特例，将 $\rho = 1$ 代

入式（2-1）则可得到定容加热循环的热效率

$$\eta_{tv} = 1 - \frac{1}{\varepsilon^{k-1}} \tag{2-2}$$

可见，定容加热循环的热效率 η_{tv} 随压缩比 ε 及绝热指数 k 的增大而增加。

（3）定压加热循环的热效率 η_{tp}

定压加热循环则是当混合加热循环 $\lambda=1$ 时的特例，将 $\lambda=1$ 带入式（2-1）得

$$\eta_{tp} = 1 - \frac{1}{\varepsilon^{k-1}} \cdot \frac{\rho^k - 1}{k(\rho - 1)} \tag{2-3}$$

可见，定压加热循环热效率 η_{tp} 与压缩比 ε、预胀比 ρ 及绝热指数 k 有关。

2. 循环平均压力 p_t

$$p_t = \frac{W}{V_s}$$

式中　V_s——气缸工作容积（m³）。

循环平均压力 p_t 表示单位气缸工作容积所做的循环功，用来评定循环的动力性。

（1）混合加热循环的平均压力 p_{tm}

根据 p_t 的定义式　$p_t = \frac{W}{V_s} = \frac{Q_1 \eta_t}{V_s}$

因为

$$Q_1 = Q_{1v} + Q_{1p} = mC_v T_1 \varepsilon^{k-1}[\lambda - 1 + k\lambda(\rho - 1)]$$

$$V_s = V_1 - V_2 = V_1\left(1 - \frac{V_2}{V_1}\right) = V_1\left(1 - \frac{1}{\varepsilon}\right) = V_1 \frac{\varepsilon - 1}{\varepsilon}$$

所以

$$p_{tm} = \frac{\varepsilon^k}{\varepsilon - 1} \cdot \frac{p_1}{k-1}[(\lambda - 1) + k\lambda(\rho - 1)]\eta_t \tag{2-4}$$

可见，混合加热循环平均压力 p_t 随压缩始点压力 p_1、压缩比 ε、压力升高比 λ、预胀比 ρ 及绝热指数 k 的增大而增加。

（2）定容加热循环的平均压力 p_{tv}

由混合加热循环平均压力计算公式可知，当 $\rho=1$ 时得

$$p_{tv} = \frac{\varepsilon^k}{\varepsilon - 1} \cdot \frac{p_1}{k-1}(\lambda - 1)\eta_t \tag{2-5}$$

可见，定容加热循环的平均压力 p_t 与压缩比 ε、压力升高比 λ、进气终点（压缩始点）压力 p_1 及绝热指数 k 有关。

（3）定压加热循环的平均压力 p_{tp}

由混合加热循环 p_t 计算公式可知，当 $\lambda=1$ 时得

$$p_{tp} = \frac{\varepsilon^k}{\varepsilon - 1} \cdot \frac{p_1}{k-1} k(\rho - 1)\eta_t \tag{2-6}$$

可见，定压加热循环平均压力 p_t 与压缩比 ε、预胀比 ρ、进气终点压力 p_1 及绝热指数 k 有关。

2.1.4 理论循环的分析和比较

1. 理论循环影响因素的分析

根据以上导出的三种循环的 η_t 和 p_t 公式，可以分析循环参数 ε、λ、ρ 和绝热指数 k 对循环热效率 η_t 和平均压力 p_t 的影响。

（1）压缩比 ε

由三种循环的 η_t 式可见，随着 ε 的增大，η_t 都提高。提高 ε_c，可提高循环平均吸热温度，降低循环平均放热温度，扩大循环温差，增大膨胀比，如图 2-4 所示。当两循环最高温度相同时，ε 高的循环 12'3'4'1 比 ε 低的循环 12341 具有较大的平均吸热温度和较低的平均放热温度，所以前者 η_t 较高。

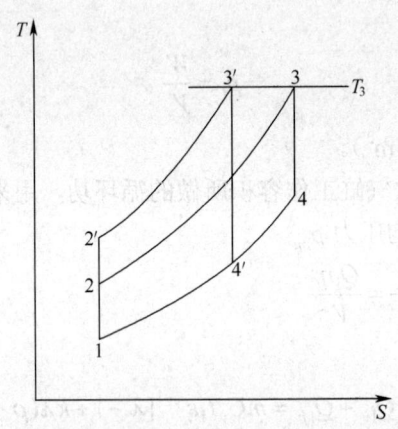

图 2-4　最高温度相同时，提高压缩比对循环的影响

如图 2-5 所示为定容加热循环热效率 η_t 随压缩比 ε 而变化的情况。由图可见，在压缩比 ε 较低时，随 ε 的提高，η_t 增长很快，但在 ε 较大时，再提高 ε 则效果就很小了。

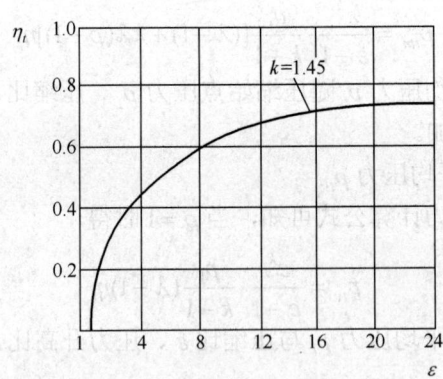

图 2-5　定容加热循环热效率与压缩比的关系

（2）k 值的影响

绝热指数 k 对热效率 η_t 的影响如图 2-6 所示，随着 k 值增大，η_t 将提高。k 值取决于工质的性质，不同的工质有不同的 k 值，一般地取空气的 $k=1.4$，当燃料与空气的混合气加浓时，即混合气体中燃料蒸气较多，k 值将降低，因而 η_t 也将降低。反之当燃料与空气的混合气体变

稀时，k 值增大，η_t 将提高。理论循环中比热容为定值，则 k 也为定值，不随温度变化，实际循环中则有变比热容的影响。

（3）λ 值的影响

对定容加热循环来说，λ 值与加热量 Q_1 有顺变关系。当 Q_1 增加时，λ 增大，由 η_t、p_t 式可见，当 ε 保持不变，则 η_t 不变，而 p_t 将增大。这是因为 Q_1 是在定容条件下加入的，因视比热容为定值，则所加入的每一部分热量都使工质升高同样温度，而且得到每一部分热量的工质都具有同样的膨胀比，所以 η_t 不变，而 p_t 增大。

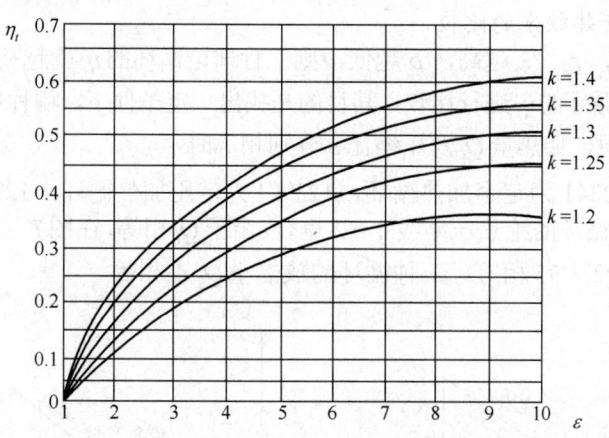

图 2-6　热效率与 k、压缩比 ε 的关系

然而对混合加热循环来说，当 λ 增大时，如果保持总热量 Q_1 和 ε 不变，则 η_t 和 p_t 都将随之增大。如图 2-7 所示。当 λ 值增大时，意味着循环 123451 中的定容线 2—3 延长。如果总热量 Q_1 不变，即循环包围的净热面积不变，则点 4′、点 5′ 相对点 4、点 5 左移，相应 Q_2 将减小，所以热效率 η_t 增大，由于循环热效率的提高，则循环平均压力 p_t 也将增大。

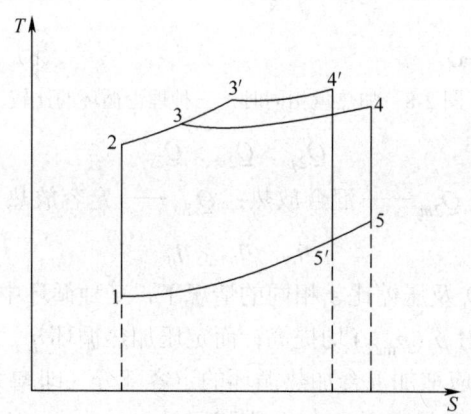

图 2-7　λ、ρ 对热效率、平均压力的影响

但是，λ、ε 增长将造成最高温度 T_3、最高压力 p_3 的急剧上升，这将受到材料耐热性和强度的限制以及燃烧方面的限制。

（4）ρ 值的影响

在等压加热循环中，当压缩比 ε、绝热指数 k 保持不变，ρ 值与 Q_1 值有顺变关系。当 Q_1 值增加时，ρ 值增大。由等压加热循环的热效率 η_t 和平均压力 p_t 的公式可知：热效率 η_t 将降低，循环平均压力 p_t 将增大。

在混合加热循环中，当压缩比 ε、绝热指数 k、加热量 Q_1 保持不变时，ρ 值增大意味着定压加热 Q_{1p} 值增大，则定容加热 Q_{1v} 值将相应减少，如图 2-7 所示，从混合加热循环的热效率式可见 η_t 将降低。是因为 ρ 值的增大意味着定压加热 Q_{1p} 值增大。而 Q_{1p} 是在工质膨胀比不断下降（即容积不断增大）的过程中加入的，其做功的机会相应减少，因而热效率 η_t 降低，随着 η_t 的降低，在 Q_1 不变的情况下则循环功 W 减少，因而循环的平均压力 p_t 也将降低。

2. 三种理论循环热效率的比较

由以上分析可知，ε、λ 越高，ρ 越低，则三种理论循环的 η_t 就越高，现在根据不同的工作条件，对三种理论循环的 η_t 进行比较，其目的是找出一定条件下，哪种理论循环热效率最高。

（1）当初态相同，加热量 Q_1 及压缩比 ε 分别相等时

图 2-8（a）中 12341 为定容加热循环，123'4'1 为定压加热循环，122"3"4"1 为混合加热循环。由于 ε 相同，三种循环的绝热压缩线 1—2 重合；由于 Q_1 相等，在图 $T-S$ 图上的面积 52365、面积 523'85 和面积 522"3"75 相等，三种循环的放热量 Q_2 不相等

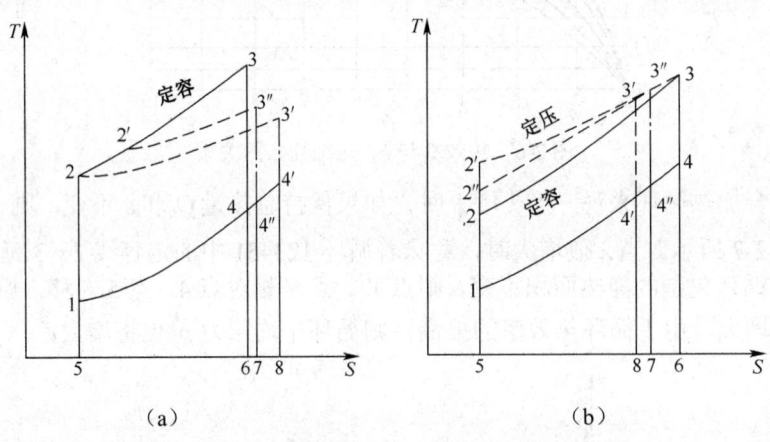

(a)   (b)

图 2-8 加热量相同时，三种理论循环的比较

$$Q_{2p} > Q_{2m} > Q_{2v}$$

式中 Q_{2p}——定压放热；Q_{2m}——混合放热；Q_{2v}——定容放热。

则 $$\eta_{tv} > \eta_{tm} > \eta_{tp}$$

由此可见：在吸热量 Q_1 及压缩比 ε 相同的情况下，三种循环中，定容加热循环热效率 η_t、平均压力 p_t、循环最高压力 $p_3(p_{\max})$ 均提高；而定压加热循环 η_t、p_t、p_3 均最低；欲提高混合加热循环的热效率 η_{tm}，应增加混合加热循环的定容部分（即增大 λ）。

（2）当吸热量 Q_1 及循环最高压力 p_3 分别相同时

由图 2-8（b）可看出，各种循环的放热量为

$$Q_{2v} > Q_{2m} > Q_{2p}$$

则 $$\eta_{tp} > \eta_{tm} > \eta_{tv}$$

由此说明：在吸热量 Q_1 及循环最高压力 p_3 相同时，定压加热循环的 η_t 及 p_t 最高，但计算

表明，在 p_3 很高时，对于定压加热循环的 η_t 及 p_3 都没有特别的作用。

对于高增压柴油机，因受机件强度的限制，必须限制其循环最高压力，根据以上比较所得的结论可知，为了得到较高的热效率，亦按定压加热循环工作。

2.2 发动机的实际循环

发动机的实际循环由进气、压缩、燃烧、膨胀和排气五个过程组成，循环是非常复杂的，与理论循环相比差异也甚大。在实际循环中存在着不可避免的损失，它不可能达到理论循环的效率和平均压力。

研究实际循环的目的，就是分析与理论循环的差异和引起各种损失的原因，以求不断改善实际循环，缩小与理论循环的差距，促进发动机的改进与发展。

在发动机的实际工作中，燃料燃烧的热能，通过工质的膨胀转化为机械功，这种连续不断地把热能变为机械功的循环，称为发动机的实际循环。

2.2.1 实际循环示功图

实际循环通常用气缸内工质的压力 p 随气缸工作容积 V（或曲轴转角 φ）变化的图形（示功图）表示，如图 2-9 所示。示功图有两种基本形式：图 2-9（a）是以气缸工作容积为独立变量的，称为 p-V 示功图；图 2-9（b）是以曲轴转角为独立变量的，称为 p-φ 示功图，也称展开示功图。

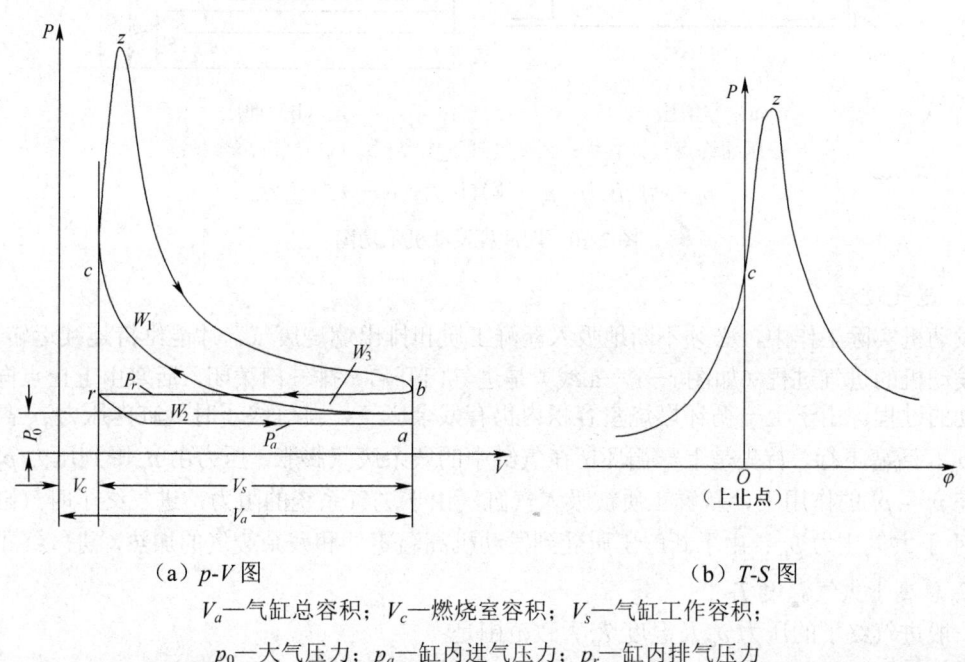

(a) p-V 图   (b) T-S 图

V_a—气缸总容积；V_c—燃烧室容积；V_s—气缸工作容积；
p_0—大气压力；p_a—缸内进气压力；p_r—缸内排气压力

图 2-9 示功图

示功图是研究实际循环的依据，一般由专门的仪器在发动机工作时直接测得。

2.2.2 实际循环过程

如图 2-10 所示为四冲程发动机示功图。

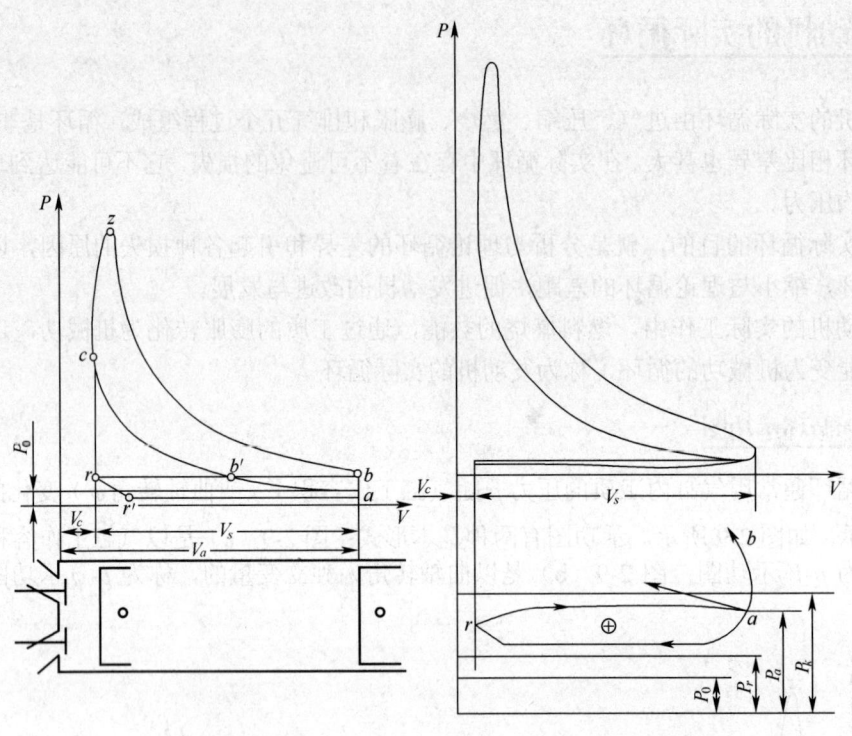

（a）非增压　　　　　　　　　（b）增压

V_c—压缩终点气缸容积；V_s—气缸工作容积；V_a—气缸总容积；

p_k—增压压力；p_r—排气压力；p_0—大气压力

图 2-10　四冲程发动机示功图

1. 进气过程

发动机实际工作中，必须不断地吸入新鲜工质和排出燃烧废气，才能维持连续运转。

发动机的进气过程（如图 r—r′—a 线）是进气门开启、排气门关闭，活塞由上止点向下止点移动的过程。由于上一循环燃烧室容积内仍有残余废气，排气终了时气缸内压力 p_r 高于大气压 p_0，活塞下行，首先是上一循环留在气缸中的残余废气膨胀，压力由 p_r 降到压力 p_r'，在压力差 $p_0 - p_r'$ 的作用下，新鲜工质被吸入气缸。由于进气系统的阻力，进气终了时气缸内压力 p_a 小于大气压力 p_0；由于新鲜工质受到发动机高温零件和残余废气的加热，进气终了时的温度 T_a 总高于大气温度 T_0。

一般进气终了的压力 p_a 及温度 T_a 大致范围是：

汽油机　　　　$p_a = (0.8 \sim 0.90) p_0$　　　　　$T_a = 340 \sim 380 K$

柴油机　　　　$p_a = (0.85 \sim 0.95) p_0$　　　　$T_a = 300 \sim 340 K$

增压柴油机　　$p_a = (0.9 \sim 1.0) p_0$　　　　　$T_a = 320 \sim 380 K$

2. 压缩过程

压缩过程（图中 a—c′—c 线）的作用是增大工作过程的温差，使工质获得最大限度的膨胀比，提高循环热效率，并为着火燃烧创造有利条件。在柴油机中压缩后气体的高温是保证燃料着火的必要条件。

压缩过程是进、排气门均关闭，活塞上行，缸内工质受到压缩，温度及压力不断上升的过程。在这个过程中，存在着热交换和漏气损失，是一个复杂的多变过程。压缩开始，新鲜工质温度较低，受缸壁加热，多变指数 $n_1'>k$；随着工质温度升高，到某瞬间与缸壁温度相等，热交换为零，$n_1'=k$；此后由于工质温度高于缸壁温度，向缸壁散热，$n_1'<k$。因此，发动机的实际压缩过程是一个多变指数不断变化的多变过程，如图 2-11 所示。

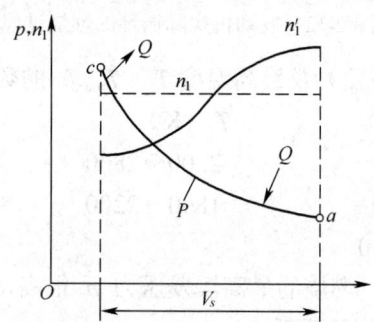

图 2-11 压缩过程及多变压缩指数

压缩终了压力 p_c 及温度 T_c 的大致范围是：

	p_c（MPa）	T_c（K）
汽油机	0.8～2.0	600～750
柴油机	3.0～5.0	750～1000
增压柴油机	5.0～8.0	900～1100

在使用中，实测的压缩压力值是发动机的动力性技术指标。如因活塞环失效、气缸磨损严重、气门封闭不严等，使压缩终了压力降低，造成起动困难，功率下降，应查明原因，及时检修。

3. 燃烧过程

燃烧过程的作用是将燃料的化学能转变为热能，使工质的压力及温度升高，为膨胀创造条件。燃烧过程放出的热量越多，放热时越接近上止点，则热效率越高。

在汽油机中，当活塞压缩到上止点前某一刻（如图 2-12（b）中 c′点），汽油与空气形成的混合气由电火花点燃，火焰迅速传遍整个燃烧室，使工质的压力及温度急剧上升，其压力在极短的时间内达到最高值 p_{max}（p_z）。因此，接近定容加热（如图中 cz 段）。

在柴油机中，同样应在上止点前开始喷油（如图 2-12（a）中 c′点），柴油微粒迅速蒸发而与空气混合，并借助于空气的热量而自燃。燃烧开始时，燃烧速度很快，而气缸容积变化很小，工质温度、压力剧增，所以接近定容加热（图 2-12（a）中 c—z′段）。随后是边喷油边燃烧，燃烧速度慢，且随着活塞下移气缸容积增大，所以气缸压力升高不大，而温度继续上升，因此接近等压加热（图中 z′—z 段）。

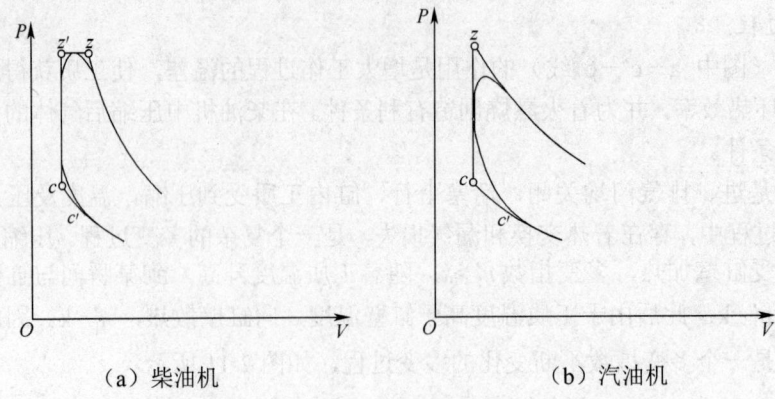

（a）柴油机　　　　　　　　　　　（b）汽油机

图 2-12　发动机实际循环的燃烧过程

燃烧的最高爆发压力 p_z（p_{max}）及最高温度 T_z（T_{max}）的数值范围是：

	p_z（MPa）	T_z（K）
汽油机	3.0～6.5	2200～2800
柴油机	4.5～9.0	1800～2200
增压柴油机	9.0～13.0	

可见，柴油机因压缩比高，燃烧的最高爆发压力 p_z 很高，但因相对于燃油的空气量大，所以最高燃烧温度 T_z 值反而比汽油机低。

在实际燃烧过程中，不仅有散热损失，燃烧不完全损失，同时由于燃料燃烧不是瞬时完成的，需要一定时间，因此还存在非瞬时燃烧损失。

4. 膨胀过程

图中 z－b 线即为膨胀过程曲线。膨胀过程是燃烧后的高温高压气体在气缸内膨胀，推动活塞由上止点向下止点移动而做功的过程。随着气缸容积增大，气体的压力、温度迅速下降。

在膨胀过程中，与压缩过程中情况相似，并非绝热过程，不仅有散热损失、漏气损失，还有补燃和高温热分解，因此实际膨胀过程也是多变指数变化的多变过程。膨胀开始时，由于补燃，工质被加热，$n'_2<k$；到某一瞬间，对工质的加热量与工质向缸壁的散热量相等，$n'_2=k$；随后工质向缸壁散热，$n'_2>k$，如图 2-13 所示。

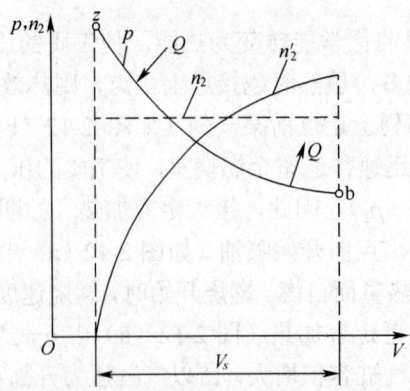

图 2-13　膨胀过程及膨胀多变指数

膨胀终点 b 的压力 p_b 及温度 T_b 的范围是：

	p_b（MPa）	T_b（K）
汽油机	0.3～0.6	1200～1500
柴油机	0.2～0.5	1000～1200

可见，由于柴油机膨胀比大，转化为有用功的热量多，热效率高，所以膨胀终了的温度和压力均比汽油机小。

5. 排气过程

排气过程的作用是排出燃烧废气，为下一循环的进气作好准备。图中 b′—b—r 线，即表示排气过程。

在膨胀过程末期，活塞接近下止点 b′时排气门开启，废气高速排出。当活塞由下向上移动时，缸内废气继续排出，直到排气门关闭，排气过程结束。由于排气系统有阻力，排气终了的压力 p_r 仍高于大气压 p_o。压力差 p_r-p_o 用来克服排气系统的阻力，阻力越大，排气终了的压力 p_r 越大，残留在缸内的废气越多。

排气终了的温度常作为检查发动机工作状态的技术指标。因为排气温度低，说明燃料燃烧后，转变为有用功的热量多，工作过程进行得好。如果发现排温偏高，应立即查明原因。

排气终了的压力 p_r 与温度 T_r 大致范围是：

	p_r（MPa）	T_r（K）
汽油机	p_r=(1.05～1.2)p_o	900～1100
柴油机	p_r=(1.05～1.2)p_o	700～900
废气涡轮增压柴油机	p_r=(0.75～1.0)p_o	

在实际循环的 p-V 示功图中，闭合曲线 czb′bc′c 所包围的面积 A_i，代表工质对活塞做的功，故是正功。

曲线 rr′ar 所包围的面积 A_l 称为泵气损失，对非增压发动机是负功；对于增压发动机，由于进气压力高于排气压力，故是正功。所以，A_i±A_l 为实际循环有用功。

2.2.3 实际循环与理论循环比较

通过上述实际循环的五个过程分析，可以看出发动机的实际循环与理论循环有很大差别。研究实际循环与理论循环的差异，就可找出热量损失所在。分析差异的原因，可探求提高热量有效利用的途径。

如图 2-14 给出四冲程非增压发动机示功图与理论循环的比较。其差别由以下几项损失引起。

1. 换气损失

为使循环重复进行，必须更换工质，由此而消耗的功称为换气损失。由于进、排气系统阻力而产生的损失如图 2-14 中 W_r 所示。其中，因工质流动时需克服进、排气阻力所消耗的功，称为泵气损失，如图 2-14 中 rab′r 所包围的面积，因排气门提前开启，使膨胀后期有用功减少而形成的损失称为提前排气损失，如图中面积 W 所示。

2. 燃烧损失

（1）实际循环中燃料燃烧需要一定时间，因此点火或喷油必须在上止点之前，并且燃烧还延续到膨胀冲程初期，由此产生的损失分别称为非瞬时燃烧损失和补燃损失，如图 2-14 中 W_z 所示。

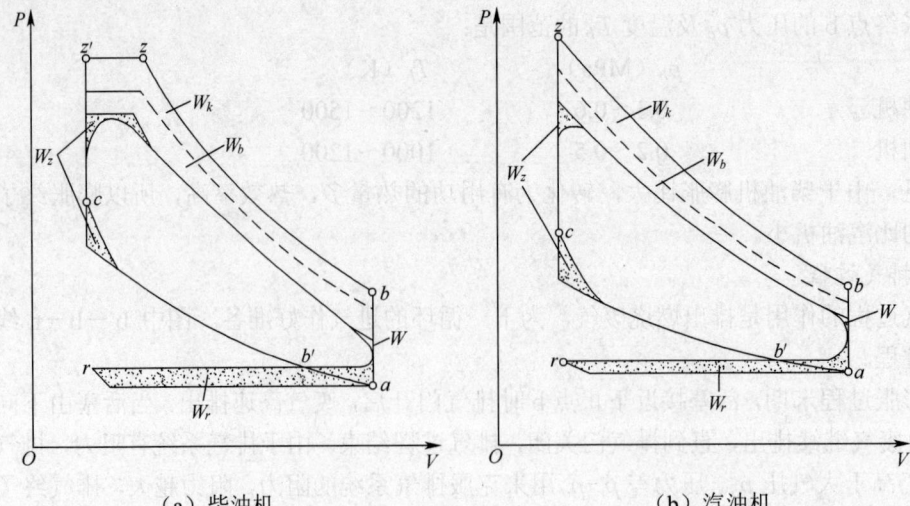

(a) 柴油机　　　　　　　　　　　(b) 汽油机

W_r—换气损失；W_z—非瞬时燃烧损失和补燃损失；W_k—实际工质影响引起的损失；

W_b—传热、流动损失；W—提前排气损失

图 2-14　实际循环与理论循环比较

（2）实际循环中会有部分燃料由于缺氧产生不完全燃烧损失。

（3）在高温下部分燃烧产物热分解引起的损失，即

$$2CO_2 + 热 \rightarrow 2CO + O_2$$
$$2H_2O + 热 \rightarrow 2H_2 + O_2$$

3. 实际工质影响引起损失

理论循环中假定工质的比热容为定值，而实际气体的比热容是随温度的上升而增大的。并且在整个工作循环中存在泄漏，使工质的数量减少。因此，使实际循环的指示热效率 η_i 和指示功率 p_i 要比理论循环小，其损失功为 W_k。

4. 传热、流动损失

在实际循环中，工质与燃烧室壁、气缸壁之间，始终存在着热交换，其压缩与膨胀过程不是绝热的，由此而产生的损失称为传热损失，如图 2-14 中 W_b 所示。

由上述讨论可知，理论循环是把发动机的实际工作过程简化成工质的基本热力过程组成的循环，是最简单的空气标准循环。而实际循环由于存在着各种损失，其中最重要的是传热损失和燃烧损失，因此实际循环的指示功比理论循环的指示功要小。实际循环的热效率也小于理论循环的热效率。

2.3　发动机的指示指标

指示性能指标是以气缸内工质对活塞做功为基础的指标，用来评定发动机实际循环进行的好坏。用各种示功器测量绘制的 p-V 图和 p-φ 图就是气缸内各工作过程的压力变化情况。p-V 图又称为示功图，指示指标是从示功图测量计算得出的。

评定实际循环动力性的指标主要包括平均指示压力 p_{mi} 和指示功率 p_i。

2.3.1 发动机循环指示功

循环指示功 W_i（kJ）是指在气缸内完成一个循环工质对活塞所做的有用功。如图 2-10 所示的 p-V 示功图中，闭合曲线 czb'bc'c 所包围的面积 A_i，代表工质对活塞做的功，故是正功。

曲线 rr'ar 所包围的面积 A_l 称为泵气损失，对非增压发动机是负功；对于增压发动机，由于进气压力高于排气压力，故是正功。所以，$A_i \pm A_l$ 为实际循环有用功。示功图面积 $A_i \pm A_l$，可根据实测示功图通过计算求得，则发动机的指示功可由下式求出

$$W_i = ab(A_i \pm A_l) \qquad (2\text{-}7)$$

式中 $A_i \pm A_l$——示功图中指示功面积（mm²）；a——示功图纵坐标比例尺（kPa/mm）；b——示功图横坐标比例尺（m³/mm）。

多缸发动机的指示功为上述 W_i 乘以缸数。

2.3.2 发动机指示指标

1. 平均指示压力

发动机每循环做功的多少与气缸工作容积有关，因此，对于不同尺寸的发动机，为了比较它们单位气缸工作容积做功能力的大小，而引入平均指示压力 p_{mi} 的概念。

平均指示压力 p_{mi} 是指发动机单位气缸工作容积的指示功，用符号 p_{mi} 来表示，单位为 kPa。即

$$p_{mi} = \frac{W_i}{V_s} \qquad (2\text{-}8)$$

式中 W_i——指示功（kJ）；V_s——气缸工作容积（L）。

由式（2-8）可以看出，平均指示压力与气缸工作容积大小无关，它排除了指示功那种依赖气缸容积大小的因素，使之成为从发动机的实际工作循环的角度来衡量单位气缸工作容积工作能力高低的一个参数，是衡量发动机实际循环强弱程度的一个很重要的参数。显然，平均指示压力越大，表示发动机的工作循环进行得越好，气缸工作容积的利用程度越高。由式（2-8）计算指示功得

$$W_i = p_{mi} V_s \text{（kJ）} \qquad (2\text{-}9)$$

因此，平均指示压力可以设想为一个恒定的压力作用于活塞顶上，使活塞在一个膨胀冲程所做的功等于一个工作循环的指示功 W_i，如图 2-15 所示。

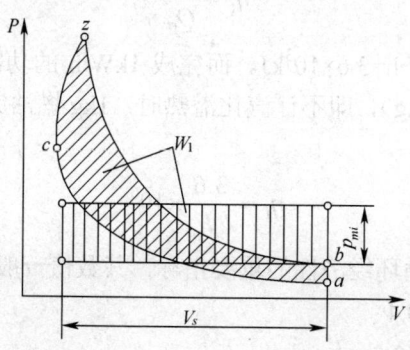

图 2-15 指示功与平均指示压力

平均指示压力 p_{mi} 一般为：

汽油机　　686～981kPa

柴油机　　784～1180kPa

2. 指示功率 P_i

指示功率是指发动机在单位时间内所做的指示功，用符号 P_i 来表示。

设某发动机气缸数为 i，转速为 n（r/min），冲程数为 τ（四冲程 $\tau=4$，二冲程 $\tau=2$），每缸工作容积为 V_s（L），平均指示压力为 p_{mi}（kPa），则发动机（i 个气缸）每循环所做的指示功为

$$W_i = i p_{mi} V_s \tag{2-10}$$

发动机每工作循环所用的时间 μ 为

$$\mu = \frac{\tau}{2} \frac{60}{n}$$

按指示功率的定义，整理即得出

$$P_i = \frac{p_{mi} V_s i n}{30\tau} \tag{2-11}$$

τ——冲程数。四冲程 $\tau=4$，二冲程 $\tau=2$。

四冲程发动机　　$$P_i = \frac{p_{mi} V_s i n}{120} \tag{2-12}$$

二冲程发动机　　$$P_i = \frac{p_{mi} V_s i n}{60} \tag{2-13}$$

3. 指示燃油消耗率 b_i

指示燃油消耗率是指单位指示功的耗油量，单位为[g/(kW·h)]。

设发动机的指示功率为 P_i（kW），每小时耗油量为 B（kg/h），则指示燃油消耗率为

$$b_i = \frac{B}{P_i} \times 10^3 \tag{2-18}$$

b_i 是评定发动机实际循环经济性的重要指标之一，其数值一般为：

汽油机　　　　$b_i=205\sim320$　[g/(kW·h)]

柴油机　　　　$b_i=170\sim200$　[g/(kW·h)]

4. 指示热效率 η_i

指示热效率是指发动机实际循环指示功与所消耗热量之比，即

$$\eta_i = \frac{W_i}{Q_1} \tag{2-19}$$

根据热功当量可知，1kW·h=3.6×10³kJ。而完成 1kW·h 的功需要消耗的热量（$b_i h_u/1000$）（kJ），h_u 为燃料低热值（kJ/kg），即不计汽化潜热时，1kg 燃油完全燃烧所放出的热量。则按 η_i 的定义，得

$$\eta_i = \frac{3.6}{b_i h_u} \times 10^6 \tag{2-20}$$

η_i 也是评定发动机实际循环经济性的重要指标，其数值一般为：

汽油机　　　　$\eta_i=0.3\sim0.4$

柴油机　　　　$\eta_i=0.43\sim0.5$

2.4 发动机的有效指标

作用在发动机活塞上的指示功要经由活塞销、连杆、曲轴传递到曲轴输出端的飞轮上,才能把机械功传输出去作为输出功。以发动机曲轴输出功率为基础的性能指标称为发动机的有效指标。

2.4.1 动力性指标

1. 有效功率 P_e

有效功率是指从发动机输出轴上输出的功率,用符号 P_e(kW)表示。在数值上 P_e 等于指示功率 P_i 与机械损失功率 P_m 的差值,即

$$P_e = P_i - P_m \tag{2-21}$$

机械损失功率是指动力在发动机内部传递过程中损失的功率,主要包括摩擦损失、驱动附件的损失和泵气损失。发动机工作中,机械损失是不可避免的,机械损失功率和有效功率均可通过试验方法测定。

2. 有效扭矩 T_{tq}

有效扭矩是指发动机输出轴上输出的扭矩,用符号 T_{tq}(N·m)表示。

在实际工作中,一般通过台架试验直接测量发动机的有效扭矩和转速,并按下列公式计算出发动机的有效功率 P_e

$$P_e = T_{tq} \frac{2\pi n}{60} \times 10^{-3} = \frac{T_{tq} n}{9550} \tag{2-22}$$

式中 T_{tq}——有效扭矩(N·m);n——发动机转速(r/min)。

3. 平均有效压力 p_{me}

平均有效压力是指发动机单位气缸工作容积输出的有效功,用符号 p_{me} 来表示,单位为 Pa 或 kPa。即

$$p_{me} = \frac{W_e}{V_s} \tag{2-23}$$

式中 W_e——单个气缸的循环有效功(J);V_s——气缸工作容积(L)。

与平均指示压力和指示功率的关系类似,平均有效压力和有效功率的关系为

$$P_e = \frac{p_{me} V_s i n}{30\tau} \tag{2-24}$$

四冲程发动机

$$P_e = \frac{p_{me} V_s i n}{120} \tag{2-25}$$

二冲程发动机

$$P_e = \frac{p_{me} V_s i n}{60} \tag{2-26}$$

将式(2-22)代入式(2-24),并整理可得平均有效压力与有效扭矩之间的关系为

$$p_{me} = 3.14 \frac{T_{tq} \tau}{i V_s} \times 10^{-3} \tag{2-27}$$

即工作容积一定的发动机,$p_{me} \propto T_{tq}$。

p_{me} 值大，说明单位气缸工作容积对外输出的功多，做功能力强。它是评定发动机动力性的重要指标。

p_{me} 的一般范围是：

汽油机　　　0.7～1.3MPa

柴油机　　　0.6～1MPa

4. 转速 n 和活塞平均速度 C_m

提高发动机转速意味着发动机将经常处在较高转速的工况下运转，是性能设计上的一种强化措施。提高发动机转速，即增加单位时间的做功次数，从而使发动机体积减小、重量减轻和功率增加。

转速 n 增加，活塞平均速度 C_m 也增加，转速 n 和活塞平均速度 C_m（m/s）的关系为

$$C_m = \frac{Sn}{30} \tag{2-28}$$

式中　S——活塞冲程（m）；n——发动机转速（r/min）。

转速增加，C_m 相应增大，则活塞组的热负荷和曲柄连杆机构的惯性力均增大，磨损加剧，寿命下降，所以 C_m 已成为表征发动机强化程度的参数。一般汽油机不超过 18m/s，柴油机不超过 13m/s。

为了提高转速又不使 C_m 过大，由式（2-28）可知，可以减小冲程 S，即对于高速发动机，在结构上采用较小的冲程缸径比（S/D）值，但 S/D 值小也会造成燃烧室高度减小，燃烧室表面积与容积的 A/V 比值增大，混合气形成条件变差，不利于燃烧。S/D<1 时，常称为短冲程。

n、C_m、S/D 值的大致范围为

	n（r/min）	C_m（m/s）	S/D
小客车汽油机	5000～8000	12～18	0.7～1
载货车汽油机	3600～4500	10～15	0.8～1.2
汽车柴油机	2000～5000	9～18	0.75～1.2
增压柴油机	1500～4000	8～12	0.9～1.3

2.4.2　经济性指标

1. 有效燃油消耗率 b_e

有效燃油消耗率是指单位有效功的耗油量，单位为[g/(kW·h)]。

设发动机的有效功率为 P_e（kW），每小时耗油量为 B（kg/h），则有效燃油消耗率为

$$b_e = \frac{B}{P_e} \times 10^3 \tag{2-29}$$

有效燃油消耗率是评定发动机经济性的重要指标之一，其数值一般为：

汽油机　　　270～410　[g/(kW·h)]

柴油机　　　215～285　[g/(kW·h)]

2. 有效热效率 η_e

有效热效率是指发动机实际循环有效功与所消耗热量之比，即

$$\eta_e = \frac{W_e}{Q_1} \tag{2-30}$$

与指示热效率类似,若已知发动机的有效功率为 P_e(kW),每小时耗油量为 B(kg/h),所用燃料的低热值为 h_u(kJ/kg),则

$$\eta_e = \frac{3.6}{b_e h_u} \times 10^6 \tag{2-31}$$

η_e 也是评定发动机经济性的重要指标,其数值一般为:

汽油机　　　0.25～0.3
柴油机　　　0.30～0.45

2.4.3 强化指标

升功率、比质量和强化系数是评定发动机结构和强化程度的指标。

1. 升功率

升功率是指在标定工况下,每升气缸工作容积所发出的有效功率,用符号 P_L 表示,单位为 kW/L,按定义则

$$P_L = \frac{P_e}{V_s i} \tag{2-32}$$

式中　P_e——发动机的标定功率,即在标定工况下的有效功率(kW);V_s——气缸工作容积(L);i——气缸数。

将平均有效压力与有效功率的关系式代入上式,并整理可得

$$P_L = \frac{p_{me} n}{30\tau} \tag{2-33}$$

由式(2-33)可见,发动机的升功率与平均有效压力和转速的乘积成正比,升功率标志着发动机气缸工作容积的利用程度,可反映发动机结构的紧凑性。在发动机有效功率一定时,升功率越高,意味着发动机的体积越小。提高平均有效压力和转速是提高升功率的有效措施。

2. 比质量

比质量是指发动机的干质量 m 与标定功率的比值,用符号 m_e 表示,单位是 kg/kW,即

$$m_e = \frac{m}{P_e} \tag{2-34}$$

式中　m——发动机的干质量(kg);P_e——发动机的标定功率(kW)。

比质量标志着发动机质量的利用程度,比质量越小,说明在发动机有效功率一定时,其质量越轻。

发动机的升功率和比质量一般为:

　　　　　　P_L(kW/L)　　　　　m_e(kg/kW)
汽油机　　　30～70　　　　　　1.5～4
柴油机　　　18～30　　　　　　4～9

3. 强化系数

强化系数是指平均有效压力 p_{me} 与活塞平均速度 C_m 的乘积,也就是活塞顶部单位面积上的有效功率。

强化系数越大,意味着发动机的机械负荷和热负荷越大。随着发动机制造技术的不断进步,各机件承受机械负荷和热负荷的能力增强,强化系数越来越高,所以强化系数也是发动机

技术进步的标志。

强化系统的大致范围是：

汽油机　　　　　　　8～17MPa·m/s
小型高速柴油机　　　6～11MPa·m/s
重型汽车柴油机　　　9～15MPa·m/s

2.5　发动机的环境指标

发动机环境评价指标主要指排气品质、噪声和车内空气污染。由于它关系到人类生存的环境和健康，因此必须制定相应的法规，给予严格控制。

2.5.1　排气品质

发动机排放对大气的污染已成公害，各国均采取对策并制定相应的控制法规，以限制发动机的排放污染。

1. 排出有害气体

目前主要限制一氧化碳（CO）、各种碳氢化合物（HC）及氮氧化合物（NO_x）三种危害最大的气体排放量。

2. 排气微粒

排气微粒指排气中除水以外的任何液态或固体微粒。其中，以碳为主要成分的固体颗粒形成碳烟，是排气微粒最主要的成分，目前除美国外，其他国家均只限制碳烟的排放值。

2.5.2　噪声

噪声是指人们不需要并希望设法加以控制和消除掉的声音的总称。其作用于人的中枢神经系统，使大脑皮层兴奋，抑制失调，产生头疼、脑胀、昏晕、耳鸣、失眠和心慌等症状；还影响人的消化系统和内分泌系统。在一定强度的噪声影响下，人们会出现心跳过速、心律不齐、血压增高等症状。发动机噪声是汽车主要噪声源之一，因此，必须加以严格控制。

我国噪声标准中规定，轿车噪声不得大于84dB。

小汽车（M1类车辆）车外噪声限值为74dB（A）。

2.5.3　车内空气污染

自20世纪80年代，很多国家开始关注车内空气污染。研究表明，车内空气污染有时会高于车外10倍以上，为此，不少国家的环保机构制定了汽车车内环境标准，使得汽车车内各种有害气体的含量有了明确的限值，以确保车内空气污染没有达到对驾乘人员健康产生影响的程度。

汽车车内污染物主要有甲醛、甲苯及二甲苯、氮氧化物、二氧化硫、二氧化碳、一氧化碳、甲苯二异氰酸酯、总挥发性有机物、可吸入微粒物及细菌等。

2.6 机械损失与机械效率

发动机曲轴输出的功率即有效功率 P_e 总是小于指示功率 P_i，由活塞到曲轴输出端功率传递过程中所损失的功率称为机械损失功率 P_m，其数值大约占指示功率的 10%～30%。因此，降低机械损失，特别是摩擦损失，使实际循环得到的功尽可能转变为对外输出的有效功，即分析影响机械效率的因素，可以找出提高机械效率的措施。

2.6.1 机械损失

在发动机工作过程中，有一部分指示功消耗于自身的各种损失之中，损失的这部分功统称为机械损失。主要包括：

（1）发动机内部运动件的摩擦损失。如活塞和活塞环与缸壁的摩擦；各轴承与轴颈之间的摩擦；气门传动机构的摩擦；油封处的摩擦等。这部分损失所占比例最大，约占总机械损失的 60%～75%。

（2）驱动附属机构的损失。如驱动配气机构、冷却水泵、风扇、机油泵、点火装置或喷油泵等的损失。约占总机械损失的 10%～20%。

（3）泵气损失。约占总机械损失的 10%～20%。

说明机械损失的大小可以用机械损失功率 P_m 和平均机械损失压力 p_{mi}（单位气缸工作容积的机械损失功）表示。它们和指示指标的关系是：

$$P_m = P_i - P_e$$

或

$$p_{mm} = p_{mi} - p_{me}$$

2.6.2 机械效率

曲轴输出的有效功率与指示功率之比，称为机械效率，用 η_m 表示，即

$$\eta_m = \frac{P_e}{P_i} = \frac{p_{me}}{p_{mi}} = 1 - \frac{P_m}{P_i} = 1 - \frac{p_{mm}}{p_{mi}} \tag{2-35}$$

根据机械效率的定义，可将式（2-30）写为

$$\eta_e = \frac{W_e}{Q_1} = \frac{W_i \eta_m}{Q_1} = \eta_i \eta_m \tag{2-36}$$

将式（2-36）代入式（2-31）得

$$\eta_i \eta_m = \frac{3.6}{b_e h_u} \times 10^6$$

即

$$b_e = \frac{3.6 \times 10^6}{h_u} \times \frac{1}{\eta_i \eta_m} \tag{2-37}$$

η_m 可用来比较各种不同发动机的机械损失大小。η_m 值越高，说明机械损失越小，发动机的性能越好。所以，为了提高发动机的性能，应尽量减少机械损失，提高机械效率。

2.6.3 机械损失的测定

发动机机械损失的原因极为复杂，很难用理论分析的方法确定其数值，通常采用实验方法来测定，常用的实验方法有倒拖法、灭缸法和油耗线法。

1. 倒拖法

在平衡式电力测功器的实验台上，首先使发动机在给定工况下稳定运转，当冷却水和机油温度达到规定值时，汽油机停止点火，柴油机切断供油，同时将电力测功器转换为电动机，按给定转速倒拖发动机。电力测功器所测得的倒拖功率即为发动机在该工况下的机械损失功率。

倒拖法是求机械损失功率最迅速和简便的方法，也被认为是求平均指示压力的最简便的方法，我国汽车发动机试验标准中规定，应优先采用此法测量机械损失功率。

但这种方法的缺点是必须使用平衡电力测功器，其价格偏高，而且由于缸内压力、温度与实际不符，测量结果往往偏大。

2. 灭缸法

此法仅适用于多缸发动机。首先将发动机调整到给定工况稳定运转，测出其有效功率 P_e，然后在油门位置或喷油泵位置不变的情况下，停止向一个气缸供油或点火，并调整测功器使发动机恢复到原来的转速，再测出发动机的功率 P_{e1}，由于有一个气缸不工作，第二次测出的有效功率比第一次测得的要小，两者之差即为被灭缸的指示功率。按照相同的方法，依次使第二、第三各缸熄火，即可测得对应的有效功率 P_{e2}、P_{e3}、……。于是可求得各缸的指示功率为

$$P_{i1} = P_e - P_{e1}$$
$$P_{i2} = P_e - P_{e2}$$
$$……$$

上列各式相加可得整机的指示功率为

$$P_i = P_{i1} + P_{i2} + \cdots = iP_e - (P_{e1} + P_{e2} + \cdots)$$

式中 i——气缸数。

则整机的机械损失功率为

$$P_m = (i-1)P_e - (P_{e1} + P_{e2} + \cdots)$$

对于柴油机此法的测量误差，在较好情况下可以达到 5%；但对于汽油机，由于停缸会使进气情况改变，往往得不到正确的结果。同样它也不能用于废气涡轮增压发动机及单缸机。

3. 油耗线法

发动机转速一定，逐渐改变柴油机油量调节机构的位置，测出每小时耗油量 B 随负荷 p_{mm} 变化的关系曲线，即负荷特性曲线，如图 2-16 所示。在曲线中找出接近直线的线段，并顺此线段作延长线，直至与横坐标相交，则交点到坐标原点的长度即为该发动机的平均机械损失压力 p_{mm} 的数值。此方法是基于在假设转速不变时 p_{mm} 和指示热效率 η_i 都不随负荷变化而变化为基础的。

由式（2-18）和式（2-20），得到图 2-16 中 A、B 两工况的关系式为

$$B_A h_\mu \eta_i = 3.6 \times 10^3 P_i = 3.6 \times 10^3 (P_e + P_m)$$

$$B_B h_\mu \eta_i = 3.6 \times 10^3 P_m$$

两式相除，得

$$\frac{B_A}{B_B} = \frac{P_e + P_m}{P_m} = \frac{p_{me} + p_{mm}}{p_{mm}}$$

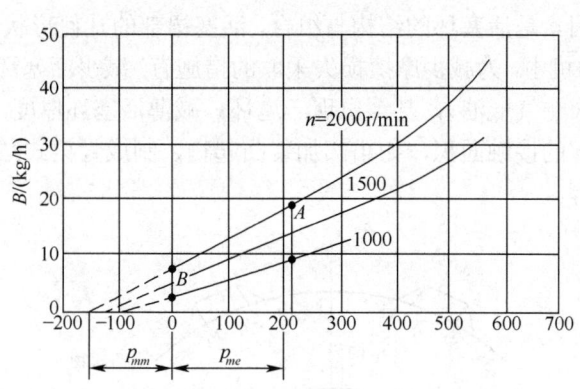

图 2-16　用油耗线法求 p_{mm} 值

因柴油机工作接近这个阶段，所以该方法适用于柴油机，但不适用于汽油机。

2.6.4　影响机械损失与机械效率的主要因素

1. 气缸内最高燃烧压力

发动机最高燃烧压力的大小决定了整个燃烧膨胀过程的压力水平。气缸压力高，活塞环背压按比例相应增加，活塞裙部对缸套壁的侧压力和轴承负荷增加，活塞环和活塞的摩擦损失也相应增大；另一方面，压力高，为保证各承受负荷零件的强度、刚度和工作耐久性，也有必要加大活塞、连杆、曲轴尺寸和质量，加宽轴承的承载面积，这就随之增加了运动零件的惯性力，从而导致摩擦损失的增加。因此可以说，凡是导致最高燃烧压力上升的因素都将加大摩擦损失。

由此可见，发动机的压缩比不宜过高，汽油机的点火提前角、柴油机的供油提前角和初始供油率也不宜过大。

2. 气缸直径及冲程

根据试验，机械损失功率与缸径、冲程的大致关系为

$$P_m = K \frac{\sqrt{SD_m}}{D}$$

式中　D——气缸直径；S——活塞冲程；D_m——曲轴的平均直径；K——与气缸数和转速有关的常数。

可见，当发动机工作容积增加，即加大缸径或冲程时，机械损失功率增加，但因气缸的面积与容积之比（A/V）值减小，相对摩擦面积减少，故相对的机械损失少，机械效率提高。

当气缸工作容积一定，而冲程、缸径比（S/D）减小时，则因活塞平均速度 C_m 值和 A/V 值均有所下降，所以机械效率提高。

3. 摩擦损失

在机械损失中，摩擦损失所占比例最大，达到 70% 左右，所以降低摩擦损失一直是人们

极为关注的问题。

(1) 活塞组件

活塞组件是发动机中主要的摩擦源，产生摩擦的部件是：活塞环、活塞裙部和活塞销。影响摩擦损失的主要因素是活塞环的结构与组合，活塞裙部的几何形状，缸套的温度及配合间隙等。在高速车用汽油机中，为减少摩擦损失采取的措施有：减少活塞环数目，如由三道环（二气一油）减至二道环（一气一油），甚至出现一道环；减薄活塞环厚度，目前已有2～3mm厚的气环；减少活塞裙部的接触面积，如裙部加装凸起物，制成骨架式结构，如图2-17所示；在裙部涂固体润滑膜等。

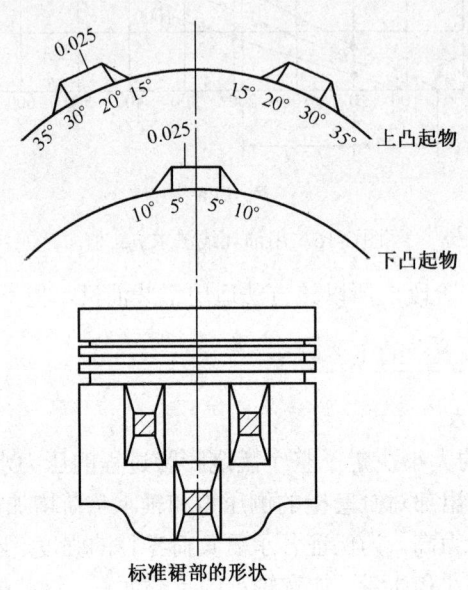

图 2-17 带凸起物的活塞

(2) 曲轴组件

曲轴摩擦源于轴颈与轴承（包括主轴颈、连杆轴颈或平衡轴颈）及其密封装置。一般滑动阻力与轴颈的直径和宽度的立方成正比，因此主要措施为减少运动件的惯性质量，如减小活塞、活塞销、连杆的质量，可降低轴承负荷并可使轴承宽度和轴径减小。

(3) 配气机构

气门机构在发动机整个工作范围均承受高负荷。在较低转速下，作用于气门上的负荷主要由弹簧力引起；在较高转速时，零件质量引起的惯性力占主导地位。与其他机构不同的是，配气机构在低转速区是处于临界润滑状态，故其低速时摩擦损失所占比例会明显增加。减小配气机构运动件质量（如气门导杆直径，已有减至2～3mm的气门导杆），降低弹簧负荷，在摇臂与凸轮接触面处加入滚动轴承等，都是减少配气机构摩擦损失的有效措施。

另外，气缸套内壁、轴颈、轴承等各摩擦表面的加工精度，零件材料及热处理等，对摩擦损失也有较大影响。

4. 发动机转速（或活塞平均速度）

所有发动机的机械效率 η_m 都随转速或活塞平均速度的提高而下降。因为在负荷不变而转速增加时：

（1）各摩擦表面间的相对运动速度加大，摩擦损失增加。
（2）曲柄连杆机构的惯性力加大，活塞侧压力和轴承负荷均增加，摩擦损失增加。
（3）泵气损失加大。
（4）驱动附件的机械损失增加。

所以，转速提高后机械损失功率增加，根据公式 $\eta_m = 1-(P_m/P_i)$，所以机械效率下降。根据实测统计资料，机械损失功率与转速平方近似成正比。因此随转速升高机械效率下降较快。η_m 与 n 的关系如图 2-18 所示。这正是单靠提高转速来强化发动机输出功率的做法受到限制的原因之一。

5. 发动机负荷

当发动机转速一定，负荷减小时，汽油机会相应减小油门开度（即减少混合气量），柴油机中会将喷油泵齿条位置向减小供油量方向移动，因此，气缸内指示功率 P_i 将减小，但机械损失功率 P_m 变化不大，因为 P_m 的大小主要取决于摩擦副的相对运动速度和惯性力大小，故只有机械效率下降。

根据公式 $\eta_m = 1-(P_m/P_i)$ 可知，怠速时，负荷为零，有效功率 $P_e=0$，指示功率全部用来克服机械损失功率，即 $P_i = P_m$，故 $\eta_m=0$。负荷由小变大时，指示功率迅速上升，而机械损失功率上升缓慢，所以机械效率 η_m 提高，但在大负荷时机械效率 η_m 上升缓慢，如图 2-19 所示。

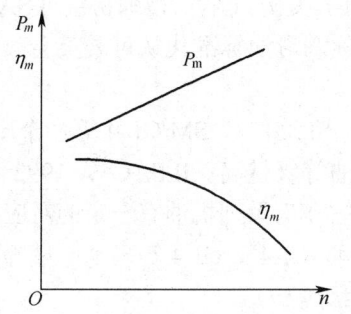

图 2-18 发动机转速对机械效率的影响

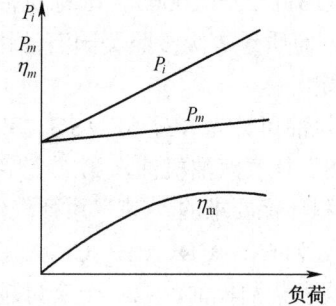

图 2-19 发动机负荷对机械效率的影响

6. 润滑油品质

在机械损失中，摩擦损失占的比例最大，达 70% 左右，而润滑油的品质对摩擦损失的大小有重要影响。

发动机的润滑系统作用为：防止机件磨损，加强气缸密封，清除机内杂质以及对活塞等高温机件进行冷却，对维持发动机可靠且稳定的工作至关重要。

润滑油的粘度是影响 η_m 最重要的润滑因素。

润滑油的粘度即稠稀程度，它表示了流体分子之间内摩擦力的大小。粘度大，内摩擦力大，流动性差，使摩擦损失增大，但粘度大承载能力强，易于保持液体润滑状态。反之，粘度小，流动性好，消耗的摩擦功少，但承载能力差，油膜易于破裂而失去润滑作用。润滑油的粘度主要与润滑油品种和温度有关。图 2-20 表示机械损失功率与润滑油的温度的变化关系。

由图 2-20 可知，在某一温度时 P_m 值最小。当油温偏低时因其粘度增大使机械损失功率 P_m 增加。当油温偏高时，因其粘度降低，油膜不能支撑表面上的压力而破裂，油从间隙中被挤出，出现半干摩擦状态，引起摩擦损失增加，导致机械效率 η_m 下降，严重时会引起发动机破坏。所以发动机在冷天起动时，为改善其性能，起动前应摇车和对机油适当加温。

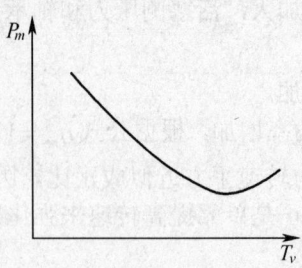

图 2-20　P_m 与润滑油温度 T_v 的关系

选用润滑油粘度的基本原则是：根据发动机的性能和使用条件，在保证可靠润滑的条件下，尽量选用粘度小的润滑油，以减少摩擦损失，提高机械效率 η_m。一般说来，当发动机强化程度高，轴承负荷大时，要选用粘度较大的润滑油；当转速高，配合间隙小时，需要润滑油流动性好，宜选用粘度较小的润滑油。经过长期使用，轴承间隙较大，应选用较高粘度的润滑油。

发动机润滑油分类涵盖粘度等级和质量等级两方面，即描述一种润滑油既要说明它的粘度等级，又要说明它的质量等级。

我国从 2007 年 1 月 1 日起实施与国际接轨的汽油机油标准（GB11121－2006）和柴油机油标准（GB11122－2006）。国标机油的粘度等级等同于美国汽车工程师协会（SAE）标准 SAEJ300，而质量等级参照美国石油协会（API）和国际润滑油标准化认可委员会（ILSAC）的标准制定。

汽油机油可分为 SE、SF、SG、SH/GF-1、SJ/GF-2、SL/GF-3、SM/GF-4 等多个质量等级，首字母"S"代表汽油机油，第二个字母越靠后表示机油等级越高。ILSAC 从 1992 年开始发布有节能和环保要求的"GF"系列汽油机油，与 API 的"S"系列机油有一定的对应关系。柴油机油可分为 CC、CD、CE、CF-4、CG-4、CH-4、CI-4、CI-4$^+$、CJ-4 等多个质量等级，首字母"C"代表柴油机油，第二个字母越靠后表示机油等级越高。

机油的粘度等级反映了机油的低温动力粘度、边界泵送温度、高温运动粘度和高温高剪切粘度等特性，也决定了机油的使用范围。粘度等级通常用"数字"或"数字+W"表示，其中纯数字如"30"表示夏季用油，"数字+W"如"10W"表示冬季用油。同时满足冬季用油的低温粘度要求和夏季用油的高温粘度要求的机油，称为多级油，它为四季通用润滑油，用两组数字来标识，如"10W/40"。带 W 的第一组数字相当于冬季用油标准，W 前的数值越小，适用的环境温度越低；第二组纯数值相当于夏季用油标准，数值越大，适用的环境温度越高。由于多级油具有较低的低温粘度和良好的低温泵送性，一般认为采用多级油可节省燃料消耗 3%～5%，同时还可免除季节更换机油的损失。

7. 冷却水温度

冷却水温度直接影响润滑油的温度，进而影响润滑油的粘度和机械损失的大小。冷却水的温度低时，润滑油的温度低、粘度大，摩擦损失增加，机械效率 η_m 下降。如果冷却水温度过高，会使润滑油粘度小，也使机械损失增加，机械效率 η_m 下降，如图 2-21 所示。实践证明，发动机运行中冷却水温保持在 80～95℃范围内，可减少机械损失，提高机械效率 η_m，通常发动机冷却水温达到正常后，才允许发动机带负荷运转。

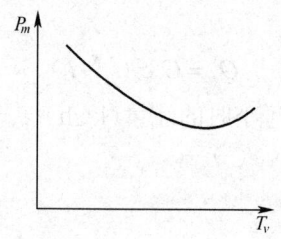

图 2-21　P_m 与冷却水温度的关系

8. 发动机的技术状况

长期使用的发动机，技术状况差，对机械效率 η_m 影响很大。活塞环与缸套磨损后，间隙增大，漏气增多，指示功率 P_i 下降；尤其是汽油机漏气还会稀释润滑油，使润滑条件变差，气缸磨损加快。轴与轴承之间的磨损，使机油泄露增加，油压下降，运动件工作表面的润滑不良；水道中水垢增多，使气缸工作表面温度升高，破坏油膜。这些都会使机械效率下降，因此发动机在使用中，要定期检查保养，出现故障应及时修复，确保机油、燃油、空气的滤清效果，以减少摩擦损失，提高机械效率 η_m。

2.7　发动机的热平衡

发动机的燃料完全燃烧放出的热量，在发动机中经过一系列的复杂过程，只有 20%～45% 转变为有效功，而其余的热量将随着废气和冷却水等从发动机中排出，发动机的热平衡就是表示燃料燃烧发出的热量中在有效功和各种损失之间的分配情况，具体分配情况大致如下。

2.7.1　发动机所耗燃油的热量 Q_l（kJ/h）

若发动机每小时耗油量为 B（kg/h）时，则燃料完全燃烧每小时所放出的热量为

$$Q_l = B h_\mu$$

式中　h_μ——燃料低热值（kJ/kg）。

2.7.2　转化为有效功的热量 Q_e（kJ/h）

因为　　　　　　　　　　　　　$1\text{kW·h}=3.6\times10^3\text{kJ}$

所以　　　　　　　　　　　　　$Q_e = 3.6\times10^3 P_e$

式中　P_e——发动机的有效功率（kW）。

显然，Q_e 值越大，转变为有效功的热量越多，发动机的热效率越高，一般 Q_e/Q_l 值为

汽油机　　　　　　　　　20%～30%

柴油机　　　　　　　　　30%～40%

2.7.3　热量损失

1. 传给冷却介质的热量 Q_S（kJ/h）

Q_S 包括工质向缸壁及燃烧室散出的热量、废气在排气管道内散失的热量、摩擦发热所散

失的热量、从润滑油散失的热量等。

$$Q_s = G_s c_s (t_2 - t_1)$$

式中 G_s——通过发动机冷却介质每小时的流量(kg/h)；c_s——冷却介质的比热容[kJ/(kg·℃)]；t_1、t_2——冷却介质入口和出口温度（℃）。

一般 Q_s/Q_1 值为：

汽油机　　　　25%～30%

柴油机　　　　20%～25%

因柴油机压缩比高，燃气能充分膨胀，所以该比值相对下降。

2. 废气带走的热量 Q_R（kJ/h）

废气排出时，温度仍然很高，将带走相当大一部分未曾利用的热量。

$$Q_R = (B + G_k)(c_{pr} t_2 - c_{pk} t_1)$$

式中 B、G_k——每小时消耗的燃料量和空气量（kg/h）；c_{pr}、c_{pk}——废气和空气的比定压热容[kJ/(kg·℃)]；t_2——靠近排气门处的废气温度（℃）；t_1——进气管入口处工质的温度（℃）。

一般 Q_r/Q_1 值为：

汽油机　　　　40%～50%

柴油机　　　　35%～40%

柴油机的燃气膨胀充分，排气温度比汽油机低，所以该值比较小。

3. 燃料不完全燃烧热损失 Q_B（kJ/h）

在汽油机中，因采用空气不足的浓混合气；在柴油机中，因空气和燃料混合不均匀，所以均会产生不完全燃烧。其热损失 Q_B 近似计算为

$$Q_B = Q_1 (1 + \eta_T)$$

式中 η_T——燃烧效率。

4. 其他热量损失 Q_L（kJ/h）

Q_L 包括所有未计及的损失。这部分热量损失对汽油机和柴油机来讲大体相同，其 Q_L/Q_1 值均为5%左右。

发动机的热平衡可用热平衡方式来表示，即

$$Q_1 = Q_e + Q_s + Q_R + Q_B + Q_L \tag{2-33}$$

在热平衡方程式中，没有单独考虑机械损失消耗的热量，这是因为摩擦损失消耗的热量大部分被冷却介质和润滑油带走，所以机械损失热量分别包含在 Q_s 及 Q_L 中。

发动机的热平衡可由试验测定。在发动机试验台上，用示功器可测出发动机在某一工况稳定运转时的每小时耗油量 B 及有效功率 P_e，便可计算出 Q_1 及 Q_e，其他热量损失可用估算或相应的公式求得。

在研究发动机的工作过程中，为了估计发动机热平衡内各组成部分的相对值，以便对不同发动机进行比较，热平衡常以燃料总热量的百分数表示，即用 Q_1 除式（2-33）中各项，并以百分数表示，可得下式

$$q_e + q_s + q_r + q_b + q_l = 100\% \tag{2-34}$$

发动机热平衡方程式各组成部分的相对值，即使同一台发动机也并非定值，而是随着发动机的转速及负荷等情况的变化而改变。

在全负荷下，发动机热平衡方程式各组成部分的大致数值如表 2-1 所示。

表 2-1 热平衡中各项数值范围

型式	q_e	q_s	q_r	q_b	q_l
汽油机	25～30	12～27	30～50	0～45	3～10
柴油机	30～40	15～35	25～45	0～5	2～5
增压柴油机	35～45	10～25	25～40	0～5	2～5

发动机热平衡可用热流图（见图 2-22）来表示。从图中可清楚地看出热量在发动机中的转变和传递情况，图中 Q_i 表示转变为指示功的热量。

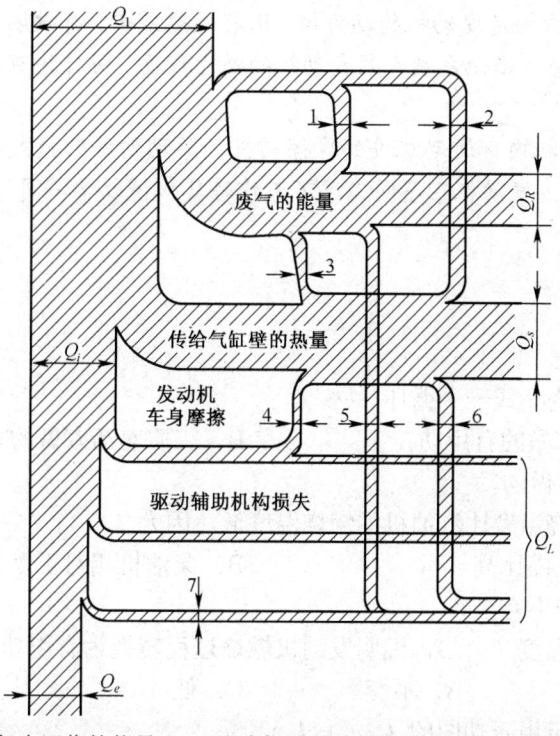

1—从残余废气和排气中回收的热量；2—由汽缸壁传给进气的热量；3—排出的废气传给冷却水的热量；4—在摩擦热中传给冷却水的热量；5—从排气系统辐射的热量；6—从冷却系和水套壁辐射的热量；7—从曲轴箱壁和其他不冷却部分辐射的热量

图 2-22 发动机的热平衡图

本章小结

发动机的理论循环是将非常复杂的实际工作过程加以简化，忽略一些因素，以便于做简易的定量处理。高速柴油机的理论循环是混合加热循环，汽油机的理论循环是定容加热循环。通过对理论循环分析，确定了影响发动机性能的主要因素，如压缩比 ε、绝热指数 k、压力升高比 λ、预膨胀比 ρ 等。ε 和 k 增大，三种理论循环的循环热效率 η_t 和循环平均压力 p_t 均增加；对定容加热循环，λ 增加，η_t 无变化，但 p_t 增加；对混合加热循环，在总热量 Q_1 和 ε 不变时，λ 增加，η_t 和 p_t 均增加。

四冲程发动机的实际循环是由进气、压缩、燃烧、膨胀和排气五个过程组成。较之理论循环复杂得多。

实际循环与理论循环相比存在以下损失：实际工质的影响引起的损失、换气损失、燃烧损失、传热损失。

发动机的性能指标包括指示指标和有效指标。指示指标用来评价实际循环质量的好坏，它以工质在气缸内对活塞做功为基础。用平均指示压力及指示功率评定循环的动力性即做功的能力。用循环热效率及燃料消耗率评定循环的经济性。

有效指标是以曲轴对外输出的功率为基础，代表整台发动机的性能的指标。用有效功率、有效扭矩、平均有效压力评定发动机的动力性。用有效热效率、有效燃油消耗率评定发动机经济性。用升功率、比质量、强化系数表明发动机的强化程度。另外还有发动机的环境指标即排放性能和噪声。

机械损失包括发动机内部运动机件的摩擦损失、驱动附件的损失和泵气损失。用机械效率表征机械损失的大小。发动机在不同工况下工作时其机械效率不同。

1．选择题

（1）循环指示功为完成一个循环（　　）。
　　A．工质对活塞做的有用功　　　　B．工质对活塞做的功
　　C．活塞对工质做的功

（2）柴油机的燃烧温度比汽油机的燃烧温度低，因为（　　）。
　　A．柴油机的压缩比高　　　　　　B．柴油机相对于燃油的空气量大
　　C．柴油机燃烧不完全

（3）发动机排气温度（　　），说明发动机燃烧过程转换为有用功的热量多。
　　A．高　　　　　B．不变　　　　　C．低

（4）循环指示功可用示功图的（　　）表示。
　　A．面积　　　　B．压力　　　　　C．工作容积

（5）柴油机燃油消耗率比汽油机的（　　），则柴油机燃油经济性比汽油机（　　）。
　　A．低，好　　　B．高，好　　　　C．低，差

（6）标志发动机重量利用程度的指标是（　　）。
　　A．升功率　　　B．比质量　　　　C．强化系数　　　D．平均有效压力

（7）标志发动机技术进步的指标是（　　）。
　　A．升功率　　　B．比质量　　　　C．强化系数　　　D．平均有效压力

（8）柴油机的热效率比汽油机的（　　），因为柴油机的（　　）。
　　A．高，过量空气系数大　　B．高，压缩比大　　C．低，质量大

（9）在混合加热循环中，循环总加热量和压缩比不变时，压力升高比增大，则热效率（　　）。

　　　　A．增大　　　　　　B．减小　　　　　　C．不变
　（10）在混合加热循环中，循环总加热量和压缩比不变时，预膨胀比增大，则热效率（　　）。
　　　　A．增大　　　　　　B．减小　　　　　　C．不变
　（11）在实际循环的简化理论分析中，把高速柴油机的燃烧过程理想化为（　　）加热过程。
　　　　A．定压　　　　　　B．定容　　　　　　C．先定容后定压
　（12）在实际循环的简化理论分析中，把汽油机的燃烧过程理想化为（　　）加热过程。
　　　　A．定压　　　　　　B．定容　　　　　　C．先定容后定压
　（13）标志发动机机械损失的指标是（　　）。
　　　　A．有效功率　　　　B．指示功率　　　　C．机械效率
　（14）发动机的有效功率与指示功率之比称为（　　）。
　　　　A．升功率　　　　　B．有效热效率　　　C．机械效率
　（15）用倒拖法测定发动机机械损失需使用（　　）。
　　　　A．电涡流测功器　　B．平衡式电力测功器　　　　C．水力测功器

2．填空题

（1）发动机实际循环是由_____等五个过程组成。

（2）实际循环与理论循环相比存在的损失有_____。

（3）泵气损失是指_____。

（4）发动机的性能指标包括_____和_____，此外还有运转性能、工作可靠性、结构工艺性等。

（5）对于不同尺寸的发动机，为了比较它们单位气缸工作容积做功能力的大小，常用的一个参数是_____。

（6）以发动机曲轴输出功率为基础的性能指标称为_____。

（7）发动机曲轴输出的功率与活塞得到的功率之比称为_____。

（8）升功率表征发动机_____利用程度，其数值_____，发动机强化程度越高。

（9）比质量表征发动机_____利用程度，其数值_____，发动机强化程度越高。

（10）_____是指单位有效功的耗油量，其数值_____，表明发动机_____越好。

（11）测定发动机机械效率的方法有_____。

（12）灭缸法不能适用于_____和_____。

（13）机械损失主要由_____三部分组成。

3．判断题

（1）发动机的指示性能指标只能用来评定发动机工作循环进行的好坏。　　　　（　　）

（2）发动机的平均有效压力与气缸的工作容积有关。　　　　　　　　　　　　（　　）

（3）升功率越高，意味着发动机的体积越小。　　　　　　　　　　　　　　　（　　）

（4）提高发动机升功率的主要措施是提高 p_{me} 和 n。　　　　　　　　　　（　　）

（5）高速发动机结构上采用较小的冲程缸径比（S/D），目的是提高活塞平均速度。
　　　　　　　　　　　　　　　　　　　　　　　　　　　　　　　　　　　（　　）

（6）提高压缩比，可提高循环热效率，但循环平均压力降低。　　　　　　　　（　　）

4．简答题

（1）发动机理论循环的简化条件是什么？评定理论循环质和量的指标有哪些？

（2）什么叫混合加热循环、定容加热循环、定压加热循环？它们分别是从哪种发动机简化来的？

（3）画出混合加热循环的示功图及示热图，并写出压缩比、压力升高比、预胀比的定义式。试分析压力升高比和预胀比对混合加热循环的影响。

（4）在加热量与压缩比相同情况下，等容加热循环与混合加热循环哪个循环热效率高？为什么？实际应用的汽油机与柴油机哪个热效率高？为什么？

（5）研究发动机理论循环的目的是什么？

（6）实际循环与理论循环相比存在哪些损失？

（7）什么是发动机有效性能指标？它包括哪些具体评价指标？各指标是如何定义的？

（8）什么是发动机强化系数，其大小反映了发动机哪方面的性能？

（9）什么是机械效率？分析转速、负荷对其影响？

（10）什么是机械损失？它由哪几部分组成？

（11）说明倒拖法测量机械损失的方法。

（12）说明灭缸法测量机械损失的方法。

能力训练

查阅资料找出一款轿车用现代发动机，说明其提高性能的措施有哪些，并分析其理论依据。

3 发动机的换气过程

1. 了解四冲程发动机的换气过程。
2. 掌握表征换气过程的指标——充气效率及其影响因素。
3. 熟悉动态效应及利用其提高发动机充气效率的理论依据。
4. 熟悉可变配气相位及对发动机性能的影响。
5. 掌握提高充气效率的措施。

1. 能根据充气效率影响因素及动态效应的理论知识分析提高现代发动机性能的结构措施。
2. 能说明提高现代发动机充气效率的措施有哪些，并分析其理论依据。

换气过程的任务是将气缸内上一循环的废气尽可能排除干净，并为下一循环充入尽可能多的新鲜工质，保证发动机动力周而复始地输出。每循环进入气缸的新鲜工质越多，燃烧后释放出的热量越多，从而增大发动机功率和扭矩。此外，换气过程的功率损失也会影响发动机的效率；换气过程的好坏还将对发动机的热负荷、排放和噪声等有一定影响。

3.1 四冲程发动机的换气过程

发动机的换气过程由排气过程和进气过程组成。只有在全面了解换气过程进行情况的基础上，才能真正理解换气过程对发动机性能的影响。

3.1.1 四冲程发动机的换气过程

四冲程发动机的换气过程是指从排气门开启至进气门关闭的整个过程。整个换气过程超过 2 个活塞冲程，约占 410°～490°曲轴转角。根据气体流动特点和进排气门运动规律，换气过程可分为排气（自由排气、强制排气、惯性排气）和进气（准备进气、正常进气、惯性进气）两大阶段，如图 3-1 所示。

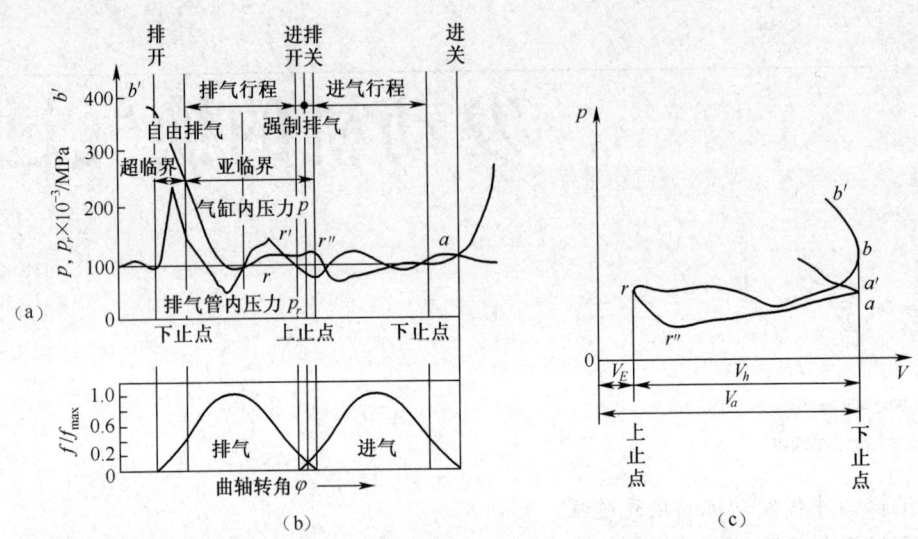

(a) 气缸内压力 p、排气管内压力 p_r 随曲轴转角 φ 的变化曲线 (b) 进排气门相对流通截面积 f/f_{max} 随曲轴转角 φ 的变化曲线 (c) 气缸内压力 p 随气缸容积 V 的变化曲线

图 3-1 换气过程中气缸内压力、排气管内压力、进排气门流通截面积的变化

1. 排气过程

（1）自由排气阶段

从排气门在下止点前开启到气缸内压力接近排气管内压力的这一时期，称为自由排气阶段。

从排气门开启到活塞行至下止点所对应的曲轴转角称为排气提前角，一般为 40°～80°曲轴转角。

由于配气机构惯性力的限制，气门开启与关闭不能太快，需要一定时间，如果活塞到下止点时排气门才开始开启，在开启初期开度极小，废气不能通畅流出，气缸内压力下降缓慢，不能实现充分排气，而且在活塞向上止点回行时会形成较大的反压力，增加排气冲程所消耗的功。为此，排气门必须在下止点前开启（图 3-1 中 b' 点）。

自由排气阶段气体的流动分为超临界状态和亚临界状态。

1）超临界状态。

由图 3-1 可见，排气门开启时，气缸内废气压力较高（约为 0.2～0.5MPa），气缸内压力与排气管内压力之比往往大于临界值 1.9，排气流动处于超临界状态，可利用废气自身的压力自行排出。此阶段，排气的流动处于超临界状态，此时通过排气门口的废气流速等于该状态下的声速 c（m/s）

$$c = \sqrt{KRT}$$

式中 K——绝热指数;T——气体的绝对温度(K);R——气体常数[N·m/(kg·K)]。

当排气温度为 700~1100K 时,声速可达 500~700 m/s。在超临界排气时期,废气流量与排气管内压力 p_r 无关,只与气缸内的气体状态及气门有效开启面积有关。并且因排气流速甚高,在排气过程中伴有刺耳的噪声,所以排气系统必须装有消声器。

2)亚临界状态。

随着废气大量排出及活塞向下止点移动,气缸内压力迅速下降,当缸内压力与排气管内压力之比下降到 1.9 以下时,排气流动转入亚临界状态,废气流速降低,产生的噪音较小。此时排出的废气量取决于气缸内及排气管内的压力差。压力差越大排出废气越多。当到某一时刻气缸内与排气管内压力相等,自由排气阶段结束(一般在下止点后经过 10°~30° 曲轴转角处)。

当排气门开启,废气快速涌入排气管,使排气管压力急剧上升,产生正压力波并在管内往复传播和反射。

自由排气阶段虽然时间很短,但因排气流速很高,排出废气量达 60% 以上。在此阶段中,排出的废气量与发动机转速无关。发动机转速高时,同样的排气时间(以秒计)所占曲轴转角增大,因此,在高速发动机中,排气提前角要大一些。但不宜过大,否则会使排气损失加大。

(2)强制排气阶段

在这一阶段,气缸内的废气是由活塞上行强制推出。因为要克服排气门、排气道处的阻力,气缸内平均压力比排气管平均压力一般高出 10kPa 左右。气体的流速越高,此压差越大,消耗的功越多。

为了减少排气节流和利用高速气流的惯性排除废气,排气门应在活塞过了上止点后才关闭。从上止点到排气门关闭这段曲轴转角,称为排气迟闭角,一般为 10°~30° 曲轴转角。

此阶段虽然持续时间较长,但因缸内废气压力逐渐接近大气压力,故该阶段排出废气只占总排气量的一小部分。

(3)惯性排气阶段

从活塞由上止点下行至排气门关闭这个时期称为惯性排气阶段,该阶段的曲轴转角称为排气迟闭角,一般为 10°~30°。

强制排气以后,气缸内压力仍稍高于大气压力,如果此时排气门继续保持开启状态,则利用气缸内外的压力差和废气流动惯性可继续排气,所以排气门都在上止点后才关闭,用以延长排气时间以便进一步排除废气。

2. 进气过程

(1)准备进气阶段

为了增加进气量,进气门必须在上止点前,排气尚未结束时就开始开启,以保证活塞下行进气开始时,就有较大的进气通道截面,为进气作好准备。

从进气门开始开启到活塞行至上止点这个时期称为准备进气阶段。该阶段曲轴转过的角度称为进气提前角,一般为 0°~40° 曲轴转角。由于进气提前角较小,进气门通道截面也小,加之气缸内残余废气压力高于大气压力,所以在此阶段中新鲜气体一般不能进入气缸。

(2)正常进气阶段

准备进气阶段后,活塞由上止点开始下行,初期由于气缸内残余废气压力 p_r 仍高于大气

压力 p_o，新鲜气体不能充入气缸，只有将残余废气由 r 点膨胀到 r' 点，使压力由 p_r 下降到 $p_{r'}$ 后，新鲜气体才能充入气缸。由于进气门早开，此时进气门通道截面已开启较大，所以保证了大量新气进入气缸内，但因进气系统有阻力，所以在活塞移到下止点时，气缸内压力 p_a 仍低于大气压力。

（3）惯性进气阶段

从活塞由下止点向上行至进气门关闭这个时期称为惯性进气阶段。该阶段中曲轴转过的角度称为进气迟闭角，一般为 40°～80° 曲轴转角。

在进气过程活塞到下止点的瞬间，进气门口仍有一定的流速，进气门迟闭就可以利用高速气流的惯性，在下止点后继续充气，以增加进气量。而且发动机转速越高，进气流速越大，进气迟闭角也应越大。

3. 气门重叠过程

由于排气门迟后关闭和进气门提前开启，因此在上止点附近将出现进、排气门同时开启的状态，称为气门重叠或气门叠开，气门叠开时曲轴转过的角度称为气门叠开角或重叠角。一般为 20°～80° 曲轴转角。在增压发动机中，因其进气压力高，可以有较大的气门叠开角（可达 80°～160° 的曲轴转角）。此时，进气管、气缸、排气管互相连通，可以利用气流的压差、惯性或进、排气管压力波的帮助，清除残余废气，增加进气量，降低高温零件的温度，但注意不应产生废气倒流现象。

将进、排气门开、关角度以及相对上、下止点的位置画出，如图 3-2 所示，称为配气定时图。

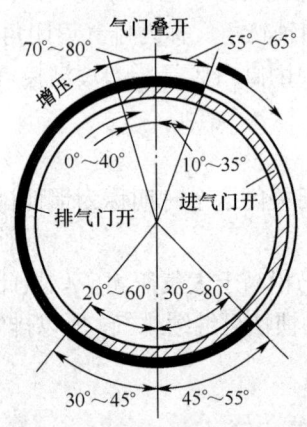

图 3-2　四冲程发动机配气定时图（外圈表示增压）

3.1.2　换气损失

换气损失由排气损失和进气损失两部分组成，如图 3-3 所示。

1. 排气损失

排气损失是从排气门提前打开，直到进气冲程开始，气缸内压力到达大气压力之前，循环功的损失。它可分为：

（1）自由排气损失（图 3-3 中面积 W），是由于排气门提前打开而引起的膨胀功的减少。

（2）强制排气损失（图 3-3 中面积 Y），是由于活塞上行强制推出废气所消耗的功。

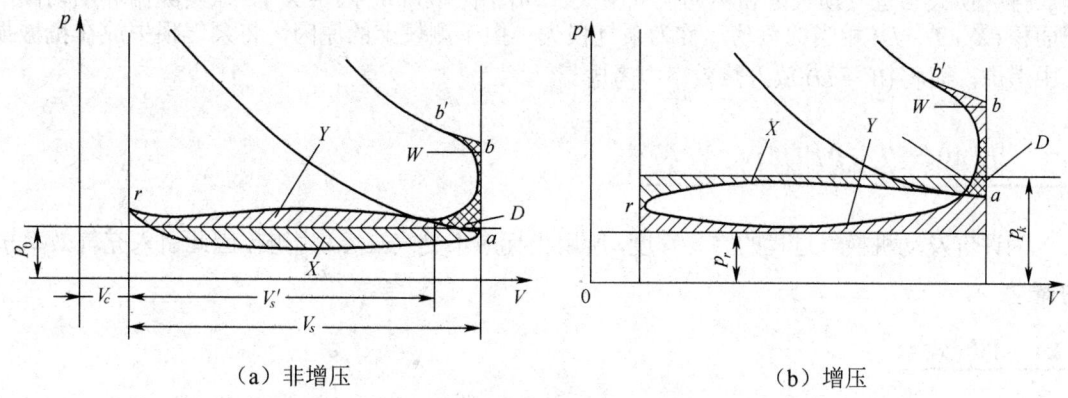

（a）非增压　　　　　　　　　　（b）增压

W—自由排气损失；Y—强制排气损失；X—进气损失；$X+Y-d$—泵气损失

图 3-3　四冲程发动机换气损失

随着排气提前角增大，自由排气损失面积 W 增加，强制排气损失面积 Y 减小，如图 3-4 中 b 曲线；如排气提前角减少则强制排气损失面积增加，如图 3-4 中 c 曲线。所以最有利的排气提前角应使面积（$W+Y$）之和为最小。当排气门流通截面较小，发动机转速高时按曲轴转角计算的实际超临界排气时期延长，为减少排气损失，应适当加大排气提前角。

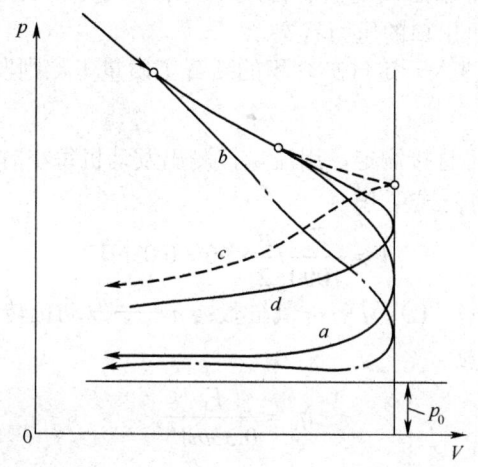

a—最合适；b—过早；c—过晚；d—排气门面积过小

图 3-4　排气提前角和排气损失

减少排气损失的主要措施是：减小排气系统阻力和排气门处的流动损失。排气消声器的结构及布置形式对排气阻力影响也很大，关系到排气管内的排气背压。试验结果表明，排气背压每升高 3.39kPa（25.4mmHg），增压柴油机耗油率在各种负荷下平均增加 0.5%，而非增压柴油机平均增加 1%，因此，要求在不牺牲消声性能的前提下最大限度地降低排气背压，以提高经济性。

2．进气损失

进气损失主要是进气过程中，因进气系统的阻力而引起的功的损失。如图 3-3 中面积 X

所示。它与排气损失相比相对较小。

排气损失与进气损失之和称为换气损失，即图中面积$(W+Y+X)$。在实际循环示功图中把面积$(X+Y-D)$相当的负功，称为泵气损失。由于测量上的原因，将泵气损失放在机械损失中考虑，而将$(W+D)$放入热效率中考虑。

3.2 四冲程发动机的充气效率

为评价发动机换气过程的完善程度，所用指标应不受气缸容积影响，因此引入充气效率η_v的概念。

3.2.1 充气效率

充气效率η_v是每循环实际进入气缸的新鲜工质的量与进气状态下充满气缸工作容积的新鲜工质的量的比值

$$\eta_v = \frac{m_1}{m_s} = \frac{V_1}{V_s}$$

式中 m_1、V_1——实际进入气缸的新鲜工质的质量、体积（进气状态）；m_s、V_s——进气状态下充满气缸工作容积的新鲜工质的质量、气缸工作容积。

所谓的进气状态，对非增压发动机而言，一般采用当时、当地的大气状态；对增压发动机来说，采用增压器压气机出口的压力状态。

η_v值高，代表每循环进入一定气缸容积的新鲜工质量多，则发动机功率和扭矩可增加，动力性能好。

实际发动机充气效率可直接测定，用流量计测出发动机每小时实际充气量（m^3/h），理论充气量V（m^3/h）由下面的公式算出

$$V = \frac{V_s}{1000} i \frac{n}{2} \times 60 = 0.03 i n V_s$$

式中 V_s——气缸工作容积（L）；i——气缸数；n——发动机转速（r/min）。

则发动机充气效率η_v为

$$\eta_v = \frac{V_1}{0.33 i n V_s}$$

3.2.2 影响充气效率的因素

1. 充气效率η_v的表达式

（1）进气门关闭时缸内气体的总质量m_a

假定进气门关闭时气缸容积为$V_s' + V_c$，如图3-3所示。此时缸内气体压力、温度、密度分别为p_a、T_a、ρ_a，则缸内气体的总质量为

$$m_a = (V_c + V_s')\rho_a$$

式中 V_s'——进气门关闭时至上止点的气缸容积。

（2）排气门关闭时缸内残余废气的质量m_r

假定排气门关闭时缸内体积为 V_r，残余废气的压力、温度、密度分别为 p_r、T_r、ρ_r，则残余废气的质量为

$$m_r = V_r \rho_r \tag{3-1}$$

（3）充入气缸新鲜工质的质量为

$$\eta_v V_s \rho_s = (V_c + V'_s)\rho_a - V_r \rho_r \tag{3-2}$$

令 $\xi = \dfrac{V_c + V'_s}{V_c + V_s}$，$\varphi = \dfrac{V_r}{V_c}$，这是考虑进、排气门迟闭角的影响，则

$$\eta_v = \dfrac{1}{(\varepsilon-1)\rho_s}(\xi\varepsilon\rho_a - \varphi\rho_r)$$

假定残余废气与新鲜充量的气体常数近似相等，并将气体状态方程 $\rho = p/(RT)$ 代入上式，则

$$\eta_v = \dfrac{1}{\varepsilon-1}\dfrac{T_s}{p_s}\left(\xi\varepsilon\dfrac{p_a}{T_a} - \varphi\dfrac{p_r}{T_r}\right) \tag{3-3}$$

式中　T_s、p_s——进气状态的温度和压力；T_a、p_a——进气终了时的气体温度和压力；T_r、p_r——残余废气的温度和压力；ε——压缩比。

为了说明缸内残余废气的比例，引入残余废气系数的概念。

残余废气系数 γ 是进气过程结束时气缸内残余废气量与气缸内新鲜充量的比值。由式（3-1）、式（3-2）知

$$\gamma = \dfrac{m_r}{\eta_v V_s \rho_s} = \dfrac{V_r \rho_r}{(V_c + V'_s)\rho_a - V_r \rho_r} = \dfrac{\varphi V_c \rho_r}{\xi V_a \rho_a - \varphi V_c \rho_r} = \dfrac{\rho_r}{\dfrac{\xi}{\varphi}\omega\rho_a - \rho_r}$$

将上式代入式（3-3）得

$$\eta_v = \xi \dfrac{\varepsilon_c}{\varepsilon_c - 1} \dfrac{T_s}{p_s} \dfrac{p_a}{T_a} \dfrac{1}{1+\gamma} \tag{3-4}$$

由充气效率 η_v 的表达式式（3-3）和式（3-4）可见，影响充气效率 η_v 的因素有：进气（或大气）的状态、进气终了的气体压力和温度、残余废气系数、压缩比及配气相位等。

2. 影响发动机充气效率的因素

（1）进气终了时的压力 p_a

p_a 对 η_v 有重要影响，p_a 越高，η_v 值越大。

$$p_a = p_s - \Delta p_a$$

式中，Δp_a 为气体流动时，克服进气系统阻力而引起的压降（kPa）。一般可写成

$$\Delta p_a = \lambda \dfrac{\rho v^2}{2}$$

式中　λ——管道阻力系数；ρ——进气状态下气体的密度（kg/m³）；v——管道内气体的流速（m/s）。

可见，Δp_a 主要取决于各段管道的阻力系数 λ 和气体流速 v。若 λ 大、v 高时，Δp_a 增加，使 p_a 下降。

车用发动机的使用特点是转速和负荷都在宽广的范围内不断变化，而转速和负荷的变化

对 p_a 均有影响。

1) 转速（负荷不变）。

例如汽车下坡而驾驶员油门不动，此时发动机转速增加，气流流速随之加大，进气终了的压力 p_a 迅速下降，如图3-5所示。

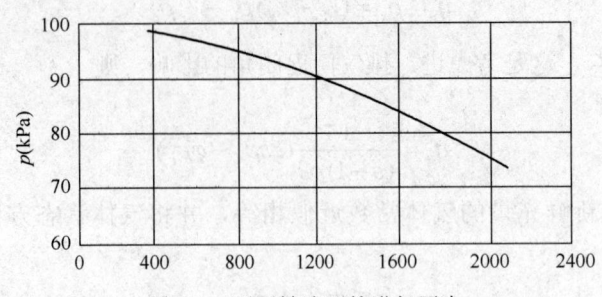

图3-5　不同转速下的进气压力

2) 负荷（转速一定）。

当要保持车速一定而道路阻力变化时，驾驶员就需要改变油门，即调节负荷以适应其变化。

在汽油机上，进入气缸的是空气和燃料的可燃混合气，调节负荷通过改变节气门开度来调节进入气缸混合气的多少。当节气门关小时，节流损失增加，引起 p_a 下降。图3-6给出汽油机在不同转速、不同节气门开度时 p_a 的变化。由曲线可知：

- 当节气门开度一定时（图中某一根曲线），转速增加则 p_a 下降。
- 当节气门开度逐渐减小时（图中不同曲线），p_a 不仅下降，且 p_a 随转速的增加而下降得越快，即曲线变化越陡。

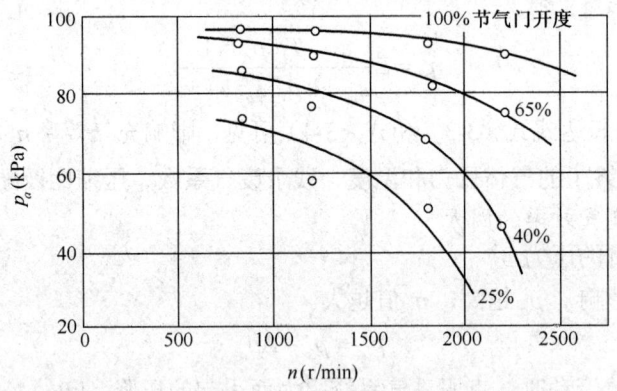

图3-6　汽油机进气压力随转速和负荷的变化

而柴油机的负荷调节是通过改变喷入气缸的燃料量，进入气缸的空气量基本不变，在进气系统一般不设调节负荷的节流装置，故流动阻力基本不变，进气终了的压力随负荷的变化很小。

p_a 随使用工况（转速、负荷）的变化，也决定了 η_v 的变化趋向。

（2）进气终了的温度 T_a

进气终了的温度 T_a 高于进气状态温度 T_s。引起 T_a 升高的原因是：

1) 新鲜工质进入发动机与高温零件接触而被加热。

2）新鲜工质与高温残余废气混合而被加热。

3）在化油器发动机上，为了使液体燃料在进气管中蒸发，以便均匀地与空气混合而进入气缸，一般都采用废气或冷却液热量对进气管加热，故空气经过进气管时受热而温度升高。

T_a 值越高，充入气缸的工质密度越小，可使 η_v 降低。因此，在条件允许的情况下，应力求降低 T_a 值。例如，将高温排气管与进气管分置于气缸两侧，控制进气预热，适当加大气门叠开角等，均有利于降低 T_a。

转速和负荷对 T_a 的影响：

1）转速：当负荷不变而转速增加时，由于新鲜工质与缸壁等接触时间短，传热量少，所以 T_a 稍有下降。

2）负荷：当转速不变而增加发动机负荷时，缸壁等零件温度升高，T_a 有所上升。

（3）残余废气系数 γ

气缸中残余废气增多，不仅使 η_v 下降，而且使燃烧恶化。特别是在汽油机低负荷运转时，因节气门开度小，新鲜工质减少，γ 会大大增加，稀释可燃混合气，使燃烧过程缓慢，从而造成汽油机低负荷工作不稳定，经济性和排放性能变差。

排气终了时，排气管内废气的压力高，说明残余废气密度大，γ 上升。与进气过程同理，p_r 主要取决于排气系统各段管路的阻力和气体流速，转速增高则 p_r 增加。

残余废气系数 γ 值的一般范围见表 3-1。

表 3-1　残余废气系数 γ 值的一般范围

发动机类型	残余废气系数 γ 值
四冲程汽油机	0.05~0.16
四冲程非增压柴油机	0.03~0.06
四冲程增压柴油机	0~0.03

（4）配气相位

由 η_v 的表达式可见，由于进气门迟闭而使 $\xi<1$，新鲜工质的容积减小，但 p_a 值却可能因气流惯性而有所增加，合适的配气相位应考虑 ξp_a 具有最大值。

（5）压缩比 ε

压缩比 ε 增加，压缩容积减小，残余废气量随之减小，因而 η_v 有所增加。

（6）进气（或大气）状态

进气或大气压力高，p_a 也随之增加，新鲜工质密度增大，虽然 η_v 变化不大，但实际进气量增多。同理，进气或大气温度降低，T_a 也随之有所下降，新鲜工质密度增大，虽然 η_v 变化不大，但实际进气量亦增多。

3.3　减少进气系统的阻力

影响发动机充气效率 η_v 的主要因素是进气（或大气）状态、进气终了的气缸压力和温度、残余废气系数、气门正时等。为提高充气效率 η_v，应从四方面采取相应措施，即减少进气系统的阻力，合理选择配气定时，利用进气管的动态效应，采用可变技术等。

非增压四冲程发动机的进气系统是由空气滤清器（或加进气消声器）、化油器或喷油器、节气门、进气管、进气道和进气门等组成。进气系统阻力的大小为各段通道阻力的总和，通过减小各段通道阻力可达到减少进气系统阻力的目的。

3.3.1 减小进气门处的阻力

在整个进气系统中，进气门处的气体通过断面最小而且变化大，流速最高，气体流动阻力最大，是产生进气阻力的重要部位，对充气效率 η_v 影响也最大，可通过下列措施减小进气门处的阻力。

1. 增大进气门开启的时面值

气门开启断面与对应开启时间的乘积称为气门开启的时面值。它表示气体流过气门的通过能力。气门开启时间长，开启断面大，则气门开启时面值大，气流通过能力越强，阻力越小。

目前四冲程发动机的进、排气门均采用菌形阀结构，其开启面积随凸轮升程而变化，如图3-7所示。在时间微元 dt 内通过气门的气体流量为

$$dm = \rho v_m f dt$$

式中　ρ——流经气门的气体密度；v_m——进气门处气体的平均流速；f——dt 时间内气门的开启截面积。

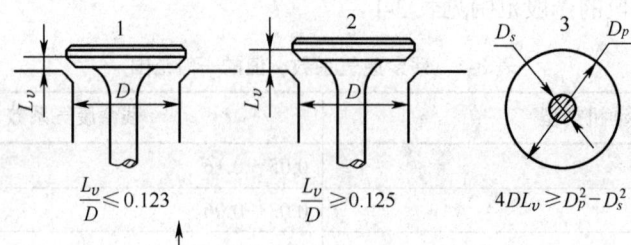

(a) 气门开启三个阶段简图

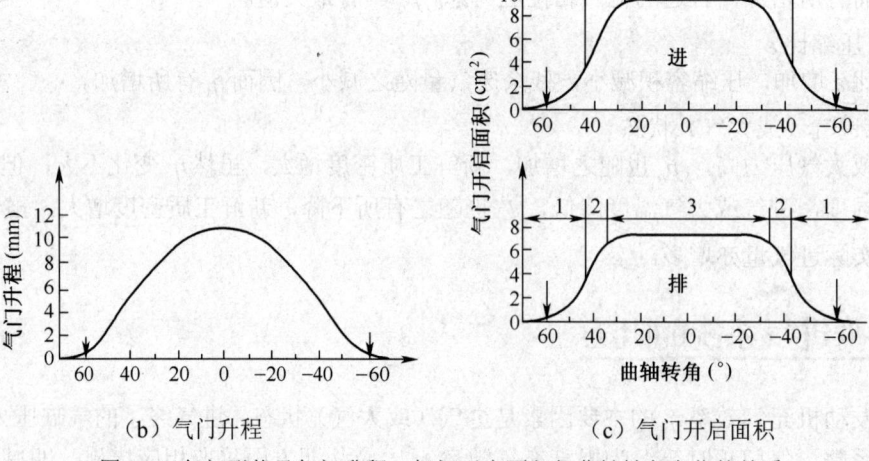

(b) 气门升程　　　　　(c) 气门开启面积

图3-7　气门形状及气门升程、气门开启面积与曲轴转角变化的关系

整个开启时间的气体流量

$$m = \rho v_m \int f \mathrm{d}t$$

式中的 $\int f \mathrm{d}t$ 称为气门的时面值，它表示了气门的通过能力。若将时间换算成曲轴转角，则

$$\int f \mathrm{d}t = \frac{1}{6n} \int f \mathrm{d}\varphi$$

式中的 $\int f \mathrm{d}\varphi$ 称为气门的角面值，如图3-7（c）中曲线所包围的面积。在实际发动机中角面值一般不随转速而变化，只与气门升程规律（凸轮型线）有关，所以高速时角面值减小。

图3-8为气门开启时的通道断面与开启时面值的关系。由图可知，气门开启的最小断面 f 是：以气门头部最小直径 d_2 为小底，气门头部最大直径 d_1 为大底，l 为斜高的截锥体侧面积。而

$$f = \pi l \frac{d_1 + d_2}{2}$$

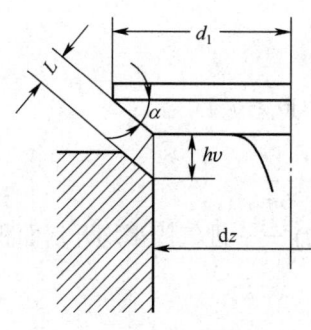 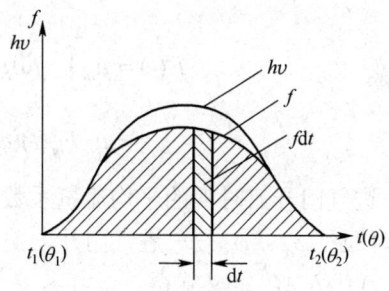

（a）气门口的通道断面　　　　（b）气门开启时面值

图3-8　气门通道断面及开启时面值

因为
$$l = h_v \cos\alpha$$

所以
$$f = \pi h_v \frac{d_1 + d_2}{2} \cos\alpha$$

式中　h_v——气门升程；α——气门锥角。

由此可见，当气门尺寸一定时，通道断面积 f 与气门升程成直线关系。由于 h_v 随凸轮运动而不断变化，所以 f 也随时间 t 或曲轴转角而变化。

根据气门开启时面值定义得

$$\mathrm{d}F = f \mathrm{d}t$$

$$F = \int_{t_1}^{t_2} f \mathrm{d}t$$

$$= \int_{t_1}^{t_2} \pi h_v \frac{d_1 + d_2}{2} \cos\alpha \quad (3-5)$$

从公式（3-5）可知，气门开启时面值 F 主要取决于气门头部直径 d_1 和 d_2、头部锥角 α、气门升程 h_v、气门开启时间 t 等。

增大进气门头部直径，减小气门头部锥角，增大气门升程，延长气门开启时间，均可扩

大气门开启时面值。从而扩大气流通过能力，减少阻力提高充气效率 η_v。但增大气门直径受到燃烧室结构的限制，因此常用减小排气门头部直径的方法，相应增大进气门头部直径。

现代发动机单进气门结构中，进气门直径可达活塞直径的 45%～50%，气门和活塞面积比为 0.2～0.25。

减小气门锥角也受到强度刚度的限制不宜太小。

增大气门升程以及合理设计凸轮型线以提高气门升降速度，进而加大气门角面值。

2. 合理控制进气马赫数 M_a

进气马赫数 M_a 是进气门气流平均速度 v_m 与该处声速 c 之比，即 $M_a = v_m/c$。它是决定气流流动性质的重要参数，能反映气体流动和气门结构尺寸的关系，对充气效率有重要的影响。

进气门处气流平均速度 v_m 可定义为：实际进入气缸的新鲜充量与进气门有效时面值 $F(t)$ 之比，即

$$v_m = \frac{\eta_v v_s}{F(t)}$$

而

$$F(t) = \mu_m \int_{t_o}^{t_c} f \mathrm{d}t \mu_m F_m(t)(t_c - t_o)$$

$$= \mu_m F_m(t)(\varphi_c - \varphi_o)\frac{1}{6n}$$

式中　μ_m——进气门开启时期的平均流量系数；$F_m(t)$——进气门平均开启面积；t_o、t_c——进气门开、关时间；φ_o、φ_c——进气门开、关角度。

将 v_m 及 $F(t)$ 代入 M_a 定义式得：

$$M_a = \frac{v_s \eta_v}{c\mu_m F_m(t)(t_c - t_0)} = \frac{6v_s \eta_v n}{cF_m(t)(\varphi_c - \varphi_o)\mu_m} \tag{3-6}$$

$$M_a \propto \frac{FC_m}{cF_m(t)(\varphi_c - \varphi_o)\mu_m} \propto \left(\frac{D}{d}\right)^2 \frac{C_m}{c\mu_m(\varphi_c - \varphi_o)} \tag{3-7}$$

式中　F——活塞面积；C_m——活塞平均速度；D、d——活塞直径和进气门阀盘直径（多进气门时，则换算为一个气门的当量直径）。

从式（3-6）和式（3-7）可知：进气马赫数 M_a 与气门大小、形状、升程规律、气门开关时间等有关。增大气门直径可扩大气流通过断面积，提高充量系数。

根据一系列试验可知，在正常的配气定时条件下，当 M_a 超过一定数值时，大约在 0.5 左右，充气效率急剧下降，如图 3-9 所示。这是因为，按气体动力学孔口流动规律，当孔口上游滞止压力不变时，在孔口流速达到声速后，无论孔口下游的压力（对进气门口而言则为缸内压力）降到多低，孔口流量都保持不变，这就是气流的壅塞现象。对发动机来说，只要转速不断上升，缸内压力将不断下降，总会出现壅塞。此后，转速再增加，流量不会增大，其结果是发动机功率不仅不会增加，反而因机械损失增加而下降。此时，转速的提高失去其提高功率的价值。

因此在可能条件下应控制 M_a 在最高转速时不超过一定数值，以达到提高充量系数的目的。

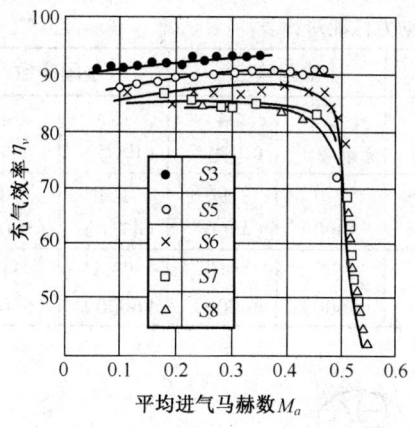
(a) 发动机 DS=83mm×86mm、4缸、p_{emax}/n=70kW/(6400r·min^{-1})

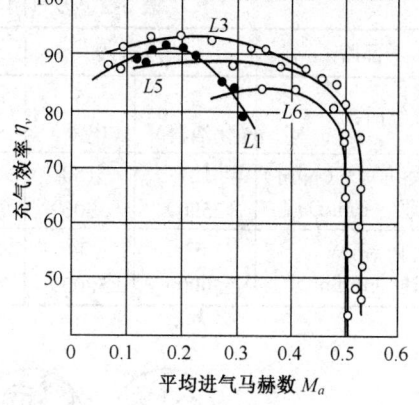
(b) 发动机 DS=42mm×35mm、1缸、p_{emax}/n=4.4kW/(10500r·min^{-1})

图 3-9 充气效率 η_v 与平均进气马赫数 M_a 的关系（L、S 均为角度面积值）

由式（3-7）可知限制进气马赫数 M_a，提高充气效率 η_v 的有效方法是：

（1）增大气门的相对通过面积，如采用多气门机构。

（2）降低活塞平均速度 C_m

$$C_m = \frac{Sn}{30}$$

式中 S——活塞冲程（m）；n——发动机转速（r/min）。

因此，在缸径 D 不变而减小冲程 S 时，可降低进气马赫数 M_a。这是短冲程发动机可适当提高转速的理论依据。

（3）改善气门处的气体流动，提高流量系数 μ_m。

（4）选择合理的配气相位。

3. 气门直径和气门数

（1）增大气门直径

增大进气门直径可以扩大气流通路截面积，提高 η_v。

在一进一排的双气门结构中，进气门直径可达活塞直径的 45%～50%，气门与活塞面积之比为 0.2～0.25，进气门比排气门大 15%～20%，但由于受结构限制，进一步增大比例已很困难。

（2）增加气门数量

增加气门数量能大幅度提高工质流通能力。目前，新型发动机为了进一步增大进气门流通截面，采用 3～5 个气门的多气门机构（其中进气门 2～3 个），可使进气门阀盘总面积显著加大，四气门的进气门阀盘总面积可达活塞面积的 30%，比二气门机构加大 30%～50%。这不仅使充气效率 η_v 提高，进气充量加大，发动机最大扭矩提高，而且因进气马赫数 M_a 远离 0.5 的限值，允许的标定转速进一步提高，使得功率增大的百分比远超过扭矩的增大值。表 3-2 是几种典型的多气门与 2 气门汽油机动力性能指标的对比。

图 3-10 为气门数与进气门开启面积的关系，根据优化结果可知，缸径大于 80mm 时，采用二进二排结构；缸径小于 80mm 时，采用三进二排结构可获得最大开启面积，进气体积流量可大幅度增加。

表 3-2 多气门与二气门汽油机动力性能对比表

品牌	一汽捷达		上汽POLO		德国欧宝		法国标致	
每缸气门数	2（化油器）	5（电喷）	2（电喷）	4（电喷）	2（电喷）	4（电喷）	2（电喷）	4（电喷）
最大扭矩/(N·m)（转速/(r/min)）	121(2500)	150(3900)	145(3800)	155(3800)	170(3000)	196(4800)	161(4750)	183(5000)
最大功率/kW（转速/(r/min)）	53(5000)	74(5800)	74(6000)	88(6200)	85(5400)	110(6000)	93.5(6000)	119(6500)

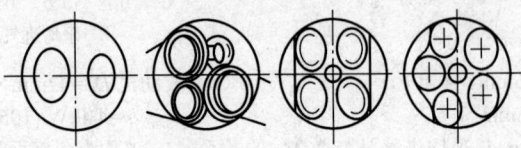

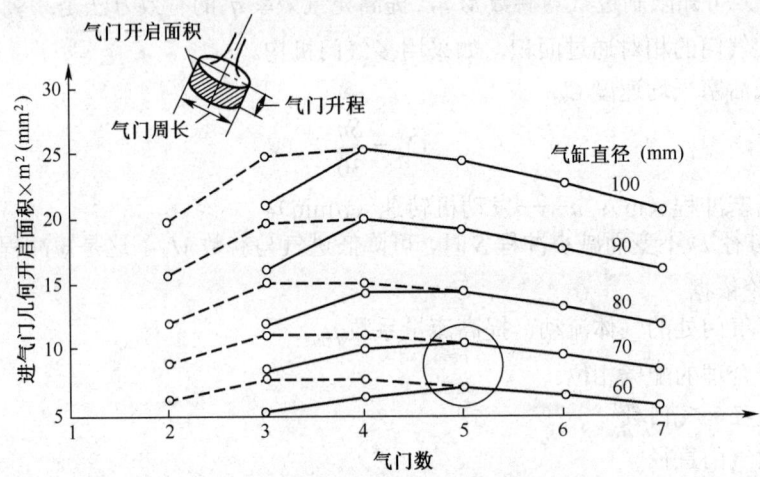

图 3-10 气门数与进气门开启面积的关系

多气门机构可使火花塞或喷油器垂直布置在气缸中心线上，有利于提高汽油机的压缩比或柴油机的混合气形成质量；还可减小系统运动件质量以适应转速提高的要求；两个以上进气门还适于灵活控制进气涡流，有利于合理组织燃烧和排放控制，另外，多气门机构还具有易实现可变技术，改善低速、低负荷性能。四气门与五气门（三进二排）机构相比，后者进气面积更大，气门机构惯量也小，高速动力性能有所提高，如图 3-11 所示，但是，五气门机构更复杂（如图 3-12 所示），所以实际发动机更多的采用四气门布置。

但多气门发动机一般采用双顶置凸轮机构，使发动机总高度有所增加，气门机构较为复杂，生产成本也更大。但采用多气门还是利大于弊，近代继汽油机之后，选用该结构的柴油机也日益增多。

4. 气门升程

增加气门升程可以提高气体的流通能力。在气门惯性力、摇臂与凸轮之间摩擦力允许的前提下，改变凸轮曲线的函数，使气门开闭得尽可能快，从而增大时面值，提高 η_v。多气门结构使气门质量减轻，惯性力减小；摇臂与凸轮之间用滚动接触代替滑动接触能大大降低其摩擦力。

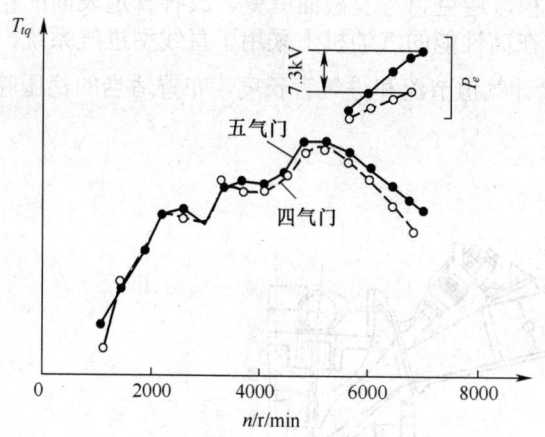

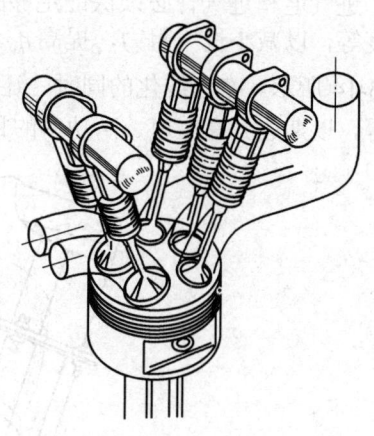

图 3-11　四气门发动机与五气门发动机性能比较

图 3-12　五气门发动机气门布置

5. 改善气门处流动阻力

改善气门座及气门头部到杆部的过渡形状，均有利于改善气体的流动特性。气门升起后，气门头和缸壁及燃烧室壁的距离称为壁距，也不宜过小，以免增加气体流动阻力。对于倾斜布置的气门，随着气门的逐渐开启，其位置向气缸中心运动，流动阻力相对减小。图 3-13 给出综合提高气门处流通能力的措施。

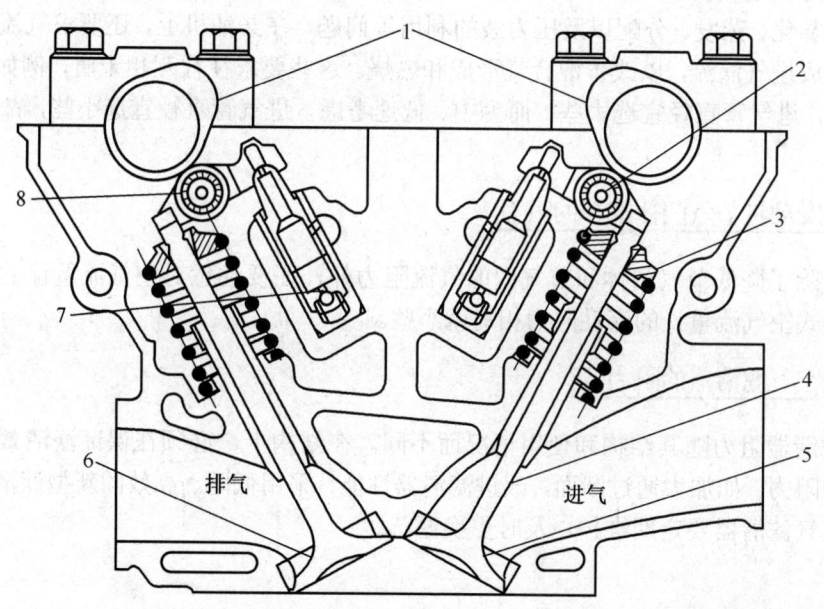

1—高速型凸轮；2—采用空心轴；3—钛合金气门弹簧座；4—减小直径；
5—使曲线圆滑；6—薄壁化；7—油压式自动调隙；8—滚针轴承
图 3-13　改善配气机构的新措施

3.3.2 减小进气道和进气管阻力

进气道和进气管必须保证足够的流通面积,避免急弯及截面突变,改善管道表面的粗糙程度等,以减小进气阻力,提高η_v。为此,在高性能的汽油机上采用了直线型进气系统,如图 3-14 所示。在直线化的同时,还应合理设计气道节流和进气管长度,布置适当的稳压腔容积等,以期达到高转速、高功率的目的。

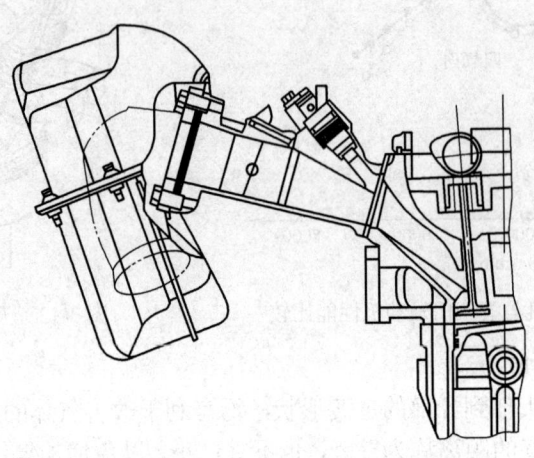

图 3-14 直线型进气系统

发动机除要求动力性外,还必须有好的经济性和排放性能。在汽油机上,进气管还必须考虑燃料的雾化、蒸发、分配以及压力波的利用等问题。在柴油机上,还要求气流通过进气道在气缸中形成进气涡流,以改善混合气形成和燃烧。这些要求往往互相矛盾,例如,为得到高速、高功率,进气管直径宜选大些;而为中、低速考虑,进气管直径宜选小些,故必须根据用途协调处理。

3.3.3 减小发动机节气门体部分的阻力

该部分除了降低节气门体和节气门的气流阻力外,还要注意对空气流量计的选择。如热线式、热膜式空气流量计的流动阻力相对就小些。

3.3.4 减小空气滤清器的阻力

空气滤清器阻力随其结构和使用情况而不同。在结构上,必须在保证滤清效果的前提下尽可能减小阻力。如加大通过断面,改进滤清器性能,采用低阻、高效的新型滤清器等。在使用中,对空气滤清器要定期维护,及时更换滤芯。

3.4 合理选择配气定时

为了充分利用气流惯性,增加循环充量,提高充气效率η_v,合理选择发动机配气定时是很重要的。

3.4.1 合理选择配气定时

1. 进气迟闭角

在发动机配气相位各参数中,进气迟闭角的改变,对充气效率η_v影响最大。如图3-15所示给出在不同的进气迟闭角时,η_v随转速变化的一般关系。

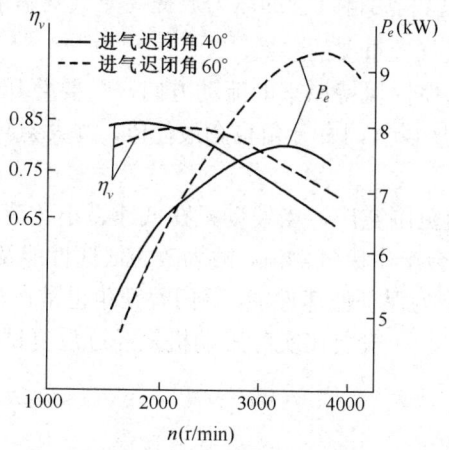

图 3-15　进气迟闭角对η_v和P_e的影响

由图3-15可以看出:

(1) 每条η_v曲线对应于在一定的配气相位下,η_v随转速变化的关系。η_v是在某一转速下达到最高值,说明在这个转速下工作,能最好地利用气流的惯性充气。当转速高于此转速时,气流惯性增加,而进气迟闭角不变,就使一部分本来可以利用气流惯性进入气缸的气体被关在气缸之外,加之转速上升,流动阻力增大,所以使充气效率η_v下降。当转速低于此转速时,气流惯性减小,而进气迟闭角相对偏大,又可能使一部分气体被推回进气管,η_v也下降。

(2) 不同η_v曲线对应于在不同的配气相位下,η_v随转速变化的关系。不同的进气迟闭角,η_v最大值对应的转速不同,一般进气迟闭角增大,η_v最大值对应的转速也增加。如图3-15中虚线所示,因为转速增加,气流速度加大,大的进气迟闭角可充分利用高速的惯性充气。

(3) 进气迟闭角加大,低速进气性能降低而高速进气性能改善。从不同进气迟闭角对应的功率曲线可明显看出,进气迟闭角大的发动机不仅标定转速增大,而且标定功率有更高的增长速率。

改变进气迟闭角,可以改变η_v随转速变化的趋向,用以调整发动机扭矩曲线,满足不同的使用要求。如增大进气门迟闭角,高转速时η_v增加,有利于最大功率的提高,但对低速和中速性能则不利;减小进气迟闭角,能防止低速倒喷,有利于提高最大扭矩,提高爬坡及低速加速能力,但降低了最大功率。因此,对于配气相位不能改变的发动机,应根据常用工况确定进气迟闭角。

从上述分析可见,合理地选择进气迟闭角,可以充分利用气流惯性,获得较大的充气效率。一般对于小客车上用的高速发动机,进气迟闭角应适当加大,以便在高速时获得较大的充气效率,有利于最大功率的提高。载重车上的发动机常用中等转速,进气迟闭角应适当减小,以便在中低速时获得较大的η_v,有利于扭矩的增加。

2. 排气提前角

合理的排气提前角，应当在保证排气损失最小的前提下，尽量晚开排气门，以加大膨胀比，提高热效率。当转速增加时，相应的自由排气时间减小，为降低排气损失，应增大排气提前角。

3. 气门叠开角

适当的气门叠开角，可以利用排气管的压力波提高充气效率 η_v，降低高温零件的热负荷，减少 NO_x 的排放，是影响进气较重要的参数。

因新鲜气体和废气流的惯性保持原来的流动方向，只要叠开角适当就不会产生废气倒流回进气管而出现回火现象，所以气门叠开角也有最佳值，过大会回火，过小则排气不充分、进气不足。

车用发动机的使用转速范围宽广，当发动机在低速、小负荷运行时，进气管真空度大，且同样的叠开角的时间长，会产生废气倒流，故为改善低速性能及怠速稳定性，要求气门叠开角小，在车用增压发动机中，为保证低速性能，气门叠开角也常在与非增压发动机同等的程度。

确定发动机配气相位时，一般要在实际发动机上经过反复试验比较，最后确定最合适的方案。

3.4.2 发动机可变配气定时

四冲程发动机对配气相位的要求是，发动机配气相位应随使用工况（转速、负荷）变化而改变；即低速时，发动机进、排气门应接近下止点分别关闭、打开；高速时，发动机进、排气门应远离下止点分别关闭、打开。发动机气门叠开角，怠速时要小，随发动机转速增加，气门叠开角应加大。

采用电控可变气门定时（Variable Valve Timing，VVT）机构，能满足各种转速的最佳进气要求，改善发动机性能。

VVT 是通过改变进、排气门开启和关闭时刻以及气门升程，以满足发动机在不同转速和负荷工况下对进、排气流通特性的要求。实现 VVT 的方法和机构多种多样，但归根结底都是控制进、排气门的正时（timing）和升程（lift）。因此，可以把 VVT 分成三类：可变正时 VVT，如图 3-16 所示；可变升程 VVT，如图 3-17 所示；可变正时和升程 VVT，如图 3-18 所示。

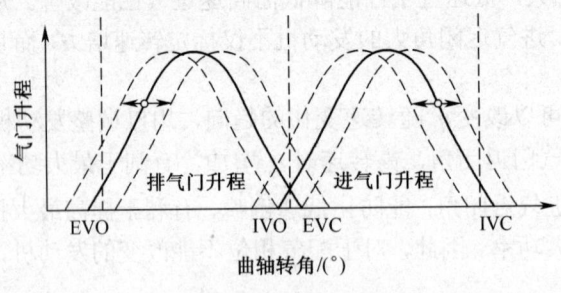

图 3-16 可变正时 VVT

仅改变气门升程而气门正时不变的 VVT（如图 3-17 所示），因为它难以适应转速变化对进、排气流通特性的要求，因此，在实际产品中很少采用。发动机上用得较多的是可变正时 VVT 和可变正时和升程 VVT。

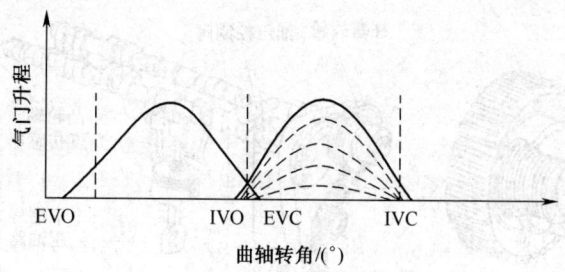

图 3-17　可变升程 VVT

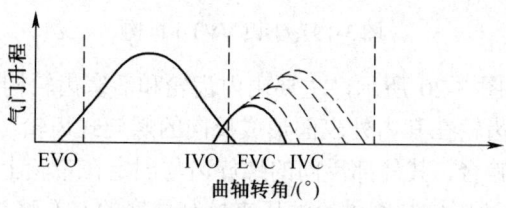

（a）可变气门关闭时刻和升程

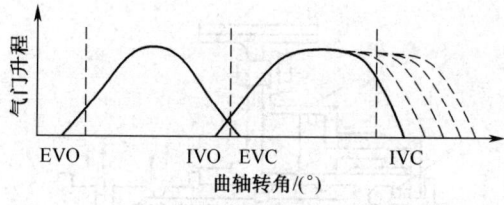

（b）可变气门关闭时刻

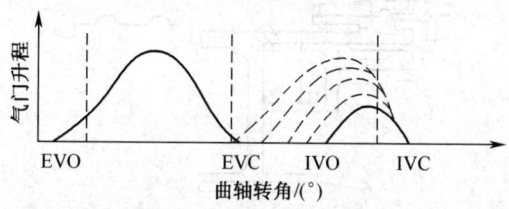

（c）可变气门开启时刻和升程

图 3-18　可变正时和升程 VVT（以可变进气正时和升程为例）

1. VVT-i（Variable Valve Timing，intelligent）系统

丰田汽车公司的 VVT-i 是一种典型的可变正时 VVT，如图 3-19 所示。其中"i"表示"智能"的意思，即电子控制单元（ECU）可以根据运行工况控制气门开闭时刻。该装置的结构主要由 VVT-i 带轮、柱塞齿轮、凸轮轴及其转角位置传感器、曲轴位置传感器、油压控制阀（Oil Control Valve，OCV）以及发动机控制单元 ECU 等组成。其工作原理是 ECU 根据发动机运行条件确定对应工况下的最佳配气相位，并向油压控制阀发出指令，油压控制阀根据 ECU 指令控制向 VVT-i 带轮传送的油压，以控制柱塞齿轮在螺旋花键上前后移动，使凸轮轴产生旋转运动，从而实现连续地平移进、排气门开关时刻。

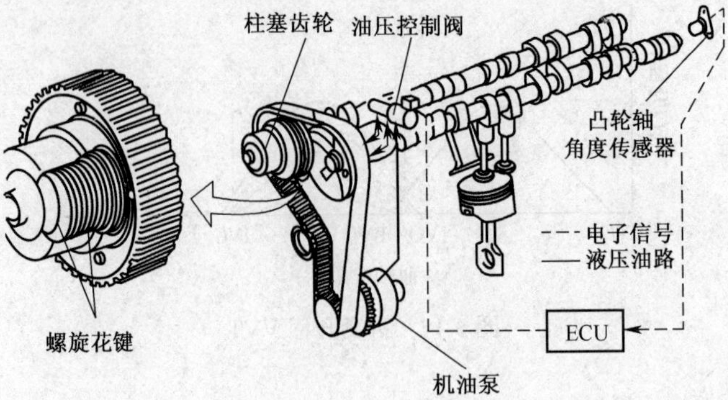

图3-19 丰田VVT-i机构

VVT-i带轮的结构如图3-20所示，主要由内齿轮和活塞齿轮构成的蜗轮蜗杆、外齿轮和带轮以及油道组成。柱塞齿轮在其内外表面形成反向的螺旋式齿轮，其内部螺旋齿与固定在凸轮轴上的内齿轮（蜗杆）啮合，其外部反向的螺旋齿与固定在带轮上的外齿轮的内齿啮合。柱塞齿轮的前后油压室通过油压控制阀供给油压来控制柱塞的左右移动。随着柱塞的移动可连续地改变凸轮轴相对带轮的相位，达到配气相位可变的目的。

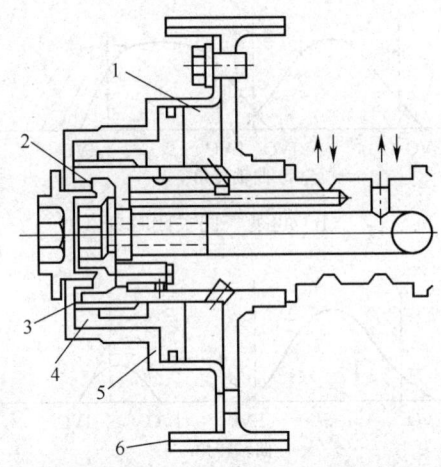

1—迟后侧油压室；2—进角侧油压室；3—内齿轮；4—活塞齿轮；5—外齿轮；6—带轮

图3-20 VVT-i带轮的结构

2. VEC（Valve timing and lift Electronic Control）系统

VEC系统是采用高低速两段式电控可变配气相位的控制机构，它是可变正时和升程VVT。如图3-21所示为该系统的结构及其工作原理。VEC系统主要由高低速凸轮、与此相应的摇臂、摇臂轴以及油压控制系统等组成。驱动气门的T形传动杆与摇臂轴刚性连接。高低速摇臂安装在T形传动杆的左右，并始终与各自的高低速凸轮相接触，且随凸轮轴的旋转而摆动。在摇臂和摇臂轴之间设有控制柱塞、控制油道及回位弹簧。摇臂和摇臂轴的传动靠此柱塞来完成。当柱塞连接时摇臂和摇臂轴变为一体而同步转动，否则，摇臂在摇臂轴上空转。VEC系统根据ECU的控制指令，对应发动机的实际工况，通过油压控制柱塞的连续状态，以选择高低速凸轮中的某一个凸轮工作，由此驱动进气门，达到控制配气相位和气门升程的目的。

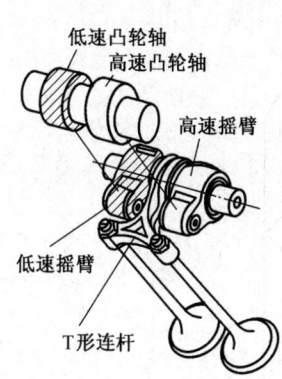

图 3-21 VEC 系统的结构及其工作原理

当发动机低速时,控制油压不起作用,此时低速摇臂内的控制柱塞在其弹簧的作用下,连接低速摇臂和 T 形传动柄(摇臂轴),此时摇臂在其弹簧力的作用下,与摇臂轴脱离连接使之在摇臂轴上自由转动;而当发动机高速时,控制油压通过专用油道分别进入低速摇臂柱塞的压油室和高速摇臂柱塞的压油室,低速摇臂内的柱塞在控制油压的作用下,克服弹簧力缩进摇臂轴内部,使低速摇臂与摇臂轴脱离连接,高速摇臂内的柱塞却在控制油压的作用下,使柱塞上移连接高速摇臂和摇臂轴。如图 3-22 所示为高低速凸轮的配气相位及气门升程的特性。高低速运行模式的切换是由 ECU 根据所设定的发动机转速,控制油压阀来完成。但是,如果在切换高低速运行状态时输出扭矩突变的话,往往产生冲击式振动,影响驾驶的舒适性。因此,为了防止这种扭矩突变现象的发生,在同一节气门开度下应选择分别采用高速或低速凸轮时发动机输出扭矩相同的点,并在该点上进行高低速运行模式的切换。如图 3-23 所示为采用 VEC 系统时发动机输出扭矩的特性。

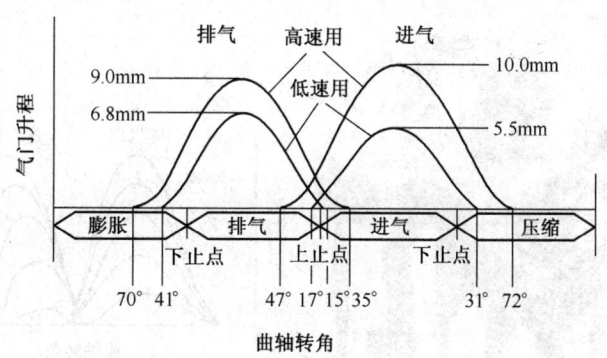

图 3-22 高低速凸轮的配气相位及气门升程的特性

3. 油压控制式可变配气机构

如前所述,气门的角面值与气门的配气相位和气门升程有关。而上述的 VEC 和 VVT-i 两种可变配气相位控制系统,虽然不同程度地实现了配气相位的可变控制,但各自控制的自由度受限,如 VEC 系统,虽能同时改变气门升程和配气相位,但只能控制两段,即只有在对应的两种转速下性能达到最佳,不能随转速变化实现连续可变。而 VVT-i 系统虽然能连续改变配气相位(主要是进气迟闭角),但气门升程不可变,而且进气提前角随之也变化,所以从整个转速范围内改善充气效率受到来自结构上的限制。

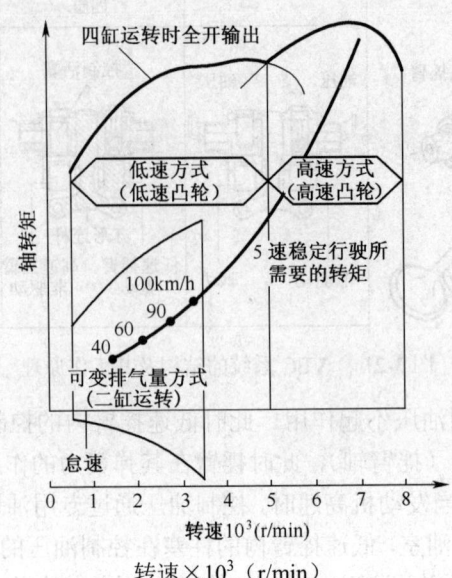

图 3-23 采用 VEC 系统时发动机输出扭矩的特性

为此,在国外已开发研究出新型油压控制式可变配气机构,有通过凸轮驱动的油压控制式可变配气机构和无凸轮的液压式可变配气机构。前者如图 3-24 所示,在凸轮到气门的传递途中设置的一段油路内设有油压柱塞,凸轮工作时通过摇臂将凸轮升程转换为油压柱塞的位移,再通过液压传动控制气门开启。此时,通过电磁阀控制油压腔内的油压来控制气门的不同升程,同时通过改变摇臂支点位置来控制配气定时。

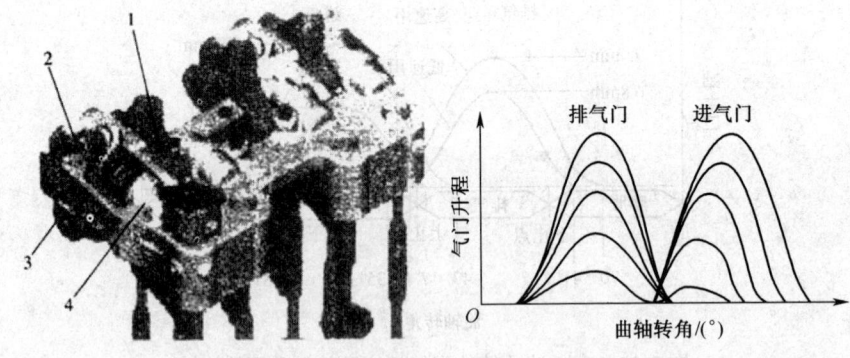

1—电磁阀;2—摇臂;3—凸轮;4—油压柱塞

图 3-24 凸轮驱动的油压控制式可变配气机构

无凸轮液压式可变配气机构如图 3-25 所示,它主要由高压共轨油压室、低油压室、三向阀、电磁阀和油压柱塞及其位移传感器等组成。通过电磁阀将高压共轨油压室内的油量进行合理分配,由此控制油压柱塞位置从而控制气门升程。为了精确控制气门升程,专门设置了气门位移传感器。这种可变配气机构的特点是控制自由度高,可有效提高进排气效率,使气门的丰满系数接近 1,即气门开启面积接近矩形。但主要缺点是存在气门落座速度过高、电磁阀工作可靠性差以及成本高等问题。

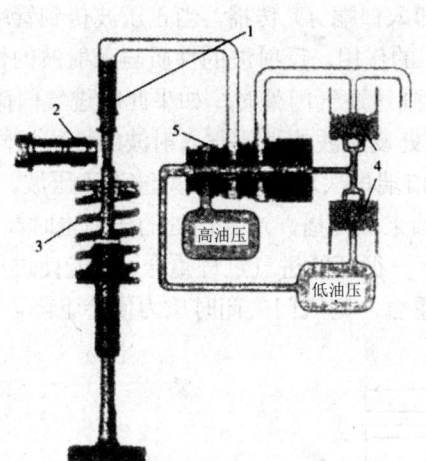

1.油压柱塞；2—位移传感器；3—弹簧；4—数字脉冲；5—三向阀

图 3-25　无凸轮液压式可变配气机构

3.5　进、排气管的动态效应及进气管长度

动态效应就是指利用发动机在间歇的进排气过程中产生的进排气管内的压力波，来提高充气效率的方法。

3.5.1　进气管的动态效应

进气管的动态效应主要分为惯性效应和波动效应。

1. 进气管的惯性效应

在进气冲程前半期，由于活塞下行的吸入作用，气缸内产生负压，新鲜工质从进气管流入，同时传出负压波，经气门、气道沿进气管向外传播，传播速度为声速。当负压波传到稳压室等空腔的开口端时，又从开口端向气缸方向反射回正压波，如果进气管的长度适当，从负压波发出到正压波返回进气门所经历的时间，正好与进气门从开启到关闭所需时间配合，即正压波返回进气门时，正值进气门关闭前夕，从而提高了进气门处的进气压力，达到增压效果。

图 3-26 给出进气管惯性效应示意图。图（a）表示气门刚开启和关闭时，沿进气管长度各处压力分布图。图（b）为进气管靠气缸端（B 点）的压力随时间的变化曲线。若正当 B 点压力波处于波峰位置时，关闭进气门，对实现增压有利。但是，若进气管的长度不适当，进气门关闭时，B 点的压力不是处于波峰位置而是处于波谷，即达到 B 点不是正压波而是负压波，那就会降低缸内压力，得到相反的结果。

为了有效利用惯性进气，最重要的是决定进气门的关闭时间，以使进气终了时波峰恰好达到进气门端。

2. 进气管波动效应

当进气门关闭后，进气管的气柱还在继续波动，对各气缸的进气量有影响，这称为波动效应。图 3-27 给出单缸机简化情况。

进气门关闭时，进气管内流动的空气因急速停止而受到压缩，在进气门处产生正压波，正压波向进气管的开口端（即入口端 A）传播，当正压波传到管端时，产生反射波，由于边界条件（开口、管外压力不变）的作用，反射波的性质与入射波的性质相反，即为负压波，该波又向进气门处 B 传播。当它到达进气门处时，如果此时进气门尚未打开，则其边界条件为封闭型（速度为 0），那么气门处反射波的性质与入射波的性质相同，即为负压波，此负压波向进气管的管端 A 传播，在开口端再次反射时，反射波为正压波，该波又向进气门处 B 传播，这样气波在进气管中周而复始来回传播，进气门处的压力也时高时低，形成如图 3-28 所示的压力波动。如果使正压波与下一循环的进气过程重合，就能使进气终了时压力升高，因而提高充气效率。此时如与负压波重合，则气门关闭时压力便会下降，充气效率降低。

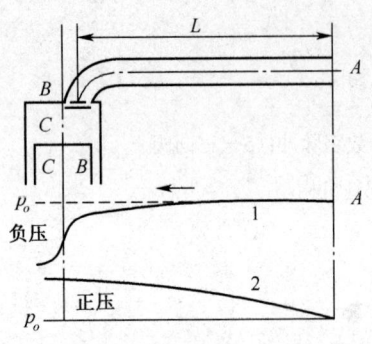
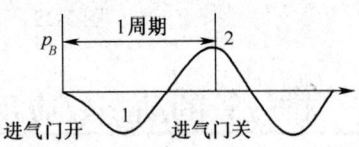

（a）沿进气管长度压力分布曲线　　　（b）进气管根部（B 点）压力随时间变化的曲线
1—进气门开启时；2—进气门关闭时

图 3-26　进气管惯性效应

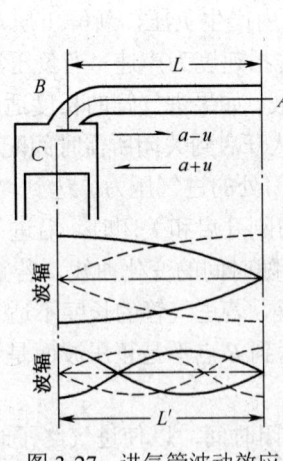
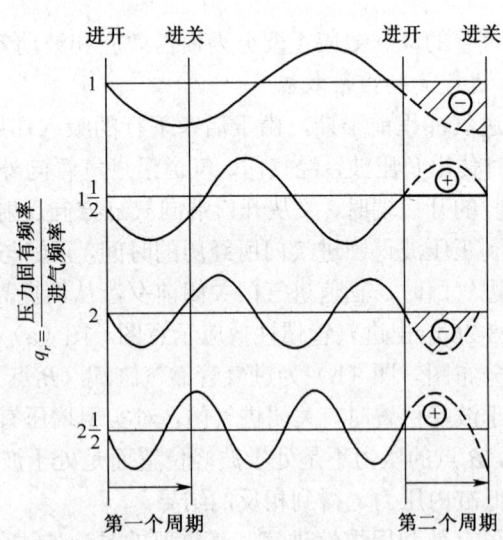

图 3-27　进气管波动效应　　图 3-28　进气一阶压力波的次数与谐振

3. 转速与管长

压力波的固有频率 $f_1(1/s)$ 为

$$f_1 = \frac{c}{4L}$$

式中 c——进气管内气体的声速（m/s）；L——进气管当量长度（m）。

当转速为 n（r/min）时，进气频率 f_2(1/s)为

$$f_2 = \frac{n}{60 \times 2} = \frac{n}{120}$$

f_1 与 f_2 之比为波动次数 q，说明进气管内压力波的固有频率与发动机进气频率的配合关系。对惯性效应，发动机进气周期应与压力波半周期相配，即

$$q_1 = \frac{2f_1}{f_2} = \frac{60c}{nL} \tag{3-8}$$

对波动效应

$$q_2 = \frac{f_1}{f_2} = \frac{30c}{nL} \tag{3-9}$$

由图 3-28 可见，$q_2 = 1\frac{1}{2}$，$2\frac{1}{2}$……时，下一次气门开启期间，正好与正的压力波相重合，使充气效率增加，当 $q_2 = 1$，2，……时，进气频率与压力波固有频率合拍，下一次气门开启期间正好与负的压力波重合，使充气效率减小。

q_1 或 q_2 越小，则需要进气管越长，q_1 或 q_2 越大，由于波动次数增加，则由摩擦引起的压力波衰减大，增压效果变差。由式（3-8）和式（3-9）可见，若 q 一定，管长与转速成反比，即高转速所需进气管短，低转速所需进气管长。

如图 3-29 所示为在某一发动机的速度特性上进气管长度对充气效率的影响。当进气管长度增加时低速区的充气效率明显得到提高，而且峰值也提高。即在低速区气流的平均流动速度低，因而进气管长度对流动损失的影响不明显，充气效率提高的原因就是由于进气管长度充分利用了气流的动态波动效应；而在高速区由于气流速度的增加，进气阻力明显增加，所以充气效率迅速下降。随着进气管长度的缩短，低速区充气效率下降，同时因减小了高速时进气管长度的流动损失，使得高速区充气效率得到明显改善，峰值也偏向高速区移动。

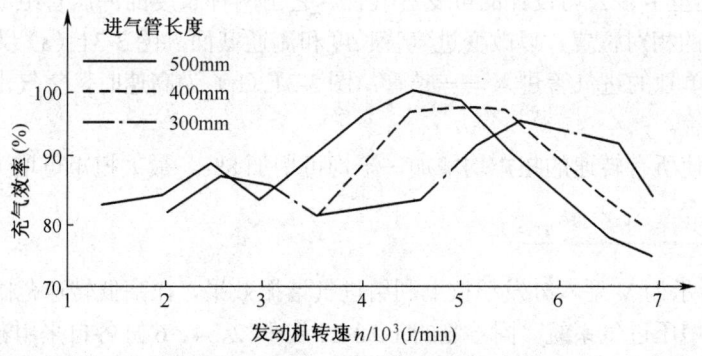

图 3-29 进气管长度对充气效率的影响

这一结果表明，对于车用发动机，由于使用转速范围较宽，所以为了提高各转速下的充气效率，以充分发挥发动机各工况下的性能，有必要根据发动机不同转速范围采用长短不同的进气管。

3.5.2 可变进气管

可变技术就是随使用工况（转速、负荷）变化，使发动机某系统结构参数可变的技术。

车用发动机既要满足高功率化的要求，又要保证中、低转速，中、小负荷的经济性和稳定性，希望在很大转速范围内的动力性和经济性都得到改善，避免出现扭矩低谷。

由前述可知，对进气管的要求是：在高转速、大功率时，应配装粗短的进气管；而在中、低速，最大扭矩时，应配装细长的进气管。可变进气管就是为适应这种要求而设计的。

能根据发动机转速和负荷的变化自动改变有效长度的进气管基本结构如图 3-30 所示。

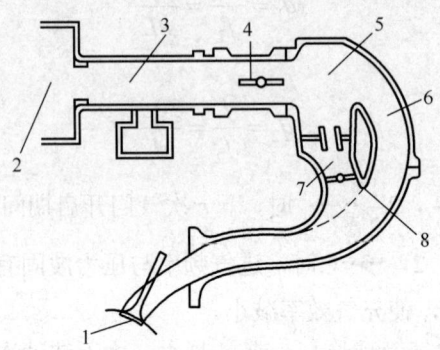

1—进气门；2—空气滤清器；3—进气软管；4—节气门；5—稳压室；
6—长进气管；7—短进气管兼谐振器；8—转换阀

图 3-30 可变进气管

在稳压室下游设置转换阀 8，通过开启和关闭转换阀 8，构成了长短两根进气管。发动机在中、低速区工作时，关闭阀 8，使用长进气管，长管内的反射压力波能满足中、低速惯性效应的要求。高速工作时，打开阀 8，同时使用长短两进气管，短管内反射压力波能满足高速惯性效应的要求。为了利用波动效应，在短管处有一个由管子和容器组成的中、低速用谐振器，在阀 8 关闭的情况下，利用短管反射压力波，增加最大扭矩。

图 3-31 给出里卡多公司设计的可变进气管。它由两种长度的冲压管组成，通过旋转可转动件 A 在外壳中的相对位置，以改变进气管长度和流通截面。图 3-31（a）为中、低速时，空气由外侧通道经单独的进气管进入——长管；图 3-31（b）为高速时，空气由内部通口经双进气管进入——短管。

可变进气管使所有转速的扭矩均增加，平均可增加 8%，最大扭矩可增大 12%～14%。

3.5.3 惯性可变谐振增压进气系统

如图 3-32 所示为 V 型六缸发动机上利用进气谐振效果，在高低转速范围内提高充气效率的惯性可变谐振增压进气系统。同一侧的 1、3、5 缸和 2、4、6 缸各自采用独立的进气管（共振管）、稳压管和各自的进气支管。稳压箱以及各气缸构成各自的惯性增压系统，而长的进气管、稳压箱以及各气缸构成各自的共振系统。当第 1 缸进气终了进气门关闭前夕，由于进气压缩波的作用，两个稳压箱内的气体共振，其压力波反射到第 1 缸，从而提高充气效率，此时惯性增压系统停止工作。假设长进气管内（共振管）的气流质量简化为惯性质量（重块），两个稳压箱简化为两个弹簧。则共振管内气柱在两个弹簧的作用下振动，相对共振管进气支管（惯性系统）很短，随意惯性很小可忽略。进气过程中气缸内的容积与稳压箱相比也很小，所以可以看成一个硬弹簧。当发动机转速为2000r/min（低速）时惯性系统相对比较短，其共振点（转速）高，所以基本不振动，因此可简化成简单振型，此时通过长的共振管的谐振效果提高充气效率；而当转速为4000 r/min（高速）时，共振管内的气流与两个大体积的稳压箱（软弹簧）因其固有频率低而不共振，只有短的惯性系统的气柱共振，从而提高充气效率。当发动机转速为3000r/min 时，共振管内的气柱和惯性系统的气柱均不共振，或振动很小，因此充气效率低，扭矩在该转速下出现低谷现象。为了解决这种低谷现象，在两个稳压箱之间设置切换阀，由此接通两个稳压箱，使之合成为一个大稳压箱，相当于一个软弹簧。可忽略其弹力，由此实施惯性增压，提高该转速下的充气效率，改善扭矩低谷现象，使得整个转速范围内具有良好的充气效率，充分提高发动机的整机性能。

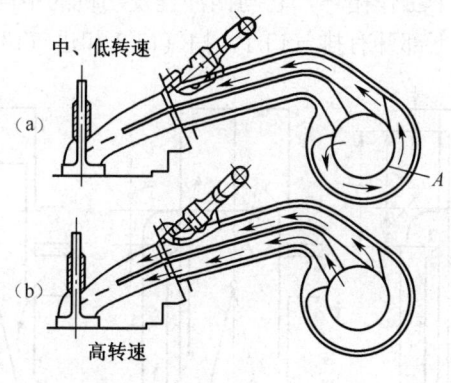

图 3-31 双通道可变进气管

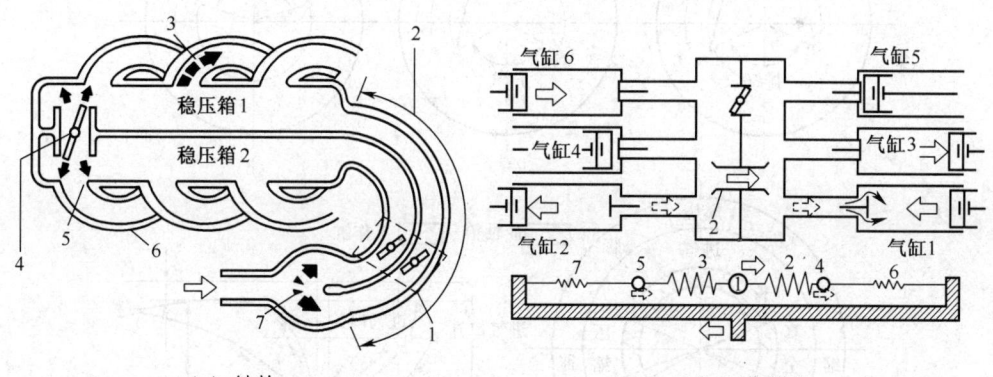

（a）结构　　　　　　　　　（b）工作原理

1—双节气门；2—共振管长；3—惯性增压；4—切换阀；5、7—共振增压；6—进气支管

图 3-32 惯性可变谐振增压进气系统

3.5.4 排气管的动态效应

由图 3-1 可见，排气门打开初期，随着废气大量涌入，在排气门处产生大的正压波并向排气管出口端传播，在出口端又返回负压波。由此可见，排气管内也存在压力波，且排气能量大，

废气温度高,故与进气相比,排气压力波的振幅大、传播速度快。若能在排气过程后期,特别是气门叠开期,使排气管的气门端形成稳定的负压,便可减少缸内残余废气和泵气损失,并有利于新气进入气缸。但由于压力波传播速度快,在使用转速范围内,需要配以长的管路,因此要考虑排气管与消声器以及其他装置的组合及安装空间问题。

对二冲程发动机,利用排气波动效应也可有效地提高充气效率,从而提高发动机的动力性。

3.6 二冲程发动机的换气过程

3.6.1 二冲程发动机的换气过程及示功图

在四冲程发动机中,一个循环是由四个冲程完成的。二冲程发动机是曲轴回转一圈,活塞上下两个冲程,就完成一个工作循环,它与四冲程发动机的不同之处主要在于换气过程。

二冲程发动机在工作缸下部开有排气口 1、扫气口 2 和进气口 3,如图 3-33 所示。

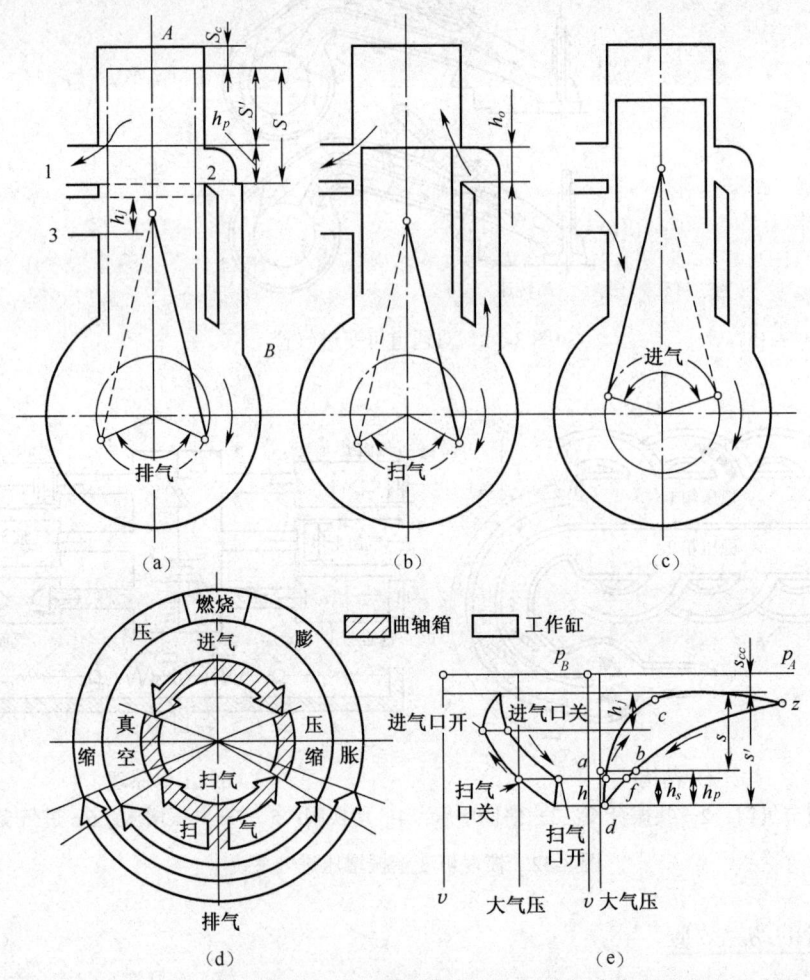

(a)(b)(c) 工作机构简图;(d) 配气图;(e) 工作缸内和曲轴箱内示功图
1—排气口;2—扫气口;3—进气口
图 3-33 曲轴箱扫气二冲程发动机工作过程

活塞由下止点向上运动，当活塞上行关闭排气口后（图3-33（a）的位置）即开始压缩过程，如示功图中的 $a-c$ 段；上行至上止点前约 $10°\sim30°$ 曲轴转角，喷油（或点火）燃烧，缸内气体温度、压力迅速上升，示功图中的 $c-z$ 段即燃烧过程；继而高温、高压气体推动活塞下行，即做功的膨胀冲程，如示功图中的 $z-b$ 段，活塞下行至 b 点，开启排气口（图3-33（b）的位置），膨胀冲程结束，排气冲程开始。

排气口开始打开时，缸内压力一般为 $0.3\sim0.6$MPa，排气处于超临界状态，废气以声速流出气缸，缸内压力迅速下降，进入亚临界状态。从排气口开始打开到缸内压力接近扫气压力，新气开始流入气缸的这段排气，称为自由排气。此时是靠缸内与排气管之间的压差排除废气，其中从排气口打开到扫气口打开这一段，又称先期排气（示功图中的 $b-f$ 段），必须保证先期排气时面值，以避免废气倒流。

当扫气口打开，已被提高压力的新鲜工质得以进入气缸，并驱赶废气继续排出，此过程一直进行到下止点后扫气口关闭为止。由于此阶段是利用新气扫除废气，故称为扫气过程，如示功图中的 $f-d-h$ 段。扫气口关闭后，排气口还开着，这时由于活塞上行的排挤及排气气流的惯性，会继续排出新鲜工质和废气的混合气，直至排气口完全关闭，如示功图中的 a 点。从扫气口关闭到排气口关闭这段是额外排气阶段，其中有大量新鲜工质排出，是要尽量避免的阶段。活塞继续上行，重复压缩过程，进行新的循环。从排气口开始打开到排气口完全关闭，即示功图上的 $b-d-a$ 曲线，为二冲程发动机的换气过程，大约占 $130°\sim150°$ 曲轴转角。

在排气口开启期间，废气及新鲜工质不断从排气口流出，这部分气缸容积不能容纳新鲜工质，称为损失容积。二冲程发动机的有效压缩是从排气口关闭后开始，故其有效工作容积为

$$V_s = V_s' - V_e = V_s'(1-\varphi)$$

式中 φ ——冲程损失百分比，$\varphi = V_e/V_s' = h_c/s$；$hc$ ——排气口高度；s ——活塞冲程；V_e ——排气口高度所占气缸容积；V_s' ——活塞冲程容积。

所以，实际压缩比为

$$\varepsilon = \frac{V_c + V_s}{V_c}$$

几何压缩比为

$$\varepsilon' = \frac{V_c + V_s'}{V_c} = \frac{V_c + V_s}{V_c} + \frac{V_c}{V_c} + \frac{\varphi V_s'}{V_c} = \varepsilon + \varphi(\varepsilon'-1)$$

所以
$$\varepsilon = \varepsilon'(1-\varphi) + \varphi$$

二冲程发动机换气过程与四冲程相比可以看出，四冲程的进、排气过程是分开的，总共经历 $410°\sim480°$ 曲轴转角；而二冲程的换气过程仅相当 $130°\sim150°$ 曲轴转角，为四冲程的 $1/3$ 左右，而且它又是进、排气过程同时进行，利用新鲜工质来扫除废气，新鲜工质容易与废气相混而损失，废气也不易清除干净，因此组织好二冲程发动机的换气过程较为困难，成为其特有的问题。

3.6.2 扫气泵

由于二冲程发动机的进、排气过程是重叠进行的，它利用新气扫除废气，因此，必须提高进入气缸新气的压力。从而设置扫气泵。扫气泵有如下三种类型。

1. 曲轴箱扫气形式

曲轴箱扫气形式如图 3-33 所示,它是将曲轴箱封闭起来。当活塞向上止点运动时曲轴箱压力迅速下降,上行至活塞下边缘打开进气口(图 3-33(c)),新鲜工质被吸入曲轴箱,该过程称为曲轴箱进气过程,直到活塞下行,活塞下边缘关闭进气口为止;再下行,活塞开始压缩曲轴箱中的新鲜工质,使其压力升高,从而起到扫气泵的作用。压缩的最高压力与曲轴箱压缩比有关,即曲轴箱最大容积 V_s(活塞位于上止点)与最小容积 V_k(活塞位于下止点)之比,即

$$\varepsilon_k = \frac{V_k + V_s}{V_k}$$

由于曲轴箱容积大,其压缩比较低,一般范围为 1.3～1.55,充气效率低,大致为 0.6～0.7,扫气压力仅为 1.08kPa 左右,因此,要求尽可能增大进入曲轴箱的新气量。因其结构简单、紧凑,所以仅用于小型汽油机及单缸柴油机上。

2. 采用单独的扫气泵

采用单独的扫气泵如图 3-34 所示,扫气泵大多用转子泵或离心泵,直接由发动机曲轴增速驱动。一般扫气压力 p_k=109～150kPa。

3. 废气涡轮增压

废气涡轮增压的扫气压力 p_k=140～200kPa 甚至更高。

由于带动扫气泵要消耗发动机的有效功,因此应在尽量低的扫气压力 p_k 和尽量少的扫气泵供气量的前提下,将废气清除干净和充入更多的新鲜充量。

3.6.3 换气系统的基本方案

根据新鲜充量在气缸中流动的性质,扫气形式可分为横流扫气、回流扫气和直流扫气三种。

1. 横流扫气

横流扫气是二冲程发动机最早采用的换气方案。如图 3-35 所示为这种扫气系统的简图和气口开启面积图。其特点是排气口与扫气口布置在气缸下部相对两壁上。扫气口在圆周和沿气缸中心线方向均有倾斜角,以控制气流方向,使扫气进行得更加完善。该方案的最大优点是结构简单、制造方便,而且由于扫气口与排气口对应布置在气缸两侧,对减小发动机长度有利。其缺点主要是,由于扫、排气定时对称,扫气口比排气口早关,产生额外排气,而且在 A 区易于残留废气,又可能在 B 区产生扫气短路现象(即新鲜充量直接由排气口流出),所以换气效果较差。

2. 回流扫气

回流扫气的结构示意图如图 3-36 所示,它的主要特点是扫气口不是正对着排气口设置,两者常位于气缸同侧,扫气口亦在圆周和沿气缸中心线两个方向有倾斜角,使扫气新气的主流在缸内沿缸壁流动时转弯而形成回线,将废气挤走,这样可以克服横流扫气时大量新气旁通至排气口的缺点,扫气效果比横流要好得多。在小型发动机中,多采用"三口回流扫气",如图 3-36(a)所示。回流换气和横流换气的复合方式是回流方式的另一种变型。其排气口对侧设有横流扫气口(或称副扫气口),以清扫排气口对侧的废气,其开启时间可以比主扫气口稍晚一些。上述两方案由于其换气效果优于横流扫气,且具有结构简单、制造方便的优点,所以在

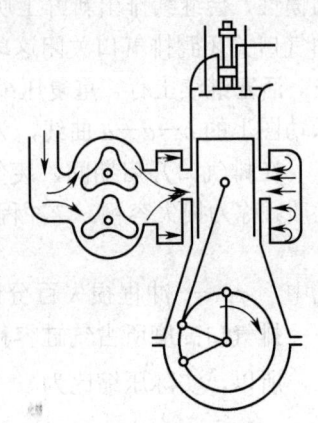

图 3-34 扫气泵

中小型发动机中得到广泛应用。

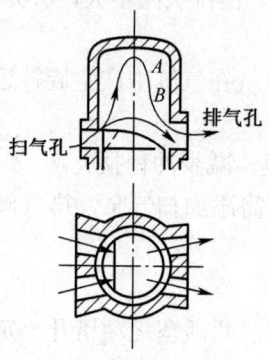 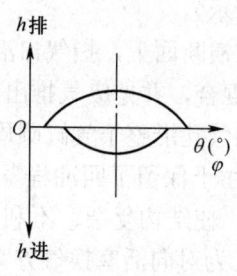

（a）横流扫气形式　　　　　（b）气口开启高度 h 随曲轴转角 φ 的变化

图 3-35　横流扫气

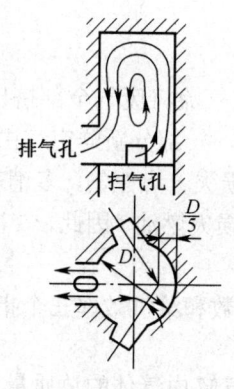 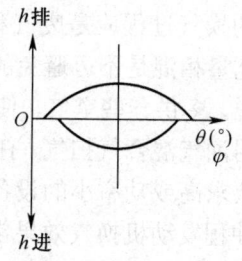

（a）三口回流扫气　　　　　（b）气口开启高度 h 随曲轴转角 φ 的变化

图 3-36　回流扫气

3. 直流扫气

如图 3-37 所示为直流扫气方案。它的主要特点是扫气气流沿气缸轴线运动，换气品质最好。

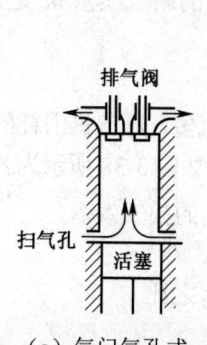 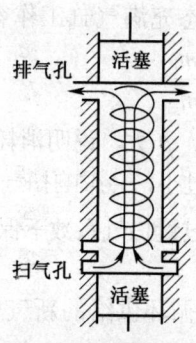 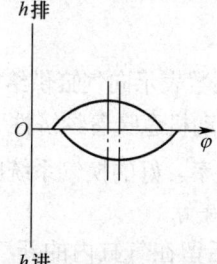

（a）气门气孔式　　（b）对向活塞式　　（c）气口开启高度 h 随曲轴转角 φ 的变化

图 3-37　直流扫气

图 3-37（a）为气门气孔式直流扫气方案，它有如下特点：

(1) 活塞由于受到扫气空气的冷却作用,工作条件较好。

(2) 由于排气阀受凸轮操纵,因此可实现不对称换气,使排气阀早关,以实现过后充气,如图3-37(c)所示)。

(3) 在气缸横断面上,扫气口沿切线方向排列,使空气在气缸中产生旋转运动,形成气垫,减少与废气混合,并把废气推出气缸。

(4) 由于扫气孔沿整个气缸圆周密布,孔高可以缩短,减少冲程损失。

其缺点是,由于保留了四冲程发动机的气门机构,还需添加扫气泵,排气阀尺寸也比四冲程发动机的大,使结构复杂,不利向高速化发展。

图3-37(b)为对向活塞换气方案。

其扫气口及排气口的启闭由相反方向运动的活塞控制,两活塞运动错开一定的曲轴转角(9°~15°),使排气门比进气门早开早关,造成不对称换气。扫气口也会造成切向进气形成旋流。此方案的缺点是,上、下曲轴的传动机构极为复杂,整机高度尺寸增大,排气端缸套热负荷极为严重。

3.6.4 换气效率的评价

最理想的换气过程应是废气和新鲜充量毫不相混,扫气气流将废气全部挤出。事实上,废气与新鲜充量相混是不可避免的,一部分废气留在气缸里,一部分新鲜空气由排气口逸出。对柴油机来说,多供一些空气,使废气清除得干净些,仅是损失一点空气,多消耗些功;而在汽油机中是用油气混合气扫气,任何混合气的外逸都意味着损失燃油。因此,二冲程汽油机仅用于比功率要求高或功率小的设备。

衡量二冲程发动机换气效果常用扫气效率、过量扫气系数和给气效率三个指标。

1. 扫气效率 η_s

η_s 是换气后留在气缸内的新鲜充量的质量 m_o 与换气后气缸内气体的总质量 m_g 之比。

$$\eta_s = \frac{m_o}{m_g} = \frac{m_o}{m_o + m_r}$$

式中 m_r——扫气后缸内残余废气的质量。η_s 值大,说明留在气缸内的废气量少,换气质量高。

2. 过量扫气系数(又称给气比)β

β 是扫气中所用新气总质量 m_i 与在大气状态充满气缸工作容积 V_s 的新气质量 m_s 之比。

$$\beta = \frac{m_i}{m_s}$$

过量扫气系数表示向气缸供给的新气的多少。β 大,说明消耗的新气多,压气机消耗的功率大,对二冲程发动机意味着经济性下降;但是 β 过小,会影响扫气效率。如图3-38所示为各种扫气形式的扫气效率。好的换气系统应是在较小的过量扫气系数下保证较高的扫气效率。

3. 给气效率 η_t

η_t 是换气后留在气缸内的新气质量 m_0 与每循环供给的新气质量 m_t 之比

$$\eta_t = \frac{m_0}{m_t}$$

它从数量上说明新气流失量的多少。

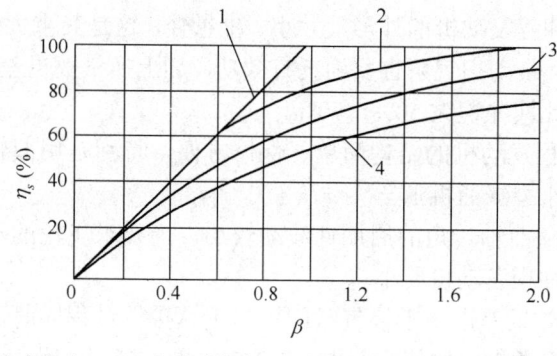

1-完全扫气; 2-直流式扫气; 3-回流式扫气; 4-横流式扫气

图 3-38 各种扫气形式的扫气效率

进行换气试验是改善换气效果最有效的办法,通过试验找出最佳的结构方案。

目前汽车拖拉机二冲程发动机换气过程主要参数的大致范围是:

扫气压力　　p_k=125～196kPa

过量扫气系数　β=1.25～1.50 (曲轴箱换气时为 0.5～0.9)

扫气效率 η_s:

直流扫气　　0.8～0.95

回流扫气　　0.8～0.9

曲轴箱换气　0.72～0.8

3.6.5 影响扫气效率的因素

1. 扫气方式

如图 3-36 所示,直流扫气的扫气效率最高,回流扫气次之,横流扫气最差。

2. 扫气压力

当过量扫气系数一定时,扫气压力越高,扫气流的扰流越强,越容易短路,扫气效率降低,特别是在横流扫气时,下降更明显。

3. 冲程缸径比 S/D

冲程缸径比加大时,直流扫气的扫气效率略有提高,而回流扫气和横流扫气则扫气效率降低,特别是横流扫气下降显著。因此,对气口扫气式二冲程发动机不适宜采用长冲程。

4. 转速

由于扫气泵在高转速时扫气压力 p_k 较高,使扫气效率 η_s 下降。缸径与转速的乘积 Dn 越大,扫气越困难。因此,对直流扫气限制其 Dn≤28000mm/min,回流扫气限制其 Dn≤140000mm/min。

5. 扫气排气系统

主要指排气管的长度和直径产生的影响。排气管长度适当减小,管内压力波会使扫气时排气背压降低,改善换气质量,因此,常将排气管做得短而粗,以提高换气效果。

3.6.6 二冲程发动机的应用

由于二冲程发动机是曲轴每转一圈就做功一次,单位时间内工作循环次数提高一倍,所以在相同的功率下，二冲程发动机的外形尺寸小、重量轻，这是其重大优点。但因缸壁上开有气口，有部分无效冲程，带动扫气泵也要消耗有效功，加上换气效果差，p_i 值较低，因此，二冲程发动机的升功率仅比四冲程大 50%～70%。

由于回流扫气二冲程发动机的结构简单、保修方便，特别是用曲轴箱扫气，无须另带扫气泵，因此广泛应用于小型汽油机上。

二冲程发动机扭矩随曲轴转角的周期性波动较小，当要求飞轮的不均匀度相同时，其飞轮尺寸比同样缸数的四冲程发动机要小。

它的缺点是：换气效果差，由于换气时间短，进、排气过程同时进行，故新鲜充量和废气容易相混，残余废气系数大，致使经济性、HC 排放量、排烟、噪声等性能均不如四冲程发动机。额定工况时，二冲程汽油机的耗油率比四冲程高 20%～30%，部分负荷时油耗更高。

二冲程发动机热负荷高、冷却困难，容易出现排气口处过热、活塞顶局部过热、喷孔堵塞甚至活塞拉缸等现象。

缸壁开有气口，润滑困难，机油消耗大。此外，二冲程发动机在可靠、耐磨、指标稳定性以及研制时间等方面，也不如四冲程发动机。

目前，在大功率、低速船用柴油机上应用二冲程较多，最小耗油率低达 160g/(kW·h)。在要求比功率高、结构简单、轻巧的摩托车、赛艇以及喷雾、割草等小型农用动力上，广泛应用曲轴箱换气二冲程汽油机，但其耗油率甚高，一般均大于 300g/(kW·h)。在其他领域仍以四冲程发动机为主。

本章小结

换气过程是从排气门开启到进气门关闭的整个过程。可分为自由排气、强制排气、惯性排气、准备进气、正常进气、惯性进气等六个过程。其任务是尽可能使废气排除干净并吸入更多的新鲜气体。

可用充气效率表明换气过程进行的好坏。充气效率 η_v 是每循环实际进入气缸的新鲜工质的量与进气状态下充满气缸工作容积的新鲜工质的量的比值。

影响充气效率的因素有进气终了的压力、温度，残余废气系数，配气定时，压缩比和进气（或大气）状态。汽油机负荷调节是通过改变节气门开度来调节进入气缸的新鲜气体的多少，负荷增大，充气效率相应增加，转速增加，气体流速增大，流动阻力增加，充气效率下降；而柴油机的负荷调节是通过改变喷入气缸的燃料量而进入气缸的空气量基本不变，在进气系统一般不设调节负荷的节流装置，故流动阻力基本不变，充气效率基本不变，但转速增加，充气效率同样下降。

减小进气系统的阻力，合理选择配气定时，利用进、排气管的动态效应，采用可变技术提高充气效率。

减小进气系统的阻力。减小进气门处阻力，包括：增大进气门开启的时面值，合理控制进气马赫数，增大进气门直径和增加气门数，增大气门升程和改善气门处流动阻力；减小进气道和进气管阻力；减小发动机节气门体及空气滤清器的阻力等。

合理选择配气定时。对配气相位角是定值的发动机，应根据发动机常用工况确定配气相位角（进气迟闭角影响最大），要强化发动机，提高转速，加大输出功率时，进气迟闭角应适当增大；而要加大低速扭矩，提高爬坡及低速加速能力时，进气迟闭角应适当减小。现代发动机采用可变配气相位，高速时，配气相位角增大，低速时角度相应减小，能满足各个转速和负荷时的最佳进气要求。

合理利用进、排气管的动态效应，即在高转速、大功率时，应装配短粗的进气管；而在中低速、最大扭矩时，应装配细长的进气管。

换气损失包括排气损失（自由排气损失和强制排气损失）和进气损失。

知识训练

1. 选择题

（1）进气门（　　）充气效率最大值对应转速减小。
　A．迟闭角减小　　　　　　　　B．迟闭角加大
　C．开启时期断面面积增大　　　D．开启时期断面面积减小

（2）当发动机进气门早开晚关角一定时，充气效率随转速变化的关系为（　　）。
　A．随转速增大而增大　　　　　B．随转速增大而减小
　C．在某一中间转速最大　　　　D．常数

（3）非增压发动机进气过程结束时，气缸内压力总是（　　）。
　A．大于大气压力　　　　　　　B．等于大气压力
　C．小于大气压力　　　　　　　D．与大气压力无关

（4）对四冲程发动机而言，换气过程是指从（　　）的整个过程。
　A．排气门开启到排气门关闭　　B．进气门开启到进气门关闭
　C．排气门开启到进气门关闭　　D．进气门开启到排气门关闭

（5）四冲程发动机迟闭排气门可以（　　）。
　A．减少活塞强制排气所消耗的推出功
　B．降低气缸内残余废气量
　C．增加气缸空气充量
　D．避免因排气流动截面积过早减少而造成的排气阻力的增加

（6）自然吸气的四冲程发动机换气损失功指（　　）。
　A．膨胀损失功、机械损失功和附件损失功
　B．膨胀损失功、推出损失功和吸气损失功
　C．扫气损失功、吸气损失功和排气损失功
　D．机械损失功、排气损失功和推出损失功

（7）下列哪些措施不能提高发动机气缸充气效率（　　）。
　A．降低进排气系统的流动阻力　B．采用可变配气系统技术
　C．利用进气谐振　　　　　　　D．废气再循环技术

2. 判断题

（1）发动机在自由排气阶段的能量损失称为自由排气损失。（　　）
（2）发动机充气效率可能大于1。（　　）
（3）发动机气门叠开角越大，废气排出越彻底，充气效率越大。（　　）

（4）对于固定配气相位的发动机，其充气效率随发动机转速的增加而增加。（　）

（5）在四冲程发动机的自由排气阶段，气缸内压力小于排气管内的排气背压。（　）

（6）四冲程发动机的超临界排气阶段，排气的质量只取决于缸内气体状态和排气门有效流通面积的大小，而与排气管内的气体状态无关。（　）

（7）对于四冲程发动机，气门叠开期间，进气管、气缸和排气管三者直接相通。（　）

（8）发动机进气系统流动阻力可分为沿程阻力和局部阻力。（　）

（9）发动机采用四气门和五气门方案可以增加进排气流动面积，减少流动阻力损失。对于汽油机，还可以中置火化塞，缩短火焰传播距离，提高发动机的抗爆性。（　）

（10）采用可变气门正时技术可以改善发动机的低速扭矩特性。（　）

3．填空题

（1）四冲程发动机的换气过程是指从_____至_____的整个过程。

（2）根据气体流动特点和进排气门运动规律，换气过程可分为三个阶段，分别为_____、_____和_____。

（3）换气损失由_____和_____两部分组成。

（4）充气效率η_v是_____与_____的比值。

（5）四冲程发动机对配气相位的要求是，发动机进气迟闭角、排气提前角应随发动机转速提高而_____；低速时，发动机进、排气门应_____下止点分别关闭、打开；高速时，发动机进、排气门应_____下止点分别关闭、打开。发动机气门叠开角，怠速时要小，随发动机转速增加，气门叠开角应加大。

4．简答题

（1）根据换气过程的 p-φ 图，说明换气过程各阶段的特点及区间。

（2）根据四冲程发动机换气损失 p-V 图，区分自由排气损失、强制排气损失、进气损失、泵气损失、换气损失。

（3）分析确定发动机配气相位的原则。

（4）简述影响充气效率的主要因素。

（5）试根据充气效率的分析式，说明提高充气效率的措施。

（6）画出发动机的配气相位图，并标明各部分名称。

（7）非增压发动机和增压发动机的气阀叠开角有何不同？为什么？

（8）什么是充气效率？怎样确定一台发动机的充气效率？

（9）试述转速和负荷是如何影响充气效率的，汽油机与柴油机有什么不同？

（10）如何选择柴油机和汽油机进气管的截面形状？

（11）柴油机和汽油机的进气管应如何布置？

（12）怎样综合评定发动机配气定时的合理与否？

（13）做出进气迟闭角分别为 40°和 60°时的充气效率 η_v 曲线和有效功率 P_e 曲线，标明和解释各参数，并分析转速变化对充气效率 η_v 的影响。

（14）如何选择高速发动机和低速发动机的进气管长度？

（15）进气为什么要早开，排气为什么要晚关？4 个相位角中，哪两个角最重要？这两个角对发动机性能有何影响？气门重叠角的作用是什么？比较汽油机和柴油机、增压发动机和自然吸气发动机气门叠开角的大小,并说明为什么?

（16）为什么进、排气开启和关闭 4 个相位角都存在最佳值?为什么 4 个相位角的最佳值都随转速升高而加大?请逐一从物理概念上定性分析。

（17）为什么近代轿车汽油机普遍采用多气门机构?它有什么优缺点?柴油机为什么较少采用多气门?二气门改为四气门时,为什么功率上升的百分比要比扭矩增加的百分比大得多?

（18）什么是可变气门正时?它影响发动机的哪些性能?

（19）什么是进、排气过程的动态效应?如何利用动态效应来提高发动机的 η_v?

（20）什么是可变进气歧管长度系统?它主要用来改善发动机的什么性能?高、低转速下如何改变进气歧管的长度?

查阅资料找出一款轿车用现代发动机,说明该车所用发动机提高充气效率的措施有哪些,并分析其理论依据。

4 燃料与燃烧

知识目标

1. 了解发动机传统燃料、代用燃料及其来源。
2. 熟悉发动机燃料的理化性质。
3. 掌握不同燃料对发动机性能的影响。
4. 熟悉发动机燃烧的基本概念及燃烧基础知识。

能力目标

1. 能分析不同燃料由于其理化性质不同对发动机性能的影响。
2. 根据着火方式、着火机理及燃烧方式分析如何合理设计燃烧室及进气系统以提高燃烧效率。

发动机的燃料主要有汽油和柴油两种液体燃料。近年来，由于天然气和液化石油气具有成本低、排放污染小、抗爆性能好等优点，因而得到广泛应用。

燃料在气缸中的燃烧情况极为复杂，但本质上是碳和氢激烈的氧化反应，本章只研究燃料中主要成分和空气中的氧进行化学反应的最终结果，而不是研究其中间反应。

4.1 发动机的燃料及使用特性

4.1.1 发动机的燃料

燃料的特性对发动机的功率输出、燃油消耗及工作可靠性和排放性能均有较大的影响，同时不同的发动机对燃料的要求也不相同。

发动机传统的燃料是汽油与柴油,它们都是石油炼制品。石油主要是由碳、氢两种元素构成,含量约占97%~98%,其他还有少量的硫、氧、氮等。石油产品是多种碳氢化合物的混合物,分子式可以写为C_nH_m,通常称为烃。根据烃分子中碳原子数的不同,可构成不同相对分子质量、不同沸点的物质。根据烃分子中碳原子数的不同,可构成不同相对分子质量、不同沸点的物质。炼制汽油和柴油最简单的方法是利用不同的沸点进行分馏,依次得到石油气、汽油、煤油、轻柴油、重柴油及渣油,如表4-1所示。

表4-1 烃分子中碳原子数对理化性质的影响

C原子数	沸点/℃	品质	相对分子质量	理化性质的变化趋势
$C_1 \sim C_4$	常温	石油气	16~58	质轻↑ 易挥发↑ 粘度增大↓ 化学安定性变好↓ 易自燃↑ 易点燃↑
$C_5 \sim C_{11}$	50~200	汽油	95~120	
$C_{11} \sim C_{19}$	180~300	煤油	100~180	
$C_{16} \sim C_{23}$	250~360	轻、重柴油	180~200	
C_{23}以上	>360	渣油	220~280	

在碳氢化合物中,除碳原子数对烃的性能有影响外,分子结构对烃燃料的性能也有很大影响,如表4-2所示。

表4-2 烃分子化学结构分类及对烃性能的影响

分类	分子通式	结构式举例	性质
烷烃	C_nH_{2n+2}	直链 正庚烷 C_7H_{16}	呈饱和的开链式结构,碳原子数越多,结构越不紧凑,常温下性质比较稳定,高温下易分解,自燃的滞燃期较短,是柴油燃料的良好成分。支链式结构在高温下较稳定,是汽油中抗爆性好的燃料
	C_nH_{2n+2}	支链 异辛烷(2.2.4三甲基戊烷)C_8H_{18}	
烯烃	C_nH_{2n}	乙烯 C_2H_4 乙烯 C_6H_{12}	非饱和开链式结构,有一个双链,比烷烃难于自燃,是汽油中抗爆性好的成分,但由于不饱和结构常温下化学安定性差,长期储存易氧化生成胶质

续表

分类	分子通式	结构式举例	性质
环烷烃	C_nH_{2n}	环己烷 C_6H_{12}	饱和的环状分子结构，不易分裂，热稳定性能和自发火温度均比直链烷烃高，环烷烃多的燃油适宜作点燃式汽油机燃料
芳香烃	C_nH_{2n-6}	苯 C_6H_6；α-甲基萘 $C_{11}H_{10}$	基本化合物是苯，所有芳香烃都含有苯基成分，在石油中含量较少，分子结构紧固，热稳定性均比烷烃、烯烃和环烷烃高，在高温下不易破裂，化学安定性较前者为高，是汽油中良好的抗爆剂

4.1.2 燃料的使用特性

1. 柴油

柴油主要用于各类柴油机中，其中轻柴油用于高速柴油机，重柴油用于中、低速柴油机，柴油的牌号是按凝点命名的，凝点是指柴油失去流动性开始凝结的温度。车用柴油标准（GB/T19147－2013）按凝点将柴油分为10号、5号、0号、-10号、-20号、-35号、-50号七级，其凝点分别不高于 10℃、5℃、0℃、-10℃、-20℃、-35℃、-50℃。选用柴油时，应按最低环境温度高出凝点5℃以上，即-15号柴油是用于最低环境温度为-10℃的场合，中国车用柴油规格如表4-3所示。

表4-3 车用柴油技术要求（GB/T19147－2013）

项目	10号	5号	0号	-10号	-20号	-35号	-50号	试验方法
色度，号， ≯	3.5							GB/T6540
氧化安定性 总不溶物，mg/100mL [a] ≯	2.5							SH/T0175
硫含量，%（m/m）[b] ≯	0.005							GB/T380
酸度，mg/KOH/100mL ≯	7							GB/T258
10%蒸余物残碳，%（m/m）[c] ≯	0.3～							GB/T268

续表

项目	10号	5号	0号	-10号	-20号	-35号	-50号	试验方法
灰分，%（m/m）⩾	0.01							GB/T 508
铜片腐蚀（50℃，3h），级⩾	1							GB/T 5096
水分，%（v/v）d ⩾	痕迹							GB/T 260
机械杂质 e	无							GB/T 511
运动粘度（20℃），/mm²/s	3.0～8.0				2.5～8.0	1.8～7.0		GB/T 265
凝点，℃ ⩾	10	5	0	-10	-20	-35	-50	GB/T 510
冷滤点，℃, ⩾	12	8	4	-5	-14	-29	-44	SH/T 0248
闪点（闭口），℃ ⩽	55					45		GB/T 261
十六烷值 f ⩽	45							GB/T 386
馏程： 50%回收温度℃ ⩾ 90%回收温度℃ ⩾ 95%回收温度℃ ⩾	300 355 365							GB/T 6536
密度（20℃）/kg/m³	实测							GB/T1884 GB/T1885

a 为保证项目，每月必须检测一次，在原油性质变化，加工工艺条件改变，调合比例变化及检修开工后等情况下应及时检验。

b 可用 GB/T11131、GB/T11140 和 GB/T17040 方法测定，结果有争议时，以 GB/T380 方法为准。

c 若柴油中含有硝酸酯型十六烷值改进剂，10%残余物残碳的测定，必须用不加硝酸酯的基础燃料进行。柴油中是否含有硝酸酯型的十六烷值改进剂的检验方法见附录，可用 GB/T17144 方法测定，结果有争议时，以 GB/T268 方法为准。

d 可用目测法，即将试样注入 100mL 玻璃量筒中，在室温（20℃±5℃）下观察，应当透明，没有悬浮和沉降的水分及机械杂质。结果有争议时，按 GB/T260 或 GB/T511 测定。

e 由中间基或环烷基原油生产的各号轻柴油十六烷值允许不小于 40（有特殊要求者由供需双方确定）可用 GB/T11139 或 SH/T0694 方法计算，结果有争议时，以 GB/T386 方法为准。

柴油的理化性能指标很多，但对车用柴油机而言，其常用的主要性能指标有以下几种。

（1）十六烷值

十六烷值是评价柴油自燃性好坏的指标。它与柴油机的起动性和工作粗暴性有密切关系。自燃性好的燃料，容易着火，着火延迟期短，在着火延迟期内，气缸中生成的可燃混合气数量少，着火后缸内压力升高率低，工作柔和。而且，自燃性好的燃料，冷起动性能好。

测定柴油机的十六烷值时，需要在特殊的单缸试验机上按照规定的试验条件对待测柴油和标准燃料的自燃性进行对比试验。所谓标准燃料是由正十六烷和 α-甲基萘按不同的比例混合而成。由于正十六烷容易自燃，规定其十六烷值为 100，而 α-甲基萘不容易自燃，规定其十六烷值为 0。标准燃料的自燃性可用其中十六烷的不同含量来调节。当被测定柴油的自燃性与所配置的标准燃料的自燃性相同时，标准燃料中十六烷的体积分数就定义为该种柴油的十六烷值。

柴油的十六烷值与燃料的分子结构及相对分子质量均有密切关系，如图 4-1 所示为燃料的不同分子结构对十六烷值和自燃性的影响，由此可见，十六烷值可以通过选择原油的种类、炼制方法以及添加剂来予以控制，一般直链烷烃比环烷烃的十六烷值高，在直链烷烃中，相对分子质量越大（碳原子数越多），十六烷值越高。因此，燃料的十六烷值高，对缩短着火延迟期及改善冷起动性有利，但十六烷值过大，将带来燃料相对分子质量大，使燃油的蒸发性变差以及粘度增加，导致排气冒烟加剧，同时燃料经济性下降。有关试验表明十六烷值一般规定在40~55之间。

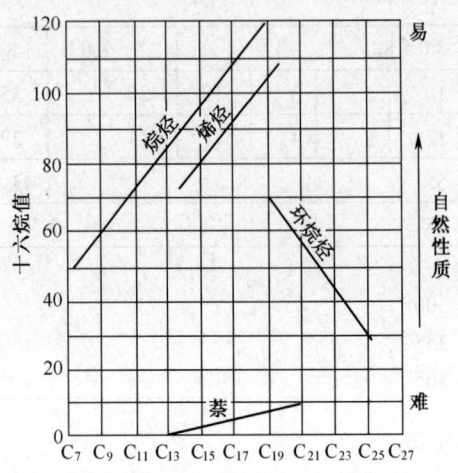

图 4-1　燃料的不同分子结构对十六烷值和自燃性的影响

（2）馏程

馏程是评价柴油蒸发性能的主要指标，可用一定体积的燃油馏出某一体积百分比时的温度范围来表示。常用 50%馏出温度、90%馏出温度或 95%馏出温度表示。

50%馏出温度表示柴油的平均蒸发性，50%馏出温度低，说明柴油中轻馏分含量多，蒸发快，有利于混合气的形成。50%馏出温度低主要影响柴油机暖机性能、加速性和工作稳定性。

90%馏出温度和 95%馏出温度标志柴油中难以蒸发的重馏分（重质成分），直接影响燃料能否及时燃烧，如果重馏分过多，在高速柴油机中，燃料来不及蒸发以形成可燃混合气，则不容易进行及时和完全燃烧，易排气冒烟。因此，车用高速柴油机应使用轻馏分柴油。但馏分太轻也不好，因轻质馏分容易蒸发，在着火前形成大量可燃混合气，一旦着火，所形成的可燃混合气同时燃烧，使压力升高率过高，会造成柴油机工作粗暴。

（3）粘度

粘度表示分子间内摩擦力的大小，表现为分子间相对运动的能力，其表示柴油的流动性的好坏，直接影响柴油机喷射系统的喷雾质量，当其他条件相同时，粘度越大，雾化后油滴的平均直径也越大，使燃油与空气不易混合，造成柴油机的燃油消耗率增加，排气冒烟，此外，粘度还影响供油系统中喷油器等偶件的润滑性。柴油机的粘度常用动力粘度和运动粘度表示。

动力粘度，是指液体流动速度梯度等于 1 时，单位面积的内摩擦力的大小，用 μ 表示。在 SI 单位制中其单位是 Pa·s 或 mPa·s。

运动粘度，是指动力粘度与同温度下密度的比值，用 ν 表示，即 $\nu=\mu/\rho$，单位为 m^2/s。

（4）凝点

凝点表示柴油失去流动性而开始凝固的温度，主要用于评定柴油的低温流动性，柴油的牌号是按凝点划分的。

柴油除了具有上述主要使用性能指标以外，还有与柴油储、运、使用有关的指标，如闪点、冷凝点；与柴油机磨损、腐蚀等有关的指标，如机械杂质、水分、灰分、含硫量、酸度、残碳等，具体选用时需兼顾这些性能指标。

2. 汽油

汽油在发动机燃料中占有重要地位。主要用于汽油机，特别是汽车和摩托车用汽油机。汽油是由100多种烃类组成的复杂的混合物。

国产车用汽油的技术要求和试验方法见表4-4。

表4-4 车用汽油（Ⅳ）的技术要求和试验方法（GB17930－2013）

项目	质量指标			试验方法
抗爆性： 研究法辛烷值（RON） ≤ 抗爆指数（RON＋MON）/2 ≤	90 85	93 88	97 报告	GB/T 5487 GB/T 503 GB/T 5487
铅含量/（g/L）a ≥	0.005			GB/T 8020
馏程： 10%蒸发温度/℃ ≥ 50%蒸发温度/℃ ≥ 90%蒸发温度/℃ ≥ 终馏点/℃ ≥ 残馏量/%（体积分数） ≥	70 120 190 205 2			GB/T 6536
蒸气压/kPab 11月1日至4月30日 ≥ 5月1日至10月31日 ≥	42～85 40～68			GB/T 8017
溶剂洗胶质含量/（mg/100mL） ≥	5			GB/T 8019
诱导期/min ≤	480			GB/T 8018
硫含量/（mg/kg）c ≥	50			SH/T 0689
硫醇（需要满足下列要求之一）： 博士试验 硫醇硫含量/%（质量分数） ≥	通过 0.001			SH/T 0174 GB/T 1792
铜片腐蚀（50℃，3h）/级 ≥	1			GB/T 5096
水溶性酸碱	无			GB/T259
机械杂质及水分	无			目测d
苯含量/%e（体积分数） ≥	1.0			SH/T 0713
芳烃含量%f（体积分数） ≥	40			GB/T11132
烯烃含量%f（体积分数） ≥	28			GB/T11132
氧含量/%（质量分数） ≥	2.7			SH/T 0663
甲醇含量/%a（质量分数） ≥	0.3			SH/T 0663
锰含量/（g/L）g ≥	0.008（8ppm）			SH/T 0711

续表

项目	质量指标	试验方法
铁含量/（g/L）a ≯	0.01	SH/T 0712

a 车用汽油中不得加入甲醇以及含铅或含铁的添加剂。

b 允许采用 SH/T 0794，有异议时，以 GB/T 8017 测定结果为准。

c 允许采用 GB/T 11140、SH/T 0253。有异议时，以 SH/T 0689 测定结果为准。

d 将试样注入 100mL 玻璃量筒中观察，应当透明，没有悬浮和沉降的机械杂质和水分。有异议时，以 GB/T 511 和 GB/T 260 方法测定结果为准。

e 允许采用 SH/T 0693，有异议时，以 SH/T 0713 测定结果为准。

f 对于 97 号车用汽油，在烯烃、芳烃总含量控制不变的前提下，可允许芳烃的最大值为 42%（体积分数）。允许采用 SH/T 0741，有异议时，以 GB/T 11132 测定结果为准。

g 锰含量是指汽油中以甲基环戊二烯三羰基锰形式存在的总锰含量，不得加入其他类型的含锰添加剂。

影响汽油机使用性能的主要指标有抗爆性和馏程等。

（1）抗爆性

爆燃是指远离火花塞的末端混合气，在火焰未传播到之前自燃着火的异常燃烧现象。燃油的品质是影响汽油机爆燃的因素之一。抗爆性是指汽油在发动机气缸内燃烧时抵抗爆燃的能力，用辛烷值表示。辛烷值是代表点燃式发动机燃料抗爆性的一个约定数值，在规定条件下的标准发动机试验中通过和标准燃料进行比较来测定，采用和被测定燃料具有相同抗爆性的标准燃料中异辛烷的体积百分比来表示。

测定汽油的辛烷值是在一台专用的可改变其压缩比的单缸试验机上进行，测定时，用容易爆燃的正庚烷（设定其辛烷值为 0）和抗爆性好的异辛烷（设定其辛烷值为 100）按不同的比例混合而成标准燃料，与待测的汽油进行抗爆性对比试验。在专用的试验机上且相同的试验条件下，当标准燃料与待测汽油的抗爆程度相同时，则标准燃料中异辛烷的体积分数就被定义为待测汽油的辛烷值。评定汽油的抗爆性可采用两种试验工况，分别为马达法（MON）和研究法（RON）。两种方法的试验条件如表 4-5 所示。

表 4-5 测定辛烷值时的试验条件

方法 条件	马达法（MON）	研究法（RON）
转速（r/min）	900±9	600±6
吸入空气的湿度/℃	38±14	51.7
湿度/（g/kg）	3.5～7	3.5～7
可燃混合气湿度/℃	149～150	混合气不预热
点火提前角	可变化	不变，上止点前 13°CA
压缩比	4～10	4～10
冷却液温度/℃	100±1.5	100±1.5
润滑油的运动粘度（100℃）/（m²/s）	(9.3～12.5)×10⁻⁶	(9.3～12.5)×10⁻⁶

续表

条件 \ 方法	马达法（MON）	研究法（RON）
油压×10² (kPa)	1.8～2.1	1.8～2.1
油温/℃	57±8.5	57±8.5
火花塞间隙/mm	0.508	0.508
空燃比	调整到爆燃最强	调整到爆燃最强

马达法规定的试验转速及混合气的温度比研究法规定的要高，所以马达法测出的辛烷值比研究法测出的辛烷值要低，两者的差值称为燃料的灵敏度 S_a，即 $S_a=\text{RON}-\text{MON}$，表示燃料对工况的灵敏度和适应能力，即反映出燃料对发动机强化程度的敏感性。

由于汽车在实际使用中，发动机的工作工况有别于实验室内的辛烷值测定情况，所以提出了道路法辛烷值的概念。即用不同辛烷值的标准燃料与待测汽油，在汽车行驶过程中进行抗爆性的对比试验。当汽车的节气门全开时，用不同辛烷值的标准燃料测出开始出现轻微爆燃时的点火提前角，画出产生爆燃时的点火提前角随标准燃料辛烷值的变化曲线，如图4-2所示。然后，再用待测汽油进行同样的试验，测出产生轻微爆燃的点火提前角所对应的辛烷值，即为待测汽油的道路法辛烷值。

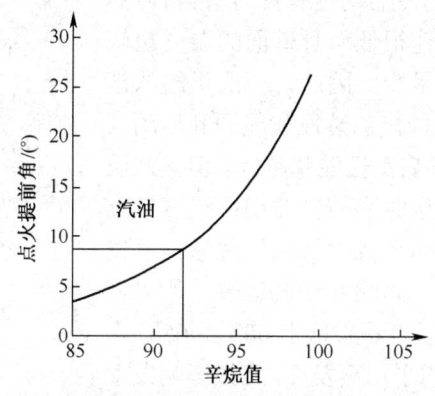

图4-2 产生爆燃时的点火提前角随标准燃料辛烷值的变化曲线

汽油辛烷值的大小主要取决于汽油的组成部分、炼制方法以及添加剂等。根据燃料的化学结构，辛烷值的高低顺序依次为烷烃＜烯烃＜环烷烃＜芳香烃。为了提高汽油的辛烷值，常使用抗爆添加剂，常用的有甲基叔丁基醚（MTBE）、乙基叔丁基醚（ETBE）、乙醇（Ethanol）以及甲基叔戊基醚（TAME）等。

（2）馏程和蒸汽压

1）馏程。

馏程和蒸汽压是评定汽油蒸发性的重要指标。汽油及其他石油制品是多种烃类的混合物。各种成分沸点不同，随着温度的升高，将按照馏分由轻到重依次沸腾，汽油的馏出温度的范围称为馏程。汽油的馏程可用如图4-3所示的蒸馏仪测定，将100mL试验燃料放入烧瓶中，加热产生蒸汽，经冷凝器冷却使其凝结，并滴入量筒内。将第一滴凝结的燃料流入量筒时的温度称为初馏点，随着温度的升高，依次测出对应蒸馏量的馏出温度，并将其画在以温度和馏出百分数为坐标的图上，即蒸馏曲线，如图4-4所示。

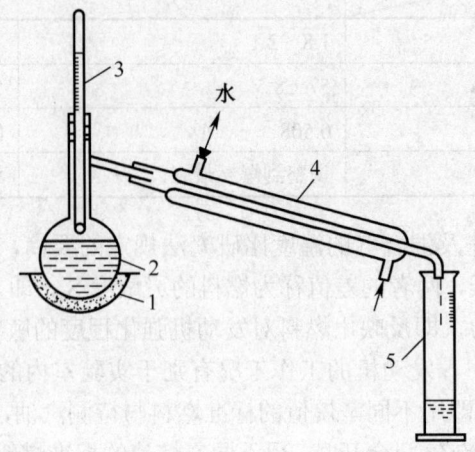

1—加热器；2—试验燃料；3—温度计；4—冷凝器；5—量筒

图4-3 汽油蒸馏实验装置

为了评价汽油的挥发性，常用10%、50%和90%等几个特殊的馏出温度作为代表。

10%馏出温度与汽油机的冷启动性有关。汽油机冷启动时，由于转速低空气的流速很低而且壁面的温度也较低，所以雾化差，汽油蒸发量少。因此，一般供给浓混合气，只要其中有10%左右的汽油蒸发就能顺利启动。10%馏出温度越低，汽油的冷启动性能就越好。但是此温度过低时，汽油在管路中输送时容易受发动机温度较高部位的加热而变成蒸汽，进而形成"气阻"现象，使发动机供油不畅甚至供油中断，影响发动机运转。所以，一般情况下，汽油10%馏出温度不宜低于60℃～65℃。

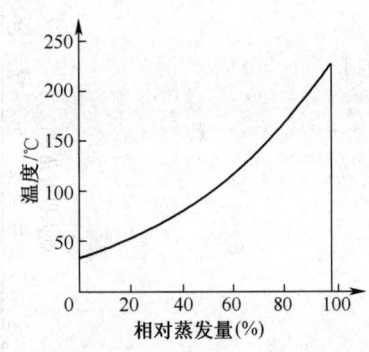

图4-4 汽油蒸馏曲线

50%馏出温度标志汽油的平均蒸发性，直接影响发动机的暖机时间、加速性以及工作的稳定性。50%馏出温度低说明这种汽油的平均蒸发性好，在较低温度下，可以有大量的燃料挥发并与空气混合，这样可以缩短暖车时间，而且从低负荷向高负荷过渡时，能够及时地供给所需的可燃混合气，以改善其加速性能。国家标准要求50%馏出温度小于120℃。

90%馏出温度标志燃料中含有的难于挥发的重馏分的数量，当90%馏出温度过高时，说明燃料含有较多的重质成分，在气缸中不易挥发而附在气缸壁上，燃烧时容易产生积碳，或者沿着汽缸壁流入油底壳而稀释润滑油，同时燃烧不完全，影响燃烧效率。国家标准要求90%馏出温度小于190℃。

2）蒸汽压。

在一定的温度下，气液两相处于平衡状态时的蒸汽压力称为饱和蒸汽压，简称蒸汽压。

显然，蒸汽压越高，表明燃油蒸发性越好。另外可用蒸汽压判断汽油在使用时有无形成"气阻"的倾向，蒸汽压越高，使用中越易形成"气阻"。还可用蒸汽压估计汽油储存和运输中的蒸发损失及火灾隐患。

蒸汽压的测定可依据标准 GB/T 8017—2011《石油产品蒸汽压测定法（雷德法）》进行。

（3）氧化安定性

汽油在正常的储存、运输和使用条件下保持其性质不发生长久性变化的能力称为氧化安定性。它直接影响汽油在发动机上的应用，氧化安定性不好的汽油，易发生氧化、缩合和聚合反应，生成酸性物质和胶状物质，将导致燃料供应系统堵塞，甚至中断供油。胶状物还会使气门粘滞，关闭不严，导致发动机功率下降，气缸散热不良，增大爆震倾向。

汽油的化学组分对其氧化安定性影响很大，其中烷烃、环烷烃和芳香烃在常温液态条件下，不仅容易与空气中的氧气发生氧化反应，而且彼此之间还会发生缩合、聚合反应，所以其氧化安定性差。

汽油氧化安定性的评定指标有两个：实际胶质和诱导期。

实际胶质是指 100mL 燃料在试验条件下所含胶质的质量，用 mg/100mL 表示，测定时按 GB/T 8019《车用汽油和航空汽油实际胶质测定法（喷射蒸发法）》，使已知量的汽油在控制温度和空气流的条件下蒸发，再在残留物中加入一定量正庚烷，按规定除去正庚烷溶液后剩余部分便为实际胶质，用 100mL 试样中所含毫克数（mg/100mL）表示。它可用来判断汽油在汽油机中生成胶质的倾向，可以通过这一指标鉴别汽油能否使用和继续储存的可能性。

诱导期是指在规定的加速氧化条件下，油品处于稳定状态所经历的时间，可评定汽油在储存期间产生氧化和形成胶质的倾向。诱导期越长，汽油越不易被氧化。测定时，按 GB/T 1256《汽油诱导期测定法》，把试样置于密闭容器中，在压力 686kPa、温度 100℃下，保持压力不下降所经历的时间，以 min 计。

4.1.3 汽油和柴油性能的差异对发动机性能的影响

发动机初期是以煤气为主要燃料的，因当时煤气是比较容易得到的能源。汽油在发动机上使用始于 1883 年，德国的戴姆勒（Daimler）创制成功第一台立式汽油机，燃料使用石油的轻馏分（40℃～200℃），由于汽油热值高、蒸发性好而使汽油得到广泛应用。1897 年，德国工程师狄塞尔（Diesel）发明了压缩点火式柴油机，使用石油的中间馏分（183℃～150℃），进一步拓展了石油能源在发动机上的应用。由于发动机的发展，使石油的开采量和加工量飞速提高。加工工艺也不断发展和提高；为了增加汽油和柴油的产量，1913 年 Bunton 发明了热裂装置，从重油中生产汽油和柴油。以后又陆续出现了催化裂解、加氢裂化、催化重整等许多工艺以满足发动机对燃料的需求。

汽油和柴油性质上的差异是引起汽油机与柴油机在混合气形成和燃烧方式上不同的基本原因。

1. 混合气的形成和负荷调整方法的不同

汽油挥发性强（40℃～200℃左右蒸发完毕），可在较低温度下以较充裕的时间在气缸外部进气管中形成均质的混合气，通过节气门开度控制进入气缸的混合气量，而混合气的热值基本不变（因混合气含量基本保持不变），由此调节汽油机的功率输出，这种负荷的调节方式称为"量调节"。

柴油的蒸发性差（180℃开始馏出至 350℃结束）。燃油粘度大，不易在低温下形成混合气，所以用喷油泵使燃油产生一定高压通过喷油器直接喷向气缸，使柴油强制雾化及借助气体的涡流运动与空气形成混合气。对于柴油机吸入气缸的空气基本保持不变，通过改变喷油量以改变发动机的输出功率，这种调节方式称为"质调节"。

2. 着火和燃烧的方式不同

汽油的自燃温度很高，但点燃温度很低，即使环境温度较低，汽油蒸汽在外部引火条件下也很容易着火。因如其着火方式不适宜压燃，而适宜利用外部能源进行点燃的方式，着火后，以火焰传播的方式逐层燃烧燃烧室内的混合气。因此，这种燃烧方式的放热规律取决于火焰的传播速度，为了防止火焰传播过程中燃烧室内末端混合气自燃而引起的爆燃，汽油机的压缩比不宜过高。

柴油的自燃温度低，采用压缩自燃的方式，为了可靠自燃，压缩比不易过低。柴油机是在压缩接近上止点时将柴油喷入气缸内的，则混合气是在缸内形成的，混合时间短，即开始喷入的燃料在气缸内高温高压空气的作用下预混燃，而后继续喷射的燃料则在已燃气体、空气、燃料之间相对扩散过程中，边混合边燃烧，因而燃烧的时间长，这种燃烧方式主要取决于燃料的喷射规津和扩散燃烧速度。

4.1.4 醇类燃料

由于石油储量日益减少，代用燃料在发动机上的使用逐渐增多。发动机的代用燃料有醇类燃料、人造汽油、氢燃料、煤浆燃料、植物油等，用煤的液化生产人造汽油，在技术上是可行的，但成本较高；氢作为发动机燃料很有前途，但氢的制取与储运仍有待进一步解决。当今比较成熟而且已经实用的代用燃料，是醇类与汽油掺合，称为酒精汽油，这在一些国家已经广泛应用，我国也推广使用乙醇汽油。

醇类燃料（例如甲醇和乙醇）来源广泛，有较好的燃烧特性，如表4-6所示，能满足汽车燃料的基本要求。

表4-6 常用燃料的理化性质

项目		汽油	轻柴油	天然气	液化石油气	甲醇	乙醇
来源		石油炼制产品	石油炼制产品	以自由状态存于油气田中，以20MPa压缩贮存为压缩天然气（CNG），在-162℃以下隔热状态呈液态保存为液化天然气（LNG）	在石油炼制过程中产生的液化气体	由CO和H_2化学合成	植物淀粉物质发酵蒸馏
分子式		含C_5~C_{11}的HC	含C_{15}~C_{23}的HC	含C_1~C_3的HC，主要成分是CH_4	含C_3~C_4的HC，主要成分是C_3H_8	CH_3OH	C_2H_5OH
质量成分	g_C	0.855	0.87	0.75	0~818	0~375	0~522
	g_H	0.145	0.126	0.25	0~182	0~125	0~130
	g_O	-	0.004	-	-	0~50	0.348
相对分子质量		114	170	16	44	32	46
液态密度（kg/L）		0.7~0.75	0.82~0.88	0.42	0.54	0.78	0.8

续表

项目		汽油	轻柴油	天然气	液化石油气	甲醇	乙醇
沸点（℃）		25～220	160～360	-161.5	-42.1	64.4	78.3
蒸发潜热（kJ/kg）		334	-	510	426	1100	862
理论空气量	kg/kg	14.9	14.5	17.4	15.8	6.52	9.05
	m³/kg	11.54	11.22	13.33	12.12	5	6.95
	kmol/kg	0.515	0.50	0.595	0.541	0.223	0.310
自燃温度（℃）		220～250	200～220	632	504	500	420
闪点（℃）		-45	45～55	-162以下	-73.3	10～11	9～32
着火极限（体积比/%）		1.4～7.6	0.5～6.5	5～15	2.2～9.5	6.7～36.0	4.3～19.0
十六烷值		0～10	45			3	8
燃料低热值（kJ/kg）		44000	42500	50050	46390	20260	27000
混合气热值（kJ/kg）		3750	3750	3230	3490	3557	3660
辛烷值	RON	90～106	-	130	96～111	110	106
	MON	81～89	-	120～130	89～96	92	89
蒸气压（kPa）		49～83	-	不能确定	1274	30.4	15.3

与汽油比较，醇类燃料的特点是：

（1）醇类燃料的热值低，但醇中含氧量大，所需的理论空气量小，使二者的混合气热值都差不多，从而保证发动机燃烧用醇类燃料时其动力性能不致降低。

（2）醇类燃料辛烷值远高于汽油，当汽油中加入一定量的乙醇后使其混合燃料的辛烷值增大，可提高发动机的压缩比，有利于提高发动机动力性和燃油经济性。

（3）醇类燃料的汽化潜热是汽油的3倍左右，高的汽化潜热和低蒸气压可以使进气温度降低，充气效率增加，提高了发动机功率，但对发动机冷起动不利。

（4）着火界限宽。甲醇和乙醇的着火界限宽，火焰传播速度快，有利于采用稀混合气燃烧，提高发动机的经济性并降低排放污染。

（5）醇的十六烷值低，着火性差，着火延迟期长，工作粗暴，在柴油发动机中采用乙醇燃料要困难得多，如要使用，需增设火花点火装置。

（6）醇的沸点比汽油低，对形成燃油与空气的混合气有利，但产生"气阻"的倾向也增加。

（7）甲醇对视神经有损伤，其混合燃料有毒性，使用中应有安全措施。另外，甲醇对金属有一定的腐蚀作用，对橡胶有轻微的腐蚀、溶涨、软化或龟裂作用，应采取相应的措施。

醇类燃料的能量密度比汽油低，但与气体燃料相比更适合于运输车辆。目前醇类燃料通常与其他燃料掺烧。

点燃式发动机掺烧醇类燃料，可以以醇代油，与燃烧纯汽油相比有如下优点：

（1）提高辛烷值。在汽油中加入醇类燃料可以使燃料的抗爆性得以提高。

（2）可以扩大混合气着火极限，燃用稀混合气，提高燃油经济性。

（3）可提高压缩比，从而提高发动机的动力性和燃油经济性。

（4）减少燃烧室表面的燃烧沉积物。

（5）改善排放性能。

目前，我国使用的乙醇汽油是按照国家标准，用90%的普通汽油与10%的燃料乙醇调和而成。

4.1.5 气体燃料

气体燃料主要有天然气（英文缩写NG）和液化石油气（英文缩写LPG），天然气是以自由状态与石油共存于自然界中的可燃气体，天然气的主要成分是甲烷，液化石油气是在石油炼制中产生的石油气，主要成分是丙烷、丙烯等。

1. 天然气

天然气是世界公认的"清洁燃料"，受到越来越多国家的重视，近年来天然气燃料发展很快。天然气用于汽车有两种形式，一种为压缩天然气（CNG），是将天然气用25MPa的压力存储于高压气瓶中供发动机使用。液化天然气（LNG）是天然气经压缩、冷却至其沸点（-161.5℃）温度而液化，储存于隔热的液化气罐中。与压缩天然气相比，液化天然气具有能量密度高，续驶里程长，且在车上携带方便（燃料容器减小约600多倍）等优点，但液化工艺复杂，储运困难而且成本高。

天然气的理化性质见表4-6，由表可见，天然气燃料具有以下优点：

（1）排放量少。

天然气的主要成分是甲烷，CO排放很少，HC成分引起的光化学反应低，燃料中含硫量极少，SO几乎为零，SO_2也很低，不含铅，铅排放为零。

（2）辛烷值高。

辛烷值可高达130，可提高压缩比，使发动机动力性、燃油经济性提高。

（3）燃烧下限宽，可燃用稀混合气，在广泛的运转范围内，可降低NO_x的生成，进而也可提高热效率。

（4）使用性能好。

气体燃料，低温起动性能好，运转平稳，进而在暖机过程中，不需要在使用液体燃料时所必要的额外供油。不含汽、柴油中存在的胶质，因而不会产生积碳，并且由于硫含量和机械杂质远低于汽、柴油，对气缸、活塞、活塞环、气门等零部件的危害小。

但目前天然气作为汽车燃料也存在一些问题，主要表现在：

（1）天然气携带性差。

天然气常温、常压下是气态，运输性能较液态燃料差。而液化技术要求高、成本高。压缩天然气汽车的续驶里程短。

（2）压缩天然气均采用高压（20~25MPa）存储于高压气瓶，气瓶导致汽车自重大，空间小。

（3）由于气体燃料本身是气态，吸入气缸占据部分进入气缸的空气量，使充气效率比使用液体燃料（如汽油）大约低10%左右，同时，气体燃料的理论混合气热值也较低，使发动机功率有所下降。

2. 液化石油气

液化石油气（LPG）作为发动机替代燃料发展最快，LPG的理化性质见表4-6，由表可见，

LPG 燃料具有以下优点：

（1）排放量少

LPG 在常压下为气态，与空气混合好，燃烧完全。试验表明，使用 LPG 后，排气中的 CO、HC、NO_x 比原车燃用汽油时明显下降；但它比 CNG 的排放置要高。

（2）辛烷值高

LPG 辛烷值高，抗爆性好，可提高发动机的压缩比，使其热效率得以提高，且工作平稳。

（3）热效率高

气态燃料与空气的混合气形成质量好，而且抗爆性好，其发动机压缩比可提高，都使得燃料的热效率高。

3. 氢气

氢气的来源主要是从矿物燃料中制取。尽管氢气不像石油、天然气等有较大自燃储量，但作为氢气来源却是极其丰富的，氢气可用水作原料，资源丰富，也可以以天然气、煤、硫化氢为原料制取。

氢气的分子组成为 H_2，氢气的主要理化性质如表 4-7 所示。

表 4-7 H_2 的主要理化性质

特性参数		数值	特性参数	数值
质量热值	/（MJ/kg）	高 141.8	最大火焰速度时当量比	1.7
	/（MJ/kg）	低 120.1	理论空燃比/（kg/kg）	0.02915
摩尔热值	/（MJ/kmol）	高 285.8	理论空燃比/（kg/kg）	34.38
	/（MJ/kmol）	低 242.1	空气中燃烧界限（%）	4.1～75
标态体积热值	/（MJ/m³）	高 12.74	极限过量空气系数	0.15～7
	/（MJ/m³）	低 10.80	着火温度/℃	571
与空气的理论混合气热值/（MJ/m²）		3.186	与空气燃烧理论体积百分比/｜F/(A+F)｜%	29.5
理论混合气点火能量/J		$3.18×10^{-5}$		
最小点火能量/J		$1.34×10^{-5}$	气态密度/（kg/m³）	0.08987
空气中最大火焰速度/（cm/s）		291	气态粘度(MPa·s)	0.0202
最大火焰速度时湿度/K		2380	汽化热/（kJ/kmol）	90.4

氢气可以单独作为发动机的燃料，也可以与汽油作为混合燃料。作为混合燃料不仅自身参与燃烧而成为火花点火发动机的一部分（一般掺烧量不大），而且还可以改善汽油的燃烧。氢气作为发动机燃料有以下特点：

（1）质量低热值高，是汽油低热值的 2.73 倍。但由于氢的相对分子质量小，质量轻，致使其标态体积热值只有 $10.8MJ/m^3$。氢气与空气的理论混合气标态热值也只有 $3.186MJ/m^3$，比汽油低约 15%。这都会影响氢气发动机的动力性，但氢与汽油混烧时，在具有较低耗油率的情况下，可使动力性降低不多或甚至不降。

（2）着火界限宽。在空气中燃烧的着火界限为 4.1%～75%，比汽油和柴油的着火界限大很多。可以实现稀薄燃烧，可降低发动机部分负荷的耗油率。

（3）氢的火焰传播速度为 4.85m/s，比汽油的 0.83m/s 高许多；氢气是气态燃料，混合气形成质量好，分配均匀，加之火焰传播速度快，允许采用较稀的混合气；氢的自燃温度比汽油高，辛烷值高，允许有较高的压缩比。这些因素都使得氢燃烧时热效率较高，燃油消耗率较低。

（4）点火能量较低。最小可以低到 0.013～0.020MJ，比汽油低很多。所以汽油掺氢燃烧后，其所需点火能量可以降低。

（5）污染少。氢气燃料是唯一不含碳的燃料，废气中的主要成分是氢燃烧后的生成物 H_2O、空气中的 N_2、燃烧后空气中剩余的 O_2 以及在高温下生成的 NO_2。没有汽油车和柴油车所排出的 CO、HC 以及微粒、铅、硫等有害物质，不会诱发光化学烟雾，也没有导致地球温室效应的 CO_2。

4.2 燃料燃烧热化学

发动机之所以能够对外做功，是由于燃料与空气的混合物经过燃烧释放出热量后，在气缸内膨胀对活塞做功的结果。为了充分有效地利用燃料与空气，必须研究 1kg 燃料完全燃烧所需的最低空气量是多少，以及燃料与空气各种比例混合时的燃烧情况。

在了解燃料完全燃烧的化学反应的基础上，根据燃料的组成，计算理论空气量。学会用空燃比、过量空气系数等不同的方法来表示混合气的浓度，理解燃料热值、混合气热值的概念及区别。

4.2.1 燃料完全燃烧的化学反应

发动机所用的燃料主要由碳、氢、氧成分组成，其他成分如氮、硫等含量不多，在热计算时不考虑，如以 g_C、g_H、g_O 分别表示 1kg 燃料中所含碳、氢、氧的千克数，即质量成分百分比，则：

$g_C + g_H + g_O = 1$

汽油的平均质量成分

$g_C = 0.855$；$g_H = 0.145$；$g_O = 0.000$

柴油的平均质量成分

$g_C = 0.870$；$g_H = 0.126$；$g_O = 0.004$

发动机中，燃料燃烧所需要的氧气来自空气，以体积成分计，空气中氧占 21%，氮占 79%；以质量成分计，氧占 23%，氮占 77%。

根据化学反应原理，可以写出：

碳燃烧：

C + O_2 ⟶ CO_2

12（kg）　　32（kg）　　44（kg）

1（kg）　　$\frac{8}{3}$（kg）　　$\frac{11}{3}$（kg）

∴ g_C（kg）（C）+ $\frac{8}{3} g_C$（kg）（O_2）= $\frac{11}{3} g_C$（kg）（CO_2）

或

12（kg）（C）　+1（kmol）（O_2）=1（kmol）（CO_2）

1（kg）　　　$\frac{1}{12}$（kmol）　　$\frac{1}{12}$（kmol）

$$\therefore g_C \text{(kg)(C)} + \frac{g_C}{12} \text{(kmol)(O}_2\text{)} = \frac{g_C}{12} \text{(kmol)(CO}_2\text{)}$$

氢燃烧：

$$H_2 + \frac{1}{2}O_2 \longrightarrow H_2O$$

2（kg）　　16（kg）　　18（kg）
1（kg）　　8（kg）　　　9（kg）

$$\therefore g_H \text{(kg)(H}_2\text{)} + 8g_H \text{(kg)(H}_2\text{O)} = 9g_H \text{(kg)(H}_2\text{O)}$$

或

$$2\text{(kg)(H}_2\text{)} + \frac{1}{2}\text{kmol(O}_2\text{)} = 1\text{kmol(H}_2\text{O)}$$

1（kg）　　$\frac{1}{4}$（kmol）　　$\frac{1}{2}$（kmol）

$$g_H \text{(kg)(H}_2\text{)} + \frac{g_H}{4} \text{(kmol)(O}_2\text{)} = \frac{g_H}{2} \text{(kmol)(H}_2\text{O)}$$

4.2.2　燃料燃烧时所需的空气量

在 1kg 燃料中含有 g_O kg 或 $\frac{g_O}{32}$ kmol 的 O_2，所以 1kg 燃料完全燃烧时需要供应的 O_2 为

$$\frac{g_C}{12} + \frac{g_H}{4} - \frac{g_O}{32} \text{（kmol）}$$

或

$$\frac{8}{3}g_C + 8g_H - g_O \text{（kg）}$$

1kg 燃料完全燃烧理论所需的空气量，即理论空气量 L_O 为

$$L_O = \frac{1}{0.21} \times \left(\frac{g_C}{12} + \frac{g_H}{4} - \frac{g_O}{32}\right) \text{（kmol/kg）}$$

或

$$L_O = \frac{1}{0.23} \times \left(\frac{8}{3}g_C + 8g_H - g_O\right) \text{（kg/kg）}$$

在 0℃、1 个标准大气压下，1kmol 空气占有的体积为 22.4m³。以体积表示的理论空气量为：

$$L_O = \frac{22.4}{0.21} \times \left(\frac{g_C}{12} + \frac{g_H}{4} - \frac{g_O}{32}\right) \text{（m}^3\text{/kg）}$$

分别将汽油、柴油的平均成分代入理论空气量的计算公式中，可得汽油的理论空气量为 14.9（kg/kg），柴油的理论空气量为 14.5（kg/kg）。

几种主要燃料的质量成分及理论空气量，见表 4-6。

4.2.3 过量空气系数与空燃比

理论空气量是指理论上使燃料完全燃烧所需要的空气量。在发动机实际循环中，为使燃料完全燃烧，1kg 燃料供给空气的数量应该等于理论空气量 L_O。但是由于发动机不同情况的需要，实际供给的空气量往往大于或小于理论空气量。因此为评定发动机工作过程中实际供给的空气量，引入过量空气系数这一概念。

发动机工作过程中，燃烧 1kg 燃料实际供给的空气数量 L 与理论空气量 L_O 之比，称为过量空气系数，用符号 α 表示，即

$$\alpha = \frac{L}{L_O}$$

过量空气系数是发动机工作过程的一个重要参数，当实际空气量等于理论空气量时，则 $L=L_O$，$\alpha=1$；$\alpha<1$ 时，表示 $L<L_O$，为浓混合气；$\alpha>1$ 时，表示 $L>L_O$，为稀混合气。

过量空气系数与发动机类型、混合气形成方法、燃料的种类、工况（负荷与转速）、功率调节的方法等因素有关。

汽油机燃烧时用的是预先混合好的均匀混合气，混合比只在狭小的范围内变化（$\alpha=0.8\sim1.2$）。当负荷变化时，α 略有变化，如图 4-5 所示。

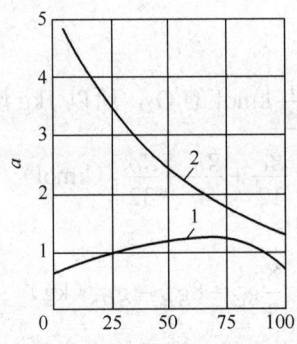

1—汽油机；2—柴油机

图 4-5 过量空气系数 α 随发动机负荷的变化

柴油机负荷是靠质调节的（即混合气浓度调节），α 的变化范围很大，如图 4-5 所示。由于混合气形成不均匀，所以 α 总是大于 1 的。在柴油机吸入气缸的空气量一定的情况下，α 小就是意味着可以向气缸多喷油，缸内空气的利用程度高，发出的功率大。所以 α 是反映混合气形成和燃烧完善程度及整机性能的一个重要指标，应该力求减小 α。柴油机在全负荷时 α 的一般数值为：高速柴油机 $\alpha=1.2\sim1.6$，增压柴油机 $\alpha=1.8\sim2.2$。

除了运用 α 表示混合气浓度外，还可以应用燃烧时空气量与燃料量的比例即空燃比来表示。

$$空燃比（A/F）=\frac{空气量}{燃料量}$$

汽油的理论空燃比 $A/F\approx14.9$。

应用空燃比表示比较直观方便，其数值即为对 1kg 燃料实际供给空气量的千克数。对汽油发动机来说，空燃比小于 14.9 的为浓混合气，空燃比大于 14.9 的为稀混合气。

4.2.4 燃料和可燃混合气的热值

1. 燃料的热值

1kg 燃料完全燃烧时放出的热量,称为燃料的热值。热值是燃料的重要指标之一,热值越高,发动机的燃料消耗越少,这对车用发动机是很重要的,热值的单位为 kJ/kg。

燃料中含有氢,燃烧后生成水。水的状态对热值大小有影响,因而热值就有高热值和低热值之分。在高温的燃烧产物中,水以蒸汽状态存在,水的汽化潜热不能利用。待温度降低后,水的汽化潜热才能释放出来。因此,水凝结以后计入水的汽化潜热的热值,称为高热值。生成的水为气态,则热值中不包含水的汽化潜热,称为低热值 h_u。

发动机工作时从气缸中排出的废气温度较高,远远超出水蒸气的凝结温度,水的汽化潜热不能利用,因此,有关计算中使用燃料的低热值。

2. 混合气热值

当气缸工作容积和进气条件一定时,每循环加给工质的热量 Q_1 取决于单位体积可燃烧混合气的热值 h_m,而不仅仅取决于燃料的热值。可燃混合气的热值以 kJ/kmol 或 kJ/m³(标准)计。

在 1kg 燃料所形成的可燃混合气 M_1(kmol)中,燃烧时产生热的只是燃料,热量的数值与燃料的低热值相同,为 h_u (kJ)。则可燃混合气的热值 h_m 为

$$h_m = \frac{h_u}{M_1} \text{(kJ/kmol)}$$

而

$$M_1 = \alpha L_O + \frac{1}{m_T}$$

式中 α ——过量空气系数;L_O——理论空气量(kmol);m_T——燃料分子量。

上式中的 αL_O 为与 1kg 燃料混合的空气的 kmol 数;$\frac{1}{m_T}$ 为 1kg 燃料的千摩尔数。

由以上公式可见,混合气的热值 h_m 与混合气的过量空气系数 α 有关。α 越大,混合气越稀,其热值 h_m 越小。α 为 1 的混合气热值,称为理论混合气热值,一般情况下混合气热值即指理论混合气热值。

仅仅是燃料或空气都放不出热量,一定是可燃混合气燃烧时才能放出热量。因此实际影响发动机功率的是混合气热值。各主要燃料的低热值及理论混合气热值,见表 4-6。

4.3 燃料燃烧的基本知识

在了解汽油机、柴油机燃料燃烧的规律之前,先从燃烧的基本知识出发,了解它们之间存在着的差异,有益于对汽油机、柴油机燃烧过程的理解。

通过对燃料燃烧的基本知识的分析,掌握自燃与点燃的概念、分析柴油机的低温多级着火过程与汽油机的高温单级着火过程。

4.3.1 自燃与点燃

发动机混合气的燃烧,本质上就是燃料激烈的氧化反应。由于氧化反应激烈程度不同,

燃烧又可分为两个阶段，即着火与燃烧。

可燃混合气（燃料与空气的混合物）在发生明显的光和火焰效应的燃烧之前，都有一个准备阶段，也就是着火阶段。着火，是指混合气自动地反应加速，并产生温升，以致引起空间某一位置或最终在某个时刻有火焰出现的过程。使可燃混合气着火的方法有两种：自燃与点燃，前者是自发的，后者是强制的。

自燃是指具有适当温度、压力的可燃混合气，在没有外部能量引入的情况下，依靠混合气自身的反应自动加速，并自发地引起火焰的过程。点燃，是指利用外部能量（如：汽油机火花塞跳火产生的电火花）在可燃混合气中产生火焰核心并因而引起火焰传播的过程。

4.3.2 柴油机的低温多级着火过程

柴油机在压缩过程接近终了时，将柴油喷入气缸而形成混合气，喷入的柴油遇到气缸内温度较高的空气，即开始了氧化反应。但此时反应缓慢，气缸内的压力没有明显变化，如图4-6上的t_1阶段。经过t_1时间后，由于热量积累，使反应速度加快，混合气温度升高，出现冷火焰，如图4-6上的t_2阶段，此时的反应称为第一级反应。随后，由于缸内温度、压力的升高，氧化反应的速度大为增加，将出现一种蓝色火焰，相当于图4-6上t_3阶段。蓝火焰的产生被称为第二级反应。在此阶段缸内温度、压力有较大的升高。如果反应继续下去，由于热量的积累，氧化反应将激烈进行，在极短时间以后就将产生热爆炸，出现热火焰，即燃料的自燃。这种热火焰的出现称为第三级反应。此时缸内的温度、压力都有极大的升高。整个焰前反应时间之和，即$t_1 + t_2 + t_3$，称为着火延迟期或着火过程。柴油机的这种着火过程称为低温多级着火过程。

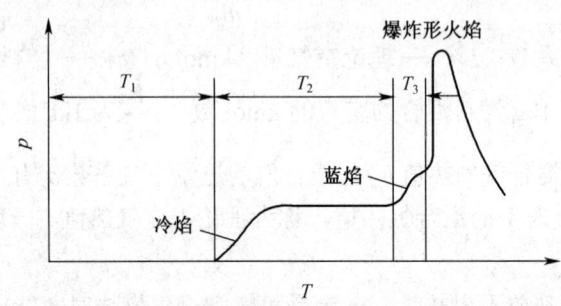

图 4-6 柴油的低温多级着火过程

4.3.3 汽油机的高温单级着火过程

在汽油机的压缩过程中汽油与空气的均匀混合气受到压缩，此时汽油与空气中的氧已经进行了一定的氧化反应。但是由于压缩比较小，压缩终了的温度、压力较低，汽油又比柴油稳定，所以氧化反应进行缓慢，不能完成着火。因而，当活塞接近上止点时，需要火花塞跳火，借助于电火花来实现着火。火花塞跳火瞬间，火花塞电极间隙处的局部区域中的可燃混合气的温度骤然上升到2000℃以上，在这样高的温度下，燃料与氧气的化学反应激烈进行，并出现热火焰，完成着火阶段。在出现热火焰之前，看不到明显的几个不同级的化学反应。在火花塞跳火后经一短暂的着火延迟期即可出现明显的热火焰。在火花塞跳火时，火花塞电极间隙处局部温度很高，故汽油机的这种着火方式称为高温单级着火。

4.3.4 预混合燃烧和扩散燃烧的比较

预混合燃烧和扩散燃烧是发动机最基本的两种燃烧方式,也是导致汽油机和柴油机在燃烧特性、排放污染物生成及其控制机理、动力性、经济性以及振动噪声等多方面不同的根本原因。

预混合燃烧在滞燃期内,若喷入气缸的燃料在着火前已蒸发,并与空气混合,那么这部分燃料的燃烧称作预混合燃烧。着火燃烧前,燃料和氧(或空气)已预先混合成均匀的可燃混合气,此可燃混合气称为预混合气。

预混合气的燃烧,通常是在某一局部区域首先着火,接着形成一层相当薄的高温燃烧区,称为燃烧区或火焰面。火焰面逐层推进使邻近的预混合气引燃,逐渐把燃烧扩展到整个混合气范围,呈现出火焰传播的现象。火焰传播速度的大小取决于预混合气体的物理化学性质、热力状态以及气体的流动状态。

扩散混合是在燃烧室内着火以后的混合阶段。这种混合是在边燃烧、边喷油的情况下进行的混合,是在新鲜空气越来越少、燃烧产物越来越多、燃烧室温度越来越高的情况下进行的,所以扩散混合的情况相当复杂,混合条件十分恶劣。这时,既有均相(气相)混合,亦有气、液双相混合,又有未燃区的低温混合(原预混合的继续),以及已燃区的高温混合。

扩散混合阶段的燃烧称为扩散燃烧。扩散混合的速度和进程控制着扩散燃烧的速度和进程,为此,加速和完善扩散混合是改善扩散燃烧的关键,是加速燃烧过程中、后期燃烧进程的关键所在,从而也是提高空气利用率、热量利用率和热效率的有效手段。

在扩散燃烧阶段,要尽量使燃油与空气的混合不受高温燃烧产物的干扰,热分层效应正是解决这一问题的有效途径。研究燃烧过程的主要目的之一就是要加速扩散混合,从而加速扩散燃烧,缩短扩散燃烧期和整个燃烧持续期。

柴油机的大部分燃料是在着火后喷入气缸的,它处于一边与空气混合一边燃烧的情况,称之为扩散燃烧。

预混合燃烧和扩散燃烧的主要特点对比如下。

(1)扩散燃烧时,由于燃料与空气边混合边燃烧,因而燃烧速度取决于混合气生成的速度;而预混合燃烧时,因燃烧前已均匀混合,因而燃烧速度主要取决于火焰传播的速度。

(2)扩散燃烧时,为保证燃烧完全,一般要求过量空气系数$\alpha \geq 1.2$,并且在$\alpha \geq 7$(相当于空燃比大于100)的条件下也能稳定燃烧(稀燃);而预混合燃烧时,一般$\alpha=0.8 \sim 1.2$,可燃混合气浓度范围小,难以稀燃。

(3)扩散燃烧时,混合气浓度和燃烧温度的空间分布极不均匀,易产生局部高温缺氧现象,生成碳烟;而预混合燃烧时,由于混合均匀,一般不产生碳烟。

(4)扩散燃烧时,由于有碳烟产生,炭粒的燃烧会发出黄或白色的强烈辐射光,因此也称"有焰燃烧";而预混合燃烧时,无炭粒燃烧问题,火焰呈均匀透明的蓝色,因此也称"无焰燃烧"。

(5)预混合燃烧由于燃前已形成可燃混合气,有回火的危险,而扩散燃烧一般无此危险。

本章小结

燃料是发动机产生动力的来源。燃料的种类及其物理化学特性直接影响发动机的着火、燃烧和发动机的性能。发动机传统的燃料主要是汽油和柴油两种石油产品。目前，使用和研究的代用燃料主要有醇类燃料、气体燃料（天然气、液化石油气）。

轻柴油用于高速柴油机，重柴油用于中、低速柴油机。对柴油机性能有重要影响的柴油性能指标有：十六烷值、馏程、粘度、凝点。

十六烷值是评价柴油自燃性好坏的指标。它与柴油机的起动性和工作粗暴性有密切关系。燃料的十六烷值高，对缩短着火延迟期及改善冷起动性有利，但十六烷值过大，将带来燃料相对分子质量大，使燃油的蒸发性变差以及粘度增加，导致排气冒烟加剧，同时燃料经济性下降。

馏程是评价柴油蒸发性能的主要指标，其定义为燃油馏出某一百分比的温度范围。

粘度表示分子间内摩擦力的大小，表现为分子间相对运动的能力，其表示柴油的流动性的好坏，直接影响柴油机喷射系统的喷雾质量，当其他条件相同时，粘度越小，雾化后油滴的平均直径也越小，使燃油与空气易混合，燃烧相对完全，排气冒烟小，此外，粘度还影响供油系统中喷油器等偶件的润滑性。

凝点表示柴油失去流动性而开始凝固的温度，主要用于评定柴油的低温流动性，柴油的牌号是按凝点划分的。

汽油的使用特性：对汽油机性能有影响的主要性能指标是辛烷值、馏程。

辛烷值是代表点燃式发动机燃料抗爆性的一个约定数值，数值越大抗爆性越好，国产汽油的标号是以辛烷值划分的。辛烷值是在规定条件下的标准发动机试验中，通过和标准燃料进行比较测定。同一种汽油，由于对辛烷值的试验工况或标定方法不同，有马达法辛烷值（MON）和研究法辛烷值（RON）立分。

理论空气量是指 1kg 燃料完全燃烧所需要的最低空气量。

过量空气系数是指 1kg 燃料实际供给的空气量与燃烧 1kg 燃料理论上所需要的空气量之比。

空燃比指空气量与燃料量之比。

燃料的热值指 1kg 燃料完全燃烧所释放出的热量。燃料低热值为不计水的汽化潜热时的热值。

燃烧是一种放热的氧化反应，可分为着火和燃烧两个阶段。可燃混合气（燃料与空气的混合物）在发生明显的光和火焰效应的燃烧之前，都有一个准备阶段，也就是着火阶段。着火是指混合气自动地反应加速，并产生温升，以致引起空间某一位置或最终在某个时刻有火焰出现的过程。使可燃混合气着火的方法有两种：自燃与点燃，前者是自发的，后者是强制的。

预混合燃烧和扩散燃烧是发动机最基本的两种燃烧方式，也是导致汽油机和柴油机在燃烧特性、排放污染物生成及其控制机理、动力性、经济性以及振动噪声等多方面不同的根本原因。

知识训练

1. 选择题

（1）柴油机的理论空燃比约为（　　）。

  A. 16   B. 15   C. 14.5   D. 14.7

（2）下列叙述错误的是（　　）。

  A. 混合气的热值与混合气的过量空气系数有关

  B. 理论空气量是指理论上使燃料完全燃烧所需要的空气量

  C. 汽油机的着火过程为低温多级着火过程

(3) 燃料的（　　）是代表点燃式发动机抗爆性的一个约定数值。
　　A．十六烷值　　　　B．馏程　　　　C．凝点　　　　D．辛烷值
(4) 馏程是评价燃油（　　）性能的主要指标，其定义为燃油馏出某一百分比的温度范围。
　　A．蒸发性　　　　B．自燃性　　　　C．流动性　　　　D．抗爆性
(5) 凝点表示柴油失去（　　）而开始凝固的温度，主要用于评定柴油的低温流动性，柴油的牌号是按凝点划分的。
　　A．蒸发性　　　　B．自燃性　　　　C．流动性　　　　D．抗爆性

2．判断题

(1) 过量空气系数小于1的混合气是稀混合气。　　　　　　　　　　　　（　　）
(2) 混合气的热值就是燃料的热值。　　　　　　　　　　　　　　　　　（　　）
(3) 利用电火花在可燃混合气中产生火焰核心并因而引起火焰传播的过程为自燃。
　　　　　　　　　　　　　　　　　　　　　　　　　　　　　　　　（　　）
(4) 汽油机的理论空燃比是14.9。　　　　　　　　　　　　　　　　　　（　　）

3．填空题

(1) 1kg燃料完全燃烧时放出的热量，称为燃料的_____。
(2) 混合气的热值 h_m 与混合气的过量空气系数 α 有关。α 越大，混合气越_____，其热值 h_m 越_____。α 为1时的混合气热值，称为_____。
(3) 发动机工作过程中，燃烧1kg燃料实际供给的空气数量 L 与理论空气量 L_0 之比，称为_____。
(4) 汽油机的着火方式称为_____。
(5) 发动机最基本的两种燃烧方式为_____和_____。

4．简答题

(1) 什么是自燃和点燃？
(2) 什么是空燃比？什么是过量空气系数？
(3) 什么是燃料的热值？什么是燃料的高热值、低热值？什么是混合气的热值？
(4) 为什么说柴油机的着火过程为低温多级着火过程？
(5) 为什么说汽油机的着火方式为高温单级着火过程？
(6) 根据预混合燃烧和扩散燃烧的基本特点，分析为什么柴油机燃烧容易产生碳烟，以及为什么汽油机的燃烧难以稀燃。

能力训练

依据燃料特性分析其对汽油机及柴油机的工作模式有何影响。

5 汽油机混合气的形成和燃烧

1. 了解汽油机混合气的形成方式及特点。
2. 熟悉发动机各种工况对混合气的浓度要求。
3. 熟悉汽油机典型燃烧室的结构及性能特点。
4. 掌握汽油机正常燃烧过程并分析影响燃烧过程的因素。
5. 掌握汽油机不正常燃烧现象的形成机理及影响因素。

能力目标

1. 分析不同混合气形成方式对发动机性能的影响。
2. 根据不正常燃烧现象的形成机理分析如何正确使用车辆以避免发生爆燃及表面点火。

形成良好的可燃混合气是汽油机能够正常工作的前提。并且根据不同的混合气形成方式其性能各有不同，因此有必要了解汽油机混合气形成的主要方式及特点。

汽油机混合气的形成方式有三种，分别是化油器式、缸外汽油喷射式、缸内汽油喷射式（直喷式），如图 5-1 所示。化油器式汽油机利用化油器在气缸的外部形成大致均匀的可燃混合气，通过控制节气门开度的变化来调节混合气数量。缸外汽油喷射式汽油机在现代高性能汽车上获得了普遍应用。随着油耗和排放法规不断严格，化油器雾化方式逐渐被电子喷射方式所替代，汽油机由机械控制方式进步到电子控制方式。缸内汽油喷射式汽油机在一定压力下利用喷油器直接向气缸内喷射汽油，与吸入的空气相混合形成可燃混合气。

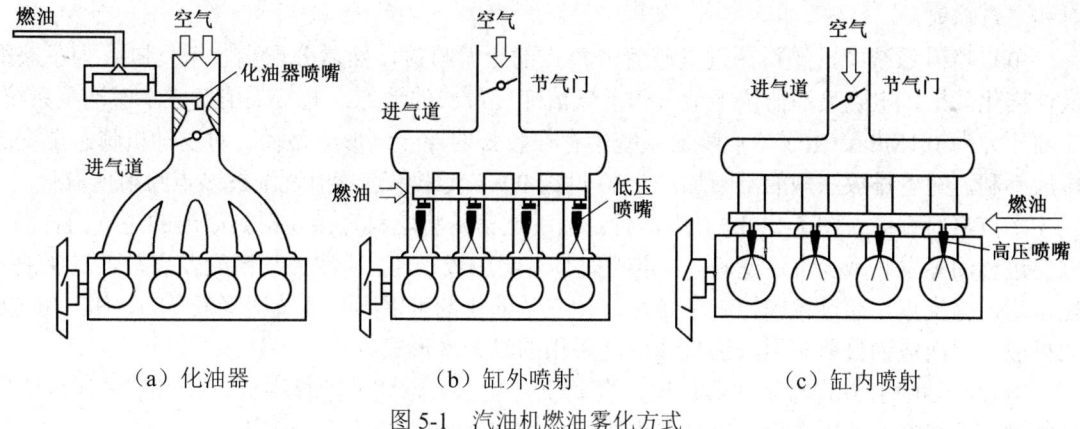

(a) 化油器　　　　　　　(b) 缸外喷射　　　　　　(c) 缸内喷射

图 5-1　汽油机燃油雾化方式

5.1　概述

汽油机是由其燃料供给系统向进气管、进气道或气缸内供给能够适应发动机吸入空气量变化的汽油量，以形成适当浓度的可燃混合气，保证发动机工作正常。

汽油机的燃料供给方式与所形成可燃混合气的关系，见表 5-1。

表 5-1　汽油机的燃料供给方式与所形成可燃混合气的关系

燃料供给方式	燃料供给位置	形成的可燃混合气浓度	功率调节方式
化油器式	向进气管供油	均质可燃混合气 $\alpha<1.15$	量调节
缸外汽油喷射式	向进气管或各缸进气道喷油	均质可燃混合气 $\alpha<1.15$	量调节
缸内汽油喷射式	直接向各缸内喷油	中、低转速和小负荷工况形成浓度分层的混合气，平均 α 可达 3.0~4.0；高转速和大负荷工况形成均质可燃混合气，平均 $\alpha=1.0$	质调节

5.1.1　化油器式汽油机

化油器式汽油机利用化油器在气缸的外部形成大致均匀的可燃混合气，通过控制节气门开度的变化来调节混合气数量。这是一种应用历史较久的方式，传统的机械式化油器结构简单，不需要附加动力，成本低，因此在 20 世纪初被普遍应用，并在几十年间不断完善，但由于其在排放和油耗率等方面固有的一些缺陷限制了车用汽油机性能进一步的提高。近二十几年来已逐渐被缸外汽油喷射所取代。故化油器式汽油机混合气的形成不再介绍。

5.1.2　缸外汽油喷射式汽油机

缸外汽油喷射式汽油机在一定压力下利用喷油器直接向进气管或进气道内喷射汽油，与吸入的空气相混合形成可燃混合气。自 20 世纪 70 年代以来，发达国家的排放和油耗率法规日益严格，伴随着电子控制技术的迅猛发展，能精确控制过量空气系数的电控汽油喷射技术获得了广泛应用。缸外喷射方式利用电控系统控制燃料质量流量来保证所需的空燃比，包括单点喷射和多点喷射。

单点喷射系统中，燃料在进气歧管分离点的上游喷射，然后分配到各个气缸。为了获得最佳雾化效果，电磁喷油器位于节气门前气流速度最快的地方。通常采用低成本燃油泵系统，喷油压力为 0.1MPa。由于单点喷射系统中存在较长的混合气形成路径，对发动机瞬态工况的排放不利，随着排放法规的不断加严，20 世纪 90 年代末单点喷射逐渐被多点喷射所取代。

多点喷射系统（图 5-1（b））中，各缸喷嘴通常是将燃料直接喷射到高温的进气门背面，以促进燃油蒸发和减少燃油壁膜。多点喷射具有响应较迅速、喷油控制精度较高及各缸燃油分配较均匀等优点，通过精确控制空燃比，使三效催化剂可以同时高效地降低 NO、HC 和 CO 的排放，因而成为目前车用汽油机最广泛采用的混合气形成方式。

电控汽油喷射方式与化油器相比，发动机升功率大，燃油消耗率低，排气清洁，各工况之间过渡性能好，所以在现代高性能汽车上电控汽油喷射获得了普遍应用。我国已于 2000 年开始要求所有的新生产车型都必须使用电控汽油喷射系统。

5.1.3 缸内汽油喷射式汽油机

缸内直接喷射汽油机与一般汽油机的主要区别在于汽油喷射的位置，它将喷油器安装在燃烧室内，汽油在一定压力下利用喷油器直接喷射到气缸内部，与吸入的空气相混合形成可燃混合气。缸内直喷技术始于 20 世纪 90 年代，日益严峻的能源和环境问题使得人们在追求车用汽油机良好动力性的同时，对汽油机的燃油经济性和排放提出了越来越高的要求。为此，世界各大汽车公司和科研机构相继开发了许多发动机新技术。其中缸内直接喷射技术已经成为汽油机一个十分重要的发展方向，随着电子控制技术的发展，各国都加大了对汽油机缸内直接喷射技术的研究。

5.2 发动机各种工况对混合气的浓度要求

不同工况下，对混合气浓度的要求是不一样的。发动机不同的转速、负荷工况和过渡工况所适宜的混合气浓度是不同的，即使同一工况在不同的运行条件下所适宜的混合气浓度也是不同的。为此，汽油机应能随着节气门开度和转速的变化控制可燃混合气的成分，使各种工况下都能以各自适宜的过量空气系数运行。

5.2.1 稳定工况对混合气的浓度要求

发动机稳定工况是指发动机已完成预热，转入正常运转，并且其转速和负荷在一定时间内相对稳定。汽油机各稳定工况对混合气的浓度要求，必须综合考虑汽油机的动力性、燃油经济性和排放各方面的要求合理确定。

1. 怠速和小负荷工况

怠速通常指发动机对外无输出功率的情况下以最低转速运转，此时混合气燃烧做的功，只用于克服发动机的机械损失，使发动机保持最低转速稳定运转。由于怠速时发动机温度低，且怠速转速低，扰流强度弱，导致燃油不易雾化，另外废气倒流使混合气品质变差，为保证混合气正常燃烧，怠速工况应提供较浓的混合气，通常过量空气系数 α 为 0.6～0.8。当节气门增大转入小负荷时，混合气质量逐渐改善，废气对混合气的稀释作用逐渐减弱，因此混合气浓度

可以减小到 $\alpha = 0.7 \sim 0.9$。为了减小怠速排气中的有害成分，应采用较高的怠速转速，提高怠速转速不仅能改善怠速排放，还对从怠速平滑地向正常行驶工况过渡和缩短加速时的燃油滞后时间有利。

2. 中等负荷工况

车用发动机大部分工况处于中等负荷状态。加速踏板踩得相对较深，此时，应着重考虑燃油经济性，对汽油机过量空气系数控制在 $\alpha = 1.05 \sim 1.15$，既能使功率损失不多，又能保证燃油经济性。

3. 大负荷和全负荷

当汽车需要克服较大阻力（如汽车爬坡或在状况较差的道路上行驶）时要求发动机能发出尽可能大的功率，此时加速踏板通常踩到底，发动机在全负荷下工作。对汽油机要求供给功率混合气，即 $\alpha = 0.85 \sim 0.95$。

5.2.2 变工况对混合气的浓度要求

汽车实际使用中，冷起动、暖机、加速与减速都是变工况。

冷起动是指发动机由静止状态到持续运转状态的过程，此时燃料和空气温度很低，燃料雾化性差，大部分燃料以油膜状态流进气缸，而在冷气缸中能气化的只是燃料中的轻馏分，大部分燃料会沿缸壁流失和随排气排出，气缸内混合气过稀，导致起动困难。要使冷起动时气缸中实际形成的混合气浓度在点火界限之内，就必须供给极浓的混合气。

暖机是指从发动机持续运转到各部分温度上升至正常热状态的过程。起动后随着发动机温度升高，燃料蒸发量加大，因此在暖机时要求比起动瞬间有稍稀的混合气，并且在暖机过程中逐渐减少供油量。

汽车加速，节气门急速打开时，由于燃料惯性大于空气，在打开节气门之后的一个短时间里发动机吸进的燃料量增加滞后，缸内混合气瞬时变稀甚至过稀，要过一段时间才能达到新的平衡状态。这使曲轴转速提高缓慢或降低，会影响汽车加速性，严重时甚至可能发生熄火或回火。因此汽车加速时应额外多供给一些燃料使缸内混合气不至于过稀，满足加速的需要。

汽车急减速时，节气门突然关闭，由于惯性作用，发动机仍保持很高的转速，使得进气管真空度急增，进气量减少，进气管内气压急降而管壁温度降低缓慢，油膜蒸发更快，供油量增加，缸内混合气变浓，汽车也不能平顺减速。为延缓进气量的减少和防止缸内混合气过浓，急减速时宜利用阻尼器使节气门缓慢关闭或者使怠速旁通气道的通路面积缓慢减小（对于电控喷油式）。

5.3 汽油机混合气的形成

5.3.1 缸外汽油喷射式汽油机混合气的形成

随着对汽车环保、节能要求的加严，化油器式汽油机混合气形成方式已不适应现代汽车发动机的发展，汽油喷射式混合气的形成方式已经全面替代了化油器，成为当今汽油机混合气形成的主要形式。

电控汽油喷射系统（Electronic Fuel Injection）是汽油机综合控制中最主要、最基本的部分，系统简图及原理框图如图 5-2 所示。它由空气系统、燃料系统及控制系统三部分组成。

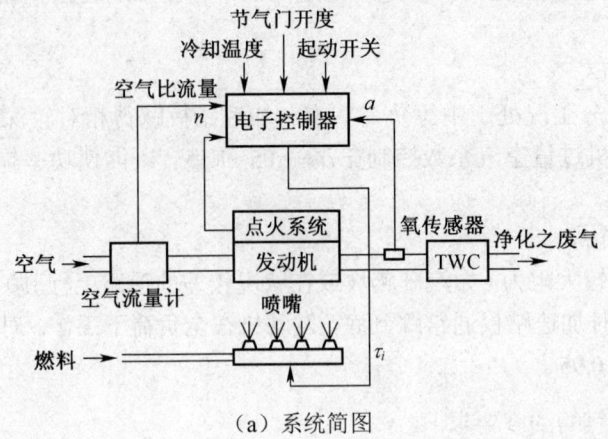

（a）系统简图

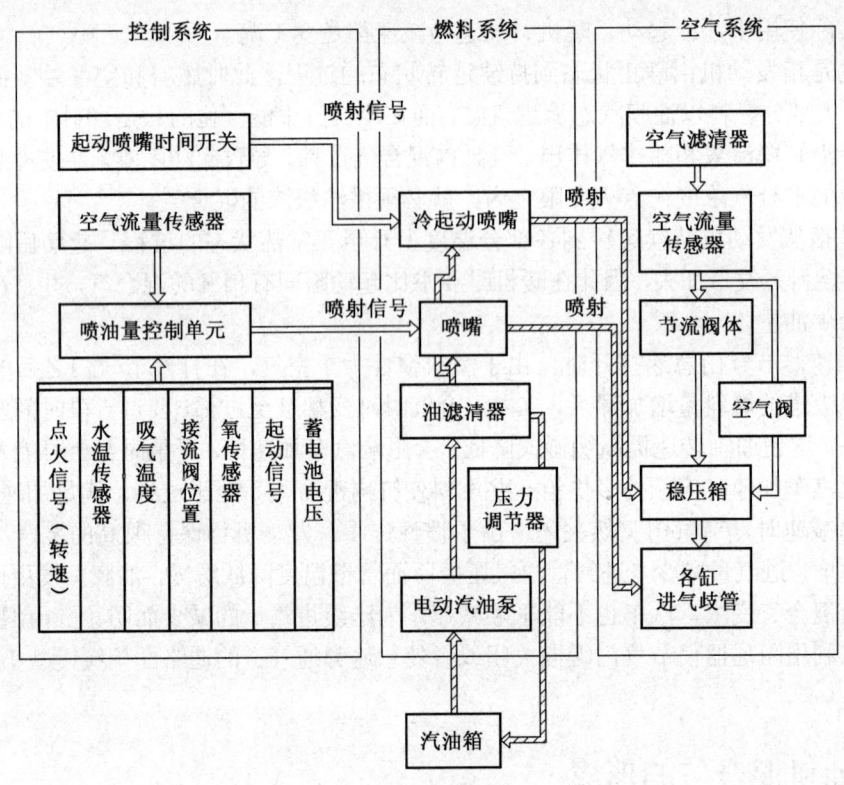

（b）原理框图

图 5-2 电控汽油喷射系统简图及原理框图

1. 空气系统

空气系统如图 5-3 所示。空气系统主要由空气滤清器、空气流量计、节气门体、空气阀等组成，空气系统用来计量并控制燃烧所必要的空气量。其中空气流量计（常用的有叶片式、热线式及卡门涡流式等三种）是进行空气量测量，并将其转换为电信号的关键部分；空气阀是冷起动时，在节气门全闭时起快速怠速作用；发动机的负荷仍由节气门的开度调节。

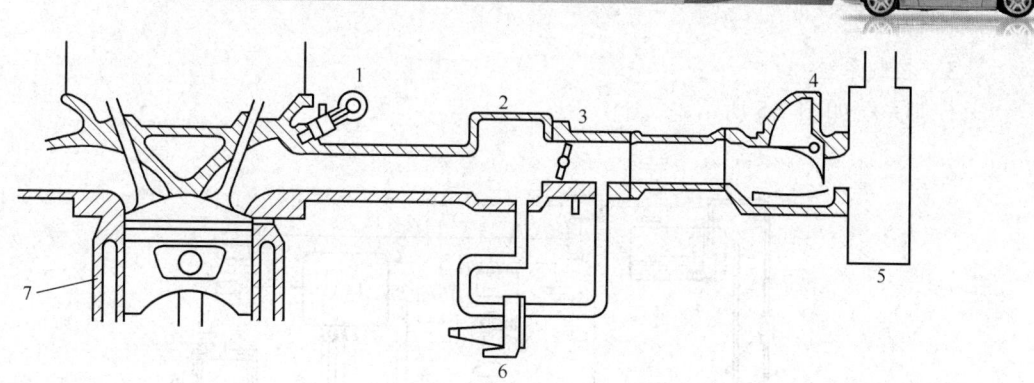

1—喷油器；2—稳压腔；3—节气门体；4—空气流量计；5—空气滤清器；6—空气阀；7—发动机

图 5-3　空气系统

2. 燃料系统

燃料系统如图 5-4 所示。

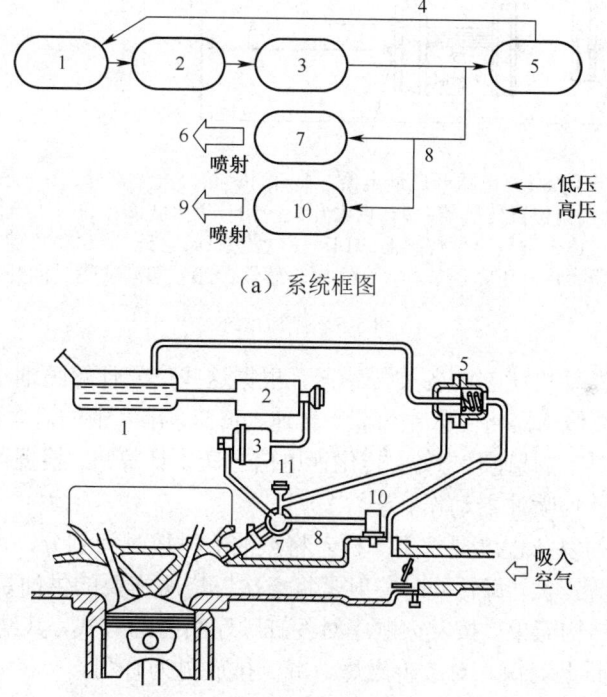

（a）系统框图

（b）多点喷射系统基本组成

1—燃油箱；2—电动汽油泵；3—燃油滤清器；4—回油管；5—燃油压力调节器；
6—各缸进气歧管；7—喷油器；8—油轨；9—稳压腔；10—冷起动喷油器；11—燃油压力阻尼器

图 5-4　燃料系统

　　燃料系统的作用是由电动汽油泵向各缸喷油器压送具有一定压力的燃油。为了控制供油压力的精度，燃料系统中设有压力调节器及油压脉冲衰减装置。喷油器向各缸进气歧管喷油，由控制系统控制喷油器的通电时间来进行计量。燃料系统的主要部件是电动汽油泵、喷油器和压力调节器等。

3. 控制系统

控制系统如图5-5所示。

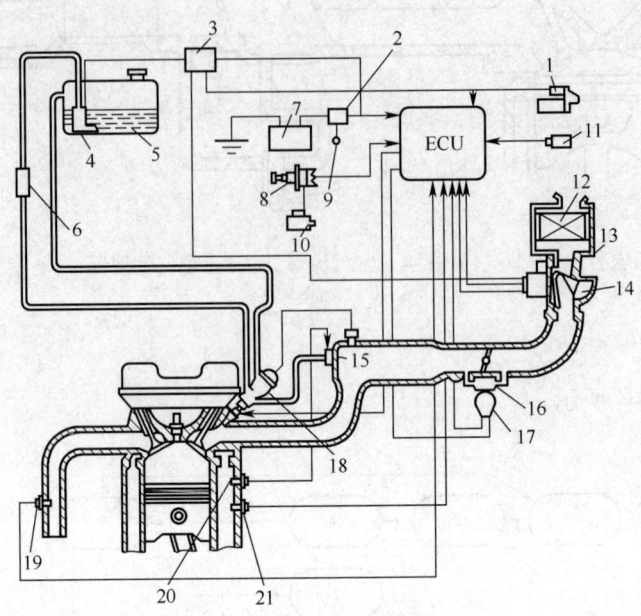

1—起动机；2—主继电器；3—电路开启继电器；4—汽油泵；5—燃油箱；6—滤清器；7—蓄电池；
8—转速及曲轴转角位置传感器；9—点火开关；10—点火线圈；11—大气压力传感器；
12—空气滤清器；13—进气温度传感器；14—空气流量计；15—冷起动喷嘴；16—空气阀；
17—节流阀位置传感器；18—压力调节器；19—氧传感器；20—起动喷嘴时间开关；21—水温传感器

图 5-5 控制系统

控制系统由检测发动机状态的各类传感器、根据这些信号计算喷油量的电控单元（ECU）以及执行器组成。各类传感器将吸入空气量、转速、负荷、排气中的氧含量、吸气温度、水温、蓄电池电压、曲轴相位、加减速状态等，转化为电信号送入计算机。根据这些信号确定的状态，决定合适的喷射时间并使喷油器动作。

基于对控制系统的复杂程度要求不一样，将汽油喷射按时间划分，可分为每转同时喷射、分组喷射及顺序喷射等三类。每转同时喷射是将一次燃烧所需要的供油量分成两次喷射，它不需要气缸判别信号，结构简单。按发火顺序对各缸顺序喷射的方式，其结构较复杂，但可防止油雾在管壁及气门背面上沉积，对改善燃烧、减少排放更为有利。

5.3.2 缸内直喷式汽油机混合气的形成

为满足发动机不同工况的使用要求，缸内直喷式汽油机（Gasoline Direct Injection，缩写为GDI）混合气的形成采用了不同的形式。

（1）丰田公司的D-4直喷式发动机混合气的形成有分层燃烧、均质燃烧、弱分层燃烧三种形式，如图5-6所示。

采用分层燃烧方式（小负荷）时，利用缸内的压缩涡流，在压缩上止点附近把燃料喷入气缸，待喷雾适当扩散后点燃混合气，这种混合气形成方式可使用空燃比为27的稀混合气燃烧，与传统的化油器式发动机相比，由于进气损失小，使燃料消耗大幅度降低。

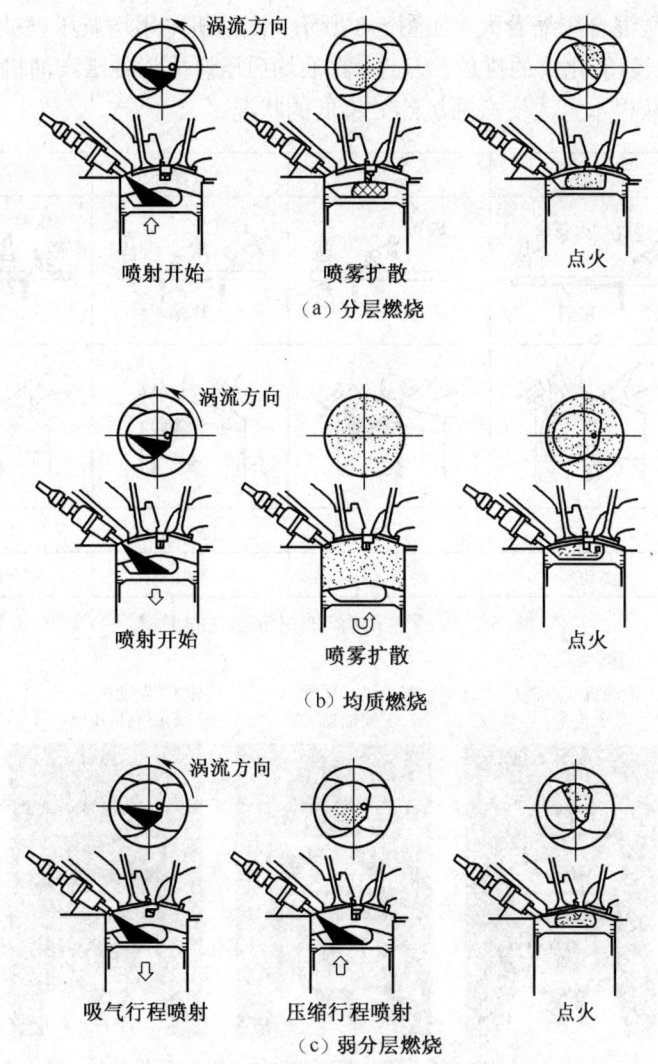

图 5-6 丰田 D-4 汽油机混合气的形成

采用均质燃烧方式（大负荷）时，在进气冲程把燃料喷入气缸，冷却进气，增加进气量，减少爆燃倾向，并利用进气涡流和压缩涡流使喷雾在进气过程中扩散均匀，形成均质混合气，但当喷射时期不当时，容易形成过浓区域，产生黑烟。

采用弱分层燃烧方式（中等负荷）时，燃料分二次喷射，在进气过程喷射一部分以形成均质混合气，在压缩上止点附近的第二次喷射形成分层混合气，主要是为了改善点火性能。

（2）三菱公司的缸内直喷式发动机混合气的形成有分层燃烧、均质燃烧、两段燃烧、两段混合燃烧等形式，如图 5-7 所示。

5.3.3 均质压燃混合气的形成

汽油机均质压燃技术是均质混合气压燃技术 HCCI（Homogeneous Charge Compression Ignition）的一种，简单来说就是以往复式汽油机为基础的采用压燃方式的新型燃烧模式。与传统的火花点火汽油机相比，HCCI 技术利用燃料的自燃能力，采用高的压缩比和稀燃技术，实现空气和燃料均质混合压缩着火,如图 5-8 所示。汽油机采用均质压燃技术,可降低汽油机的油耗,同时也降低氮氧化物的排放。因此,汽油均质压燃成为各国汽油机燃烧系统最热门的研究方向,希望能从根本上改变汽油机热效率低的状况。

模式	均质	分层稀燃	两段混合	两段燃烧
喷射程序	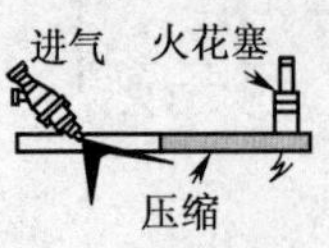 进气 火花塞 / 压缩	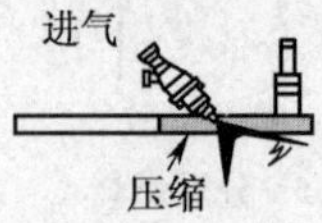 进气 / 压缩	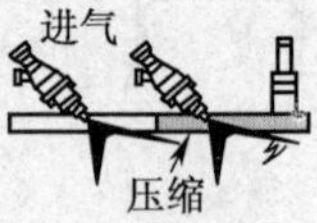 进气 / 压缩	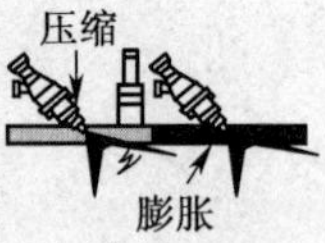 压缩 / 膨胀
混合	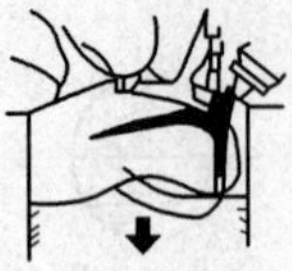	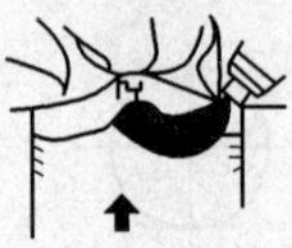	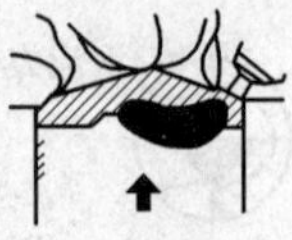	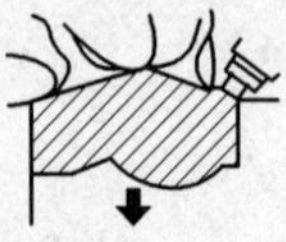
空燃比	12~14.7	>24	12~16	14.7~20
目标	高功率	经济运行	敲缸控制	催化器起燃

图 5-7 三菱 GDI 汽油机混合气的形成

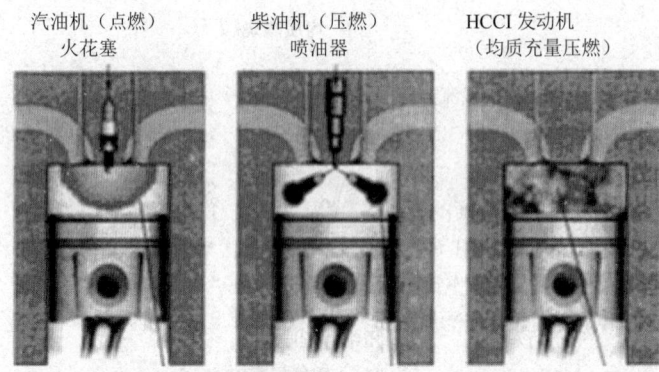

图 5-8 传统汽油机、柴油机和 HCCI 汽油机比较

HCCI 汽油机的均质混合气的形成机理和传统汽油机一样,都是利用燃油的易挥发特性,使一定的燃油与新鲜空气充分混合,形成均匀的可燃混合气。对于 HCCI 汽油机而言,均质混合气可通过两种方法形成:

(1)一种是进气管内汽油喷射,包括单点喷射和多点喷射,即采用电控汽油喷射,喷油器布置在进气道内,燃油直接喷射到进气管内,与新鲜空气混合,此方法通过微机来控制每循环的喷油量和喷油时刻,使空燃比更加精确,各缸的混合气也更加均匀。

(2)另一种是缸内直接喷射,即喷油器布置在气缸内,也是通过微机来控制每循环的喷油量和喷油时刻,区别在于混合气直接在气缸内形成。

传统的汽油机通过火花塞点火,点燃混合气产生能量。但 HCCI 汽油机不同于常规汽油机的单点点火方式,HCCI 是均匀的可燃混合气在气缸内被压缩直至自行着火燃烧的方式。

通过提高压缩比、进气加温、适当增加缸内残余废气以及增压等手段提高气缸内混合气的温度和压力,以使混合均匀或基本混合均匀的可燃混合气多点同时达到自燃条件,多点同时着火燃烧，而且没有明显的火焰前锋，燃烧反应迅速，燃烧温度低且分布较均匀，因而，只生成较少的 NO_x 和微粒，在小负荷时具有很高的热效率。

当汽油机的压缩冲程快结束时，汽油通过喷油嘴喷进气缸，HCCI 汽油机压缩比高于普通的汽油机，所以喷出的小油滴在压缩冲程有足够的时间在气缸内形成均匀的可燃混合气，这时气缸的压力足够使均匀分布的油滴自动压燃，所有的燃料都在同一时间燃烧，提高了燃料的使用效率，而且由于它采用压燃的缘故，可以采用相当稀薄的混合气，因此可以通过直接调节喷油量来调节扭矩，不需要节气门，避免了节流损失。

汽油机 HCCI 燃烧方式的优点在于：首先，由于采用均质燃烧混合气，保持了原汽油机比功率高的特点；其次，由于节流损失减小且压缩比高，采用多点同时着火的燃烧方式使得能量释放率较高，接近于理想的等容燃烧，热效率较高，改善了部分负荷下燃油经济性。排放性能也得到改善。

虽然均质压燃技术可提高汽油机性能、降低排放，但均质压燃技术的应用仍存在以下几点亟待解决的问题：

（1）冷起动时着火困难

汽油机均质压燃技术燃烧的起燃温度大致在 1000K 左右。冷起动时，燃烧室壁面温度低，不能从进气歧管吸收热量，也没有可用的高温废气，要在燃烧室内得到高温均质混合气比较困难，不容易使均质压燃汽油机实现自燃。因此，若无温度补偿，在冷起动阶段要实现均质压燃非常困难。

（2）运行工况范围有限

均质压燃汽油机在小负荷工况下由于是稀薄燃烧，容易失火（混合气过稀）。均质压燃汽油机燃烧非常迅速，在大负荷工况下，混合气过浓，易发生爆震。因此目前均质压燃技术在汽油机上主要应用于中小负荷工况。

（3）着火时刻和燃烧速率难以控制

均质压燃汽油机着火过程主要受化学反应动力学控制，着火时刻取决于混合气的成分、温度和压力，只能间接控制着火时刻和燃烧过程。如果均质压燃汽油机燃烧控制较好，则汽油机可在较宽的大空燃比范围内进行高效稳定的燃烧，循环波动压力小，工作柔和。如果均质压燃汽油机燃烧组织的不好，则容易出现爆震或失火，汽油机的性能变差。

以上几点技术难题的存在使得均质压燃汽油机的广泛应用受到了限制。因此，目前及今后一段时期内的研究都将主要集中在燃烧技术的控制方面，包括燃烧诊断、燃烧模式切换和瞬态工况过渡等。

5.4 汽油机的燃烧室

汽油机燃烧室结构是决定燃烧速度，防止不正常燃烧的主要结构因素，各种改善燃烧的措施也大多需要在燃烧室中实施。对燃烧室的要求是多样的，既要求其动力性、经济性、工作稳定性及排放性好，同时还希望结构简单、制造方便。因此有必要了解汽油机燃烧室的结构特点。

汽油机燃烧室种类繁多，各有其长。本节主要介绍楔形燃烧室、浴盆形燃烧室、半球形燃烧室、火球高压缩比燃烧室、碗形燃烧室、双火花塞燃烧室、TGP 燃烧室、CVCC 分层燃烧室、MCP 燃烧室、SKS 燃烧室的结构特点。

5.4.1 对汽油机燃烧室的要求

燃烧室结构对汽油机的动力性、经济性、工作稳定性及排放性有很大影响，因此燃烧室的结构应满足以下要求。

1. 结构紧凑

用燃烧室的面容比 A/v（燃烧室表面积 A 与其容积 v 之比）来表征燃烧室结构的紧凑性。面容比小，燃烧室结构紧凑，火焰传播距离短，燃烧可在短时间内完成，使爆燃倾向减小，还可提高发动机的压缩比。同时，由于单位体积的表面积较小，相对散热面积小，热损失减小，发动机热效率高，面容比小，使缸壁激冷区减小，HC 排放量减少。

2. 火花塞位置适当

火花塞位置不同，火焰传播距离和燃烧速度的变化率也不同，进而影响汽油机的工作性能。因此，确定火花塞位置时应重点考虑以下几点：

（1）火焰传播距离应尽可能短，如火花塞布置在燃烧室中央。

（2）火花塞尽量布置在使末端混合气受热少的位置，如火花塞布置在排气门附近。

（3）各循环之间的燃烧变动小，暖机和低速稳定性好，如火花塞布置在进、排气门之间，便于利用新鲜混合气扫除火花塞周围的残余废气，使混合气易于点燃，同时应控制气流的强度，避免吹散火花。

（4）火花塞的位置应使从火花塞传播开的火焰面变化分配合理，确保发动机运转平稳。

3. 燃烧室几何形状合理合理

燃烧室的容积分布反映了混合气的分布。与火花塞位置相配合，决定了燃烧的放热规律、压力上升速度及工作稳定性等，用不同形状的燃烧弹试验结果如图 5-9 所示。

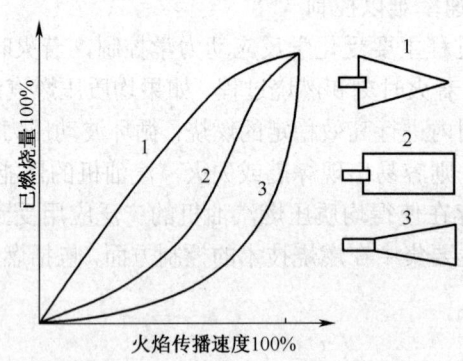

图 5-9　燃烧室形状对放热速率的影响

当圆锥形燃烧弹在其底部点火时，由于开始传播时处于燃烧室截面较大区域，燃烧速率先快后慢，楔形燃烧室与此类似。当圆锥形燃烧弹在其顶部点火时，燃烧速率先慢后快。圆柱形的情况介于两者之间，浴盆形燃烧室与此类似。另外，合理的几何形状还包括燃烧室廓线尽可能圆滑，以避免凸出部分产生局部热点导致表面点火。

总之，燃烧室的容积分布应配合火花塞的位置统一考虑，最有利的分布是使燃烧过程初期压力升高率较小，发动机工作柔和，中期放热量最多，以获得较大的循环功。后期补燃较小，

4. 具有较高的充气效率

进气门、进气道的布置尽量减小进气阻力，提高进气充量。燃烧室的形状应考虑允许有较大的进气门直径，楔形燃烧室可安排直径较大的进气门。混合气流经处应尽量光滑、转弯少，如图 5-10 为半球形和浴盆形燃烧室充气效率的比较。

半球形燃烧室的进气通道弯道少，且燃烧室弓高稍高（斜面积大），有利于布置较大面积的进、排气门，因此充量效率高，性能好。

5. 组织合理的紊流运动

燃烧室内组织适当强度的气体流动可以加快火焰传播，增加末端混合气的冷却，减少循环间燃烧变动，扩大混合气体着火界限，有利于燃烧更稀混合气，减少 HC 排放量。但紊流过强，向缸壁传热损失增加，还可能吹熄火核而失火，反而使 HC 排放增多。

汽油机产生紊流的方法有进气涡流和挤流两种。

（1）进气涡流

进气涡流是利用进气口和进气道的形状在进气过程中造成气流绕气缸中心线的旋转运动，由于进气涡流加快了火焰传播速度，提高了燃烧速率，使热效率提高。图 5-11 所示为天津 7100 轿车用发动机进气涡流组织图。

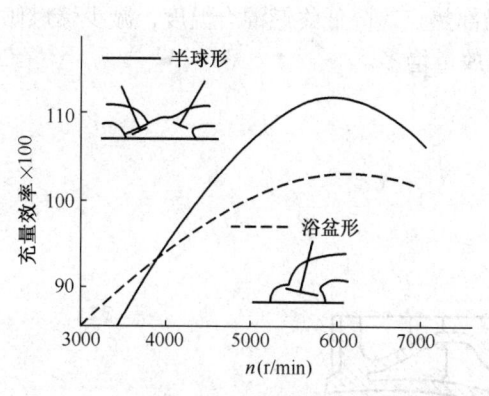

图 5-10 半球形和浴盆形燃烧室充气效率的比较

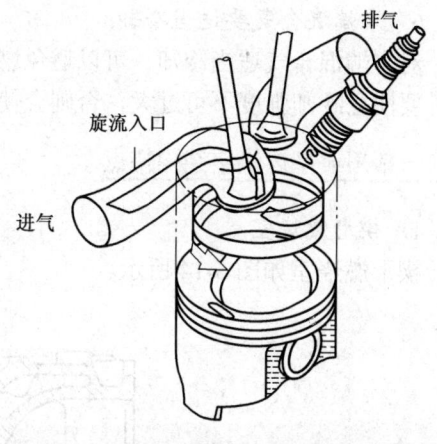

图 5-11 天津 7100 轿车用发动机进气涡流

组织进气涡流的同时会使进气阻力增加，充气效率下降，在低速低负荷时难以获得良好的进气涡流。故只依靠进气涡流的燃烧室非常少，通常配合组织压缩挤流。

（2）挤流

挤流是当活塞接近压缩冲程终点时，利用其顶部和缸盖底面之间的狭小间隙（称挤气间隙），将混合气挤入主燃烧室内而产生。可利用燃烧室形状来控制涡流的大小和发生位置以及在燃烧室内扰动的形式及其强度。图 5-12 为挤流式燃烧室。

压缩挤流的最大速度出现在压缩冲程上止点前，因而加快了速燃期内的火焰传播，使燃烧迅速，同时离火花塞最远的边缘气体因受两个冷表面的影响，容易散热，对抗爆性有利，但挤气间隙过小时会增加 HC 排放量。一般挤气涡流不会引起充量系数下降，且可在节气门开度小时获得良好的紊流效果。

近年来,发展了一种低污染、低油耗、高旋流的燃烧室——火球形燃烧室,如图 5-13 所示。进气过程形成的旋流在压缩过程中被压入排气门下面的小直径室内,因为有高速旋流和紧凑的燃烧室,所以可以使用高压缩比而不会引起表面点火或爆燃。

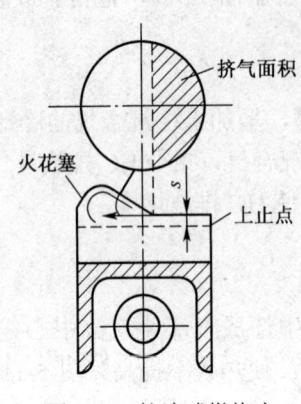

图 5-12　挤流式燃烧室

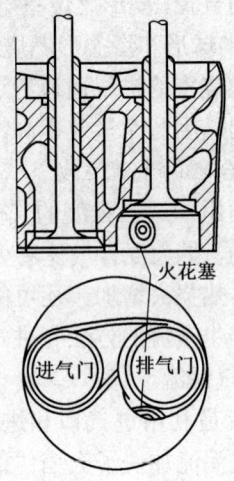

图 5-13　火球形燃烧室的布置

6. 末端混合气要适当冷却

对末端混合气适当冷却,可以避免燃烧室局部热点,降低终燃混合温度,减少爆燃倾向,同时要注意冷却强度不可过大,否则会使 HC 排放量增多。

5.4.2　常用典型燃烧室结构特点

1. 楔形燃烧室

楔形燃烧室如图 5-14 所示。

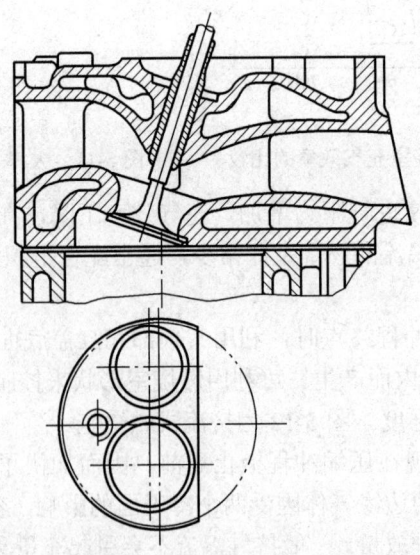

图 5-14　楔形燃烧室

楔形燃烧室具有以下特点：

（1）燃烧室较紧凑，火焰传播距离较短。

（2）挤气面积较大，对末端混合气冷却作用较强，爆燃倾向减小，可采用较高的压缩比。一般可达 9.5～10.5 左右。但同时由于挤气面积内的熄火区增大，HC 排放量较多。设计时应控制挤气面积的大小。

（3）气门斜置（6°～30°），有利于增大气门直径，气道转弯较少，使进气阻力减小，提高了充气性能。

（4）火花塞布置在楔形高处，便于利用新气清除火花塞附近的废气，保证低速、低负荷性能良好。但因混合气过分集中于火花塞处，使燃烧初期压力升高率较大，工作粗暴，NO_x 排出量较高。

总之，楔形燃烧室具有较高的动力性、经济性。但由于其进排气门只能单行排列，采用多气门机构困难。

2. 浴盆形燃烧室

浴盆形燃烧室如图 5-15 所示。

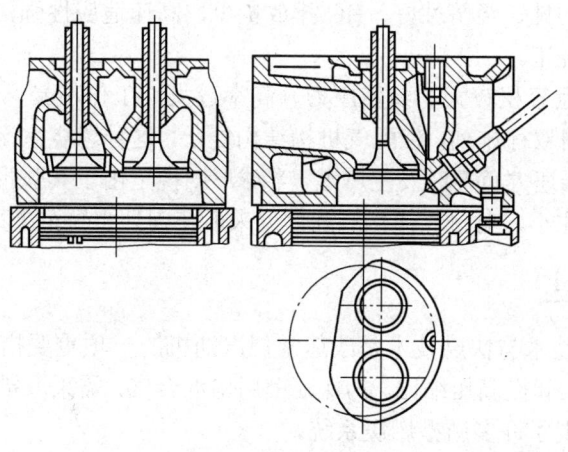

图 5-15　浴盆形燃烧室

浴盆形燃烧室具有以下特点：

（1）燃烧室形状像椭圆形浴盆，高度相同，宽度略大于气缸范围，以便于加大气门直径，为防止壁面对气流的遮蔽作用，气门头部外形与燃烧室壁面之间应保持一定的距离（6～8mm），因而，气门尺寸受限制。

（2）挤气面积比楔形的小，挤流效果比较差。适当增加挤气面积可改善发动机性能。

（3）燃烧室的面容比较大，火焰传播距离相对较长，不便于采用高的压缩比，由于燃烧时间拖长，使压力升高率较低，其动力性、经济性不高，对 HC 排放不利，但 NO_x 排放较少。

（4）制造工艺好，便于维修。

3. 半球形燃烧室

半球形燃烧室如图 5-16 所示。

半球形燃烧室具有以下特点：

（1）形状大致呈半球形或篷形，结构紧凑，与前两种相比，面容比最小，加之火花塞布置于燃烧室中央、火焰传播距离最短。

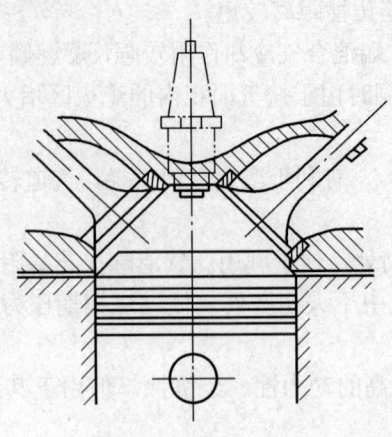

图 5-16 半球形燃烧室

（2）进、排气门均斜置，允许较大气门直径，进气道转弯最小，充气效率最高。

半球形燃烧室动力性、经济性好，HC 排放量少，高速适应性强，转速为 6000r/min 以上的汽油机均用此类燃烧室。

但由于火花塞附近容积较大，易使压力升高率过大，工作粗暴，紊流相对较弱，低速、低负荷稳定性差，气门双行排列，使配气机构结构复杂。这种燃烧室没有挤气面，被压缩的混合气涡流较弱，易在低速大负荷时发生爆燃，半球形燃烧室由于其弧形缸盖，特别适用于二冲程汽油机。因其面容比小，对排气净化有利，近来多在国外小轿车上采用。

5.4.3 其他类型燃烧室

汽油机采用稀燃技术与快燃技术是改造常规汽油机的一项重要措施。可以降低发动机燃油消耗，降低排放污染和提高压缩比。为保证燃用稀混合气，需采取措施组织混合气的快燃或分层充气，相应地出现了许多新型燃烧系统。

1. 火球高压缩比燃烧室

火球高压缩比燃烧室如图 5-13 所示。缸盖上凹入的排气门下方为主燃烧室，它直径很小，形状紧凑，有一定挤气面积，能形成较强的挤气紊流。进气门下方为一浅凹坑，通过一浅槽与主燃烧室连通。活塞上行时，部分进入气门凹坑的混合气通过浅槽切向进入主燃烧室，并产生涡流运动。当活塞下行时，燃气以高速形成反挤流运动，使燃烧速度大大提高。与一般汽油机相比，允许使用高压缩比而不引起表面点火或爆燃，耗油率较低，排污较少。可燃烧稀薄均匀混合气，空燃比为 19～26。但火球高压缩比燃烧室要求使用高辛烷值汽油，对缸内积碳较敏感。

2. 碗形燃烧室

碗形燃烧室如图 5-17 所示。活塞顶部凹坑形成燃烧室，其结构紧凑，火焰传播距离短，挤流较强，压缩比可达到 11。为获得较大的挤流强度，通常要精心设计燃烧室的口径、深度和活塞顶间隙以及与压缩比间的比例关系。此外，因火花塞正好位于挤流通道口上，对流速度变化很敏感。故应恰当地选择点火时刻，碗形燃烧室已在波尔舍轿车上应用。

3. 双火花塞燃烧室

双火花塞燃烧室如图 5-18 所示。在半球形燃烧室中心的两边等距离布置两只火花塞，（相距 1/2 直径），因而火焰传播距离等于缸径的 1/2。这样可以适当推迟点火时间，提高点火时混合气的温度和压力，使着火性能得到改善，燃烧持续时间缩短，提高了发动机性能。

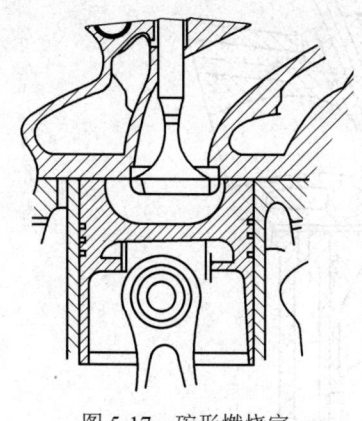

图 5-17　碗形燃烧室

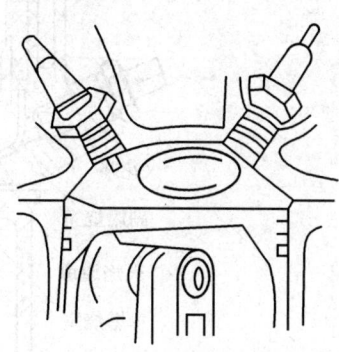

图 5-18　双火花塞燃烧室

4. TGP 燃烧室

TGP 燃烧室如图 5-19 所示。在燃烧室中设置副室，该副室为一扰动发生囊，其容积较小，与主燃烧室容积之比不大于 20%，两者间用通道相连，在副室喷口处布置火花塞，在压缩过程中，新鲜混合气经通道进入副室，产生适当的涡流并对火花塞凹坑处进行扫气，在副室内，火焰核心点燃混合气，压力迅速升高，然后高温高压火焰喷入主燃烧室，使主燃烧室气体产生强烈紊流，加快了燃烧速度。这种燃烧室可燃用稀混合气，低负荷下经济性较好。

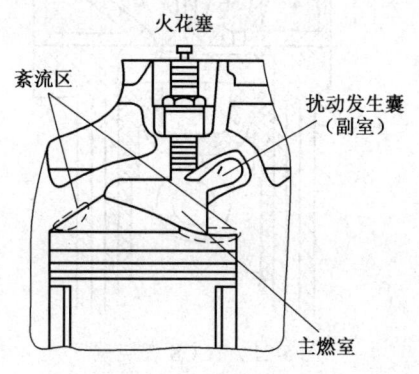

图 5-19　TGP 燃烧室

5. CVCC 分层燃烧室

分层燃烧系统 CVCC（Compound Vorex Controlled Combustion System）的燃烧室，如图 5-20 所示。

燃烧室分成主燃烧室和副燃烧室两部分。副燃烧室内装有辅助进气门和火花塞，室内有 5 个火焰孔与主室相通，工作中，供给副室少量浓混合气（A/F=12.5～13.5），主室供给稀混合气（A/F=20～21.5），通过火焰孔适当混合，在副室内及火焰孔附近形成较浓的中间混合气层。点火后，副室混合气着火，并从火焰孔喷出火焰，点燃主室的可燃混合气。由于采用火焰点火燃烧稀混合气,燃烧室内无强烈紊流,因而燃烧缓慢,最高燃烧温度仅为 1200℃ 左右,使 NO_x 生成量减少(NO_x 排放量比一般汽油机低 3 倍)。因此,与其他燃烧室相比,CVCC 燃烧室系统的主要优点是其排放性能好。

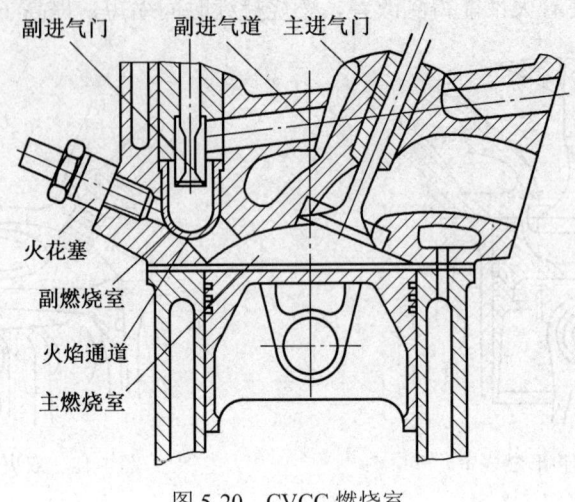

图 5-20　CVCC 燃烧室

6. TCCS 燃烧室

TCCS(Texaco Controlled Combustion System)燃烧室如图 5-21 所示。

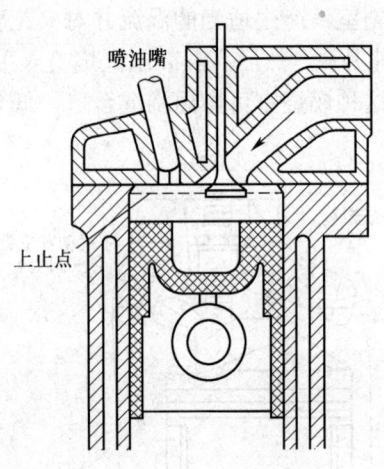

图 5-21　TCCS 燃烧室

该系统的燃烧室布置于活塞顶内,呈直口深坑性。利用进气道和导气屏产生较强的进气涡流,在压缩过程中,由于活塞顶挤气面积产生的挤流,进一步加强了空气与燃油的混合,提高燃烧速度。火花塞布置在沿气流的喷油嘴下方(下风区),在火花塞电极附近的可燃混合气较浓,保证在各种转速、负荷下均能可靠地着火。着火后,火焰随气流和喷雾卷向下风区(较稀)及整个燃烧室。以后喷入的燃油是边喷射、边混合、边燃烧,直至燃烧过程结束。TCCS 燃烧系统平均有效压力高;采用稀混合气,油耗较低,已接近于相同转速直喷式柴油机的水平。

7. MCP 燃烧室

MCP(Mitsubishi Combustion Process)燃烧室如图 5-22 所示。

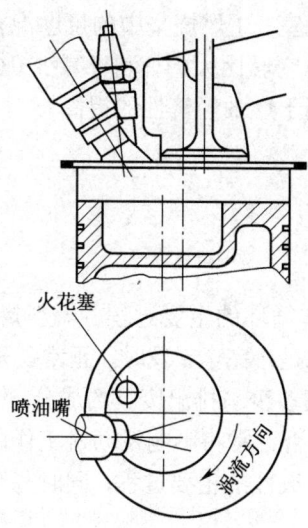

图 5-22 MCP 燃烧室

其火花塞位于喷油嘴的下风区，喷雾采用逆气流，即与空气涡流方向相反。使在低负荷时，油束（雾）偏向下风区，使火花塞周围形成较浓混合气，着火可靠。高负荷时，油束密集，喷射较远，有利于充分利用气缸充量，空气利用率高。故其最低有效燃油消耗率比一般汽油机低 20%，同时，该系统总空燃比很大，使排污较少。MCP 燃烧系统采用的混合气形成方式即着火前的预混合和着火后的混合，使其对燃油的辛烷值不是很敏感，可燃用多种燃料。

8. SKS 燃烧室

SKS 燃烧室如图 5-23 所示。

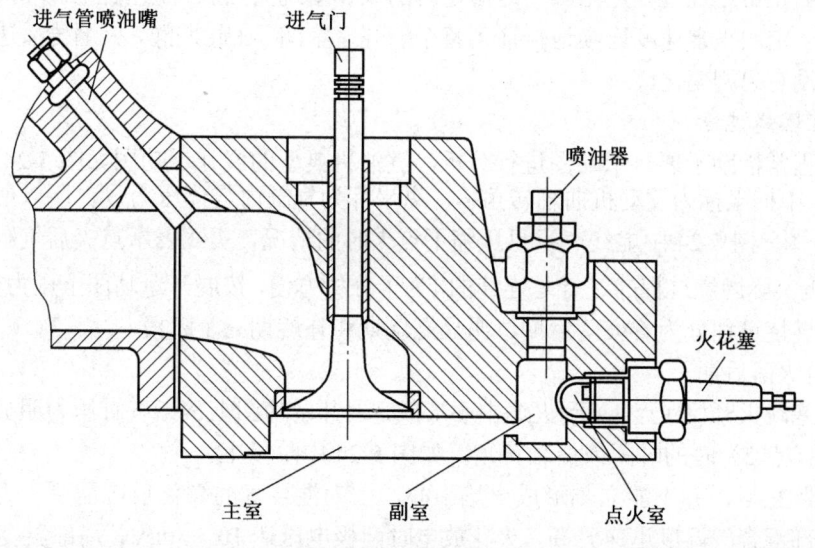

图 5-23 SKS 燃烧室

它与 CVCC 燃烧室的主要区别在于以副燃烧室中的汽油喷射代替了副进气门供给的浓混合气。副燃烧室中的可燃混合气浓度较高，并且扰动较强，燃烧速度快。副室中的浓混合气点燃后立即经过连接通道喷入主燃烧室。主燃烧室中的可燃混合气浓度较低，因此燃烧缓慢，最高温度较低，使 NO_x 排放较少。总空燃比大，有利于减少 CO 和 HC。该系统对汽油辛烷值要求较低，可采用较高压缩比，有利于燃油经济性的提高。

5.5 汽油机燃烧过程

发动机燃烧过程是发动机工作循环的主要过程，燃料燃烧放出热量使气体膨胀而推动活塞做功。对发动机燃烧过程的要求是：完全、及时、正常。充入发动机气缸的可燃混合气，燃烧是否完全将直接影响热量产生的多少与排出废气的成分；燃烧放热时间是否及时将影响工质在气缸中的做功机会；燃烧进行是否正常将影响发动机工作的稳定性和可靠性。所以燃烧过程是影响发动机经济性、动力性和排放性的主要过程，同时与噪声、振动、起动性能和使用寿命也有很大关系。

汽油机燃烧过程分为着火落后期、明显燃烧期和补燃期三个阶段。通过对各个阶段的分析，进一步明确燃烧过程对发动机性能的影响。分析发动机的不正常燃烧，明确爆燃与表面点火的概念、产生原因及影响因素。最后分析影响汽油机燃烧过程的因素，以便找到改善汽油机燃烧过程的途径。

通常，汽油机是在气缸外部的进气管内，利用喷嘴或化油器使空气和燃料混合，进入气缸后到压缩冲程接近终了时已大致形成了均质混合气，并以电火花点火进行燃烧。

5.5.1 汽油机的正常燃烧

汽油机的正常燃烧过程是指唯一地由定时的火花塞跳火点燃可燃混合气，形成火焰中心，火焰前锋按一定的正常速度连续地传播到整个燃烧室空间。在此期间，火焰传播速度以及火焰前锋形状均没有急剧变化。

1. 正常燃烧过程

燃烧过程常借助于展开示功图进行分析。汽油机典型的展开示功图如图 5-24 所示。

图 5-24 中横坐标为发动机曲轴转角 φ，纵坐标为气缸内气体压力 p，所以展开示功图也被称为 p-φ 图。图 5-24 中虚线表示只压缩不点火时的情况，实线表示点火后气缸压力变化的情况。汽油机实际燃烧过程的进行是连续的，为了分析方便，按展开示功图上压力变化的特点，将汽油机的燃烧过程分为着火落后期、明显燃烧期和补燃期三个阶段。

（1）着火落后期

从火花塞跳火开始（点 1）到火焰中心形成，展开示功图上常指气缸压力明显脱离压缩线而急剧上升（点 2）时的时间或曲轴转角，如图 5-24 中阶段Ⅰ。

火花塞跳火后，并不能立刻形成火焰中心，因为混合气的氧化反应需要一定的时间。火花能量使局部混合气温度迅速升高，火花放电时两极电压达 10～30kV，局部温度可达 3000～4500K，加快了混合气的氧化反应速度。当这种反应达到一定程度时，出现发光区，形成火焰中心。此阶段气缸内压力无明显升高，压力没有脱离压缩线；放热量很少，没有燃烧，看不见明显火焰；局部积累活性中心，为加剧氧化反应做准备。

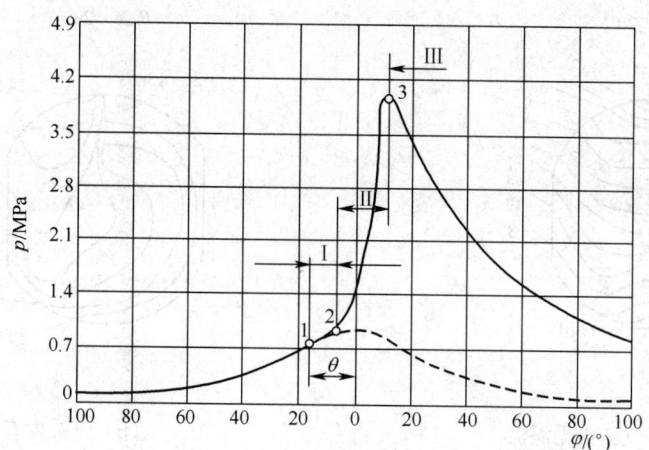

Ⅰ—着火落后期；Ⅱ—明显燃烧期；Ⅲ—补燃期
1—火花塞跳火点；2—形成火焰中心；3—最高压力点

图 5-24 汽油机的燃烧过程

着火落后期的长短与以下因素有关：
1）混合气成分。
混合气过量空气系数 α =0.8～0.9 时，着火落后期最短。
2）开始点火时的缸内气体温度和压力。
开始点火时缸内气体温度和压力越高，着火落后期越短。
3）缸内气体流动。
加强紊流运动，会加快混合气的氧化反应速度，着火落后期缩短。
4）火花能量。
加大火花能量，着火落后期缩短。
5）残余废气量。
残余废气对燃烧反应起阻碍作用，使着火落后期变长，所以应尽量减少残余废气。
6）燃料本身分子结构和物化性质。

着火落后期，每一循环都可能有变动，有时最大值可达最小值的数倍，所以希望着火落后期尽量缩短并保持稳定。由于混合气有着火落后期，所以火花塞是在上止点前某一时刻开始跳火的，这样可保证燃烧过程是在上止点附近进行。可用点火提前角表示点火时刻。点火提前角是指从火花塞跳火开始至活塞到达压缩冲程上止点所对应的曲轴转角。

（2）明显燃烧期

从火焰中心形成（点2）到火焰传播到整个燃烧室，展开示功图上常指压力达到最高点（点3）为止，如图 5-24 中阶段Ⅱ。

在均值混合气中，当火焰中心形成之后，火焰向四周传播，形成一个近似球面的火焰层，即火焰前锋，从火焰中心开始层层向四周未燃混合气传播，直到连续不断的火焰前锋扫过整个燃烧室。火焰前锋相对于未燃混合气向前推进的速度称为火焰传播速度，汽油机燃烧室的火焰传播速度可达 50～80m/s。涡流运动影响火焰传播速度及火焰前锋形状，如图 5-25 所示。发动机转速升高时，气缸内混合气紊流加强，火焰传播速度提高。

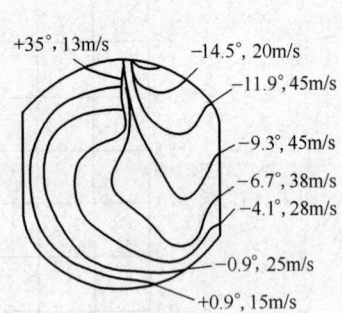

(a) 气缸内无涡流　　　　　　　　　　(b) 气缸内有涡流

图 5-25　汽油机正常燃烧时火焰前锋的瞬时位置

明显燃烧期是汽油机燃烧过程的主要阶段。混合气的绝大部分（约 80%以上）在此期间内燃烧完毕，燃烧放热率大，此时活塞又靠近上止点，所以气缸压力上升迅速。常用平均压力升高率 λ_p[kPa/(°)]来表示压力变化的急剧程度。

$$\lambda_p = \frac{\Delta P}{\Delta \varphi}$$

式中　Δp——明显燃烧期终点和起点的气体压力差（kPa）；$\Delta \varphi$——明显燃烧期终点和起点相对于上止点的曲轴转角差（°）。

明显燃烧期越短，越靠近上止点，汽油机经济性、动力性越好，但也可能因压力升高率 λ_p 过高，而导致噪声、振动加大，排放性变差。汽油机的 λ_p 在 200～400kPa/(°)的范围内。为保证汽油机工作柔和，性能良好，λ_p 以 175～250kPa/(°)为宜。

一般明显燃烧期约占 20°～40°曲轴转角，燃烧最高压力出现在上止点后 12°～15°曲轴转角。最高压力点出现的时刻过早，使压缩功增加，热效率下降；最高压力点出现的时刻过迟，燃烧产物的膨胀比小，燃烧在大容积下进行，散热损失增加，热效率也下降。实践证明，最高压力出现在上止点后 12°～15°曲轴转角时，示功图面积最大，循环功最多。

（3）补燃期

从最高压力点（点 3）开始到燃料基本燃烧完为止，这个阶段称为补燃期。如图 5-24 中阶段Ⅲ，其终点很难界定。

在此阶段的燃烧主要是：明显燃烧期火焰前锋扫过的区域，部分未燃尽的燃料继续燃烧；贴附在气缸壁面的混合气层继续燃烧；燃烧产物 CO_2、H_2O 中，有少部分在高温作用下分解成 H_2、O_2、CO 等产物，因在膨胀过程中温度下降，热分解产物又重新氧化、放热。

补燃期燃烧已远离上止点，是在活塞下行、气缸容积逐渐增大过程中进行的，压力降低，散热面积增大，使补燃期内燃料燃烧放出的热量不能有效地转变为功。同时排气温度增加，热效率下降，影响发动机动力性和经济性。因此，希望补燃期尽量缩短。

2. 燃烧速度

燃烧速度是指单位时间燃烧的混合气量，可以表达为

$$\frac{dm}{dt} = \rho_T v_T A_T$$

式中　ρ_T——未燃混合气密度；v_T——火焰传播速度；A_T——火焰前锋面积。

控制燃烧速度就能控制火焰传播，从而控制明显燃烧期的长短及其相对曲轴转角的位置。现代汽油机转速很高，一般在 5000～8000r/min，燃烧时间极短，仅 1～2ms，这就需要有足够快的燃烧速度，并希望它合理变化。

由上公式可见，影响燃烧速度的因素有以下几点。

（1）火焰传播速度 v_T

火焰传播速度是决定明显燃烧期长短的主要因素。现代汽油机的 v_T 可高达 50～80m/s。影响 v_T 的主要因素是：燃烧室中气体的紊流运动、混合气成分和混合气初始温度。

1）紊流运动。

紊流运动由具有一定运动方向的涡流和无规则的气体脉动所组成。紊流运动可使火焰前锋表面扭曲，甚至分隔成许多燃烧中心，使火焰前锋燃烧区的厚度 δ 增加，如图 5-26 所示，火焰传播速度加快。

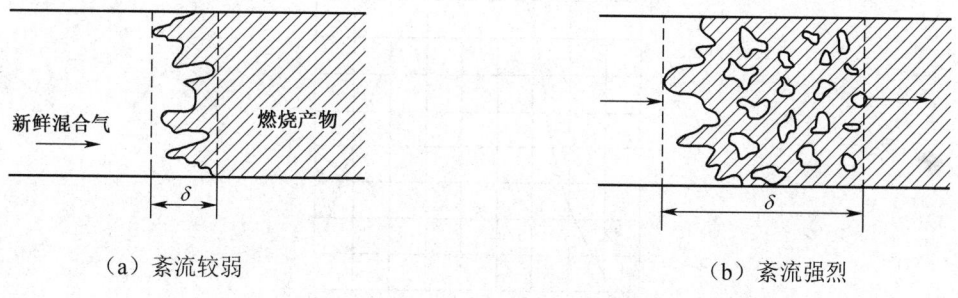

（a）紊流较弱　　　　　　　　　　（b）紊流强烈

图 5-26　紊流对火焰前锋形状的影响

紊流强度 u 是指各点速度的均方根值，火焰速度比是紊流火焰速度与层流火焰速度之比。如图 5-27 所示为紊流强度与火焰速度比的关系。可见，加强燃烧室的紊流尤其是微涡流运动，会使火焰速度有效增加，这是提高汽油机燃烧速度最重要的手段。

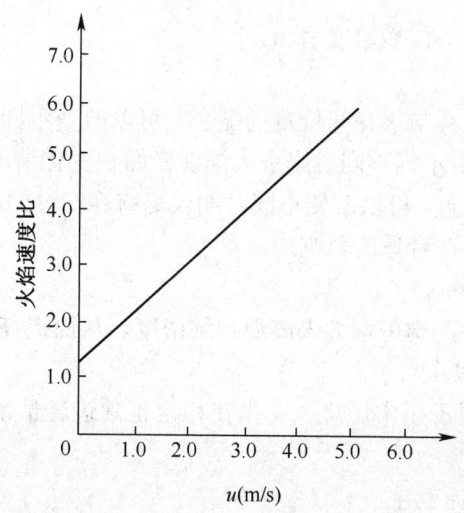

图 5-27　紊流强度与火焰速度的关系

2）混合气浓度。

混合气浓度不同，火焰传播速度也明显不同，如图5-28所示为实验所得火焰传播速度与过量空气系数的关系。由图可见：

当 $\alpha=0.85\sim0.95$ 时，火焰传播速度最大，汽油机用这种浓混合气工作，燃烧速度最快，功率也最大，这种混合气称为功率混合气。

当 $\alpha=1.03\sim1.1$ 时，火焰传播速度较大，氧气又充足，燃烧完全，因此用这种浓度的混合气工作，汽油机经济性最好，此混合气称为经济混合气。

$\alpha=1.3\sim1.4$ 时，火焰传播速度降低，甚至不能传播，此混合气为火焰传播下限。同样，当 $\alpha=0.4\sim0.5$ 时，混合气过浓，也使火焰不能传播，这种混合气为火焰传播上限。实际上，为了保证可靠的工作，汽油机的 α 应在 $0.6\sim1.2$ 范围，即空燃比 A/F=9～18。

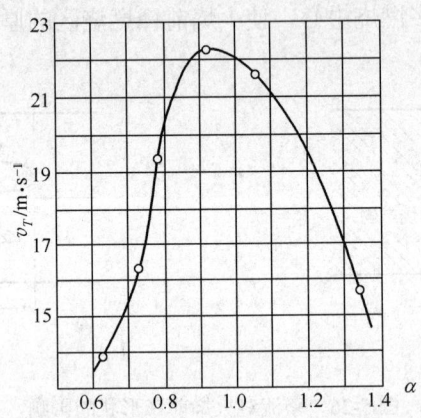

图5-28 混合气浓度对火焰传播的影响

应当注意，混合气火焰传播界限并非一个常数，它是随条件而变化的，如混合气温度高，点火能量大，气体紊流强等，火焰传播界限就扩大；混合气中废气含量多，界限就变窄。

3）混合气初始温度。

混合气初始温度高，火焰传播速度增加。

（2）火焰前锋面积 A_T

利用燃烧室几何形状及其与火花塞位置的配合，可以改变不同时期火焰前锋扫过的面积，以调整燃烧速度。图5-29所示为不同燃烧室火焰前锋面积变化情况。因此，合理设计燃烧室形状及合理布置火花塞的位置，可以改变不同时期火焰前锋扫过的面积，使明显燃烧期相对曲轴转角的位置及压力升高率在合适的范围内。

（3）可燃混合气密度 ρ_T

增大压缩比和进气压力，均可增大未燃混合气密度，从而提高燃烧速度。

3. 汽油机的不规则燃烧

汽油机的不规则燃烧属于正常燃烧，是指在稳定正常运转情况下，各循环之间的燃烧差异和各缸之间的燃烧差异。

（1）各循环之间的燃烧差异

各循环之间的燃烧差异主要是燃烧的不稳定性，使得同一气缸各个循环出力不均，表现为各循环的压力波动。如图5-30示出不同循环的气缸压力变化情况。

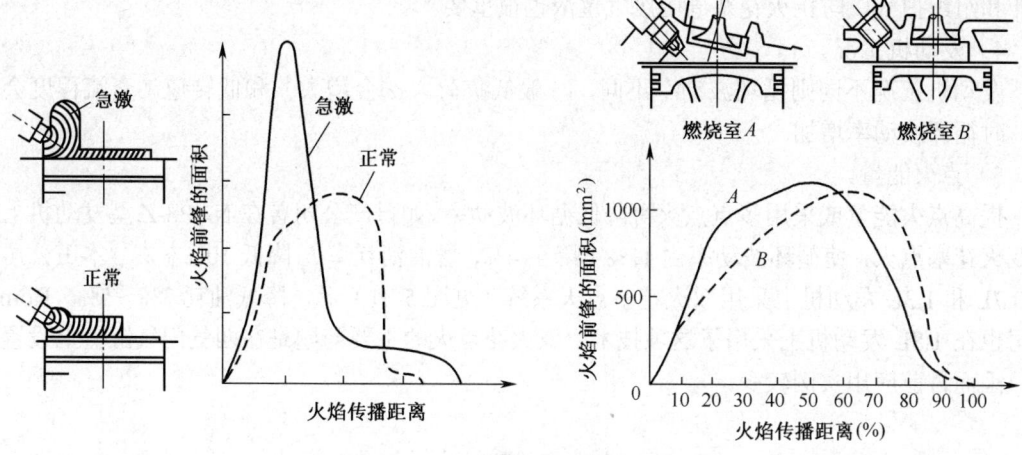

图 5-29　不同燃烧室火焰前锋面积变化

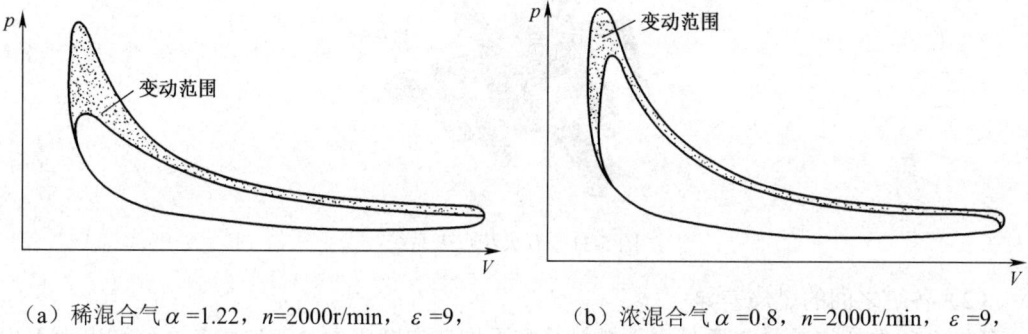

（a）稀混合气 $\alpha =1.22$, $n=2000$r/min, $\varepsilon =9$, 节气门全开，p_i 变动 $\pm 4.5\%$，p_z 变动 $\pm 28\%$

（b）浓混合气 $\alpha =0.8$, $n=2000$r/min, $\varepsilon =9$, 节气门全开，p_i 变动 $\pm 3.6\%$，p_z 变动 $\pm 10\%$

图 5-30　汽油机典型气缸压力的循环变化情况

由于存在循环间的燃烧变动，对每一循环，汽油机点火提前角和空燃比等参数不可能调整到最佳值，因而发动机性能指标不可能得到充分优化。随循环波动的加剧，燃烧不正常甚至失火的循环次数增多，HC 等不完全燃烧产物增多，动力性、经济性下降。同时振动及噪声增大，零件寿命下降。

产生这种现象的主要原因是：火花塞附近混合气的混合比和气体紊流性质、程度在各循环均有变动，致使火焰中心形成所用的时间不同，即由有效着火时间变动而引起的。

分析循环波动的产生原因及影响因素，进而可找出改善措施。

1）过量空气系数 α 的影响。

一般 $\alpha =0.8\sim1.0$（最易点燃和燃烧的范围）时的循环波动率最小，过浓或过稀都会使循环波动率增大，这也是稀薄燃烧汽油机遇到的主要问题。

2）混合气均匀程度。

油气混合均匀程度有重要影响，而适当提高气流运动速度和紊流程度可改善混合气的均匀性。

3）残余废气系数。

残余废气系数过大，则循环波动率增大，除合理控制残余废气量之外，通过燃烧室合理设计和组织扫气以防止火花塞周围废气过浓也很重要。

4）发动机工况。

发动机工况不同则循环波动率不同，一般低负荷（α会增大）和低转速（紊流程度会降低）时循环波动率增加。

5）点火能量。

提高点火能量或采用多点点火可降低循环波动率。如日产公司曾在 NAP8-Z 型发动机上采用双火花塞点火，使循环波动率由 11%下降至 4%，燃油消耗率 b_e 降低 10%左右。本田公司在其 0.7L 和 1.3L 发动机上采用双火花塞点火系统（见图 5-31）后，降低油耗 3%~5%。Romeo 公司也在 1.8L 发动机上采用了这项技术。双火花点火的主要问题是在四气门气缸盖上设置困难，因而目前应用实例较少。

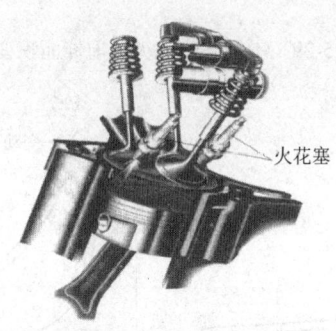

图 5-31 双火花点火系统

（2）各缸之间的燃烧差异

各缸之间的燃烧差异主要是由于燃料分配不均使空燃比不一致造成各个气缸出力不均，表现为各个气缸的压力波动，如图 5-32 所示。

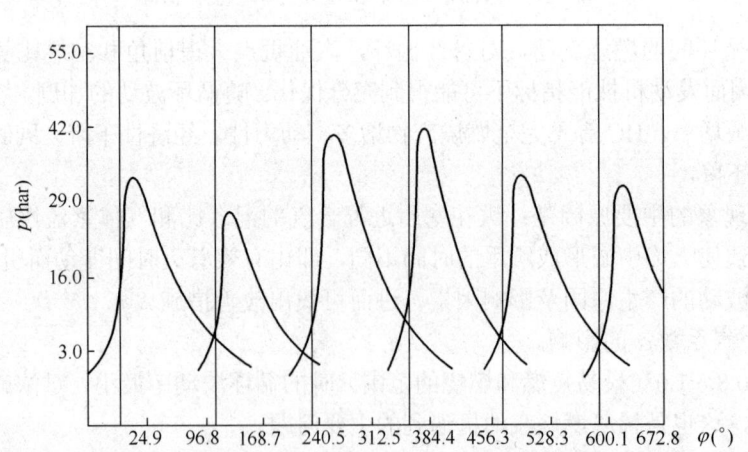

图 5-32 CA6102 发动机节气门开度 75%、转速 1400r/min 时各缸燃烧示功图

汽油机采用在预混合气中燃烧的方式，所谓预混合气，是指在着火前将燃料蒸汽和空气以一定比例预先混合好的气体。所以混合气的成分对燃烧有很大的影响。

由于外部混合，在汽油机进气管内存在着空气、燃料蒸汽、各种比例的混合气、大小不一的雾化油粒以及沉积在进气管壁上厚薄不同的油膜,情况非常复杂,要想让它们均匀分配到各个气缸是很困难的。另外,各缸进气支管的差别,各缸间进气重叠引起的干涉等现象,均导致各缸进气量、进气速度以及气流的紊流状态等不能完全一致。因此,在多缸汽油机上,各缸混合气成分存在差异,以前生产的化油器式汽油机的这种现象更为严重。

电控燃油喷射汽油机可以改善雾化质量,使各缸间混合气的分配相对均匀,特别是多点喷射汽油机,按发火顺序对各缸顺序喷射的方式,可使各缸混合气均匀程度高,发动机性能得到改善。

由于各缸混合气成分不同,不能使各缸都处于理想的经济混合气或功率混合气下工作,使发动机功率下降,油耗上升,排放污染加大,甚至个别气缸出现活塞、气门过热,火花塞烧损等现象。

影响混合气分配不均匀的因素很多,总的来说,与进气系统所有零件的设计和安装位置都有关系,任何不对称和流动阻力不同的情况都会破坏均匀分配,其中影响最大的是进气管的设计。

5.5.2　汽油机的不正常燃烧

汽油机的正常燃烧是指由火花塞跳火点燃可燃混合气,形成火焰中心,火焰按一定的速率连续地传播到整个燃烧室空间。若汽油机可燃混合气燃烧不是由火花塞点燃或火焰传播速率不正常即为不正常燃烧,汽油机的不正常燃烧主要有爆燃和表面点火。

1. 爆燃

(1) 爆燃产生的原因

汽油机燃烧过程中,火焰前锋以正常的传播速度向前推进,处在最后燃烧位置上的那部分未燃混合气(常称末端混合气,并不是指最远,而是指火焰传播整个过程中没有燃烧的混合气)受到已燃混合气强烈的压缩和热辐射作用,加速了先期反应,并放出部分热量,使本身的温度急剧升高。如果火焰前锋及时到达将其引燃,直到燃烧完为止,属正常燃烧。如果火焰前锋尚未到达之前,末端混合气达到了自燃温度已经自燃,形成新的火焰中心,产生新的火焰快速传播,这种现象称为爆燃。爆燃通常是在燃烧过程明显燃烧期内比较后一阶段出现。爆燃时,自燃部分混合气燃烧速度极快,其火焰前锋面向前推进的速度远远大于正常燃烧的火焰传播速度。轻微爆燃时,火焰传播速度约为 100~300m/s,强烈爆燃时火焰传播速度可高达 800~1000m/s。它使未燃混合气体瞬时燃烧完毕,局部压力、温度骤然上升,形成强烈的压力冲击波,压力冲击波反复撞击缸壁、燃烧室壁,发出尖锐的金属敲击声(亦称为敲缸)。试验表明,发动机总充量中只要有大于5%部分进行自燃时,就足以引起剧烈爆燃。如图 5-33 为汽油机爆燃时的示功图。

(2) 爆燃的危害

汽油机允许有轻微的、短时间爆燃。因为轻微的爆燃可以提高火焰传播速度,缩短燃烧过程所占用的时间,有利于提高有效热效率。但不允许严重的爆燃,严重的爆燃会有下列危害。

1) 机件过载。

爆燃时的冲击波能使缸壁、缸盖、活塞、连杆、曲轴等机件的机械负荷增加,使机件变形甚至损坏。

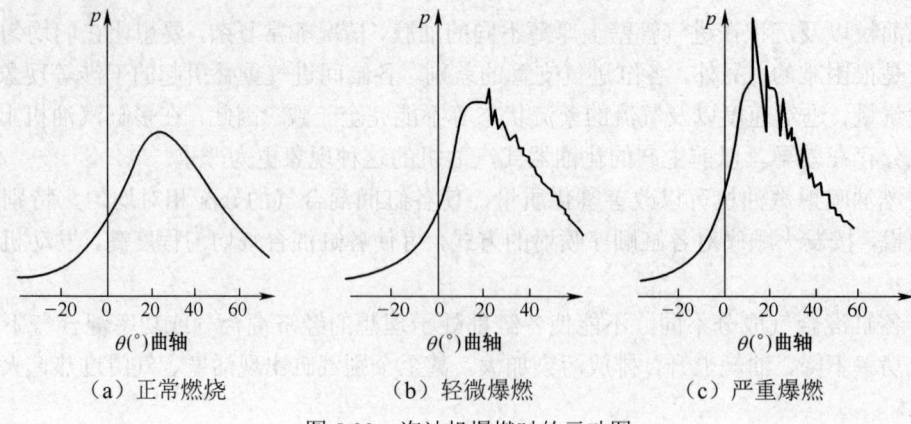

（a）正常燃烧　　　　（b）轻微爆燃　　　　（c）严重爆燃

图 5-33　汽油机爆燃时的示功图

2）机件烧损。

汽油机燃烧终了时的温度可达到 2000℃～2500℃，而活塞顶、缸壁及燃烧室壁的温度仅为 200℃～300℃，除了冷却液的冷却作用外，能够维持如此低温度的原因，还包括在壁面上形成的附面气膜和润滑油膜起的隔热作用。而强烈爆燃时的冲击波会破坏这些附面气膜和润滑油膜，使机件直接与高温燃气接触，严重爆燃时局部燃气温度可高达 4000℃以上，这样会使活塞头部和气门等机件烧损。同时热量传给冷却液引起发动机过热。

3）动力性、经济性下降。

严重爆燃时的局部高温及强烈的压力冲击波，破坏了缸壁表面的附面气膜和润滑油膜，气体向缸壁的传热量大大增加，使热效率下降，功率降低，耗油率增加。

4）发动机磨损加剧。

由于传热损失增加，冷却液和润滑油温度增加，润滑油润滑效果变差，零件磨损加剧。试验表明，严重爆燃时磨损比正常燃烧时大 27 倍。

5）排气冒黑烟，补燃增加，排气温度增加。

爆燃时的局部高温引起热分解现象严重，使燃烧产物分解为 CO、H_2、O_2、NO 及游离碳的现象增多，排气冒烟严重。CO、H_2、O_2 等在膨胀过程中重新燃烧又使补燃增加，排气温度增高。

爆燃产生的炭粒形成积碳，破坏活塞环、火花塞、气门等零件的正常工作，使发动机可靠性下降。

6）噪声大。

由于爆燃在气缸内形成的强烈的压力冲击波在缸壁、活塞顶及缸盖底面之间的来回反射，强迫缸壁等零件振动，使噪声增大，能量损失增加。

（3）影响爆燃的因素

1）燃料的性质。

辛烷值高的燃料抗爆燃能力强。使用抗爆剂能有效地提高燃料的抗爆燃能力，但有些抗爆剂要受环保和发动机排放污染净化装置的制约，因此近年来各国都对含铅汽油的使用有一定控制。西方发达国家早已大量使用无铅汽油，我国已于 2000 年 7 月 1 日起禁止销售使用含铅汽油。

2）末端混合气的压力和温度。

末端混合气的压力和温度增高，则爆燃倾向增大。提高压缩比，则气缸内压力、温度升高，爆燃易发生；气缸盖、活塞的材料使用轻金属，由于其导热性好，末端混合气压力、温度低，爆燃倾向小，可提高压缩比 0.4~0.7。

3）火焰前锋传播到末端混合气的时间。

提高火焰传播速度、缩短火焰传播距离，都会减少火焰前锋传播到末端混合气的时间，有利于避免爆燃。气缸直径大时，火焰传播距离增加，爆燃倾向增大，所以没有很大缸径的汽油机。

4）发动机的负荷与转速。

混合气中所含废气的百分比越多则越不易自行发火，因为废气会阻碍混合气自行发火的化学反应过程。因此，降低负荷不易发生爆燃。

汽油机转速提高时，混和气的扰流增强，火焰传播速度加快。因而，转速高时也不易发生爆燃。

2. 表面点火

表面点火是指不靠电火花点火而由燃烧室内炽热表面（如排气门头部、过热的火花塞绝缘体和电极、炽热积碳等）点燃混合气的现象。表面点火的点火时刻是不可控制的，多发生在 $\varepsilon=9$ 以上的强化汽油机上。

（1）后火

表面点火出现在火花塞跳火后，并且形成的火焰前锋仍以正常的火焰传播速度向未燃气体推进，称为后火。出现这种现象时，可在发动机断火后发现发动机仍像有电火花一样，继续运转，直到炽热点温度下降到不能点燃混合气为止，发动机才停转。

（2）早燃

早燃是指火花塞跳火之前，混合气被炽热表面点燃的现象。

由于早燃提前点火而且热点表面比火花大，使燃烧速率快，气缸压力、温度增高，发动机工作粗暴，并且由于压缩功增大，向缸壁传热增加，使发动机功率下降，火花塞、活塞等零件过热。汽油机出现早燃的示功图如图 5-34 所示。

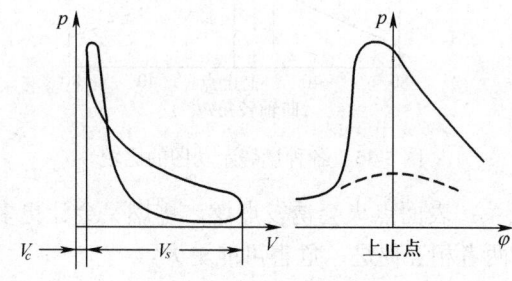

图 5-34 汽油机早燃示功图

（3）影响表面点火的因素

凡是能降低燃烧室温度和压力、减少积碳等炽热点形成的因素都有助于防止表面点火。例如，压缩比高（$\varepsilon>9$）的强化汽油机；另外，点火能量小的燃料也容易产生表面点火；苯、芳烃、醇类燃料抗表火性较差；而异辛烷抗表火性及抗爆性均好，所以是很优秀的燃料成分。

1）防止燃烧室温度过高，如降低压缩比和减小点火提前角等。

2）合理设计燃烧室形状，使排气门和火花塞等处得到合理冷却，避免尖角和突出部。

3）选用低沸点汽油，以减少重馏分（如芳香烃等）形成积碳。

4）应选用成焦性较小的润滑油（高分子量、低挥发性的成分要少），并且要控制润滑油消耗率，因为润滑油容易在燃烧室内形成积碳。

5）有些汽油和润滑油添加剂有消除或防止积碳作用，如添加磷化物可改变沉积物的物理化学性质，降低其着火能力。

6）提高燃料中抗表火性好的成分，如异辛烷等。

7）避免汽车长时间低负荷运行和汽车频繁加减速行驶，可以降低燃烧室内沉积物的生成，有助于防止表面点火。

（4）爆燃与表面点火关系

表面点火与爆燃均属不正常燃烧现象，两者间的不同点有以下两方面：

1）爆燃是火花塞跳火后末端混合气的自燃现象；表面点火是火花塞跳火之前或之后由炽热表面或沉积物点燃混合气所致。

2）爆燃时有强烈的压力冲击波，有尖锐的金属敲击声；表面点火没有压力冲击波，敲缸声比较沉闷，主要是由活塞、连杆、曲轴等运动件受到冲击负荷产生振动而造成。

各种燃烧示功图的比较如图 5-35 所示。

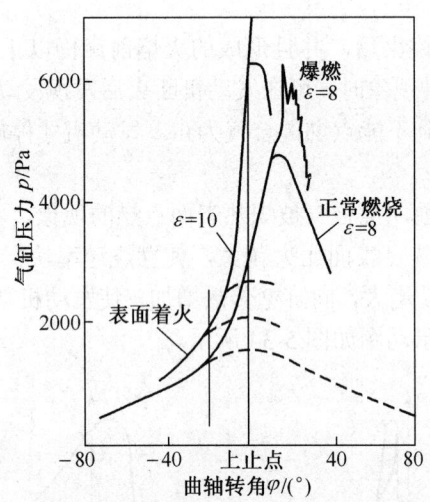

图 5-35 各种燃烧示功图的比较

表面点火与爆燃的联系：表面点火会诱发爆燃，爆燃又会让更多的炽热表面温度升高，促使更剧烈的表面点火，两者相互促进，危害可能更大。

5.5.3 汽油机燃烧过程的影响因素

1. 汽油的品质

汽油的蒸发性与抗爆性是影响汽油机燃烧过程的关键性能。

（1）汽油的蒸发性

汽油的蒸发性是指液态汽油汽化的难易程度。汽油的蒸发性越强，就越容易汽化，与空气混合越均匀，使混合气的燃烧速度快，易于完全燃烧。因而汽油要有良好的蒸发性，但蒸发性过强，在炎热的夏季、高原山区使用时，供油系易形成气阻，使得供油减少甚至发生供油中断现象。

（2）汽油的抗爆性

汽油的抗爆性是指汽油在发动机气缸内燃烧时抵抗爆燃的能力，通常用辛烷值评定。

汽油的辛烷值越高，其抗爆性越好。汽油的牌号就以辛烷值划分。

2. 混合气浓度

混合气浓度对汽油机的动力性、燃油经济性有很大影响。因此，分析混合气浓度对燃烧过程的影响是非常重要的。

混合气浓度对汽油机动力性、经济性的影响如图 5-36 所示。

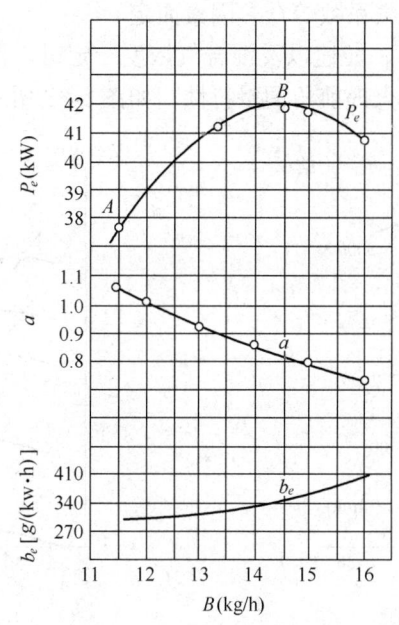

图 5-36　功率及有效燃油消耗率随供油量的变化

（节气门开度、转速保持一定）

在 $\alpha =0.8\sim 0.9$ 时，燃烧温度最高，火焰传播速度最大，但爆燃倾向最大，这主要是因为使用这种浓度的混合气（即功率混合气）时，火焰传播速度最快，从火焰中心形成到火焰传播到末端混合气的时间缩短，使爆燃倾向减小。同时缸内温度、压力较高，压力升高率较大，使从火焰中心形成到末端混合气自燃发火的准备时间也缩短，又使爆燃倾向增大。实践证明，后者的影响是主要的。因此，在各种混合气成分中，以供给最大功率混合气时最易爆燃。如汽车满载爬坡时容易爆燃。

在 $\alpha =1.03\sim 1.1$ 时，由于燃烧完全，有效燃油消耗率 b_e 最低，但此时缸内温度最高且空气富裕，NO_x 排放量大。

使用 $\alpha <1$ 的浓混合气时，会产生不完全燃烧，因而 CO 排放量增多。

当 $\alpha <0.8$ 及 $\alpha >1.2$ 时，火焰速度缓慢，部分燃料可能来不及完全燃烧，因而经济性差，HC 排放量增多且工作不稳定。

发动机怠速或低负荷运转时，节气门开度小，进入气缸的新鲜混合气量少，残余废气相对较多，混合气不易点燃，可能引起断火现象。为维持发动机平稳运转，通常供给比功率混合气更浓的混合气。一般 α =0.6 左右。发动机在中等负荷时如果也供给过浓混合气，由于火焰传播速度低，燃烧速度减慢，混合气在大容积下燃烧，发动机易过热，排气温度增高。高温废气中未完全燃烧的成分在排气管口与空气相遇，剧烈氧化，形成排气管放炮现象。发动机采用 $\alpha > 1.1$ 的稀混合气时，火焰传播速度也很慢，燃烧缓慢，使燃烧过程进行到排气冲程终了，进气门已开启，含氧过剩的高温废气可以点燃进气管内新气，造成回火。

可见，在均质混合气燃烧中，混合气浓度对燃烧影响极大，必须严格控制。

3. 点火提前角

点火提前角是指从火花塞跳火到活塞到达压缩冲程上止点间的曲轴转角。其数值应视燃料性质、转速、负荷、过量空气系数等众多因素而定。

当汽油机保持节气门开度、转速以及混合气浓度一定时，汽油机功率和耗油率随点火提前角改变而变化的关系称为点火提前角调整特性，如图 5-37 所示。

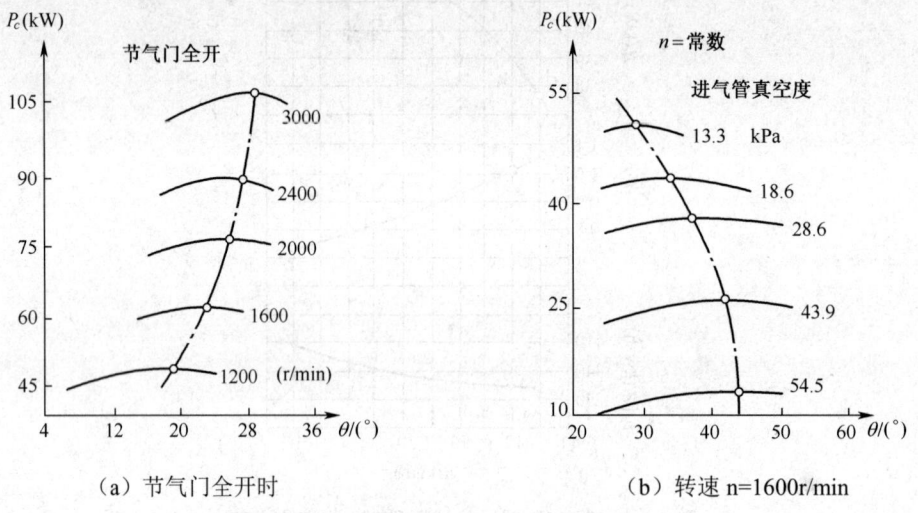

（a）节气门全开时　　　　　　　　（b）转速 n=1600r/min

图 5-37　汽油机点火提前调整特性

点火提前角大小对汽油机性能有很大影响。图 5-38 为节气门全开、标定转速下混合气成分不变时，改变点火提前角，燃烧示功图的变化。

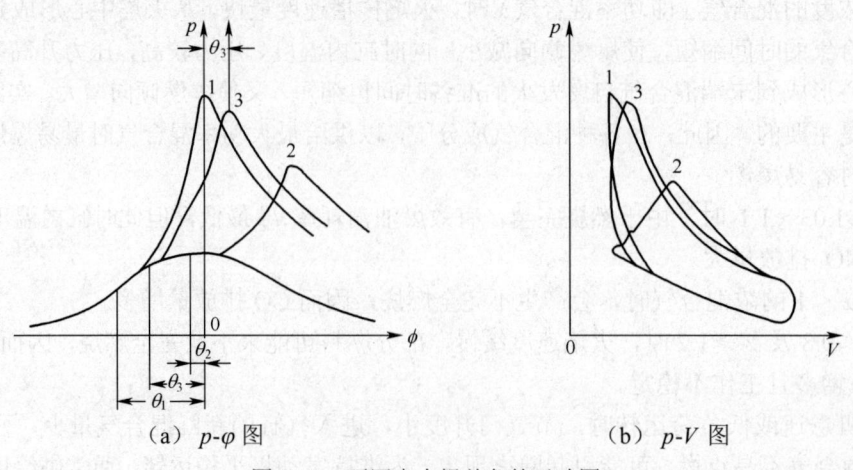

（a）p-φ 图　　　　　　　　　　（b）p-V 图

图 5-38　不同点火提前角的示功图

由图 5-38（a）可见，曲线 1 点火提前角为 θ_1，相比之下，显然点火提前角过大，则大部分混合气在压缩过程中燃烧，活塞上行所消耗的压缩功增加，发动机容易过热，有效功率下降，工作粗暴程度增加。同时由于混合气的压力过高，末端混合气燃烧前的温度较高，爆燃倾向加大。若是由点火提前角过大引起的爆燃，只要适当减小其角度，即可消除爆燃。

曲线 2 的点火提前角 θ_2 过小，经过着火落后期，则燃烧延长到膨胀过程，燃烧最高压力和温度下降，传热损失增多，排气温度升高，功率下降，耗油量增多。

曲线 3 的点火提前角 θ_3 比较合适，压力升高率不是很高，最高压力出现在上止点后合适的角度内，示功图面积最大，完成的循环功最多，发动机的动力性、经济性最好。

从图 5-38（b）可以看出，示功图 1 比示功图 3 多做了一部分压缩功又减少了一部分膨胀功。示功图 2 的膨胀线虽然比示功图 3 的高些，但最高压力点低，只有示功图 3 的面积最大，完成的循环功最多，发动机的动力性、经济性最好。

综上所述，过大过小的点火提前角都不好。只有选择合适的点火提前角才能得到合适的最高压力及压力升高率，使最高压力出现在上止点后 12°～15°曲轴转角内，保证发动机运转平稳、功率大、油耗低。此时对应的点火提前角称为最佳点火提前角。使用中，随发动机运行工况的变化最佳点火提前角相应变化。因此，应根据使用情况及时调整点火提前角。

4. 发动机转速

在一定节气门开度下，发动机转速增加时，气缸中紊流增强，火焰传播速度加快，因而以秒计的燃烧过程缩短，由于循环时间也缩短，一般燃烧过程相当的曲轴转角增加，应当相应加大点火提前角，以保证燃烧过程在上止点附近完成。

5. 发动机负荷

发动机转速一定，负荷减小时，进入气缸的新鲜混合气量减小，而残余废气量基本不变，故残余废气所占比例相对增加，爆燃倾向减小。因为残余废气对燃烧反应起阻碍作用，使燃烧速度减慢，为保证燃烧过程在上止点附近完成，需增大点火提前角。

6. 冷却液温度

冷却液温度应控制在 80℃～90℃（现代高速发动机 95℃～105℃）范围内。

冷却液温度过高、过低均影响混合气的燃烧和发动机的正常使用，冷却液温度不同时的示功图如图 5-39 所示。

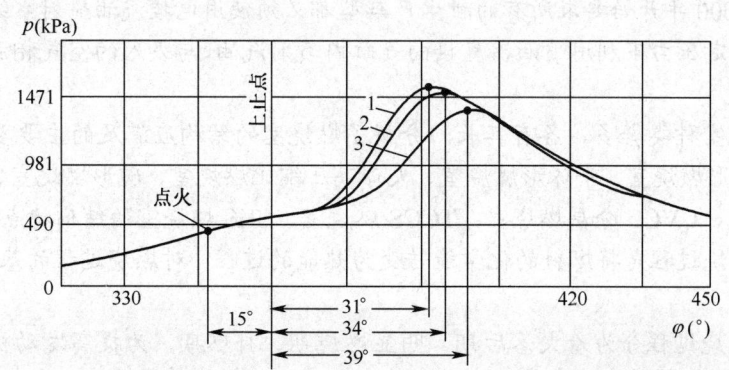

1—冷却液温度为 98℃；2—冷却液温度为 60℃；3—冷却液温度为 40℃

图 5-39　不同冷却液温度时的燃烧示功图

冷却液温度过高时，会使燃烧室壁及缸壁过热，爆燃及表面点火倾向增加。同时进入气缸的混合气温度升高，密度下降，充量减小，使发动机动力性、经济性下降。

冷却液温度过低时，传给冷却液的热量增多，发动机热效率降低，功率下降，耗油率增加；润滑油粘度增大，流动性差，润滑效果变差，摩擦损失及机件磨损加剧；容易使燃气中的酸根和水蒸气结合成酸类物质，使气缸腐蚀磨损增加；燃烧不良易形成积碳；不完全燃烧现象增加，使排污增多。

7. 燃烧室积碳

积碳不易传热，温度较高，在进气、压缩过程中不断加热混合气，使温度升高很快；积碳本身占有体积，减小了燃烧室体积，因而提高了压缩比，这些都促使爆燃倾向增加。积碳表面温度很高，形成炽热表面或炽热点，易引起表面点火。

8. 压缩比

提高压缩比，可提高压缩冲程终了混合气的温度和压力，加快火焰传播速度。选择合适的点火提前角，可使燃烧在更小的容积下进行，使燃烧终了的温度、压力高。且燃气膨胀充分，热效率提高，发动机功率、扭矩大，有效燃油消耗率降低。

但提高压缩比，会增加未燃混合气自燃的倾向，容易产生爆燃。

9. 气缸直径

气缸直径增大，火焰传播距离增加，爆燃倾向增大，所以一般没有很大缸径的汽油机。汽油机气缸直径通常在100mm以下。

10. 气缸盖和活塞材料

铝合金的导热性比铸铁好，气缸盖和活塞采用铝合金材料，可降低燃烧室表面温度，热负荷明显减小，减小了爆燃倾向。

本章小结

汽油机混合气的形成方式有三种，分别是化油器式、缸外汽油喷射式、缸内汽油喷射式（直喷式）。化油器式汽油机利用化油器在气缸的外部形成大致均匀的可燃混合气，通过控制节气门开度的变化来调节混合气量。缸外汽油喷射式汽油机在现代高性能汽车上获得了普遍应用。我国已于2000年开始要求所有的新生产车型都必须使用电控汽油喷射系统。缸内汽油喷射式汽油机在一定压力下利用喷油器直接向气缸内喷射汽油，与吸入的空气相混合形成可燃混合气。

汽油机燃烧室种类繁多，各有其长。分析了燃烧室的结构应满足的主要要求。介绍了楔形燃烧室、浴盆形燃烧室、半球形燃烧室、火球高压缩比燃烧室、碗形燃烧室、双火花塞燃烧室、TGP燃烧室、CVCC分层燃烧室、TCCS燃烧室、SKS燃烧室的结构特点。

发动机的燃烧过程是将燃料的化学能转变为热能的过程。对燃烧过程的基本要求是完全、及时、正常。

汽油机的燃烧过程分为着火落后期、明显燃烧期、补燃期。为提高发动机动力性、经济性，且工作柔和，希望压力升高率 λ_p=175～250kPa/（°），燃烧最高压力 $p_{z\max}$ 出现在上止点后12°～15°曲轴转角内。

燃烧速度是指单位时间燃烧的混合气量。它与火焰前锋面积、未燃混合气密度、火焰传播速度等因素有关。增大火焰传播速度（即加强燃烧室内的紊流运动、混合气的过量空气系数 α=0.85～0.95、增加混合气的初始温度）、合理利用燃烧室几何形状及其与火花塞位置的配合、增大未燃混合气密度，均可提高燃烧速度。

汽油机的不规则燃烧是指各循环间的燃烧变动和各缸间燃烧差异。由于这些差异使汽油机功率下降，油耗率上升。

汽油机的不正常燃烧包括爆燃和表面点火。爆燃是末端混合气的自燃现象。严重爆燃时会产生尖锐的金属敲击声，使发动机机件过载、烧损、性能指标下降。发动机低速大负荷时容易爆燃。表面点火是混合气被炽热表面点燃的现象。早燃是火花塞点火前的表面点火现象，早燃使发动机性能指标下降，运转粗暴增加。

1．选择题

（1）下面哪种浓度混合气使燃烧比较完全，燃料消耗率最低（　　）。

　　A．α=0.85～0.95　　B．α=1　　C．α=1.05～1.15　　D．α<0.85～0.95

（2）最佳点火提前角随转速的升高而（　　）。

　　A．减小　　B．不变　　C．增大　　D．先减小后增大

（3）汽油机点火时间越早，发生爆燃的可能将（　　）。

　　A．越大　　B．越小　　C．不变　　D．与点火时间无关

（4）根据点火提前角调整特性，下面哪种说法是正确的（　　）。

　　A．最佳点火提前角随转速升高而减小　　B．最佳点火提前角随转速升高而增大

　　C．最佳点火提前角随负荷增大而增大　　D．最佳点火提前角随负荷减小而减小

（5）汽油机点火时间越早，发生爆燃的可能将（　　）。

　　A．越大　　B．越小　　C．不变　　D．与点火时间无关

（6）为了提高汽油发动机的动力性和经济性，应尽量减少（　　）。

　　A．着火延迟期　　B．速燃期　　C．补燃期　　D．缓燃期

（7）发动机怠速时，点火提前角位于（　　）值。

　　A．最大　　B．较小　　C．较小　　D．最小

（8）关于表面点火，说法不正确的是（　　）。

　　A．是一种不正常燃烧　　　　　　B．表面点火危害小于爆燃

　　C．表面点火形成原因有两种　　　D．表面点火危害较大

（9）选择最佳点火提前角时，要考虑到发动机的整个运行范围能保证最大功率而无（　　）发生。

　　A．滞燃　　B．爆燃　　C．点火滞后　　D．燃烧循环变动

（10）若火花塞跳火后火焰传播时间为 t_1，未燃混合气自跳火到达自燃温度所需时间为 t_2，（　　）出现爆燃。

　　A．$t_1>t_2$　　B．$t_1<t_2$　　C．$t_1=t_2$

（11）点火提前角（　　），大部分燃料在上止点前燃烧，压力及压力升高率过高，爆燃倾向（　　）。

　　　　A．过大、增大　　　　B．过小、增大　　C．过大、减小
　　（12）．由经济混合气变为功率混合气时，汽油机（　　）。
　　　　A．易爆燃　　　　　　B．不易爆燃　　　C．无变化
　　（13）爆燃是指火花塞跳火（　　），混合气（　　）。
　　　　A．后、被炽热点点燃　B．后、自燃　　　C．前、被炽热点点燃
　　（14）压缩比增大，汽油机（　　）。
　　　　A．易爆燃　　　　　　B．不易爆燃　　　C．无变化

2．判断题

（1）补燃是在膨胀过程中进行的燃烧放热量得不到充分利用，为了提高发动机的热效率希望补燃尽可能减少。（　　）

（2）发动机低速时易爆燃。（　　）

（3）发动机混合气的形成质量直接影响其工作过程进行的好坏。（　　）

（4）点火提前角越大，汽油机的燃烧过程越好。（　　）

（5）产生燃烧循环变动的主要原因有：燃烧过程中气缸内气体运动状况的循环变化和每循坏气缸内的混合气成分的变动。（　　）

（6）燃烧室面容比越大，火焰传播距离越长，越容易引起爆燃。（　　）

3．填空题

（1）汽油机混合气的形成方式有三种，分别是_____、_____与_____。

（2）燃烧室的表面积与其_____之比，表征燃烧室结构的紧凑性。

（3）汽油机产生紊流的方法有_____和_____两种。

（4）汽油机的燃烧过程分为_____、_____和_____。

（5）对发动机燃烧过程的要求是：_____、_____、_____。

4．简答题

（1）汽油机混合气形成方式有哪几种？

（2）汽油机燃烧室内气流运动主要指哪两种？气流运动有何作用？

（3）汽油机为什么要进行满负荷加浓和怠速加浓？

（4）汽油机与柴油机相比，在燃烧过程的划分、着火方式、着火延迟期的影响、混合气的形成、机械负荷和热负荷、压缩比、组织缸内气流运动的目的以及燃烧过程的主要问题方面，各有什么不同？

（5）怎样使混合气浓度适应汽油机的变工况运行？

（6）试述汽油机产生循环燃烧变动的原因。汽油机在什么条件下容易出现循环变动？为什么？

（7）画出汽油机燃烧过程的 $p\text{-}\varphi$ 图，并简述各个时期的划分。

（8）什么是爆燃？引起爆燃的根本原因是什么？

（9）简述使用因素对汽油机爆燃的影响。

（10）什么是表面点火？如何产生？危害最大的表面点火是什么？

（11）如何选定合适的点火提前角？当转速和负荷变化时，分别采用什么方法调节点火提前角？

（12）怠速混合气、功率混合气和经济混合气的过量空气系数和空燃比的值各为多少？

（13）过量空气系数略增或略减时有助于消除爆燃，但为什么过稀会"回火"，过浓会"放炮"。

（14）什么是分层燃烧？它对汽油机的性能有何影响？

（15）简述按气门布置的燃烧室分类，并说明各燃烧室的特点。

当下列因素变化时，汽油机的爆震倾向如何？并说明为什么？

（1）转速由大变小　　（2）点火提前角增大　　（3）由经济混合气变为功率混合气

（4）压缩比增加　　　（5）负荷由大变小　　　（6）冷却水温度过高

6 柴油机混合气的形成与燃烧

知识目标

1. 了解柴油机混合气的形成方式。
2. 掌握柴油机的燃烧过程以及影响因素。
3. 掌握各种不正常的燃油喷射现象。
4. 了解柴油机各种燃烧室的特点。

能力目标

1. 能够分析柴油机混合气形成特点。
2. 能够分析柴油机正常燃烧过程在不同阶段的燃烧特点。
3. 综合运用知识给出控制柴油机燃烧过程的主要措施。

6.1 柴油机的燃烧过程

6.1.1 柴油机的燃烧过程

燃烧过程一般是在压缩冲程上止点附近的几十度的曲轴转角内完成的,但气缸内的压力和温度在较大范围内变化。为便于分析和研究,根据燃烧过程中气缸内压力和温度的变化情况,人为将柴油机的燃烧过程分为着火延迟期、速燃期、缓燃期和补燃期四个阶段,如图 7-1 所示。

1. 着火延迟期

着火延迟期是指从喷油始点 A 到气缸压力线明显脱离压缩线(虚线表示气缸内不进行燃烧时的纯压缩膨胀线)开始急剧上升的 B 点所对应的时期,即图 6-1 中的 AB 段。随着压缩过程的进行,缸内空气压力和温度不断升高,在上止点附近气体温度高达 600℃以上、高于燃料在当时压力下的自燃温度。

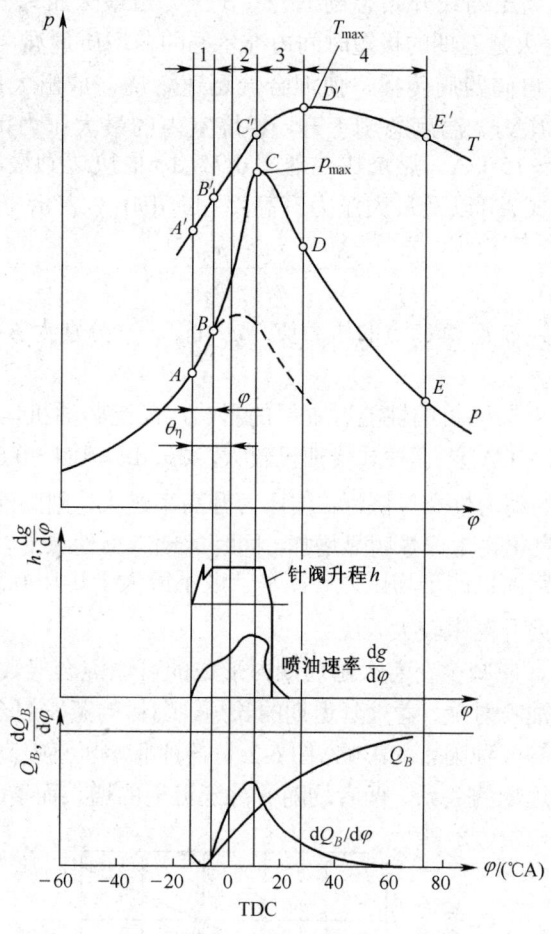

图 6-1 柴油机燃烧过程

在着火延迟期内，喷入到燃烧室高温、高压气体中的燃料进行着粉碎、雾化、扩散、加热、蒸发汽化和空气混合形成可燃混合气的物理准备阶段，以及燃料分子的裂化、低温多阶段着火的化学准备阶段。在此阶段，物理过程和化学过程是同时相继进行的。

在图 6-1 中，由于柴油汽化吸热，使得着火前 $dQ_B/d\varphi$ 曲线出现负值，开始燃烧放热后，$dQ_B/d\varphi$ 很快由负变正。可以取 $dQ_B/d\varphi$ 明显上升前第一个极小值点，或 $dQ_B/d\varphi = 0$ 点作为着火点。

着火延迟期的长短一般用时间 τ_i（秒）或曲轴转角 φ_i（度）来表示。一般 $\tau_i = 0.7\sim 3$ms，$\varphi_i = 8°\sim 12°$。柴油机着火延迟期长短决定了喷油量和预制混合气量的多少，从而影响柴油机的燃烧特性、动力经济性、排放特性以及噪声振动，必须精确控制。

影响着火延迟期长短的主要因素包括燃料的十六烷值、燃烧室内的温度及压力。十六烷值越高，柴油的自燃性越好，着火延迟期越短。在十六烷值一定的情况下，燃烧室内的温度或压力越高，则着火延迟期越短。另外，压缩比增加、进行进气预热、增压等都会使压缩终了时的温度、压力增加，从而缩短着火延迟期。

2. 速燃期

速燃期指从压力脱离压缩线开始急剧上升（B 点）至最大压力（C 点），即图 6-1 中的 BC 段。速燃期内，在着火延迟期的极短时间内准备好的非均质预混合气几乎同时开始燃烧，形成多个燃烧中心，各自向四周传播，使混合气迅速燃烧，放出大量热量。此时活塞靠近上止点，使燃烧室内的压力、温度急剧上升，燃烧室内的最大压力可达到 13MPa 以上，一般出现在上止点后 $10°\sim15°$CA。燃烧放热速率 $dQ_B/d\varphi$ 很快达到最高值。一般采用平均压力升高率 $\Delta p/\Delta \varphi$[MPa/(°CA)] 以及最大压力升高率 $(dp/d\varphi)_{max}$ 表示压力急剧上升的程度。

$$\frac{\Delta p}{\Delta \varphi} = \frac{p_C - p_B}{\varphi_C - \varphi_B}$$

式中　p_C, p_B——分别为 B 点和 C 点的压力值；φ_C, φ_B——分别为 B 点和 C 点所对应的曲轴转角。

压力升高率 $dp/d\varphi$ 对柴油机的性能有重要的影响，决定柴油机运转的平稳性。一般柴油机 $dp/d\varphi = 0.2\sim0.6$MPa/(°CA)，直喷式柴油机较大，$dp/d\varphi = 0.4\sim0.6$MPa/(°CA)。压力升高率增加，可提高柴油机的动力性和经济性；但压力升高率过大，则柴油机工作粗暴，燃烧噪声和温度明显升高，使氮氧化物生成量明显增加，同时运动零部件承受较大的冲击负荷，影响工作可靠性和使用寿命。柴油机的平均压力升高率一般不应大于 0.4~0.5MPa/(°CA)。与汽油机相比，柴油机的平均压力升高率较大。

为控制压力升高率，应减少在着火延迟期内形成的可燃混合气数量。而可燃混合气的生成量受着火延迟期内燃油喷射量、着火延迟期的长短、燃料的蒸发混合速度、空气运动、燃烧室形状和燃料物化特性等多种因素的影响。图 6-2 是各种非增压直喷高速柴油机最大压力升高率和最大压力与着火延迟期的关系，两者均随着火延迟期的增长而增大。

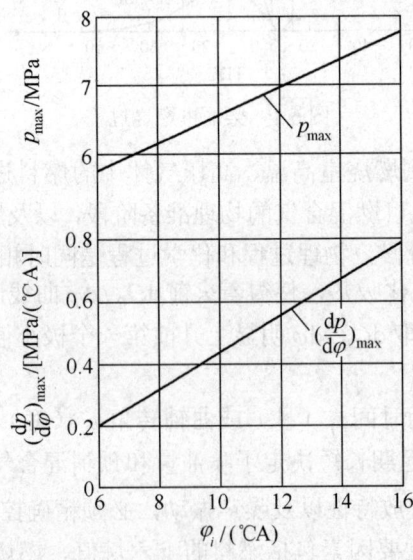

图 6-2　最高燃烧压力和最大压力升高率与着火延迟期的关系

速燃期中燃料燃烧释放的热量约为循环总放热量的 20%~30%。

随着大量在着火延迟期内生成的可燃混合气燃烧殆尽，燃烧放热速率下降。

3. 缓燃期

缓燃期指从最大压力点（C 点）到最高燃烧温度点（D 点），即图 6-1 中的 CD 段。

实际循环中大部分燃料在此阶段燃烧。随着燃烧过程的进行，空气逐渐减少而燃烧产物不断增多，燃烧速度渐趋缓慢。缓燃期的燃烧具有扩散燃烧的特征，放热速率一般比预混燃烧小，燃烧放热速率由空气和燃料相互扩散形成可燃混合气的速率控制。缓燃期内，一部分燃料处在高温缺氧的条件下进行燃烧，容易造成燃烧不完全和燃料裂解形成碳烟。因此，在缓燃期内加强空气运动，加速混合气形成，对保证混合气在上止点附近迅速而完全的燃烧，提高柴油机的经济性、动力性和排放性能有重要作用。缓燃期结束时，放热量可达循环总放热量的 80% 左右，燃气温度可达 1700～2000℃ 左右。最高温度一般出现在上止点后 20°～30° 曲轴转角处。

一般要求缓燃期不要过长，否则会使燃烧等容度下降，放热时间加长，循环热效率下降。加快缓燃期燃烧速度的关键是加快混合气形成速率。对于柴油机这种不均匀的混合气形成和燃烧方式，要组织完全燃烧，只能选择比较大的空燃比，即让柴油机在过量空气系数大于 1 的条件下工作，所以柴油机的气缸空气利用率低，这也是其升功率小于汽油机的主要原因。

4. 补燃期

补燃期指从最高温度点（D 点）至燃油基本燃烧完（E 点），即图 6-1 中的 DE 段。补燃期的终点很难准确确定，一般当放热量达到循环总放热量的 95%～99% 时，就可以认为补燃期结束，也是整个燃烧过程结束。

在柴油机中，由于燃烧时间短促，燃料和空气的混合又不均匀，总有少量燃油拖延到膨胀过程继续燃烧。特别是在高速、高负荷工况下，因空气过量，空气系数小，混合气形成和燃烧的时间更短，这种后燃现象就更为严重。在补燃期中，缸内压力不断下降，燃烧放出的热量得不到有效利用，同时提高排气温度，增大散热损失，对柴油机的经济性不利。此外，补燃还增加零部件的热负荷。

因此，应尽量缩短补燃期，减少补燃期内燃烧的燃油量。

6.1.2 燃烧放热规律

在内燃机中，燃料燃烧发出的热量一部分传给工质（气缸中的气体），用于增加工质的热力学能并对外做功，一部分通过燃烧室壁面散失到冷却水中。根据热力学第一定律，有

$$Q_B = Q + Q_W = \Delta U + W + Q_W$$

式中 Q_B ——燃料燃烧放出的热量；Q ——工质吸收的热量；Q_W ——通过燃烧室壁向外传递的热量；ΔU ——缸内工质热力学能的变化；W ——工质对活塞所做的机械功。

Q_B、Q 和 Q_W 均随曲轴转角变化，将上式对曲轴转角 φ 微分，得

$$\frac{dQ_B}{d\varphi} = \frac{dQ}{d\varphi} + \frac{dQ_W}{d\varphi} = \frac{dU}{d\varphi} + \frac{dW}{d\varphi} + \frac{dQ_W}{d\varphi}$$

式中 $\dfrac{dQ_B}{d\varphi}$ ——燃料燃烧的瞬时放热速率（或称放热速率），J/(°CA)；$\dfrac{dQ}{d\varphi}$ ——工质的瞬时加热速率（简称加热率），J/(°CA)；$\dfrac{dQ_W}{d\varphi}$ ——工质对燃烧室壁面的传热速率或散热速率，J/(°CA)。

所以瞬时放热速率是在燃烧过程中的某一时刻，单位时间内（或 1° 曲轴转角内）燃烧的燃油

放出的热量。而从燃烧过程开始至某一时刻为止已经燃烧的燃油与循环供油量的比值称为累积放热百分比。瞬时放热速率和累积放热百分比随曲轴转角的变化关系，称为燃烧放热规律，如图6-3所示。燃烧放热规律影响到燃烧过程中缸内压力、温度的变化，进而影响到柴油机的性能。

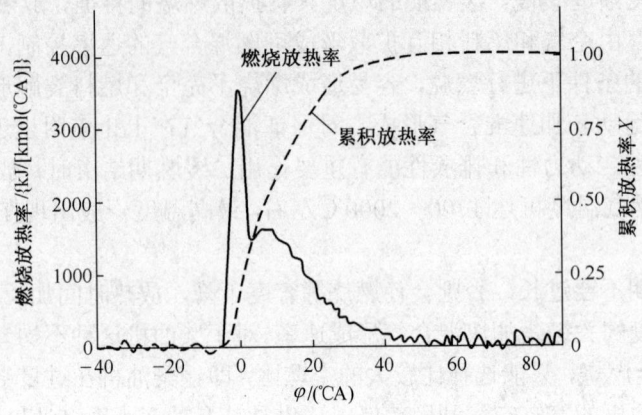

图 6-3　柴油机燃烧放热规律

不同类型发动机的燃烧过程具有不同特点，燃烧放热规律也不同。图6-4给出不同类型的非增压发动机在全负荷和中等转速工况下的燃烧放热规律的实例。为便于相互之间的比较，图中纵坐标是每升工作容积的瞬时放热速率，单位为 J/[(°CA)L]。

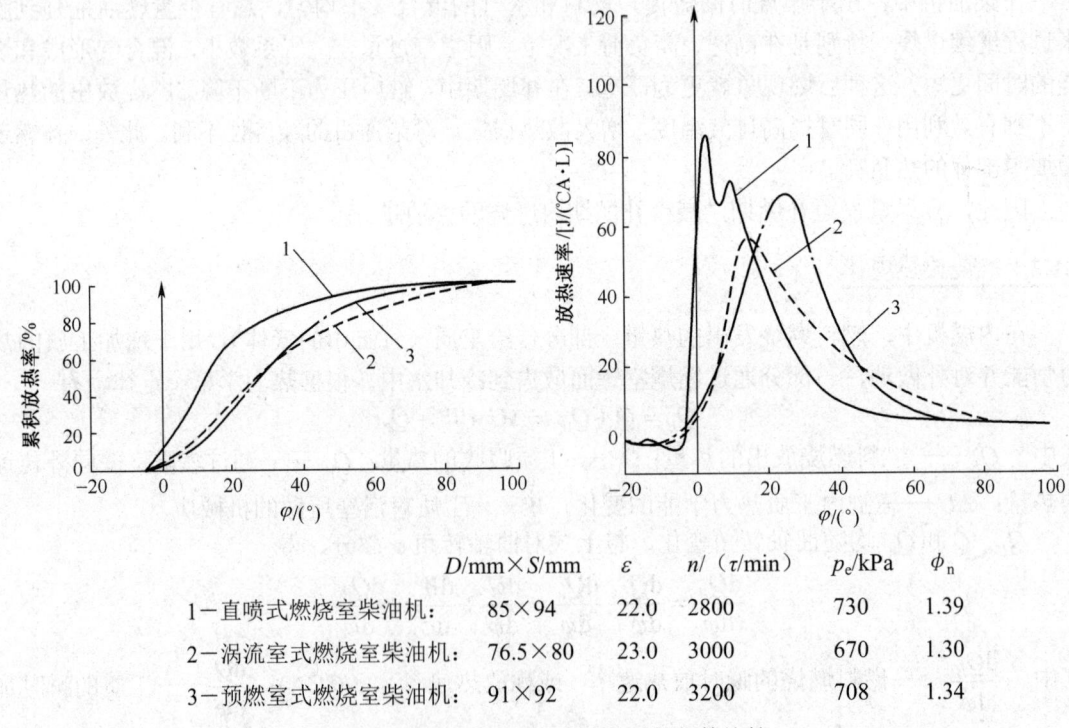

	$D/mm \times S/mm$	ε	$n/(r/min)$	p_e/kPa	ϕ_n
1—直喷式燃烧室柴油机：	85×94	22.0	2800	730	1.39
2—涡流室式燃烧室柴油机：	76.5×80	23.0	3000	670	1.30
3—预燃室式燃烧室柴油机：	91×92	22.0	3200	708	1.34

图 6-4　不同类型柴油机的燃烧放热规律比较

如图6-4所示，直喷式燃烧室柴油机的瞬时放热率和累积放热率在燃烧的起始阶段上升最快，放热速率很快就达到最大值，而且这一最大值相对两种非直喷式燃烧室柴油机都高。此外，高速直喷式燃烧室柴油机的放热速率往往呈现双峰的特点。在燃烧的起始阶段，两种非直喷式燃烧室柴油机的放热速率和累积放热率都上升得比较慢，放热速率的最大值也较低且燃烧过程持续较长，其中对预燃室式燃烧室柴油机来说，这些特点更为明显。比较而言，柴油机的放热速率最大值最高，燃烧过程持续较短，但在燃烧的起始阶段，放热速率上升得并不太快，而在燃烧过程后期放热速率却下降得极快。

一般来说，较理想的燃烧放热规律要求有合适的燃烧起点，燃烧过程应该是先缓后急。在开始放热阶段，不希望燃烧放热率上升得过快，通过降低压力升高率使柴油机工作柔顺；随后燃烧应加速进行，使绝大部分燃油在尽可能靠近上止点处（一般燃烧持续时间不应超过40°曲轴转角）完全燃烧，以提高燃油经济性。这样的放热规律在一定程度上可通过控制喷油定时、喷油持续时间和喷油规律来实现。

燃烧起点、放热持续时间和燃烧放热规律曲线形状被称为燃烧放热规律三要素。放热始点决定了放热率曲线距压缩上止点的位置，在放热持续期和放热率曲线形状不变的前提下，也就决定了放热率中心（指放热率曲线包围的面心）距上止点的位置。这一因素对循环热效率、压力升高率和燃烧最大压力都有重大影响。

6.2 柴油机的燃油喷射与雾化

6.2.1 燃油喷射过程

1. 柴油机供油系统

典型的柴油机供油系统如图6-5所示，由油箱、输油泵、柴油滤清器、喷油泵、高压油管、低压油管、喷油器等组成，还包括调速器和供油提前角调节装置等，其中的喷油泵、喷油器和连接其间的高压油管组成了高压油路，又称为泵—管—喷嘴喷射系统，是整个柴油机供油系统的核心部分。

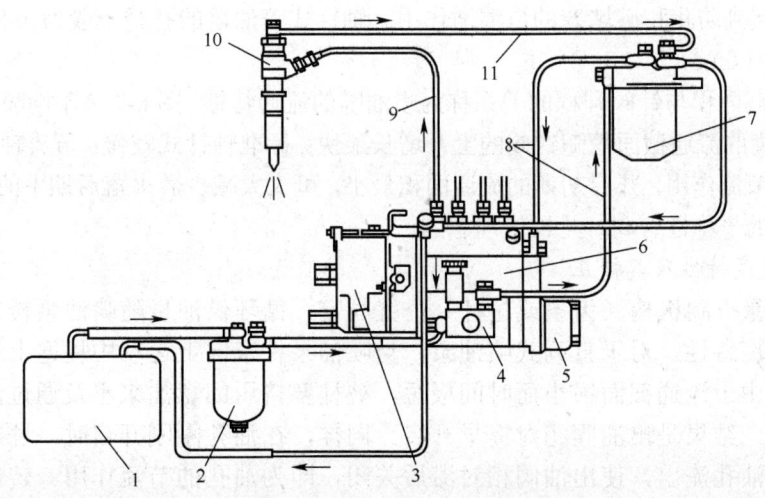

1—油箱；2—油水分离器；3—调速器；4—输油泵；5—供油提前角调节装置；6—喷油泵；
7—柴油滤清器；8—低压油管；9—高压油管；10—喷油器；11—回油管

图6-5 柴油机供油系统

喷油泵的主要作用是定时、定量地经高压油管向各缸喷油器周期性地供给高压燃油。常见的柴油机喷油泵分为柱塞式直列泵和转子式分配泵。柱塞式直列泵多用于大中型车用柴油机，而转子式分配泵多用于轿车和轻型车用柴油机。与直列泵相比，分配泵具有结构紧凑、体积小、质量轻、高转速下工作的优点，但喷油压力相对较低，同时分配泵对柴油的清洁度要求很高。

喷油器的主要作用是将喷油泵供给的高压燃油喷入柴油机燃烧室内，使燃油雾化成微小的油粒，并按一定的要求适当地分布在燃烧室内。喷油器有孔式喷油器和轴针式喷油器两类（如图6-6所示）。喷油器的结构不同，形成喷油油束形式也不同。

孔式喷油器（如图 6-6（a）（b）所示）一般用于直喷式燃烧室，喷孔的数目、孔径及喷射角度等设计参数要视具体的燃烧室形状和空气运动而定。一般针阀升程为 0.2～0.45mm，在满足流通面积要求的前提下，应尽可能减小针阀升程。孔径大小影响雾化质量及射程。孔径越小雾化质量越好，但加工困难，且容易引起积碳堵塞等故障。

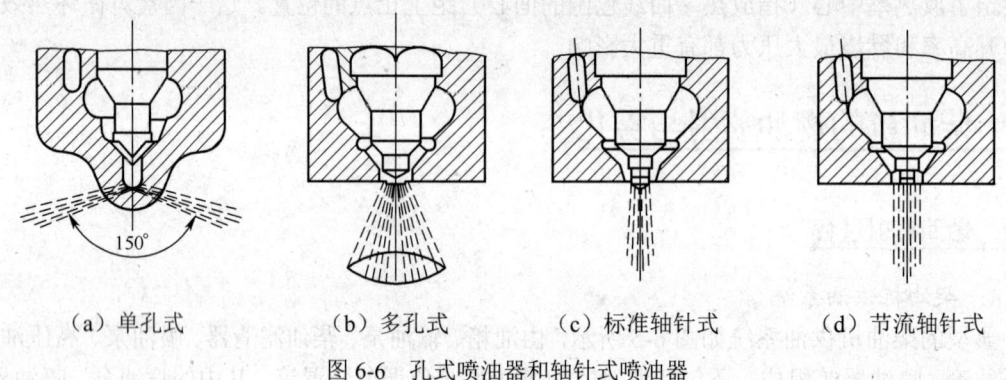

（a）单孔式　　（b）多孔式　　（c）标准轴针式　　（d）节流轴针式

图 6-6　孔式喷油器和轴针式喷油器

轴针式喷油器一般用于分隔式燃烧室（如图 6-6（c）（d）所示）。针阀喷孔头部的轴针有圆锥体和圆柱体等不同的形状，通过针阀头部在喷孔内的上下运动（其间的环状间隙为 0.05～0.25mm），可起到防止积碳堵塞的自清洁作用。轴针式喷油器的孔径一般为 0.8～1.5mm，针阀升程为 0.4～1.0mm。

喷孔流通截面积与针阀升程的关系称为喷油嘴的流通特性。图 6-7 是不同喷油嘴的流通特性。孔式喷油嘴的流通截面积随针阀的上升增长最快；标准轴针式较慢；节流轴针式因针阀头部圆锥部分的节流作用，开启初期的流通面积最小，可大大减少着火落后期中的喷油量，从而对柴油机工作的平稳性有利，是比较理想的。

2. 喷油速度特性及其校正

喷油泵油量控制机构（齿条或拉杆）位置固定，循环供油量随喷油泵转速变化的关系称为喷油泵速度特性。对于直列式喷油泵，当喷油泵柱塞向上运动中柱塞上端面还未完全关闭油孔时，由于流通截面很小而时间极短，被柱塞挤压的燃油来不及通过油孔流出，泵油就已经开始，结果是出油阀相对提早开启。同样，在油孔刚刚开启时，柱塞上部的燃油不能立即通过油孔流出，使出油阀相对滞后关闭，即为油孔的节流作用。转速越高，油孔处节流作用的影响越大。因此，一般随着转速的升高，循环供油量呈略有增加的趋势变化（如图6-8所示）。

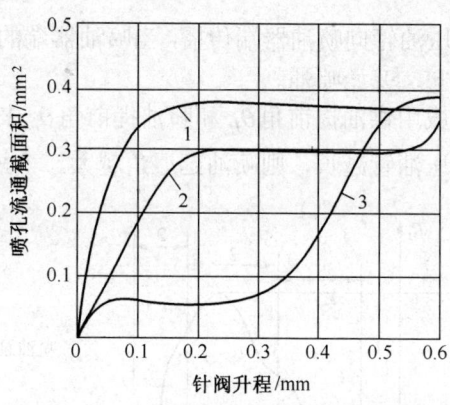

1—孔式喷油器；2—标准轴针式喷油器；3—节流轴针式喷油器

图 6-7　不同喷油器的流通特性

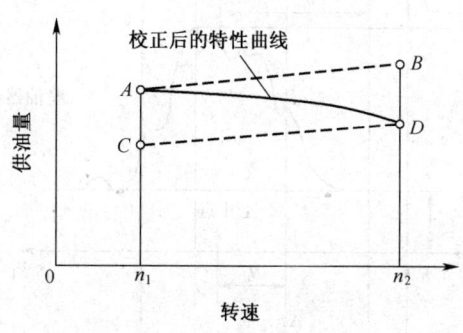

图 6-8　喷油泵速度特性及其校正

喷油泵所固有的速度特性通常并不理想，特别是对于车用柴油机，因此需要对其进行必要的校正。在较高的转速范围内，一般柴油机的充气效率随转速上升而下降，而循环供油量随转速上升而增大，使空气量与供油量不相匹配。若在低速 n_1 下固定供油量，则会造成高速供油量过多（如图 6-8 中的 AB 段所示），使柴油机燃烧不完全而冒黑烟；若在高速 n_2 下固定供油量，则会造成低速供油量不足（如图 6-8 中的 CD 段），使柴油机的潜力得不到充分发挥。通过校正可以得到较理想的喷油泵速度特性（如图 6-8 中的 AD 段）。有利于提高车用柴油机适应阻力变化的能力，得到较理想的转矩特性。

此外，对于车用柴油机，在低速、全负荷工况下，由于排气烟度的严格限制而需要采取措施对低速范围内的供油量进行相反的校正，即应使低速范围内的供油量随转速的下降而有一定的减小，这就是喷油泵速度特性的负校正。

3．燃油的喷射过程

喷射过程是指从喷油泵开始供油直至喷油器停止喷油的过程，整个喷射过程在全负荷工况下约占 15°～40° 曲轴转角。燃油喷射过程中喷油泵端燃油压力 p_H、喷油器端燃油压力 p_n 以及针阀升程 h 的变化情况如图 6-9 所示。为便于分析，整个喷射过程可以分为三个阶段：喷射延迟阶段、主喷射阶段和喷射结束阶段。

（1）喷射延迟阶段。该阶段从喷油泵的柱塞顶封闭进回油孔的理论供油始点起到喷油器的针阀开始升起（喷油始点）为止。出油阀升起后，受压缩的燃油进入高压油管，产生压力波并以约 1400m/s 的速度沿高压油管向喷油器端传播，当喷油器端的压力超过针阀开启压力（又称喷射压力）时，针阀即升起，开始喷油。

供油始点和喷油始点一般用供油提前角 θ_H 和喷油提前角 θ_n 来表示，两者之差称为喷油延迟角。发动机转速越高，高压油管越长，则喷油延迟角越大。

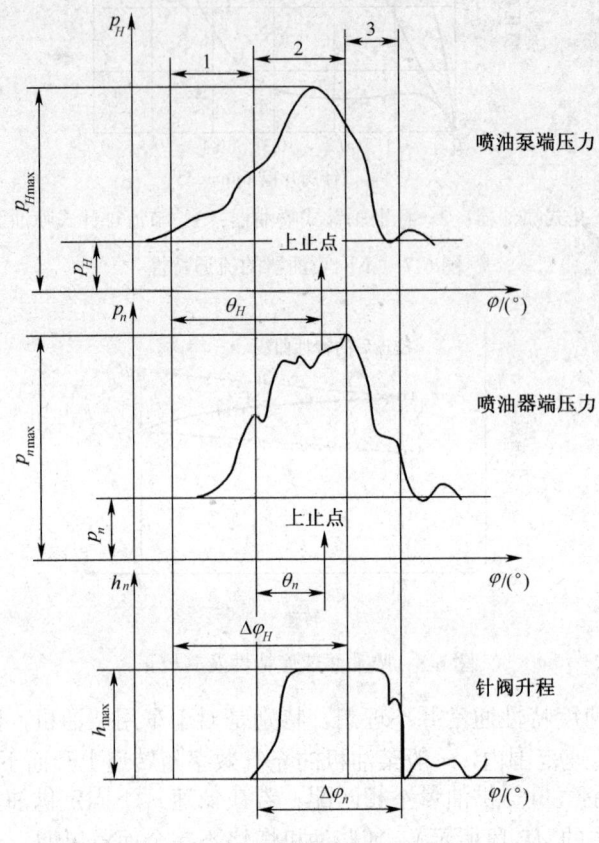

图 6-9　柴油机燃油喷射过程

（2）主喷射阶段。该阶段从喷油始点到喷油器端压力开始急剧下降为止。由于喷油泵柱塞持续供油，喷油泵端压力和喷油器端压力都保持高的水平而不下降，绝大部分燃油在这一阶段以高的喷射压力和良好的雾化质量喷入燃烧室，其持续时间取决于循环供油量和喷油速率。

（3）喷油结束阶段。该阶段从喷油器端的压力开始急剧下降到喷油器针阀落座停止喷油为止。由于喷油泵的回油孔打开和出油阀减压容积的卸载作用，泵端压力带动喷油器端压力急剧下降，当喷油器端压力低于针阀开启压力时，针阀开始下降。这一阶段内还有少量燃油从喷孔喷出。由于喷油压力下降，燃油雾化变差，因而要尽可能缩短这一阶段，减少这一阶段的喷油量，即喷油过程的结束应干脆迅速。

4. 几何供油规律和喷油规律

柱塞理论上供入高压油管的燃油量（以每秒或每度喷油泵凸轮轴转角所供燃油量表示）随时间或喷油泵凸轮轴转角之间的变化关系称为几何供油规律。几何供油规律由喷油泵柱塞的几何尺寸和运动规律确定。

喷油规律是指喷油过程中从喷油器喷入汽缸的燃料量（以每秒或每度喷油泵凸轮轴转角

所供燃油量表示）随时间或喷油泵凸轮轴转角的变化关系。喷油规律表示了燃油喷射期间的燃油分配比例，决定了燃烧放热的速率，对工作过程有重要影响，尤其是空间雾化混合的开式燃烧室，喷油规律决定了压力升高率。一般认为，从减轻燃烧粗暴性考虑，在着火延迟期，喷油速率应该小些。在噪声与燃烧室温度允许条件下，采用较小的喷油提前角，较高的喷油速率为好。但燃烧过程受缸内气流、混合气形成与燃烧室结构影响。所以各种具体的柴油机都按各自不同的特点要求不同的喷油规律。

喷油规律虽然由几何供油规律决定并有着密切关系，但两者也存在着明显的差异，图 6-10 所示为喷油规律与几何供油规律的对比曲线。由图中可以看出，喷油规律始点落后于几何供油规律的供油始点，落后角度为喷油延迟角；喷油持续时间比供油持续时间大，在标定工况下约为 1.3～1.7 倍；喷油规律变化比供油规律变化规律明显；最大喷油速率较最大供油速率低；每循环喷油总量比同一循环理论供油量小。

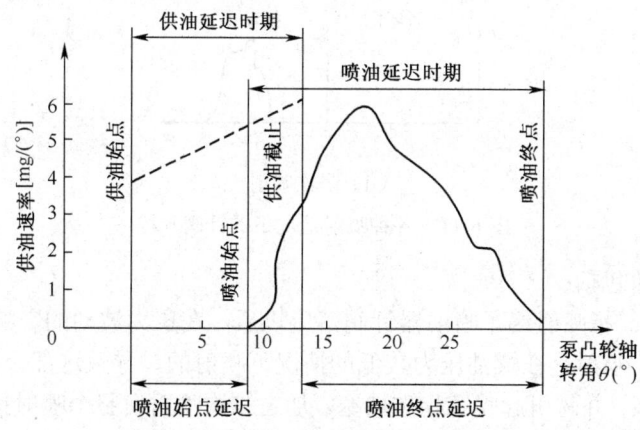

图 6-10　几何供油规律和喷油规律比较

喷油规律与几何供油规律的差别主要影响原因包括：

（1）高压系统容积的变化

由高压油管的弹性变形以及出油阀和针阀两个弹性系统的影响造成。一般来说，高压系统压力变化越大，管子内径越大，管路越长，则容积变化越大。

（2）燃油的可压缩性

燃油在低压时可视为不可压缩流体，但高压（30～200MPa）时必须考虑其可压缩性。高压系统中压力变化大，而且高压系统的体积比每循环供油量的体积大得多，因此，燃油的可压缩性对喷油的影响还是比较大的。

（3）压力波传播滞后

尽管压力波在柴油机中的传播速度高达 1200～1400m/s，但仍会造成明显的相位差。如 1 米高压油管在发动机转速为 3000r/min 时，相位差可达 10°曲轴转角以上。

（4）压力波动

高压系统中压力波的往复反射和叠加会造成喷油规律与供油规律在形状上的显著差异。

（5）燃油受到节流作用

由于喷油规律对燃烧放热规律有直接的影响，因此喷油规律一直是柴油机燃烧和性能优化中的重要内容。

5. 异常喷射现象

喷射系统内的压力高、变化快，喷油峰值压力往往高达数十甚至 100MPa 以上，现代柴油机高压喷射系统甚至达 200MPa，而谷值压力由于出油阀减压容积的作用往往接近于零甚至出现真空。由此容易出现一些异常喷射现象。常用测量针阀升程的方法来判断有无不正常喷射现象存在，各种喷射情况下的针阀升程情况如图 6-11 所示。

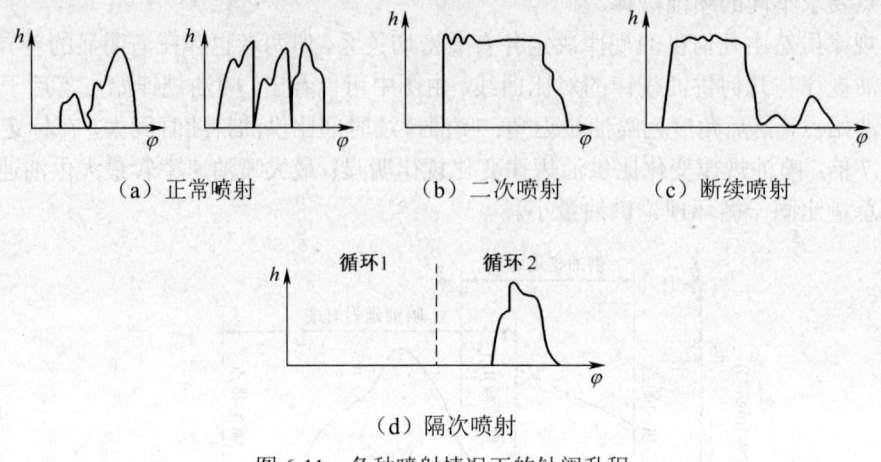

图 6-11　各种喷射情况下的针阀升程

不正常喷射现象包括：

（1）二次喷射。指喷射终了喷油器针阀落座以后，在压力波动的影响下再次升起产生喷油的现象。由于二次喷射是在燃油压力较低的情况下喷射的，导致这部分燃油严重雾化不良，燃烧恶化，碳烟增多、并易引起喷孔积碳堵塞。加之二次喷射使整个喷射持续时间拉长，进而使燃烧过程不能及时进行，造成柴油机经济性下降、零部件过热等不良后果。

（2）滴油现象。在喷油器针阀密封正常的情况下，喷射终了时，由于系统内的压力下降过慢使针阀不能迅速落座，仍有燃油缓慢流出的现象。这时由于燃油速度及压力极低，难以雾化，易生成积碳并使喷孔堵塞。

（3）断续喷射。主要发生在低速低负荷工况，由于在某一瞬间喷油泵的供油量小于从喷油器喷出的油量和填充针阀上升空出空间的油量之和，造成针阀在喷射过程中周期性跳动的现象。这时喷油泵端压力及针阀的运动方向不断变化，易导致针阀偶件的过度磨损。

（4）不规则喷射和隔次喷射。在低速低负荷条件下，由于压力波传播导致的一种丧失喷油静力稳定性的现象。此时循环喷油量不断变动甚至出现一次喷一次不喷的隔次喷射。易造成低速和怠速运转不稳定、工作粗暴，并限制了柴油机的最低稳定转速。

（5）气穴与穴蚀。当高压油路中的压力接近于零压时，会产生油和空气的气泡，称为气穴。气泡在随后的高压下爆裂而产生冲击波，对金属表面形成冲击，这种现象多次出现会导致疲劳破坏，称为穴蚀。穴蚀破坏会影响到喷射系统的工作可靠性和使用寿命。

为避免出现异常喷射现象，应尽可能缩短高压油管长度，减小高压容积，以降低压力波动；合理选择喷射系统的参数，如喷油泵柱塞直径、凸轮型线、出油阀形式及尺寸、出油阀减压容积、高压油管内径、喷油器喷孔尺寸、喷油器开启压力等。

6.2.2 燃油的雾化和油束特性

1. 雾化和油束特性

燃油的雾化是指燃油喷入燃烧室内后被粉碎分散为细小液滴的过程。燃油的雾化可以大大增加其与周围空气接触的蒸发表面积,加速从空气中的吸热过程和液滴的汽化过程,对混合气的形成起到了重要的作用。假设 1mL 的燃油为一球体,则其表面积约为 483.6mm^3,若雾化直径为 40μm 的均匀球状油滴,可产生油滴约 3×10^7 个,其总的表面积约为 1.5×10^5mm^2,约增加为原来的 310 倍。

燃油在喷油泵中被压缩后,经高压油管在极高压力(20～160MPa)的作用下以极快的速度(100～400m/s)及在高度紊流状态下从喷油器的喷孔喷射入燃烧室内。燃油在高速流动中,在与燃烧室内高压空气的相对运动及紊流的作用下,被逐步粉碎分散为直径约 2～50μm 的液滴,由大小不同的液滴组成了油束。

油束核心部分液滴非常密集,液滴直径较大,液滴运动速度较高,空气极少;油束外围部分则与之相反,液滴稀少且液滴直径较小,液滴运动速度也较低。在静止的高压空气中喷射过程某一时刻的油束结构示意图如图 6-12 所示。

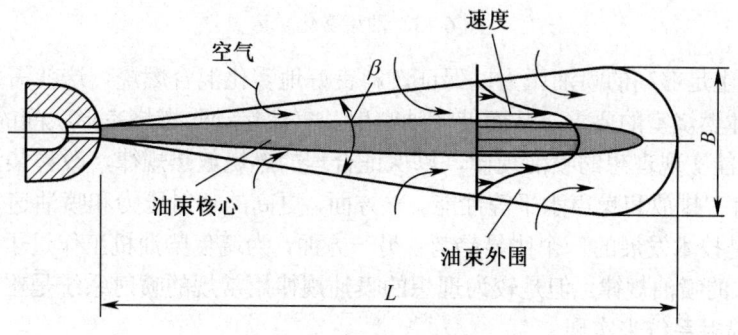

图 6-12 油束结构示意图

从几何形状和雾化质量两个方面来描述油束特性。

(1)几何形状。主要包括油束射程(又称为贯穿距离)L 和喷雾锥角 β 或油束的最大宽度 B(如图 6-12 所示)。此外,贯穿率是常用的参数之一。贯穿率为相对值,是指油束的贯穿距离与喷孔口沿喷孔轴线到燃烧室壁距离的比值。贯穿率若大于 1,则意味着有一部分燃油喷射到了燃烧室的壁面上。影响油束几何形状的主要因素有:喷射压力、喷油器喷孔的长度直径比和空气与燃油密度比等。

(2)雾化质量。一般是指油束中液滴的细度和均匀度。细度可以用液滴平均直径来表示。液滴平均直径越小,意味着油束雾化得越细。液滴平均直径的大小受到多种因素的影响,减小喷油器喷孔直径,增大燃油喷入时的流速,空气密度的增大以及燃油粘度和表面张力的减小,都会使平均油滴直径减小。均匀度是指油束中液滴大小相同的程度以及液滴在油束内分布的均匀程度。图 6-13 表示了不同喷射压力时油束的雾化质量。由图可见,喷射压力较高时,油束雾化得较细且比较均匀。各种不同的燃烧室对油束的几何形状和雾化质量的具体要求有所不同。

2. 对喷射系统的要求

喷射系统对柴油机混合气形成和燃烧的质量，进而对柴油机性能的好坏有着重要的作用。特别是直喷式柴油机对喷射系统的要求较高，一般应尽可能满足下述一些要求：

（1）在各种工况下避免出现不利的异常喷射现象和穴蚀破坏，这是对喷射系统最基本的要求。

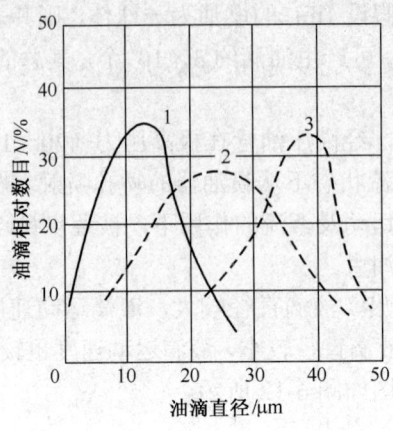

图 6-13　油束雾化质量

（2）能产生足够高的喷油压力以保证燃料良好地雾化混合燃烧，这就需要有良好的油束特性来满足具体燃烧室的要求，从而使燃油喷射、气流运动与燃烧室形状间的配合达到最佳。

（3）尽可能实现理想的喷油规律，以保证合理的燃烧放热规律，改善柴油机的动力性、燃油经济性、有害排放和噪声水平等性能。一方面，更高的喷射压力和喷油速率以及更短的喷油持续时间已是技术发展的一个明显趋势；另一方面，为避免柴油机工作过于粗暴，又希望实现"先缓后急"的喷油规律。但是较为理想的喷油规律用常规的喷射系统是难以实现的，而只可能通过电控喷射系统来实现。

（4）可以根据不同转速和负荷的工况要求，在最佳的喷油时刻，精确控制每个循环的喷油量，且各缸间的喷油量和喷油时间相同，即达到均量、均时的要求。

（5）应采取必要的措施保证有关零部件的强度和刚度，提高系统的工作可靠性和使用寿命，同时注意降低喷射系统的振动与噪声。

6.3　混合气的形成及燃烧室

6.3.1　柴油机混合气的形成

1. 柴油机混合气形成特点

柴油机混合气的形成是指燃料喷入汽缸至着火及燃烧的整个阶段中所发生的破碎、雾化、汽化并与空气之间相互渗透和扩散的过程，其中部分过程是和燃烧过程重叠进行的，所以混合气形成过程直接决定着燃烧质量。由于柴油的蒸发性差，因此柴油机是采用高压喷射的方法，即在压缩冲程接近终了时，借助喷油器将柴油喷入燃烧室，与汽缸中高温、高压的空气混合形成可燃混合气。经过一系列物理、化学准备后，着火燃烧。随后，混合气的形成和燃烧便重叠进行，即一边喷油，一边混合和燃烧。

柴油机的混合气形成与汽油机相比有两个显著特点。一是混合气的形成在汽缸内部进行，二是混合气形成时间较短，从喷油到结束，约占15°～30°曲轴转角，当柴油机转速为2000r/min时，15°的曲轴转角仅相当于0.125ms。在如此短的时间内，混合气的形成是极不充分的，也极不均匀。为了使喷入汽缸中的柴油尽可能燃烧完全，柴油机不得不采用较大的过量空气系数，使喷入燃烧室内的柴油能够燃烧得比较完全。理想的柴油机混合气形成过程应该是燃料喷入燃烧室后在尽可能短的时间内与周围空气均匀雾化、混合，形成可燃混合气；着火后继续喷入的燃料应及时得到足够的空气和混合能量，以便迅速混合，力求避免燃料直接进入高温缺氧区域，引起裂化。

柴油机混合气形成主要依靠三方面作用：一是燃料喷射；二是空气运动，组织必要的空气运动可以促使柴油很快在整个燃烧室空间得到均匀分布，加速混合气形成；三是与燃烧室形状的良好配合。

2．柴油机混合气形成方式

柴油机可燃混合气的形成从原理上可分为空间雾化混合和油膜蒸发混合两种方式。

（1）空间雾化混合方式

空间雾化混合方式直接将柴油喷射到燃烧室空间，经雾化、蒸发与空气混合，形成雾状混合物。为了使混合迅速而均匀，要求采用雾化质量较好的多孔喷油器，并使喷射油束与燃烧室形状相配合，在燃烧室内组织适当的空气运动，燃油与空气的相对运动速度是形成较均匀的混合气的主要因素，它可以使油束中的油滴在运动中与空气分子之间产生摩擦和碰撞，进一步分裂细化，相对运动速度越高，这种摩擦和碰撞越激烈，分裂后的油滴直径越小，数量越多，总的蒸发表面积也越大，混合气也越均匀。

空间雾化混合气的优点是混合气形成速度快，燃烧过程比较稳定，对转速范围的适应性强。其缺点是燃料在着火以前形成的混合气量较多，使燃烧过程较为粗暴，并生成较多的NO_x，混合气在这一过程中混有尚未蒸发汽化的液态油粒，不完全是气相的。若油滴蒸发、雾化速度不及燃烧速度快，将产生不完全燃烧。在中低速柴油机中，几乎都是采用空间雾化方式组织混合气；中小型高速柴油机中，无论用何种燃烧系统组织混合气，空间雾化方式都占有一定的比例。

（2）油膜蒸发混合方式

该方式是将绝大部分柴油喷射到较高温度的燃烧室壁面上，形成一层油膜，只有5%左右的柴油直接喷射在燃烧室空间的空气中，这一小部分柴油在空间雾化与蒸发，与空气混合而首先着火。着火后使燃烧室的温度迅速升高，使燃烧室壁面上的油膜在强烈的旋转气流作用下，以越来越快的速度蒸发并与空气形成均匀的可燃混合气。

影响这种混合气质量的主要因素是燃烧室壁温、油膜厚度和空气与油膜相对运动的速度。燃烧室壁温过低，油膜蒸发缓慢；壁温过高会引起燃料裂化。油膜越薄、越均匀，混合气形成速度越快；空气运动速度越高，则混合气形成的速度越快。

油膜蒸发混合方式比空间雾化混合方式所得到的混合气更均匀。混合气在这一过程中完全是气相的。通过油膜的蒸发和气流的旋转运动还可以实现分层燃烧，做到既减少冒烟又可控制燃烧速度，防止工作粗暴。因此，用这种方式形成的混合气比例越高，燃烧越柔和，排气中NO_x含量也越低。其缺点是油膜蒸发的速度受壁温、油膜厚度和气流运动的影响很大，燃烧过程不及空间雾化稳定。当燃烧室壁温较低时，混合气形成慢，冷起动困难，怠速及小负荷时HC排放较高。

近年来单独使用这种混合气形成方式及其燃烧系统的发动机已日趋渐少。但对于小型高速柴油机来说，由于燃料或多或少会喷到燃烧室壁上，所以两种混合方式兼而有之。从这个意义上说油膜蒸发混合方式仍有重要的学术和实用价值。

（3）两种混合方式的对比

在空间雾化混合中，燃油的喷射特性对混合起决定性的作用。为提高混合气形成速度，往往要将燃料尽可能喷得细，分布均匀。这样就会使较多的油滴受热蒸发，在着火延迟期内形成大量的可燃气，造成初期放热率过大，压力急剧升高，工作粗暴，NO_x 排放高。但如果减小着火延迟期内混合气生成量，则势必造成大量燃油在着火后的高温高压下蒸发混合，容易因空气不足而裂解成碳烟。因此，空间雾化混合方式尽管有较高的热效率，但碳烟、NO_x 排放和燃烧噪声均较高。表 6-1 列出了空间雾化混合和油膜蒸发混合的特点及对比。

表 6-1　空间雾化混合和油膜蒸发混合的特点

序号	空间雾化混合	油膜蒸发混合
1	绝大部分燃料以较高的压力被喷射到燃烧室空间中，散布于空气中	利用强烈的空气旋流将大部分燃料喷洒到燃烧室壁面
2	燃料在空气中呈细小油滴状	燃料在壁面上形成油膜
3	细小油滴以液相与空气混合，形成不均匀混合气（液相混合）	油膜蒸发、燃油蒸气与空气混合，形成相对均匀的混合气（气相混合）
4	大量细小油滴受热汽化，在着火延迟期内形成的可燃混合气数量较多，多点大面积同时着火	散布在空间的少量燃油，在着火延迟期内形成少量可燃混合气，着火面积小
5	初期燃烧的放热速率很高，然后逐渐减慢	受油膜蒸发速率影响，燃烧放热速率呈前缓后急的规律

油膜蒸发混合的指导思想是利用燃油蒸发速率控制混合气生成速率，燃烧室壁面和空气旋流起了主要作用。在着火延迟期内喷入燃烧室的燃料量相同的条件下，由于油膜受热蒸发所需时间要比细小油滴长得多，加之燃烧室壁温控制较低，使油膜蒸发混合方式在着火延迟期内生成的混合气量远小于空间雾化方式。两种混合方式的混合气生成速率如图 6-14 所示。

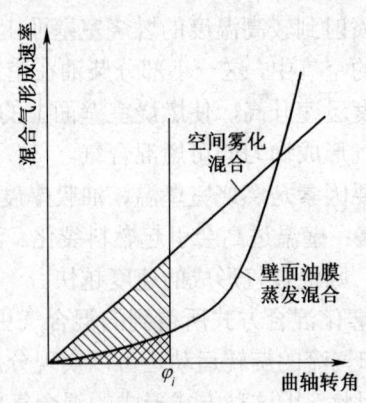

图 6-14　两种混合方式的混合气生成速率对比

随燃烧进行，在高温和火焰辐射作用下，油膜蒸发加速，使混合气生成速度加快。另外，大部分燃料是在蒸发后以气体状态与空气或高温燃气接触，可以避免空间雾化混合时常有的液态燃油高温裂解问题，使碳烟特别是大颗粒碳烟排放降低。

由于油膜蒸发混合方式存在一些难以解决的问题而在实际中应用不多，但它的提出打破了空间雾化混合概念的束缚，开阔了内燃机混合气形成和燃烧的思路，具有重要的理论意义。

上述各种气流运动方式和混合气形成方式在实际柴油机中并不是单一存在的，往往是多种方式并存。以中、小型车用直喷式柴油机为例，在以空间雾化混合为主的同时，到达壁面的燃油又存在油膜蒸发混合方式。燃烧室中的热混合现象也是客观存在的。气流运动则以进气涡流为主的同时，挤流、微涡流乃至多气门专门组织的滚流都有。这充分反映了实际柴油机中混合气形成和燃烧的复杂性与多样性。

3. 缸内的气流运动

内燃机缸内的气流运动可分为涡流、挤流、滚流和湍流四种形式，被分别或组合应用于不同的燃烧系统。

（1）涡流。

缸内的涡流运动一直是柴油机混合气形成的主要手段。根据形成方法不同，涡流又可分为进气涡流和压缩涡流。涡流转速与发动机转速之比称为涡流比，是衡量涡流强度的指标。

1）进气涡流。

在进气过程中形成的绕气缸轴线旋转的有组织的气流运动，称为进气涡流。进气涡流产生方式一般有四种，即导气屏、切向气道、螺旋气道及组合进气系统。

导气屏设置在进气门上，引导进气气流以不同角度流入气缸，在气缸壁面的约束配合下产生涡流。这种方法结构简单，进气道可不作特殊设计，通过改变导气屏的包角 β 和导气屏中点的安装位置（角度 α），可调节涡流强度，涡流比 $\Omega=0\sim4$，但流动阻力最大，一般用于实验研究用发动机。

切向气道形状平直，在气门座前强烈收缩，使气流运动加速，并利用进气气流对气缸中心的动量矩，产生绕气缸纵轴旋转的进气旋流，如图 6-15（a）所示。切向气道形状简单，但对气道位置较为敏感，涡流比 $\Omega=1\sim2$，适用于对涡流强度要求不高的发动机。

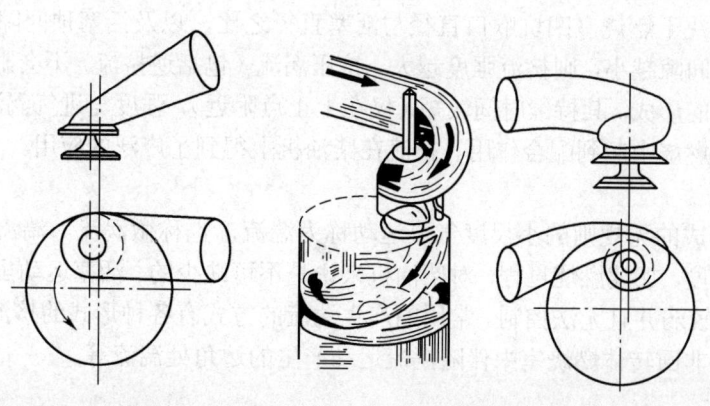

(a) 切向气道　　　　　　　　　(b) 螺旋气道

图 6-15　切向气道和螺旋气道的原理

螺旋气道则是将气道内腔做成螺旋形,如图 6-15(a)所示。一方面使空气在气道内就形成绕气门中心的旋转运动,并在进入气缸后继续保持旋转。另一方面,由于气门中心与气缸中心的不重合,会产生空气沿气缸壁绕气缸中心的旋转运动。螺旋气道的形状最复杂,涡流比 $\Omega=2\sim4$,同样涡流比条件下的进气阻力小于切向气道,适用于对进气涡流强度要求较高的发动机。

不论何种气道,要增强旋流,必然与降低阻力存在矛盾。设计时,应在基本满足进气旋流要求的前提下,尽可能降低气道的阻力。

2)压缩涡流。

在涡流室式燃烧室中,气体在进气过程中并不产生旋流,而在压缩过程中由于主燃烧室经连通道进入涡流室,形成强烈的压缩涡流。虽然这种产生涡流的方式不会使进气阻力增大和进气充量下降,但形成压缩涡流时会伴随着不同程度的能量损失,使循环热效率降低。

(2)挤流

挤流也是一种有效的缸内气体运动,如图 6-16 所示。在压缩过程中,当活塞接近上止点时,气缸内的空气被挤入活塞顶部的燃烧室凹坑内,由此产生挤压涡流(挤流)。当活塞下行时,凹坑内的燃烧气体又向外流到活塞顶部外围的环形空间,与空气进一步混合燃烧,这种流动也称为逆挤流。

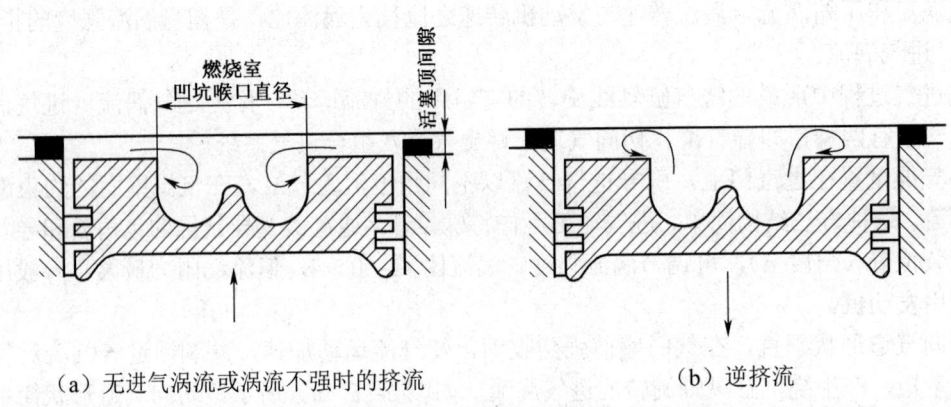

(a)无进气涡流或涡流不强时的挤流　　　　(b)逆挤流

图 6-16　挤流形成示意图

挤流强度取决于燃烧室凹坑喉口直径与活塞直径之比,以及活塞顶间隙。燃烧室凹坑喉口直径和活塞顶间隙越小,则挤流强度越大。挤压涡流(包括逆挤流)不会影响充量系数,但却有助于混合气的形成。其持续时间较短(仅在上止点附近),强度与进气涡流相比一般较小,在混合气形成与燃烧中起到配合作用。挤流在柴油机上得到了广泛的应用。

(3)湍流

在气缸中形成的无规则的小尺度气流运动称为湍流,也称微涡流。湍流可以促进燃油和空气的微混合程度,加速燃烧过程,对柴油机来说是不可缺少的。活塞运动虽然可以自然形成湍流,但其强度较弱并且无法控制。常用的产生湍流的方式有各种形式的挤流、预燃室中由压缩生成的湍流、非回转体燃烧室中伴随涡流运动产生的边角处湍流等。

(4)滚流

在进气过程中形成的绕垂直于气缸轴线的有组织的空气旋流称为滚流,也称为纵涡流或横轴涡流。滚流在压缩过程中动量衰减较少,在活塞接近压缩上止点时,大尺度的滚流破碎成许多小尺度的涡流和湍流,可大大改善混合和燃烧过程。试验表明,滚流在压缩上止点附近形成的湍流强度，明显高于进气涡流产生的湍流。

上述各种气流的运动方式对加速混合气的形成和燃烧有着重要的意义。但气流总会带来进气充量损失、泵气功损失或能量损失，这是不利的一面。另外，大多数气流运动又存在高低速时的强度相差过大的矛盾，给发动机在宽广转速范围内良好工作带来困难。气流对各种结构参数比较敏感，难以精确控制，易造成各缸工作状态不均匀。所以在组织气流运动时，应多方面分析比较与合理折中。目前，直喷式柴油机强调高压喷射，降低对气流的要求，也是基于这一考虑。

6.3.2 燃烧室

由于柴油机的混合气形成和燃烧都是在燃烧室内进行的，所占的时间非常短促，因此，要使发动机具有良好的性能，不但要有良好的燃料喷射系统，较高的燃料喷雾质量，还必须有与燃料喷射配合恰当的燃烧室形状和气流运动，使燃料与空气混合均匀，提高空气利用率。

柴油机燃烧室按结构形式，可分成两大类：直喷式燃烧室和非直喷式燃烧室。

1. 直喷式燃烧室

所谓直喷式燃烧室是指将燃油直接喷入主燃烧室中进行混合和燃烧的各种燃烧室，由活塞顶面、汽缸盖底平面及汽缸壁所包围的统一空间组成。常见的有代表性的结构形状如图 6-17 所示。直喷式燃烧室可根据活塞顶部凹坑的深浅分为开式和半开式两种。通常把活塞顶部凹坑口径与活塞直径之比大于 0.7 的称为开式燃烧室，而把活塞顶部凹坑口径与活塞直径之比小于 0.7 的称为半开式燃烧室。开式燃烧室包括浅盆形和浅 ω 形，半开式燃烧室包括深 ω 形、挤流口形、各种非回转体形和球形等。

（1）浅盆形燃烧室

浅盆形燃烧室的结构比较简单，在活塞顶部设有开口大、深度浅的燃烧室凹坑，凹坑口径与活塞直径之比为 0.72～0.88，凹坑口径与凹坑深度之比为 5～7。

浅盆形燃烧室一般不组织或只组织很弱的进气涡流，混合气形成主要依靠燃油射束的运动和雾化，因此对雾化质量也就是对喷射系统有很高的要求。一般采用较多喷孔数目和较小喷孔直径的孔式喷油器，喷油器的孔数一般为 6～12 个，孔径为 0.2～0.4mm。启喷压力较高为 20～40MPa，最大喷射压力达到 100MPa 以上。为避免油束喷到燃烧室壁面上不能及时与空气混合燃烧并产生积碳，喷油贯穿率一般小于或等于 1。

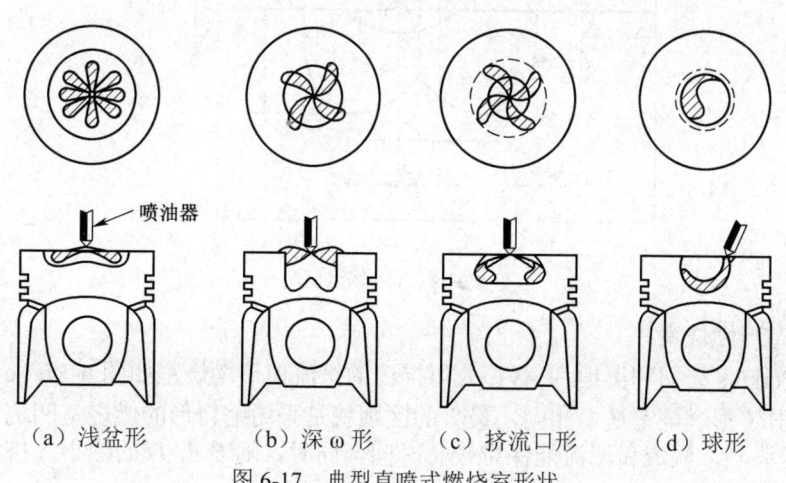

图 6-17 典型直喷式燃烧室形状
（a）浅盆形　（b）深 ω 形　（c）挤流口形　（d）球形

浅盆形燃烧室属于较均匀的空间混合方式，在着火延迟期内形成较多的可燃混合气，因而最高燃烧压力和压力升高率高，工作粗暴，燃烧温度高，NO_x和排气烟度较高，噪声、振动及机械负荷较大。浅盆形燃烧室的空气利用率相对较低，一般均采用增压来保证较大的过量空气系数以实现完善的燃烧。浅盆形燃烧室由于不组织空气运动，散热损失和流动损失较小，加之雾化质量好，燃烧迅速，所以容易起动，经济性好。

浅盆形燃烧室一般适用于缸径大于 120mm、转速低于 2000r/min 的柴油机。随缸径的变化，其结构形状有所不同。

（2）深坑形燃烧室

深坑形燃烧室主要包括 ω 形和挤流口形（如图 6-17（b）（c）所示）。后来发展起来的各种非回转体形燃烧室尽管应用较少，但很具特色。深坑形燃烧室一般适用于缸径 D=80~140mm 的柴油机，最突出的特点就是燃油消耗率较低、转速高，并且起动性好，因此在车用中小型高速柴油机上获得了广泛的应用。但因空气运动的强度随着转速的提高而增大，而涡流强度过强或过弱会造成油束贯穿不足或过度，均会影响混合气形成和燃烧，对转速的变化较为敏感。同时为获得理想的综合性能指标，必须对涡流强度、流场、喷油速率、喷孔数、喷孔直径、喷射角度、燃烧室的各项尺寸进行大量的匹配优化，燃烧室的设计难度较大。

1）ω 形燃烧室。

ω 形燃烧室的尺寸参数如图 6-18 所示。活塞顶部设有比较深的凹坑，其中 ω 形凹坑的中心凸起是为了帮助形成涡流以及排除气流运动很弱的中心区域的空气而设置的。一般 d_k/D =0.6，d_k/h =1.5~3.5。采用 4~6 孔均匀分布的多孔喷油器中央布置（四气门时）或偏心布置（二气门时），喷孔直径较浅盆形燃烧室的大（0.35mm 左右），喷雾贯穿率一般为 1.05。空气运动以进气涡流为主，挤流为辅。进气涡流比介于最低的浅盆形燃烧室（<1.5）和最高的球形燃烧室（>3）之间。通过减小 d_k/D 和余隙高度 s_0，可使挤流强度增加。燃油喷射和空气运动两方面的作用形成混合气，使其更容易形成均匀的混合气，空气利用率提高，可在过量空气系数为 1.3~1.5 的条件下实现完全燃烧。

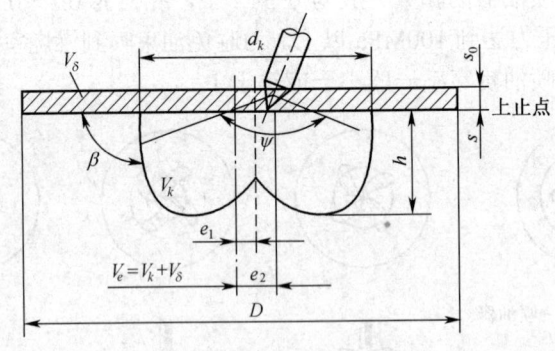

图 6-18　ω 形燃烧室

2）挤流口形燃烧室。

由英国 Perkins 公司和奥地利 AVL 公司推出的挤流口形燃烧室如图 6-17（c）所示，混合气形成原理与 ω 形燃烧室基本相同，最大的区别就是采用缩口形的燃烧室凹坑，使得挤流和逆挤流运动更强烈，涡流和湍流能保持较长时间。同时，随着 d_k/D 的减小，挤流口形燃烧室的"半开式"燃烧特点明显。挤流口抑制了较浓的混合气过早地流出燃烧室凹坑，使初期燃烧在还原条件中进行，压力升高率较低，因此 NO_x 排放和燃烧噪声均较 ω 形燃烧室低（如图 6-19 所示）。挤流口形燃烧室的放热速率比 ω 形燃烧室要柔和得多，初期放热速率的上升率虽比非直喷式燃烧室急一些，但放热速率的峰值最低，燃烧持续期最短。因而在推迟喷油时，NO_x 进一步降低的同时，碳烟有所降低，燃油消耗率基本不恶化。但是，由于挤流口的节流作用，活塞的热负荷高，挤流口边缘容易烧损，喷孔易堵塞，加工也比一般 ω 形燃烧室复杂。

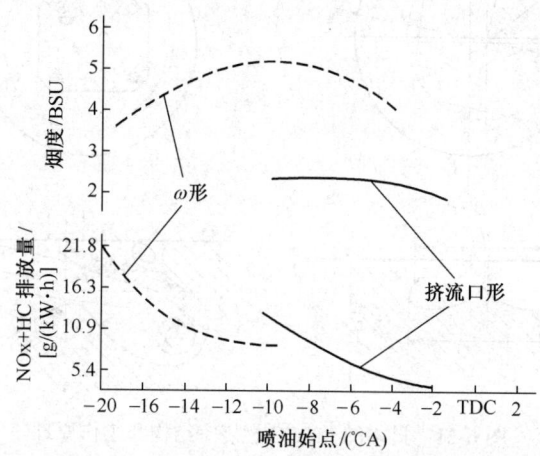

图 6-19 挤流口形与 ω 形燃烧室的排放特性

3）非回转体形燃烧室。

涡流和挤流都是尺度较大的气体运动，为了促进燃油与空气的微观混合，适当组织微涡流或湍流是十分有益的。这类燃烧室中最具代表性的有日本五十铃公司在 20 世纪 70 年代首次推出的四角形燃烧室、日本小松公司的微涡流 MTCC 燃烧室、英国 Perkins 公司的 Quardram 燃烧室以及上海内燃机研究所研制的花瓣形燃烧室，如图 6-20 所示。

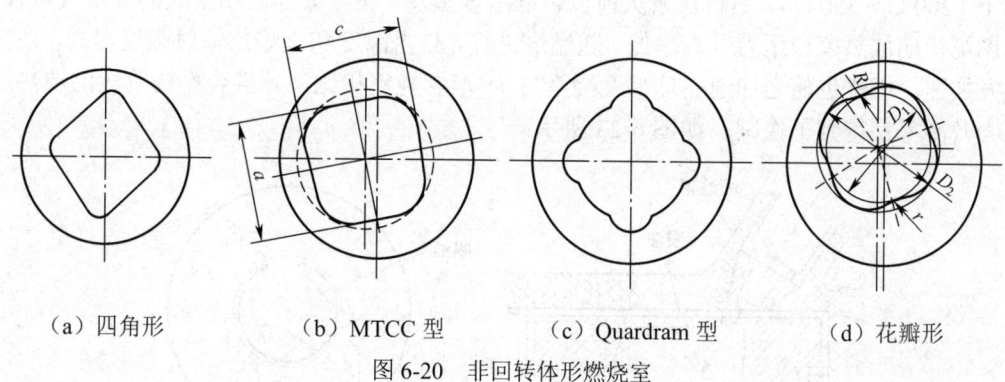

（a）四角形　　　（b）MTCC 型　　　（c）Quardram 型　　　（d）花瓣形

图 6-20 非回转体形燃烧室

MTCC 燃烧室上部为四角形，下部仍为回转体，如图 6-21 所示。气体在气缸内作涡流运动，一边旋转一边进入燃烧室凹坑，在缩口的 4 个角上以及四角形与回转体交界处产生微涡流和湍流，将燃油喷向这些区域，可加快混合气形成和加快燃烧速度。

非回转体形燃烧室形状各异，但均是在 ω 形燃烧室的基础之上利用燃烧室形状来产生微涡流，以改善混合气形成和燃烧。这种燃烧室可以改善一般直喷式燃烧室存在的低速时涡流太弱而高速时涡流过强的问题，可在宽广的转速范围内保持合适的气流运动强度，燃烧比较完善，因而碳烟排放和燃油消耗率均得到改善。但此类燃烧室加工相对复杂，某些部分的热负荷较高，易造成烧蚀或开裂。

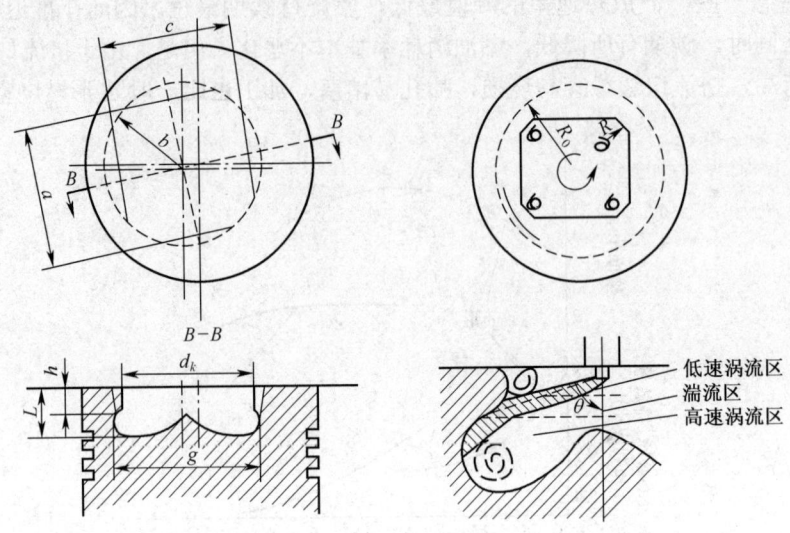

图 6-21　日本的 MTCC 燃烧室结构和工作原理

（3）球形燃烧室

球形燃烧室与上述各直喷式燃烧系统的空间混合方式不同，以油膜蒸发混合方式为主。球形燃烧室结构如图 4-22 所示。活塞顶部的燃烧室凹坑为球形。凹坑喉口直径与活塞直径的比值为 0.35～0.45，喷油器孔数为 1～2 孔，启喷压力为 17～19MPa，低于其他直喷式燃烧室，油束沿球形燃烧室壁面并顺气流喷射，燃油被喷涂在壁面上形成油膜。为保证形成很薄的厚度均匀的油膜，一般用螺旋进气道产生强烈的进气涡流（涡流比＞3）。在较低壁温的控制下（200℃～350℃），燃料在着火前以较低速度蒸发，在着火延迟期生成的混合气量较少，因而燃烧初期放热率和压力升高率低。随燃烧进行，缸内温度和火焰热辐射强度提高，使得油膜蒸发加速，燃烧也随之加速。球形燃烧室与 ω 形燃烧室相比，预混合燃烧阶段的放热速率和压力升高率都得到了控制，如图 6-23 所示。

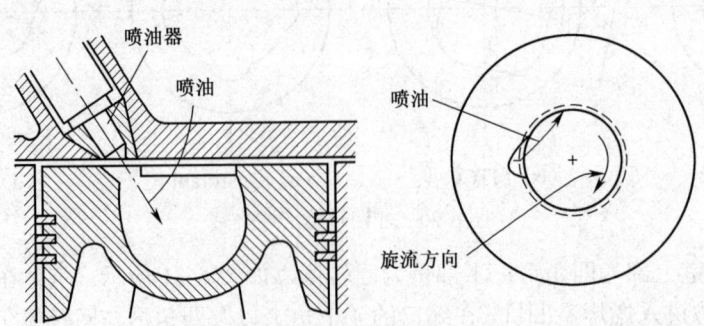

图 6-22　球形油膜燃烧室

在强烈的涡流运动和适宜的壁面温度控制下，燃料油膜按蒸发、被气流卷走、混合、燃烧的顺序十分有序地进行混合燃烧，混合均匀，又避免了较大颗粒的燃油暴露在高温下产生裂解。同时，空气利用性好，正常燃烧的最小过量空气系数可降低至1.1。匹配良好的球形燃烧室可以做到工作柔和、轻声、低烟、低 NO_x 排放，其动力性和燃油经济性能都较好。但球形燃烧室存在冷起动性能差（起动时壁面温度低）、随工况变化性能差别大、由于对涡流强度十分敏感因而工艺要求高等问题，目前已很少使用。

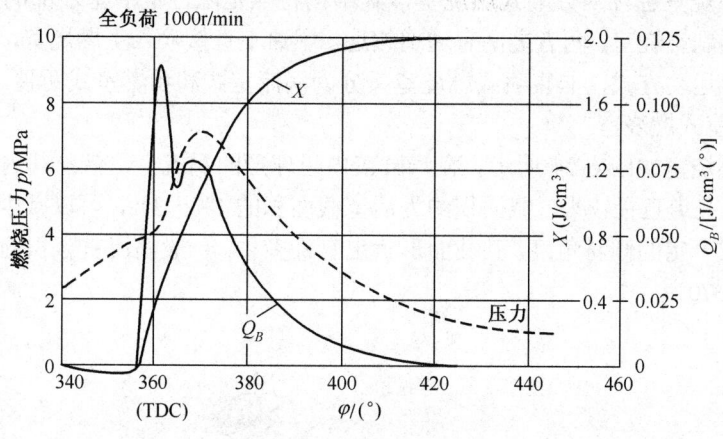

(a) ω形燃烧室

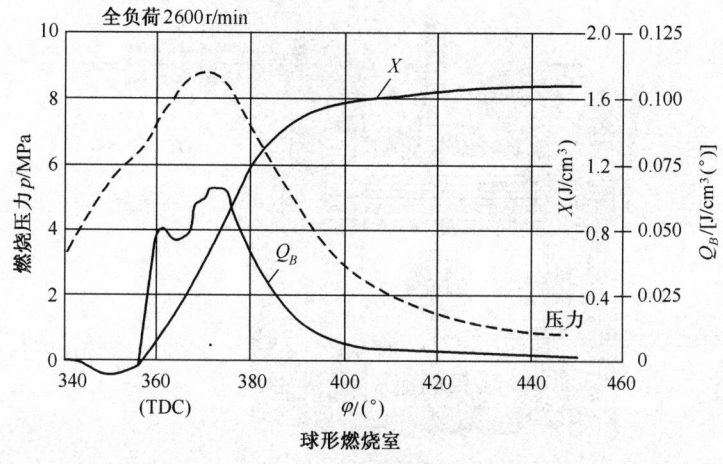

(b) 球形燃烧室

图 6-23　ω形燃烧室与球形燃烧室的燃烧过程对比

直喷式燃烧室虽然各具特色，但却具有一些共同的特点，简单归纳如下：

（1）由于燃烧迅速，故经济性好，有效燃油消耗率低。直喷式柴油机比非直喷式柴油机的有效燃油消耗率低10%～20%，经济性好是直喷式柴油机的突出优点。

（2）燃烧室结构简单，表面积与容积比小，因此散热损失小，也没有主、副室之间的流动损失，一方面可使冷起动性能较好，另一方面也是经济性好的主要原因。

（3）对喷射系统的要求较高，特别是开式燃烧室；半开式燃烧室对气道也有较高的要求。

（4）NO_x 的排放量较非直喷式燃烧室柴油机高。特别是在较高负荷的区域内，约高一倍。开式燃烧室的微粒排放量相对较低。

（5）对转速的变化较为敏感，特别是半开式燃烧室因而适用转速较非直喷式燃烧室柴油机低。

（6）压力升高率大，燃烧噪声大，工作较粗暴。

2. 非直喷式燃烧室

非直喷式燃烧室也称为分隔式燃烧室，其结构特点是除位于活塞顶部的主燃烧室外，还有位于缸盖内的副燃烧室，两者之间有通道相连。燃油不直接喷入主燃烧室，而是喷入副燃烧室内。按其气流运动方式，非直喷式燃烧室又分为涡流室式和预燃室式两种。

（1）涡流室式燃烧室

涡流室式燃烧室如图 6-24 所示。在汽缸盖内呈球形的涡流室，借与其内壁相切的孔道和主燃烧室连通。孔道直径较大，截面积约为活塞截面积的 1%～3%，可以减少流动损失，孔道方向与活塞顶成一定的倾斜角度，其截面形状也有许多种。一般涡流室容积约占整个燃烧室压缩容积的 50%～70%。

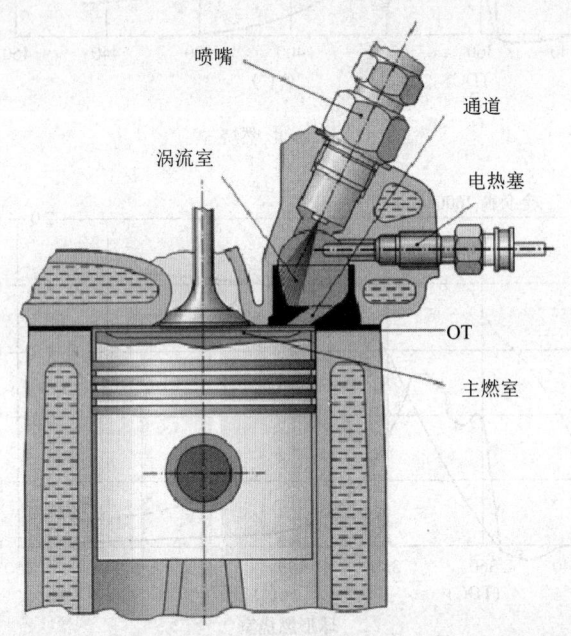

图 6-24　涡流室式燃烧室

涡流室式燃烧室燃烧特点：在压缩过程中，活塞迫使空气从主燃烧室经过孔道挤入涡流室，形成强烈的有组织的压缩涡流运动，压缩涡流在涡流室式燃烧室柴油机的混合气形成中起主要作用。燃料顺涡流方向喷射到涡流室后，较小的油滴随空气运动，在空间蒸发与空气混合，较大的油滴在气流作用下被带向燃烧室外围，其中部分燃料分布在壁面上。混合气在孔道附近靠近壁面处首先着火，在强烈涡流作用下，密度较小的燃烧产物被卷入涡流室中央，密度较大的新鲜空气不断压向四周形成良好的"热混合"。涡流室中着火燃烧后，室内气体压力和温度迅速升高，大部分燃料在涡流室中燃烧，未燃部分与高压燃气一起通过切向孔道喷入主燃室，并在活塞顶的浅凹槽内形成二次涡流，加速燃料与空气混合，继续完成燃烧。

由此可见，在涡流室式燃烧室中，混合气形成主要靠空气强烈的有组织的涡流运动（压缩涡流和二次涡流）。涡流强度宜适中，太强会引起较大的传热损失和流动损失；太弱会影响混合气的形成。

涡流室式燃烧室采用边扩散、边蒸发、边混合的方式。这种混合方式对喷雾质量要求不高，因而对喷油系统要求较低，一般采用轴针式喷油器，启喷压力为 10~12MPa，远低于直喷式燃烧室用的孔式喷油器。

（2）预燃室式燃烧室

预燃室式燃烧室结构如图 6-25 所示。主燃烧室在活塞顶上，作为副燃烧室的预燃室在汽缸盖内。连通主、副两燃烧室的孔道直径较小，截面积约为活塞截面积的 0.3%~0.6%，预燃室容积约占整个燃烧室压缩容积的 35%~45%，喷油器安装在预燃室中心线附近。相对涡流室来说，预燃室的容积和连接通道的截面积都较小，通道内的最大流速约提高 50%。

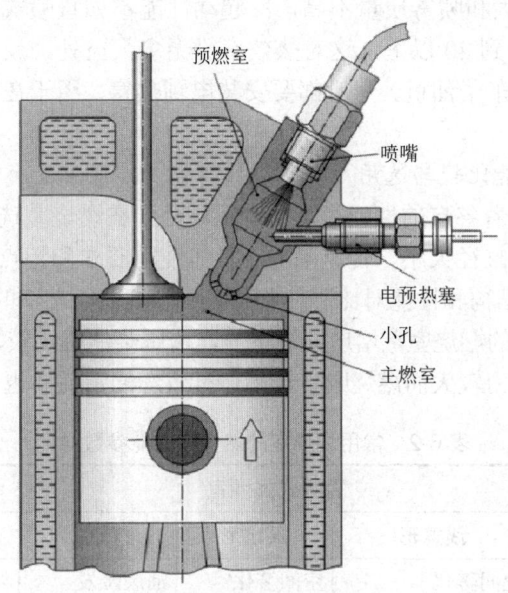

图 6-25　预燃室式燃烧室

混合气形成与燃烧特点：在压缩过程中部分空气经连接孔道被压入预燃室，由于连接孔道截面积很小，且不与预燃室相切，因此在预燃室中形成强烈的无规则的紊流运动。燃料喷到顶燃室通道附近后，依靠空气紊流的扰动与空气初步混合。气流只将一部分小油粒带向预燃室的上部空间，并在那里着火。着火后使预燃室内压力和温度迅速升高，高温、高压的燃气携带未燃的燃料高速经孔道喷入主燃室；由于窄小孔道的节流作用，在主燃室中产生燃烧涡流，促使燃料进一步雾化与空气混合，并达到完全燃烧。

非直喷式燃烧室具有下列特点：

（1）采用浓、稀两段混合燃烧方式。NO_x 和微粒排放均低于直喷式燃烧室，但低负荷下的碳烟排放量较大。

（2）着火燃烧首先在副燃烧室开始，由于通道的节流作用，初期放热率低，因而压力升高率[约为 $0.25MPa/(°CA)$]和最高燃烧压力均低于直喷式燃烧室，燃烧柔和，振动噪声小。

（3）对于涡流式燃烧室，压缩涡流随发动机转速升高而增强，即转速越高，混合气形成和燃烧速度越高，混合气形成质量对转速变化不敏感，因此涡流室式燃烧室适合于高速柴油机，其转速可高达 5000r/min。

（4）缸内气流运动自始至终比较强烈，空气利用率好，可在过量空气系数为 1.2 的条件下正常工作，平均有效压力较高，约为 0.7～0.8MPa。

（5）喷油系统要求不高，可以使用轴针式喷油器，喷射压力较低，不需要进气涡流，进气道形状简单，因而加工成本低，使用故障少，工作可靠性和使用寿命提高。

（6）一般对燃油不太敏感，有较强的适应性。

（7）涡流室式燃烧室的最大问题是燃油消耗率比直喷式燃烧室高出 10%～15%，其主要原因是面容比（表面积与容积之比）较大，加上强烈的空气运动影响，使散热损失较大；通道节流造成流动损失较大；由于燃烧分两段进行，整个燃烧持续期拉长，等容度下降。预燃室式燃烧室由于通道节流损失更大，因而燃油经济性更差一些，通道的热负荷更高，易产生热裂等故障。

（8）由于散热损失大和喷雾质量不高，冷起动性能不如直喷式燃烧室。为改善冷起动性能，不得已将压缩比提高到 20 以上，这对热效率已无多大益处，反而对机械效率带来不利影响。在要求较高时（如轿车柴油机）一般都要安装电预热塞，用于在冷起动时提高燃烧室内的温度，保证顺利起动。

3. 不同燃烧室的性能比较与选用

不同类型的燃烧室有着各自的性能特点与适用场合。在燃烧室选用中，主要结合各类燃烧室的特点并考虑柴油机的缸径大小、转速范围、具体使用要求和特点以及制造维修水平等。表 6-2 给出了常用燃烧室的结构和性能对比。表中数据一般是以小功率的非增压柴油机为对象。同时要注意，对于同一类型的燃烧室，增压柴油机与非增压柴油机比较，一般过量空气系数较大，压缩比较低，最高爆发压力较大而燃烧噪声较小，有效燃油消耗率也会有不同程度的降低。

表 6-2 常用燃烧室的结构和性能参数对比

	对比项目	直喷式燃烧室			非直喷式燃烧室	
		浅盆形	深坑形	球形	涡流室式	预燃室式
燃烧室特点	混合器形成方式	空间雾化	空间雾化	油膜蒸发	两段混合	两段混合
	压缩比	12～15	16～18	17～19	18～22	18～22
	空气运动	无涡流或弱进气流	较强进气涡流及挤流	强进气涡流	压缩涡流及燃烧涡流	压缩涡流及燃烧涡流
	过量空气系数	1.6～2.2	1.4～1.7	1.3～1.5	1.2～1.6	1.2～1.6
	热损失和流动损失	小	较小	较小	大	最大
	喷油器	孔式（6～12 孔）	孔式（4～6 孔）	孔式（1～2 孔）	轴针式	轴针式
	启喷压力 / MPa	20～40	18～25	17～19	10～12	8～13
	燃料雾化	要求高	要求较高	一般	要求较低	要求低
主要性能	p_{me}/MPa	0.6～0.8	0.6～0.8	0.7～0.9	0.6～0.8	0.6～0.8
	b_e/[g/(kW·h)]	190～220	218～245	218～245	231～272	245～292
	NO_x	高	较高	较高～中等	低	低
	PM	较低	高	低	低	低
	HC	较低	高	高	低	低

续表

对比项目		直喷式燃烧室			非直喷式燃烧室	
		浅盆形	深坑形	球形	涡流室式	预燃室式
主要性能	燃烧噪声	最高	较高	较低	低	低
	起动	容易	较容易	难	难	最难
	适应转速/(r/min)	≤1500	≤4000	≤2500	≤5000	≤3500
	适应缸径/mm	≥200	≤150	90～130	≤100	≤100（或160～220）

对表中数据总结如下：

（1）在燃油经济性方面，直喷式燃烧室柴油机明显优于分隔式燃烧室柴油机。直喷式燃烧室柴油机由过去主要用于中重型卡车变为现在日益向中小型卡车以及轿车领域扩展。目前新研制的缸径 $D>100mm$ 的高速柴油机几乎都采用直喷式燃烧室，缸径 $D<100mm$ 柴油机上采用直喷式燃烧室的机型也逐渐增多。

（2）在排放特性上，分隔式燃烧室柴油机在原理上是低排放燃烧方式，比直喷式燃烧室的柴油机有优势，但近年来发展的高压喷射和电控喷射等技术，使直喷式燃烧室柴油机的 HC 和微粒排放有了显著的改善，缩小了在排放特性上与分隔式燃烧室柴油机的差距。

（3）在噪声振动方面，分隔式燃烧室柴油机比直喷式燃烧室柴油机有优势，加之具有高速性能好、制造成本低以及容易实现低排放污染等优点。

（4）在重型汽车、大型增压柴油机上，目前几乎都采用无涡流或低进气涡流的开式燃烧室。

（5）中、轻型车的应用领域中，目前主要是涡流室式燃烧室与半开式燃烧室两者的竞争。对于开式燃烧室，由于其小缸径和高转速的限制而难以采用；对于预燃室式燃烧室，由于其经济性比涡流室式燃烧室要略差，故也极少采用。在缸径相对较大的中型车用柴油机中，半开式燃烧室占有一定优势并可能会继续延续这一优势。

6.3.3 燃烧过程的影响因素

柴油机的燃烧过程是极其复杂的，为实现高效、低排放的完全燃烧，对燃烧过程的要求是多方面的，即很多因素会对燃烧过程产生显著影响，如燃油性质、压缩气体状态、喷油特性、燃烧室结构、运转条件等。这些因素之间既相互影响又相互制约，任何一个因素如不与其他因素合理地匹配都会造成燃烧过程的恶化。而这些因素之中，又以进气系统、喷油系统和燃烧室结构三者之间的配合最为关键。同时，针对车用柴油机工作范围宽广的特点，希望不仅是在某一工况，而是在各种转速、负荷的工况下，都能有较好的性能。燃烧过程的影响因素主要归结为：

1. 燃油喷射、气流运动和燃烧室形状各自特点及相互间的配合

（1）燃油喷射特性直接影响燃烧过程

以柴油机喷油泵为核心的整个燃料供给系统的喷油特性如喷油压力、喷油正时以及喷油规律等，对于柴油机燃烧过程的品质与整机性能有着十分重要的影响。

1）喷油压力。

加速燃油与空气混合的主要方法之一是使燃油喷雾颗粒进一步细化，以增大燃油与空气的接触面积。为此，近年来高压喷射技术在直喷式柴油机上得到了广泛的应用。喷射压力由传统直喷式柴油机的 30～50MPa 提高到 60～80MPa，近年来已达 150～180MPa。高压力加上喷孔直径的不断缩小，使喷雾的索特直径由过去的 30～40μm 减小到 10μm 左右。油气混合界面的显著增大，再加上高速燃油喷射束对周围空气的卷吸作用，使混合气形成速度大大加快，混合气浓度分布更均匀，着火落后期缩短，着火开始位置由过去的喷油器附近向壁面附近转移，形成了与传统直喷式柴油机多有不同的燃烧特征。高压喷射造成的这种高温高速以及混合能量很大的燃烧过程使微粒（碳烟）排放和热效率都有了明显的改善。

2）喷油提前角。

供油规律决定喷油规律，供油提前角（也称为喷油提前角）对柴油机的燃烧过程和放热规律、性能有很大影响。喷油提前角过大，燃油将喷入温度和压力相对较低的空气中，着火落后期增大，同时在着火燃烧后，活塞仍在上行，使压力升高率和最大爆发压力都较高，工作较粗暴，NO_x 的排放量也会由于燃烧温度的升高而增加。过早燃烧还会增加压缩负功，降低柴油机的经济性和动力性。喷油提前角过小则会使燃油不能在上止点附近及时燃烧，也对柴油机的经济性和动力性不利，未燃碳氢化合物（HC）和微粒的排放量也会增加。对于每一种工况，均有一个最佳的喷油提前角，此时负荷最大，有效燃油消耗率最低。但为了兼顾降低 NO_x 的排放量和燃烧噪声的需要，一般调节喷油提前角略小于最佳的喷油提前角。作为一个实例，图 6-26 给出了一台直喷式柴油机在不变的中等转速和中等负荷下喷油提前角变化所产生的影响。

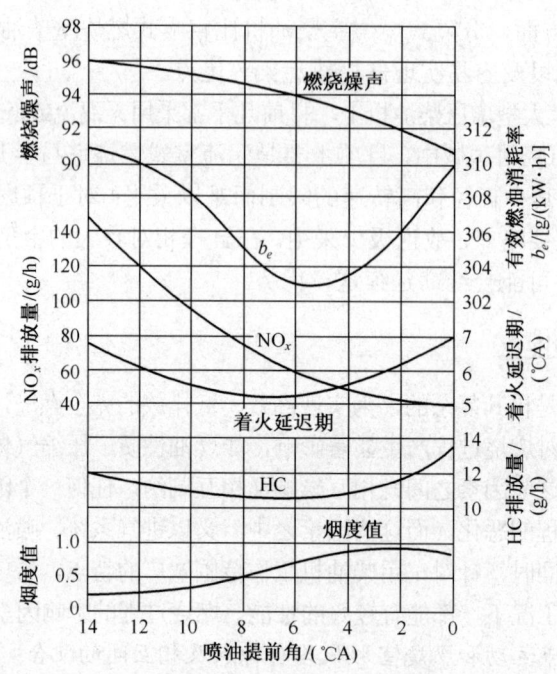

图 6-26 喷油提前角的影响

由图可见，NO_x 的排放量和燃烧噪声随喷油提前角变小而下降，故实际中常将推迟喷油作为减小 NO_x 的排放量和燃烧噪声的有效措施加以采用，但这往往也是以有效燃油消耗率和微粒的排放量上升为代价的。

柴油机要求最佳喷油提前角随转速及负荷增加而提前。最佳喷油提前角随各种工况变化的准确调节只有通过电子控制才能真正实现。

3）喷油规律。

喷油规律对柴油机性能具有重要影响，除了更高的喷射压力和喷油速率以及更短的喷油持续期以外，喷油规律的合理形状也是人们努力追求的目标。为改善柴油机的动力性、经济性、有害排放物和噪声水平等，应尽可能实现理想的喷油规律。

若要实现理想的燃烧过程，就必须对放热率进行有效的控制，即在初期，应控制燃烧速率，尽可能降低燃烧温度，从而降低燃烧噪声和 NO_x 排放；在中期，要保持快速和有效的燃烧，以提高动力性和经济性；在后期，要尽可能缩短扩散燃烧，以便降低烟度和颗粒。要实现这样的燃烧模式，希望实现"先缓后急，断油迅速"的喷油规律，且喷油规律应随发动机工况（转速、负荷）的变化而变化。这种较为理想的喷油规律通过使用电控喷油系统的高压喷射、多段喷射来实现。

（2）气流运动影响燃烧过程

着火延迟期内，气流运动状况直接影响混合气生成量，影响燃烧过程的放热规律。同时强涡流和湍流运动，可以加速混合气生成速率，避免局部混合气过浓。特别应重视压缩上止点附近及燃烧过程中的气流运动。但另一方面，进气涡流强度的提高会造成充量系数的下降和泵气损失的增加，燃烧室内气流运动的增加会造成流动损失及散热损失的升高，因此，气流运动强度必须适当。目前解决这一矛盾的方法倾向于提高喷射压力从而适当降低旋流强度。通过采用较缓的初期燃烧放热率的同时，加强扩散燃烧期的气体扰动是降低 NO_x 和燃烧噪声而又保证燃油经济性不恶化的一个极为有效的方法。加强燃烧后期的混合气运动，还可加速碳烟的氧化和再燃烧，可以降低排气烟度。

（3）燃烧室结构影响燃烧过程

柴油机的燃烧室应尽可能做到形状紧凑、面容比小，这样可减小散热损失、减少燃烧死角，提高空气利用率。非直喷式燃烧室燃油经济性不好的重要原因之一就是面容比大使散热损失过大。各类柴油机燃烧室都应尽可能减少余隙容积（包括活塞顶与气缸盖之间的顶隙容积、气门凹坑容积、第一道活塞环以上的环岸容积），使空气集中在燃烧室凹坑内，以提高空气利用率，使燃油不分散到余隙容积中，以避免不完全燃烧和有害物排放。

燃油喷射、气流运动和燃烧室形状均会对燃烧过程产生直接影响，采用何种强度的涡流、何种喷油方式、何种形状的燃烧室，单独地看，并不存在最佳方案，但综合起来看，在一定的限制条件下，只要燃油喷射、气流运动和燃烧室三者能恰当配合，达到综合的优化性能指标，就是最佳方案。在燃油喷射、气流运动与燃烧室形状间的配合中，一般应兼顾各方面的要求，并根据具体使用情况有所侧重，寻求一个较理想的折中方案。

近年来，一方面燃烧室内部的测试技术有了较大发展，通过激光测量、高速摄影和缸内取样等，深入了解混合气形成和燃烧过程，从而寻求最佳的配合；另一方面，应用计算机对柴油机的工作过程进行模拟计算也得到应用，燃烧模型从简单的零维模型发展为三维模型，这也成为设计改进工作的有力工具。但燃油喷射、气流运动与燃烧室形状间的配合，目前仍以大量试验、反复改进为主要手段来进行。

2. 影响燃烧过程的运转因素

（1）负荷

柴油机的负荷调节方法是"质调节"，即空气量基本上不随负荷变化，而只调节循环供油量。柴油机若转速保持不变而负荷增加，循环供油量也增大，过量空气系数减小，单位容积内混合气燃烧放出的热量增加，引起缸内温度上升，有利于混合气的形成，使着火延迟期缩短，柴油机的工作柔和。负荷对着火延迟期的影响如图 6-27 所示。当负荷增加时，由于循环供油量增大以及燃烧过程变长，也需要适当加大供油提前角。在中、小负荷工况下，燃烧效率的变化一般不大，但随着循环供油量的加大，过量空气系数变小，导致补燃增加，燃烧过程延长，热效率降低，经济性下降。特别是负荷过大时，因空气不足，引起燃烧恶化，排气冒碳烟，燃烧效率下降。

（2）转速

发动机转速变化时，冲量系数、气流运动、发动机热状态、喷油压力、燃料的喷雾品质以及在供油齿杆位置不变时每循环供油量等都发生变化，直接影响燃烧过程。在不同发动机中，它们的影响也不同。转速升高时，由于散热损失和活塞环的漏气损失减小，使压缩终点的温度和压力增高；转速升高也会使喷油压力提高，改善燃油的雾化，这些都使得以秒为单位的着火延迟期缩短，而以曲轴转角为单位的着火延迟期则有可能缩短，也可能延长，图 6-28 给出了转速对着火延迟期影响的实例。当转速增加时，为了保证燃烧在上止点附近迅速完成，应适当加大供油提前角，现代车用柴油机的供油提前角调节装置可以实现这一功能。

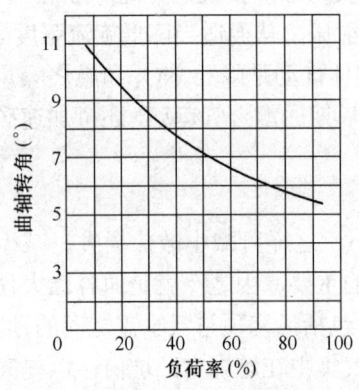

图 6-27 负荷对着火延迟期的影响

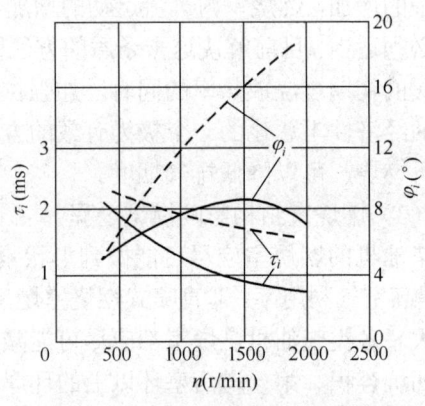

图 6-28 转速对着火延迟期的影响

一般来说，转速过低或过高时，都会使燃烧效率降低。转速过低时，空气运动减弱，喷油压力下降，使混合气质量变差；转速过高时，燃烧过程所占的曲轴转角加大，充气效率下降，也会给燃烧效率带来不利的影响。

3. 燃料性质

燃油的十六烷值是衡量燃油自燃性的指标，对燃烧过程也有一定影响。图 6-29 所示为喷油时刻相同时不同十六烷值燃油对燃烧过程的影响。在其他条件相同的情况下，十六烷值高的燃油自燃性相对较好，即较易于着火自燃，着火延迟期缩短，因此速燃期内的压力升高率和最大爆发压力较低，从而使燃烧噪声和 NO_x 的排放量也都降低，且对改善冷起动有利。实际上，只有当十六烷值低于 50 时，对着火延迟期才有显著影响，自 50 增至 70 时，着火延迟期变化很小。一般高速柴油机所用柴油的十六烷值为 40～50。

十六烷值高的燃油其分子量加大，馏程也高，蒸发性变差，粘度增加，导致排气冒烟加剧及燃油经济性下降。反之，如果馏程较低，而十六烷值也低则着火性差，就会在着火延迟期中形成大量的可燃混合气,着火后一起燃烧,使柴油机工作粗暴。因此,燃料的十六烷值和馏程均要适当,馏程一般为 200℃~350℃。另外,一般直喷式燃烧室比非直喷式燃烧室对燃油的性质更为敏感。

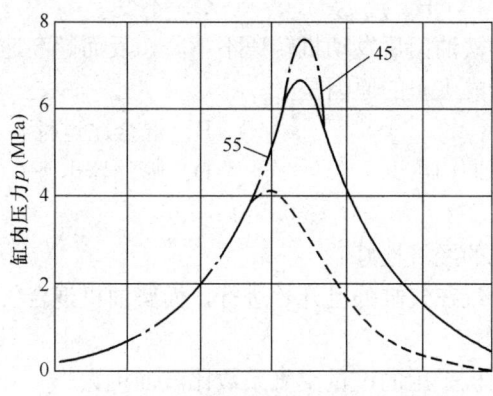

图 6-29　十六烷值对燃烧过程的影响

4. 废气再循环

废气再循环(EGR)是指将一部分已燃的废气再次引入燃烧室内参加燃烧,从而降低燃烧过程中的工质温度,有效地控制 NO_x 的生成量,降低 NO_x 的排放。废气再循环可以由简单的机构来进行控制,也可以与电控系统相结合,实现更精确、更理想的控制。但由于它实际上降低了过量空气系数,会对完善、及时的燃烧产生不利的影响,从而也会使碳烟的排放量增多,柴油机经济性变差,特别是在高转速、大负荷的工况下。因此,仅在低速、低负荷的一定范围内,才在进气中掺入一定量的废气。

本章小结

柴油机燃烧过程具有高速、高温和高压的特点,从喷油开始到燃烧结束一般在 2~10ms 内,燃烧室内温度可达 2000℃ 以上,最高压力超过 15MPa。燃烧过程及燃烧特性对柴油机的动力性、经济性和排放特性具有重要影响。本章从柴油机燃烧压力、温度、燃烧速度等参数的变化介绍了燃烧过程及燃烧特点,分析混合气形成特点和燃烧室形状对柴油机工作性能的影响。

知识训练

1. 选择题

(1) 柴油机燃烧过程中,气缸内温度达最高时在(　　)。
　　A. 后燃期　　　　　　B. 速燃期　　　　C. 缓燃期

(2) 柴油机工作粗暴原因,下列说法错误的是(　　)。
　　A. 柴油的着火性差　　　　　　　　　B. 着火延迟期长
　　C. 发动机温度高　　　　　　　　　　D. 喷油时间过早

(3) 关于柴油机工作粗暴原因,甲说可能喷油时间过早,着火延迟期长;乙说可能喷油时间过早,柴油的十六烷值太低。( )。

　　A．甲正确　　　　B．乙正确　　　　C．甲乙都正确　　D．甲乙都不正确

（4）柴油机着火时敲击声均匀,加速时声响尖锐、冒黑烟,说明喷油时刻（　　）。

　　A．过早　　　　　B．过迟　　　　　C．不变　　　　　D．以上均不正确

（5）柴油机运转时,松油门后发动机转速不下降,反而超高速运转,并有巨大声音及排出浓烟,形成"飞车",造成飞车的原因是（　　）。

　　A．喷油压力过高　　　　　　　　　B．混合比过稀
　　C．调速器失去调速作用　　　　　　D．喷油器卡死

2．判断题

（1）柴油机比汽油机的经济性好。　　　　　　　　　　　　　　　　　　（　）

（2）汽油机形成混合气在气缸外已开始进行,而柴油机混合气形成是在气缸内进行。
　　　　　　　　　　　　　　　　　　　　　　　　　　　　　　　　　　（　）

（3）一般来说,柴油机采用的过量空气系数比汽油机大。　　　　　　　　（　）

（4）速燃期的气缸压力达最高,而温度也最高。　　　　　　　　　　　　（　）

（5）速燃期的燃烧情况与备燃期的长短有关,一般情况下,备燃期越长,则在气缸内积存并完成燃烧准备的柴油就越多,燃烧越迅速,发动机工作越柔和。　　　　　　（　）

（6）供油提前角过大会使柴油发动机的工作粗暴。　　　　　　　　　　　（　）

（7）汽车排放物污染与汽车的数量、气候条件有很大关系,排放污染物中 CO、HC 和 NO_x 是主要的污染物质,而 CO 所占比例最大。　　　　　　　　　　　　　　（　）

（8）采用稀薄燃烧技术的发动机,其优点是可在汽车常用的部分负荷下降低排放物污染,提高燃料的经济性。　　　　　　　　　　　　　　　　　　　　　　　　（　）

3．简答题

（1）柴油机和汽油机的燃烧方式有何区别?

（2）简述柴油机燃烧过程及特点。

能力训练

当柴油机使用十六烷值不同的燃油时,分析燃烧过程中温度、压力及柴油机性能的变化。

7

发动机的特性

1. 了解发动机工况及功率标定的概念。
2. 熟悉发动机性能指标与工作过程参数间的关系。
3. 熟悉发动机扭矩储备系数、转速储备系数及其意义。
4. 掌握发动机负荷特性概念及汽、柴油机负荷特性曲线变化特点。
5. 掌握发动机速度特性概念及汽、柴油机速度特性曲线变化特点。
6. 掌握发动机性能的测试原理及方法。

1. 对比分析汽、柴油机动力性、燃油经济性，说明各自特点。
2. 能操作发动机实验设备，并依据实验结果对其性能给予评定。

7.1 发动机工况与功率标定

7.1.1 发动机工况

发动机的运行情况（简称工况）是以其发出的功率 P_e 和转速 n 来表示。此功率、转速应该与发动机所带动的工作机械要求的功率、转速相适应。只有当发动机发出的扭矩与工作机械消耗的扭矩相等时，两者才能在一定转速下按一定功率稳定工作。如图 7-1 所示，T_R 曲线为工作机械所消耗扭矩随转速的变化，T_{tq} 曲线是发动机油量控制机构一定时，扭矩随转速的变化，此时发动机只能在 T_{tq}、T_R 曲线相交的 A 点，即扭矩 $T_{tqA}=T_{RA}$，转速为 n_A 的工况下稳定工作。

然而，工作机械阻力矩和转速是会变化的，其变化规律取决于不同用途。例如，工作机械阻力矩增加，如图中 T_R 曲线，若发动机油量控制机构不变，则其转速就要降低，直至 T_{tq}、T_R 曲线相交的 B 点，即扭矩 $T_{tqB} = T_{RB}$，转速为 n_B 时才达到新的平衡，发动机再次稳定工作。可见，由于稳定工作必须满足扭矩相等的条件，当工作机械阻力矩或转速变化时，就引起发动机与之配合的运行工况发生变化，因而发动机工况变化规律与所带动的工作机械的工作情况有关。根据内燃机的用途，其使用条件大致可分为以下三类。

第一类工况：恒速工作。发动机转速不变，而功率改变。例如，发电用发动机正常起动后，为使其工作稳定，要求发动机转速基本恒定。功率随电机负荷大小，从零直接变到最大，没有固定的规律性，但要使发动机转速不变，才能确保输送的频率稳定，那么在工况图上会出现一条垂直线（图 7-1 中的曲线 1），称为线工况。

第二类工况：螺旋桨工作。功率与转速的关系类似于三次幂函数，$P_e = Kn^3$，K 为比例常数。船用机就是这类发动机，因为它是带动螺旋桨工作，故称螺旋桨工况或推进工况，也是线工况。如图 7-1 中曲线 2 所示。这样，发动机功率与转速之间呈现一种有规律的变化。

第三类工况：陆上运输。发动机功率和转速都独立地在很大范围内变化，它们之间没有特定的关系。驱动汽车等陆上运输车辆时，都属于此类。其运行情况是：转速决定于行车速度，可以从最低稳定转速一直变到最高转速。扭矩取决于行驶阻力，在同一转速下，可由零变到全负荷。当需要发动机制动时，如汽车下长坡，发动机是由底盘倒拖而做负功，运行工况由图 7-2 中的阴影线面积表示。

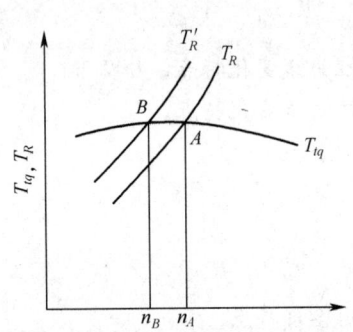

图 7-1　发动机和从动机配合工作

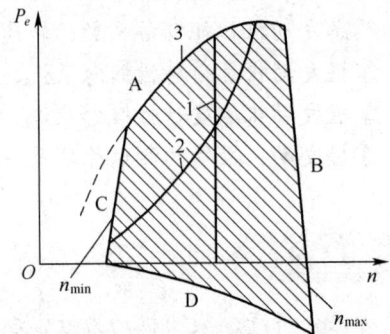

图 7-2　发动机各种工况与工作范围

上边界线 A 是不同转速下的发动机所能发出的功率最大值（曲线 3）；左边界线 C 为发动机最低稳定工作的转速限制线；右边界线 B 为发动机最高转速限制线，下边界线 D 是汽车熄火，外力倒拖发动机的工况线，称为倒拖功率。发动机在这样一个面区域内工作，这就是车用发动机在路面行驶过程中会遇到的工况。

至于汽车用发动机功率和转速的具体变化情况，则因汽车种类和使用条件而不同。一般情况，汽车在平坦路面上，尤其在城市公路行驶时，起动和制动频繁，发动机经常在部分负荷的中、低速和怠速情况下工作，而很少在满负荷下以最高车速行驶，因此发动机仅偶尔以最大功率工作。长途运输车高负荷、高速行驶情况较多，例如车辆在高速公路上行驶，长时间高速连续行驶的情况就大大增加了。

拖拉机柴油机为保证耕作质量，常在选定的某一转速下工作，且由于生产率需要，使用的负荷也较高，经常是全功率的 85%左右，更因土壤组织不均匀以及土中有杂草、茬根等，牵引阻力有很大的波动，此时柴油机运转接近第一类工况。当拖拉机用于运输时，其柴油机运转情况属于第三类工况，转速变化大，负荷率也较低。

汽车行驶时，由于车速与行驶阻力不断变化，则发动机的转速和负荷亦相应变化，以适应汽车的需要。随着转速和负荷的改变，发动机的性能（包括动力性、经济性、排放性、噪声、烟度等）也会发生变化。因此，评价和选用发动机时就必须考察它在各种工况的性能，才能全面判断它能否满足要求。

7.1.2 发动机性能指标与工作过程参数间的关系

发动机性能指标随调整运转工况而变化的关系称为发动机特性。其中性能指标随着调整情况变化的关系称调整特性，性能指标随运转工况变化的关系称性能特性。特性用曲线表示称为特性曲线，它是评价发动机性能的一种简单、方便、必不可少的形式。根据各种特性曲线，可以合理地选用发动机，通过特性曲线可以分析在不同使用工况下，发动机特性变化的规律及影响因素，从而提出改善发动机性能的途径。

发动机的有效指标平均有效压力 p_{me}、有效扭矩 T_{tq}、有效功率 P_e、有效燃油消耗率 b_e、每小时耗油量 B 随发动机运转工况而变化的关系取决于发动机工作过程参数随运转工况的变化。

发动机性能指标与工作过程的关系推导如下。

每循环进入气缸的燃油量（kg）为

$$\Delta b = \frac{V_s \eta_v \rho_o}{\alpha L_o}$$

每循环放热量 Q（kJ）为

$$Q = \frac{V_s \eta_v \rho_o h_\mu}{\alpha L_o}$$

式中 η_v——充气效率；ρ_0——大气状态下空气密度（kg/m³）；V_s——气缸工作容积（m³）；α——过量空气系数；h_μ——燃料低热值（kJ/kg）；L_0——理论空气量（kg/kg）。

根据平均有效压力 p_{me}（kPa）的定义

$$p_{me} = \frac{W_e}{V_s} = \frac{\eta_e Q}{V_s}$$

式中 W_e——每循环有效功（kJ）；η_e——有效热效率。

$$p_{me} = \frac{\eta_e \eta_v \rho_o h_\mu}{\alpha L_o} = \frac{1}{L_o} \rho_0 \frac{h_\mu}{\alpha} \eta_i \eta_m \eta_v = K \frac{\eta_i}{\alpha} \eta_m \eta_v \tag{7-1}$$

式中 η_i——指示热效率；η_m——机械效率。

根据式（2-25）、式（2-27）、式（2-31）可得：

$$P_e = \frac{K_1}{\alpha} \eta_v \eta_i \eta_m n \tag{7-2}$$

$$T_{tq} = K_2 \frac{\eta_v}{\alpha} \eta_i \eta_m \tag{7-3}$$

$$b_e = \frac{K_3}{\eta_{it}\eta_m} \tag{7-4}$$

$$B = K_4 \frac{\eta_v}{\alpha} n \tag{7-5}$$

式中　　K、K_1、K_2、K_3、K_4——比例常数。

上述公式将发动机重要性能指标与工作过程参数联系起来。要分析 p_{me}、T_{tq}、P_e、b_e、B 随工况变化的情况，首先要分析式中 η_v、η_m、η_i、α 随工况的变化规律和曲线，并分析各单个因素影响的原因和程度，作为修正特性曲线和选择性能改进措施的依据。

7.1.3　发动机标定工况及功率标定

发动机铭牌上规定的最大输出功率 $P_{e\max}$ 及其对应的转速 n 所确定的工况叫标定或额定工况。标定工况并不是发动机所能达到的极限最大功率点，而是根据发动机用途、使用特点、综合考虑各种性能要求和使用寿命后，人为规定的一个限制使用的最大功率点。

同一型号的发动机，在不同的使用条件及寿命要求下，铭牌上所标定的功率及相应的转速可以不同。发动机铭牌上标出的功率均为使用中允许的最大功率。

按发动机用途和使用特性以及允许连续运转的时间，GB1105.1－1987 中规定的标定功率分为四种：15min 功率、1h 功率、12h 功率和持续功率。按使用特性在发动机铭牌上可标明其中 1～2 种功率。

（1）15min 功率

为发动机允许连续运转 15min 时的最大有效功率。

可用于需要有较大的功率储备或瞬时需要发出最大功率的汽车、摩托车、快艇所用发动机的功率标定。

（2）1h 功率

为发动机允许连续运转 1h 的最大有效功率。

可用于拖拉机、工程机械、船舶等发动机的功率标定。

（3）12h 功率

为发动机允许连续运转 12h 的最大有效功率。

可用于拖拉机、农用排灌、电站等发动机的功率标定。

（4）持续功率

为发动机允许长期连续运转的最大有效功率。

可用于农业排灌、电站、船舶、铁路牵引等发动机的功率标定。

7.2　发动机的负荷特性

负荷特性表示发动机转速不变，其经济性指标随负荷（可用功率 T_{tq}、扭矩 P_e 或平均有效压力 p_{me} 表示）的变化关系，以曲线表示，则称为负荷特性曲线。

当汽车以一定的速度沿阻力变化的道路行驶时，必须改变发动机油门来调整有效扭矩，以适应外界阻力矩的变化，保持发动机转速不变。此时，发动机按负荷特性工作。负荷特性可通过发动机台架试验测得，负荷特性一般用来分析发动机经济性好坏。研究负荷特性的变化规律，可以掌握影响发动机经济性的因素。

由式（7-2）、式（7-3）可知，当转速不变时，有效功率 P_e 与有效扭矩 T_{tq}、平均有效压力 p_{me} 互为正比，因此负荷特性的横坐标——负荷可用 P_e、T_{tq} 或 p_{me} 表示。纵坐标主要是每小时燃油消耗量 B 和燃油消耗率 b_e。根据需要还可以绘出排气温度、排放、噪声等。

7.2.1 汽油机负荷特性

当汽油机保持某一转速不变，而逐渐改变节气门开度（同时调节测功器负荷，如改变电涡流测功器的励磁电流，以保持转速不变），每小时耗油量 B、燃料消耗率 b_e 随负荷（P_e、T_{tq} 或 p_{me}）而变化的关系，称为汽油机负荷特性。测取前，应将发动机技术状况调至最佳；测取时，应按规定保持冷却水温、润滑油温度及压力在合理的范围。

一般汽油机是靠改变节气门开度，进而改变进入气缸的新鲜气体量来适应负荷变化。其负荷的调节方法称为"量调节"。图 7-3 为汽油机负荷特性。

1. 燃油消耗率曲线

由公式 $b_e = K_3(1/\eta_i\eta_m)$ 可知，b_e 的变化取决于 η_i、η_m 的变化。η_i、η_m 随负荷的变化如图 7-4 所示。

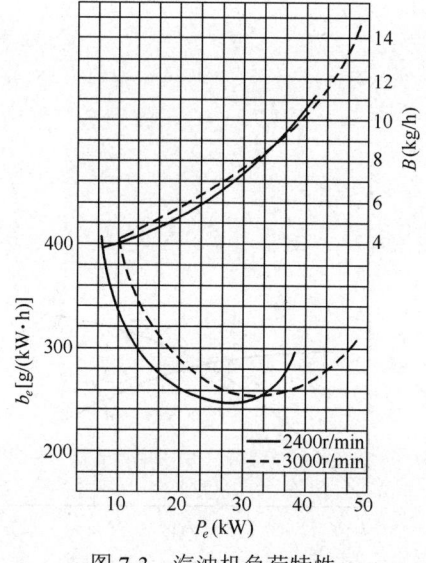

图 7-3 汽油机负荷特性

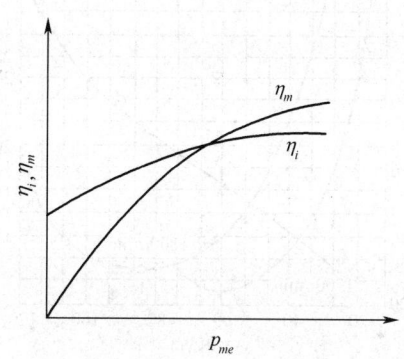

图 7-4 汽油机的 η_i、η_m 随负荷的变化

（1）指示热效率 η_i——随负荷增加，节气门开度加大，残余废气相对减少，热负荷增加，从而改善了燃油雾化、混合条件，使燃烧速度加快，散热损失相对减少，η_i 增加。负荷增至大负荷，混合气加浓，η_i 下降。

（2）机械效率 η_m——η_m 随负荷的增加而增加。原因是转速一定而负荷增加时，机械损失功率 P_m 变化不大，指示功率 P_i 成正比增加，使 $\eta_m = 1 - (P_m/P_i)$ 增加。当发动机空转时，指示功率完全用于克服机械损失，即 $P_i = P_m$，则 $\eta_m = 0$，所以耗油率 b_e 为无穷大。

随负荷（节气门开度）增大，由于 η_i、η_m 同时上升，使耗油率曲线迅速下降。当 $\eta_i\eta_m$ 达到最大值出现最低耗油率 b_{emin} 后，随节气门逐渐增至全开，供给最大功率混合气，燃烧不完全现象增加，η_i 下降，使耗油率 b_e 又有所增加。

2. 每小时耗油量 B 曲线

汽油机转速一定时，每小时耗油量 B 主要取决于节气门开度和混合气成分。随节气门开度增加，充入气缸的混合气量增加，B 随之上升，当负荷增加至一定值，混合气成分变浓，B 上升得更快一些（图中曲线变陡）。

7.2.2 柴油机负荷特性

柴油机转速一定，每小时耗油量 B、燃料消耗率 b_e 随负荷（P_e、T_{tq} 或 p_{me}）而变化的关系称为柴油机负荷特性。测取时，应将柴油机的供油提前角、冷却水温度、润滑油温度等调整到最佳状态。

转速一定时，进入气缸的空气量变化不大，改变负荷相应改变的是每循环供油量 Δb，使混合气成分变化。因此，柴油机是通过改变混合气的过量空气系数来适应负荷的变化。这种负荷调节方法称为"质调节"。如图 7-5 为 6135Q 柴油机负荷特性。

1. 耗油率曲线

由公式 $b_e = K_3(1/\eta_i\eta_m)$ 可知，b_e 的变化取决于 η_i、η_m 的变化。η_i、η_m 随负荷的变化如图 7-6 所示。

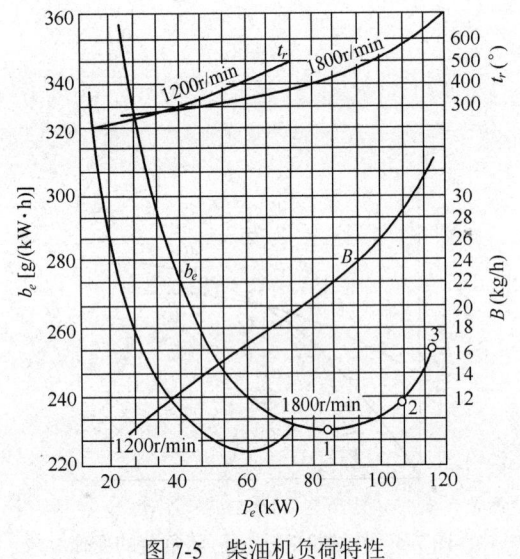

图 7-5 柴油机负荷特性

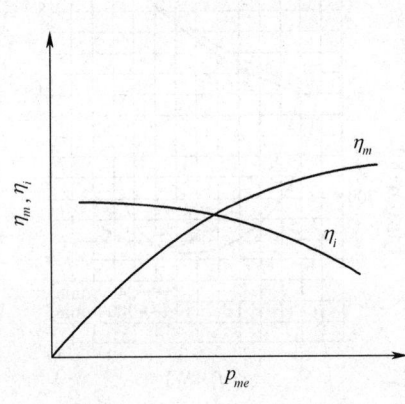

图 7-6 η_i、η_m 随负荷的变化

（1）指示热效率 η_i——随负荷增加，每循环供油量 Δb 增加，过量空气系数 α 减小，燃烧不完全程度增大，使 η_i 减小。大负荷时，混合气过浓，燃烧恶化，不完全燃烧及补燃增多，使 η_i 下降更快。

（2）机械效率 η_m——η_m 随负荷增加而上升（原因同汽油机类似）。

综上所述，当柴油机空转时，b_e 趋于无穷大。随负荷增加，由于 η_m 迅速增加，且远大于 η_i 的减少，使 b_e 下降很快。当每循环供油量 Δb 增加到 1 点（图 7-5）位置时，b_e 最小。此后再增加负荷，由于 η_i 下降较 η_m 上升的多，使 b_e 又有所增加。当 Δb 增加到 2 点位置时，不完全燃烧现象显著增加,烟度急剧增大,达到国标规定的烟度限值。2 点称冒烟界限。当循环供油量超过 2 点时,不仅燃料消耗量增大,排放污染严重,甚至影响发动机寿命,所以,柴油机的最大循环供油量应在标定转速下调整,使烟度不超过允许值。

2. 每小时耗油量曲线

转速一定时,柴油机的每小时耗油量 B 主要决定于 Δb。随负荷增加,每循环供油量 Δb 增加,B 随之增加。当负荷接近冒烟界限后,由于燃烧恶化,B 上升得更快一些。

一般发动机只测标定转速下的负荷特性,对于汽车发动机,由于工作时转速经常变化,需要测定不同转速下的负荷特性。

负荷特性是发动机的基本特性,用以评价发动机工作的经济性。

由负荷特性可以看出:

(1) 同一转速下最低耗油率 b_{emin} 越小,曲线变化越平坦,经济性越好。柴油机 b_{emin} 比汽油机 b_{emin} 低,而且燃油消耗率曲线比较平坦。相比之下,柴油机部分负荷时低耗油率区比汽油机宽,因而柴油机比汽油机燃油经济性好。

(2) 耗油率 b_e 随负荷的增加而降低,在接近全负荷(常在 80%负荷率左右)时 b_e 达到最小。

7.2.3 汽油机、柴油机负荷特性曲线比较

将标定功率和转速接近的汽油机和柴油机负荷特性曲线进行对比,如图 7-7 所示,可以看出两者存在以下主要差别。

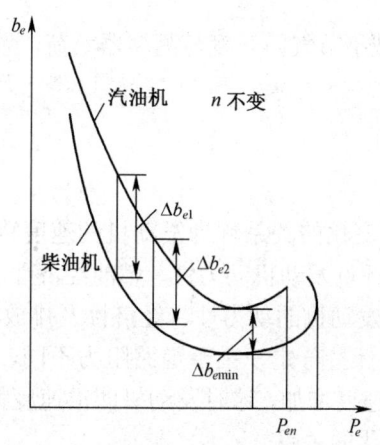

图 7-7 汽、柴油机负荷特性曲线的对比

(1) 汽油机的有效燃料消耗率 b_e 比同负荷的柴油机高,这是由于两种机型的混合气形成、着火燃烧以及负荷调节方式不同造成的。在第 3 章中已有充分说明。

(2) 中、低负荷区 b_e 的差值明显比最低油耗点和标定功率点大,见图上 $\Delta b_{e1} > \Delta b_{e2} > \Delta b_{emin}$,这是因为汽油机的 b_e 曲线过于陡尖,而柴油机的 b_e 曲线有较宽平坦段的缘故。形成这种差别的理论依据,在 3.2.4 节和 3.3.3 节中已作了详细的介绍。统计资料表明,汽、柴油机的最低燃料消耗率 b_e 的差值约为 15%~30%,而综合使用油耗的差值可达 25%~45%,这是由于汽车大部分时间在中、低负荷工况下运行所致。

由以上两点可知，若单纯从燃油经济性考虑进行汽车动力的选择，自然是柴油机优于汽油机，这是柴油机最明显的优势。实际选配发动机时，不可能只考虑这一个因素。此外，无论是汽油机还是柴油机，都希望尽可能提高负荷率，使其接近最经济的80%～90%负荷率区工作。这一点对汽油机尤为重要。提高运行负荷率已成为改善发动机燃油经济性、降低实际使用油耗的一个极为重要的原则。

7.2.4 负荷特性试验

试验目的是在规定转速下，评定发动机部分负荷的经济性。

1. 试验准备

（1）做好仪器、设备的调试，准备好油料、工具。

（2）检查油箱中的油量、发动机的机油量及冷却水箱中的水量。

（3）试验前要求学生预习，仔细阅读试验指导书及课本有关知识，做到心中有数。

2. 试验步骤

（1）按操作规程起动、预热发动机，使水温、油温达到规定要求，并在整个试验过程中尽量保持不变。

（2）逐渐改变节气门开度，同时调整测功器改变负荷，使汽油机在选定的转速保持不变（转速一般在50%～80%额定转速范围选择），节气门开度分别按20%、40%、60%、80%、90%、100%调节，待发动机在调定的工况下稳定运转1min后，记录测功器读数、转速、燃油消耗量、耗油时间、排气温度和压力、发动机进出水温度、机油温度和压力、进气温度和压力、大气温度和压力、大气湿度等数据。

（3）试验结束后，逐渐减小节气门开度与测功器负荷，发动机怠速运转5min后停机。

7.3 发动机的速度特性

发动机的性能指标随转速变化的关系称为发动机的速度特性。速度特性可通过发动机台架试验测得，根据速度特性可评价发动机动力性、燃油经济性、排放等性能好坏。分析特性曲线的变化规律，可以掌握影响发动机的动力性、经济性及排放的因素。

若驾驶员将油门踏板位置保持一定，由于道路阻力不同，汽车行驶速度也会改变，上坡时汽车速度逐渐降低，下坡时速度增加，这时发动机即沿速度特性工作。速度特性研究不同负荷时发动机性能指标随转速变化的关系。

7.3.1 汽油机的速度特性

汽油机节气门（油门）开度固定不动，其有效功率P_e、扭矩T_{tq}、燃油消耗率b_e、每小时消耗油量B等随转速n变化的关系称为汽油机的速度特性。此时是用调整测功器，如逐渐改变水力测功器水量（或逐渐改变电涡流测功器的激磁电流）来改变汽油机的转速。测取前，应将发动机技术状况调至最佳；测取时，应按规定保持冷却水温度、润滑油温度在最佳状态。

每一个节气门开度对应一组速度特性曲线。节气门全开时测得的速度特性称为外特性。节气门部分打开时测得的速度特性称为部分负荷速度特性。由于节气门的开启可以无限变化，所以部分负荷速度特性曲线有无数条,而外特性曲线只能有一条。如图 7-8 所示为汽油机外特性曲线。

1. 外特性曲线

（1）扭矩曲线变化趋势

随着转速 n 的增加,扭矩 T_{tq} 逐渐增大,出现最大扭矩 $T_{tq\,max}$ 后逐渐下降,且下降程度越来越大。曲线呈上凸形状。

根据公式 $T_{tq} = K_2 \eta_v \eta_i \eta_m / \alpha$ 可见,T_{tq} 随 n 的变化取决于指示热效率 η_i、机械效率 η_m、充气效率 η_v 与过量空气系数 α 随 n 的变化。η_i、η_m、η_v 的变化趋势如图 7-9 所示。

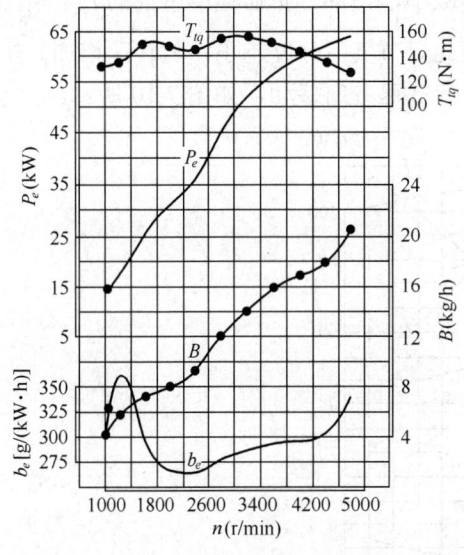

图 7-8　汽油机外特性

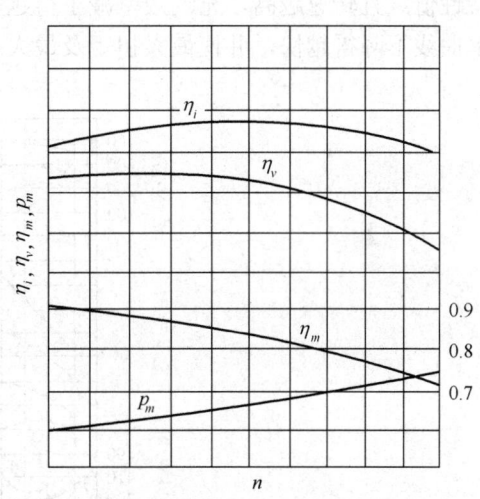

图 7-9　η_i、η_m、η_v 随 n 的变化

1）过量空气系数 α——在节气门开度一定时,α 基本不随转速的变化而变化。

2）充气效率 η_v——在某一中间转速时 η_v 最大。因为一定的配气相位仅对一种转速最适合,此转速下能最好地利用气流惯性。其余转速时 η_v 均降低,曲线为上凸形。

3）指示热效率 η_i——随转速 n 的变化也是在某一中间转速较高,因为转速低时,进气流速低,紊流减弱,使雾化、混合状态较差,火焰传播速度降低,散热及漏气损失增加,η_i 较低;转速高时,燃烧过程所占曲轴转角较大,燃烧在较大容积下进行,η_i 也较低。但变化比较平坦,对 T_{tq} 影响较小。

4）机械效率 η_m——转速增加,消耗于机械的损失功增加。因此,η_m 随转速升高而明显下降。

综合作用的结果是:当转速由低速开始上升时,η_v、η_i 同时增加的影响大于 η_m 下降的影响,使 T_{tq} 增加,对应于某一转速时,T_{tq} 达到最大值;转速继续增加,由于 η_v、η_i、η_m 均下降,因此 T_{tq} 随转速升高而较快的下降,即 T_{tq} 曲线变化较陡。

（2）功率变化趋势

由公式 $P_e = T_{tq} n / 9550$ 可知,功率 P_e 与扭矩 T_{tq} 和转速 n 的乘积成正比。当转速由低逐渐升高时，由于 T_{tq}、n 同时增加，P_e 增加很快。在达到最大扭矩转速 n_{tq} 后，再提高转速，由于 T_{tq} 有所下降，使 P_e 上升缓慢。某一转速时 $T_{tq}n$ 达最大值。此后，再增加转速，由于扭矩下降超过转速上升的影响，P_e 反而下降。

（3）燃油消耗率变化趋势

从式 $b = K_3/\eta_i\eta_m$ 可见，耗油率 b_e 随转速 n 变化趋势取决于 η_i、η_m 随 n 变化的趋势。b_e 在某一中间转速当 $\eta_i\eta_m$ 达最大值时出现最低值。当转速较此转速低时，由于 η_m 上升弥补不了 η_i 的下降，使 b_e 增加；转速较此转速高时 η_i、η_m 均较低，b_e 也增加。

2. 部分负荷速度特性

随着节气门的关小，节流损失增大，充气效率减小，使部分负荷速度特性的 P_e、T_{tq} 低于外特性值。且转速越高，充气效率减小得越多，因此，节气门开度越小，随转速增加，扭矩、功率曲线下降得越快，并使最大扭矩及最大功率点向低速方向移动，如图 7-10 所示。

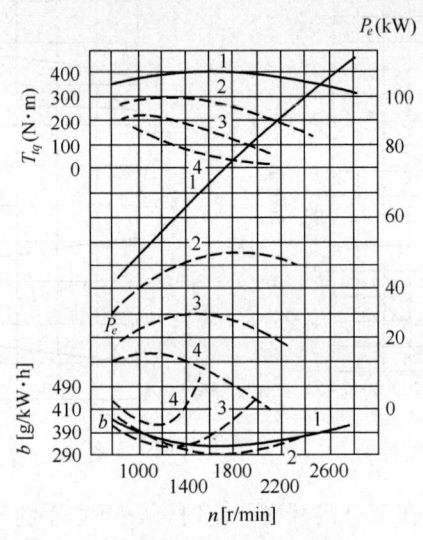

1—外特性；2—75%负荷；3—50%负荷；4—25%负荷

图 7-10 部分负荷速度特性

当节气门开度为 75% 左右时，耗油率曲线位置最低。超过 75% 开度，混合气较浓，存在燃烧不完全现象，耗油率曲线位置较高，低于 75% 开度时，残余废气相对增多，燃烧速率下降，使 η_i 降低，耗油率曲线位置也高，且开度越小，耗油率曲线位置越高。

7.3.2 柴油机速度特性

喷油泵油量调节机构位置固定不动，柴油机性能指标（主要是功率 P_e、扭矩 T_{tq}、燃油消耗率 b_e、每小时耗油量 B）随转速 n 变化的关系称为柴油机速度特性。当油量调节机构固定在标定循环供油量位置时，测得的速度特性称为标定功率速度特性，习惯上亦称外特性。当油量调节机构固定在小于标定循环供油量各个位置时，所测得的速度特性称为部分负荷速度特性。

标定功率（或称额定功率）可以理解为使用中允许的最大功率，它是根据用途、使用负荷的情况等确定的。对一具体使用的柴油机标定功率速度特性（或称外特性）也只有一条，它代表该机在使用中允许达到的最高性能，所有柴油机均须作标定功率速度特性。

1. 标定功率速度特性曲线

图 7-11 为柴油机外特性曲线。

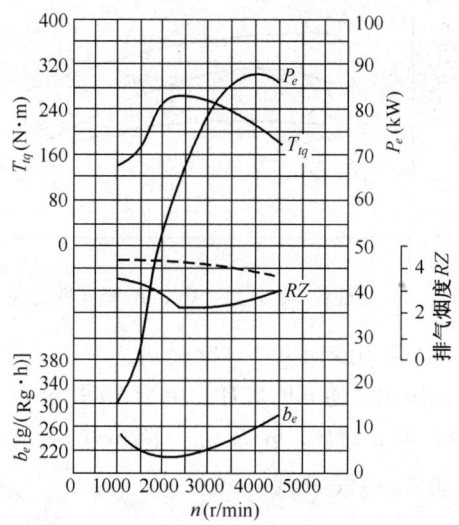

图 7-11　柴油机外特性

（1）扭矩曲线变化趋势

柴油机的扭矩曲线比汽油机平坦。在柴油机中，每循环充气量的大小（即 η_v 的大小）只不过提供产生多大扭矩的可能性，在各种转速下究竟能发出多大扭矩，主要取决于每循环供油量 Δb 的多少。因此，柴油机扭矩曲线的变化趋势，很大程度上决定于每循环供油量 Δb 随转速变化的情况。

根据公式，每循环加热量为

$$Q = \frac{\eta_v V_s \rho_0 h_\mu}{\alpha L_0}$$

可知，$\dfrac{\eta_v V_s \rho_0}{\alpha L_0}$ 为每循环的供油量，即

$$\Delta b = \frac{\eta_v V_s \rho_0}{\alpha L_0}$$

则公式（7-3）可写成

$$T_{tq} = K_2 \eta_i \eta_m \Delta b$$

柴油机 η_i、η_m、Δb、η_v 随 n 变化关系如图 7-12 所示。

1）Δb——柱塞式喷油泵，当油量调节机构位置固定不变时，每循环供油量随转速的变化量取决于喷油泵的速度特性。即随转速 n 的提高，每循环供油量 Δb 增加。

2）η_v——与汽油机相同也是在某一中间转速 n 时出现最高值。

3）η_i——指示热效率 η_i 也是在某一中间 n 稍高。转速较高时，由于 η_v 减小和 Δb 的增加，使过量空气系数 α 减小，不完全燃烧现象严重；加之燃烧过程占用较大的曲轴转角，使燃烧在大容积下进行，η_i 较低，转速过低时，由于空气涡流减弱，燃烧不良及散热漏气损失增加，η_i 也较低。但 η_i 曲线变化比较平坦。

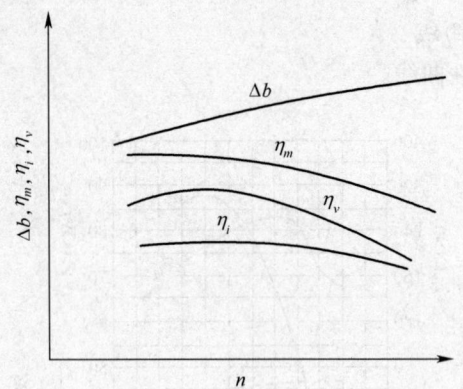

图 7-12　柴油机 η_i、η_m、Δb、η_v 随 n 变化关系

4）η_m——与汽油机一样随 n 的增加也呈下降趋势。

综上所述，在较低转速范围内，随 n 的增加，由于 Δb 及 η_i 的增加超过 η_m 下降的影响，使 T_{tq} 增加。在较高转速范围内，随 n 增加，η_i 及 η_m 下降超过 Δb 增加的影响，使 T_{tq} 有所下降，但下降不明显。所以比汽油机 T_{tq} 曲线平坦。

（2）功率曲线

由于扭矩 T_{tq} 曲线变化平坦，在一定范围内，功率 P_e 几乎与转速 n 成正比增加。

（3）燃油消耗率曲线

与汽油机燃油消耗率曲线类似，柴油机的燃油消耗率曲线也是一凹形线，由于柴油机压缩比高，η_i 较高，曲线比汽油机的平坦，最低耗油率值比汽油机相应值低。当 η_i、η_m 达到最大值时，出现 b_{emin} 值。

2．部分负荷速度特性

图 7-13 为 6135 柴油机速度特性。

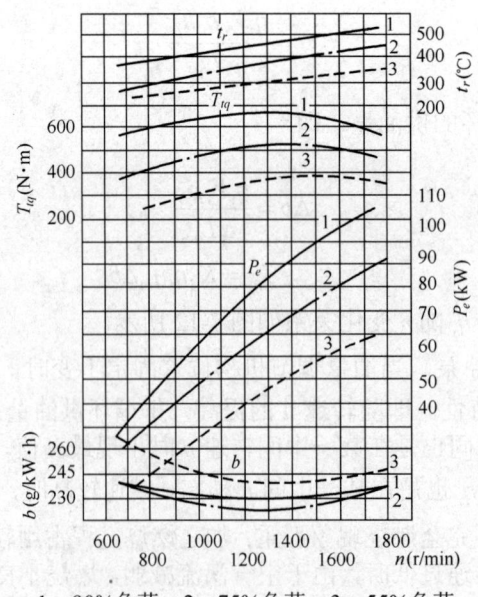

1—90%负荷；2—75%负荷；3—55%负荷

图 7-13　柴油机速度特性

随油量调节机构位置向减小供油量方向移动时，循环供油量减小，使部分负荷速度特性的 P_e、T_{tq} 值低于外特性。但随着负荷减小，循环供油量随转速的变化趋势基本不变，使部分负荷速度特性的变化趋势同外特性相似，所以柴油机的部分负荷速度特性的 P_e、T_{tq} 曲线是随负荷的减小，大致平行下降。

耗油率曲线的变化趋势基本同外特性。当负荷为75%左右时，曲线位置最低。

7.3.3 汽油机、柴油机速度特性曲线对比

对比图 7-10 和图 7-13，可以看出汽、柴油机速度特性具有以下主要区别。

（1）汽油机的 T_{tq} 曲线总体向下倾斜较大，小负荷时倾斜更大，而柴油机的 T_{tq} 曲线总体变化平坦，小负荷时甚至上扬。这种差别引起了这两种机型配套汽车时存在动力性和运行稳定性方面的巨大差异。总的来说，汽油机的速度特性曲线更符合汽车的动力性和使用要求，而柴油机的速度特性曲线需要校正和调速才能满足汽车的动力性和使用要求。

（2）汽油机的 P_e 外特性曲线存在最大值点，一般将标定功率点设在 P_e 最大值点附近，而柴油机达到 P_e 最大值点的转速很高，所以其标定点并非该特性曲线的极值点。

（3）柴油机的燃料消耗率 b_e 曲线要比汽油机的平坦，小负荷时更是如此。

7.3.4 发动机扭矩特性

汽车行驶中经常会遇到阻力突变的情况，为减少换挡次数，要求发动机的扭矩随转速的降低而增加。例如当汽车上坡时，若节气门开度或油量调节拉杆已达最大位置，但所发出的扭矩仍感不足，车速就要降低，此时需要发动机随车速降低而发出更大扭矩，以克服爬坡阻力。因此，要求发动机扭矩有适应这种变化的能力。

1. 扭矩储备系数

要充分表明发动机的动力性能，除给出标定功率及其相应的转速外，还要同时考虑发动机的扭矩特性，从而引入扭矩储备系数 μ 和适应性系数 K 的概念。

$$\mu = \frac{T_{tq\max} - T_{tq}}{T_{tq}}$$

$$K = \frac{T_{tq\max}}{T_{tq}}$$

式中　$T_{tq\max}$——外特性曲线上的最大扭矩（N·m）；T_{tq}——标定工况下的扭矩（N·m）。

μ 或 K 值大，表明两扭矩之差（$T_{tq\max} - T_{tq}$）值大，即随转速的降低，扭矩 T_{tq} 增大越快，从而在不换挡的情况下，爬坡能力、克服短期超负荷的能力越强。

汽油机的外特性扭矩曲线随转速增大而较快向下倾斜，其 μ 值在 10%～30% 范围，K 值在 1.2～1.4，可以满足车辆的使用要求。

由于柴油机扭矩曲线变化比较平坦，若不予以校正，则 μ 值只在 5%～10% 范围，K 值只有 1.05 左右，难以满足车辆使用要求。

2. 转速储备系数 μ_n

转速储备系数是标定工况时的转速与最大扭矩转速的比值。

$$\mu_n = \frac{n_b}{n_{tq}}$$

式中 n_b——标定转速；n_{tq}——最大扭矩转速。

最大扭矩转速 n_{tq} 越低，μ_n 越大，车辆在不换挡的情况下，发动机克服阻力增加的潜力越强。例如，有 A、B 两台发动机，它们的扭矩储备系数和最大功率时的转速 n_1 相同，但最大扭矩时的转速 n_2 不同，如图 7-14 所示。当外部阻力矩由 T_R 曲线增大到 T_{R2} 曲线时，发动机的转速由于外界阻力的增加而下降，这时发动机 B 可以在转速 n_{2B} 下稳定工作，发动机 A 则在转速 n_A 下稳定工作。当外界阻力再增至 T_{R3} 曲线时，发动机 B 就不能适应必须换挡，而发动机 A 还可以在 n_{2A} 下稳定工作，并且转速从 n_1 下降到 n_{2A}，还可以更多地利用内部运动零件的动能来克服短期超负荷，所以发动机 A 比 B 克服障碍的潜力大。因此，与最大扭矩 $T_{tq\max}$ 相应的转速 n_2 越低，即转速储备系数越大，在不换挡的情况下，发动机克服阻力的潜力越强。

一般，汽油机 μ_n=1.15～3.8，柴油机 μ_n=1.5～2.0。

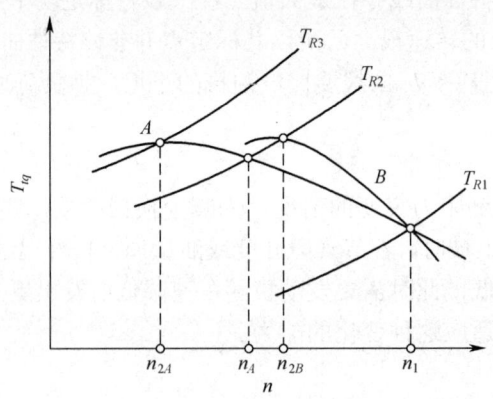

图 7-14　最大扭矩时转速对克服阻力的影响

3. 柴油机扭矩特性的改善

柴油机扭矩储备系数小的根本原因是由喷油泵速度特性决定的。因此，柴油机中都采用油量校正装置来改造外特性扭矩曲线。

油量校正装置的作用是：当发动机在标定工况下工作时，如果转速因外界阻力矩不断增加而下降，则喷油泵能自动增加循环供油量，以增大低速时的扭矩，提高扭矩储备系数。有两种校正方法：①出油阀式校正机构；②附加在调速器上的弹簧校正机构（7.5 节介绍）。

如图 7-15 为加装油量校正装置后对供油量 Δb 的影响。可见校正后的 Δb 变化趋势基本满足了随 n 的下降使扭矩增加的要求，使扭矩储备系数大大提高。

可变出油阀减压容积的校正原理如图 7-16 所示。图 7-16（a）为没有校正作用的一般出油阀，在出油阀尾部开有四条直切槽，燃油的流通截面不变；图 7-16（b）为有校正作用的出油阀结构，在出油阀尾部开有四条锥形切槽，燃油流通截面向上逐渐减小；图 7-16（c）为开有节流小孔（横向小孔）的校正出油阀结构。当柴油机转速增高时，图 7-16（a）所示减压容积（即 $\pi d^2 h / 4$）不变，而图 7-16（b）（c）中，由于变截面通道或节流小孔的节流作用增强，在出油阀落座过程中，提早起减压作用，使实际减压冲程加大，相当于减压容积增加。当出油阀回座后，油管残余压力较低。下一次供油时，必须以供油量中的一部分来填补此增加的减压容积所造成的压力降低，实际上是减少了喷油量。因此，随转速升高，喷油量减少。

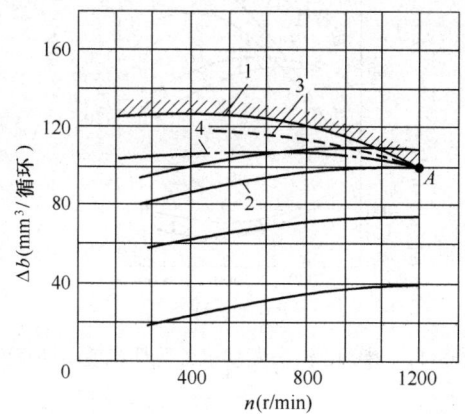

1—冒烟极限；2—未校正的标定功率供油量曲线；3—用弹簧校正器的供油量曲线；
4—带阀式校正器的供油量曲线

图 7-15　供油量校正装置对循环供油量的影响

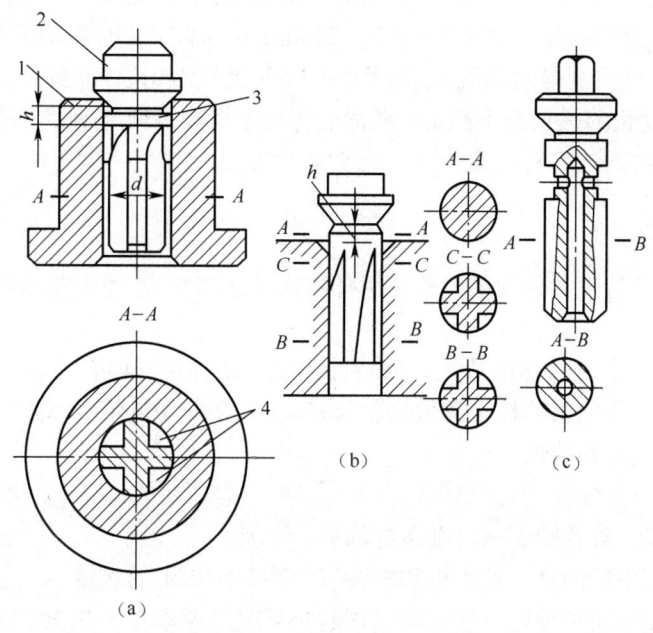

图 7-16　矫正出油阀

7.3.5　使用外特性

发动机台架试验测外特性时，发动机仅带维持运转所必须的附件。测出的功率是总功率，其特性为外特性；带全部附件试验测定的功率为净功率，其特性为使用外特性。由于附件的消耗，净功率低于总功率，使用外特性的数据低于外特性。图 7-17 是 BJ212 汽车发动机外特性和使用外特性中的功率、扭矩与耗油率曲线。一般汽油发动机使用外特性的最大功率比外特性的最大功率约低 15%；载货汽车柴油机的使用外特性约低 5%，轿车与轻型汽车柴油机约低 10%。

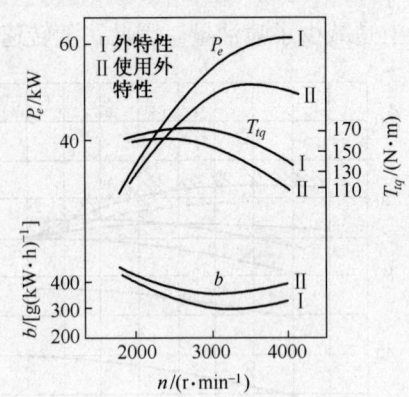

图 7-17 BJ212 汽车发动机外特性和使用外特性

7.3.6 非稳定工况对外特性的影响

外特性是在各种稳定工况下测出的。汽车行驶时,由于车速和行驶阻力的不断变化,发动机经常在转速和负荷相应变化的不稳定工况下工作,例如,节气门全开的加速工况,这时,某瞬时转速下的扭矩和功率,将小于外特性相应转速下的扭矩和功率(如发动机转速由 1800r/min 加速到 2500r/min,在瞬时转速 2000r/min 时的扭矩和功率低于台架试验时在 2000r/min 稳定 1 分钟后测得的数值)。原因是:与稳定工况相比,非稳定工况由于惯性,其供油、供气滞后,发动机的热状态不稳定,燃油的雾化及燃烧等性能变差,使非稳定工况的工作能力低于按外特性数据计算的结果,一般低 5%~8%。

7.3.7 速度特性试验

测定发动机的外特性(总功率)和使用外特性(净功率)。评定发动机在全负荷下的动力性和经济性。

外特性即节气门全开时速度特性。外特性因试验条件不同而有两种:①发动机仅带维持运转所必需的附件时所输出的校正有效功率称总功率;②发动机带全部附件时所输出的校正有效功率称净功率或使用外特性。

1. 试验准备

(1)做好仪器、设备的调试,准备好油料、工具。

(2)检查油箱中的油量、发动机的机油量及冷却水箱中的水量。

(3)试验前要求学生预习,仔细阅读试验指导书及课本有关知识,做到心中有数。

2. 试验步骤

(1)按操作规程起动、预热发动机,使水温、油温达到规定要求,并在整个试验过程中尽量保持不变。

(2)节气门全开,按工况点顺序,逐渐增加(或减小)测功器负荷,使发动机由高速向低速(或由低速向高速)运行。依次改变转速,转速每减少 100~200r/min 测量一次,在发动机工作转速范围内,适当分布 8 个以上测量点。每个工况点稳定运行 1min 后,记录发动机转速、测功器读数、燃油消耗量、耗油时间、排气温度和压力、发动机进出水温度、机油温度和压力、进气温度和压力、大气温度和压力、大气湿度等数据。

(3) 试验结束，发动机怠速运转 5min 后停机。

7.4 发动机的万有特性

负荷特性和速度特性只能表示某一转速或某一节气门开度（或齿条位置）时发动机参数间的变化规律，而汽车发动机工作转速和负荷变化范围很广，要分析各种工况下的性能就需要若干张速度特性和负荷特性图，这样做极不方便，也不清楚。

为了能在一张图上较全面地表示发动机的性能，经常应用多参数的特性曲线称为万有特性。通过万有特性可以方便查出发动机各种工况下的性能指标。

7.4.1 万有特性

应用最广的万有特性是以转速 n 为横坐标，以扭矩 T_{tq} 或平均有效压力 p_{me} 为纵坐标，在图上画出许多等耗油率曲线和等功率曲线，组成发动机万有特性，图 7-18 为汽油机万有特性。图 7-19 为柴油机万有特性。图中细实线及数字表示等有效燃料消耗率 b_e 线。不难看出，柴油机的 b_e 大大低于汽油机，尤其在部分负荷区域。但汽油机的转速运行范围要大大高于柴油机，主要原因是柴油机缸内喷射，柴油喷雾混合需要一定的时间，而且运动件质量比汽油机的大，运动惯性负荷也大，所以转速不能太高。

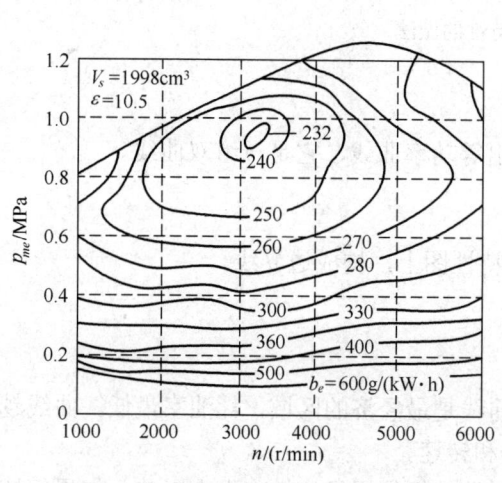

图 7-18　2.0 L 轿车汽油机万有特性

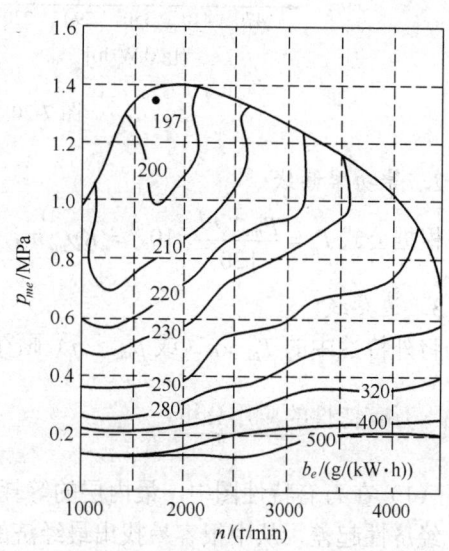

图 7-19　1.9 L 轿车柴油机万有特性

7.4.2 万有特性的制取

万有特性图实质上是所有负荷特性和速度特性曲线的合成，可由多条负荷特性曲线或速度特性曲线转化得到。反过来，也可由万有特性图求得各条负荷特性曲线或速度特性曲线。

1. 等燃油消耗率曲线

等耗油率曲线可以根据各种转速下的负荷特性曲线用作图法得到。做法如图 7-20 所示。

（1）将不同转速的负荷特性转换为以平均有效压力 p_{me} 或扭矩 T_{tq} 为横坐标、燃油消耗率

b_e 为纵坐标的负荷特性。p_{me} 与 P_e、T_{tq} 与 P_e 之间的换算关系可见式（2-25）和式（2-22）。

（2）在万有特性图的横坐标上，以一定比例标出转速数值。纵坐标 p_{me} 的比例应与负荷特性 p_{me} 的比例相同。

（3）从负荷特性曲线的某一油耗处（如图中 b_e=230g/(kW·h)处）引一垂线，与各种转速的 b_e 曲线有两个（或一个）交点。再从交点处引水平线，与从万有特性横坐标相应转速处引出的垂线相交，将交点连成圆滑的曲线，即得到一定燃油消耗率时的等燃油消耗率曲线，其余 b_e 时的等燃油消耗率曲线作法相同。

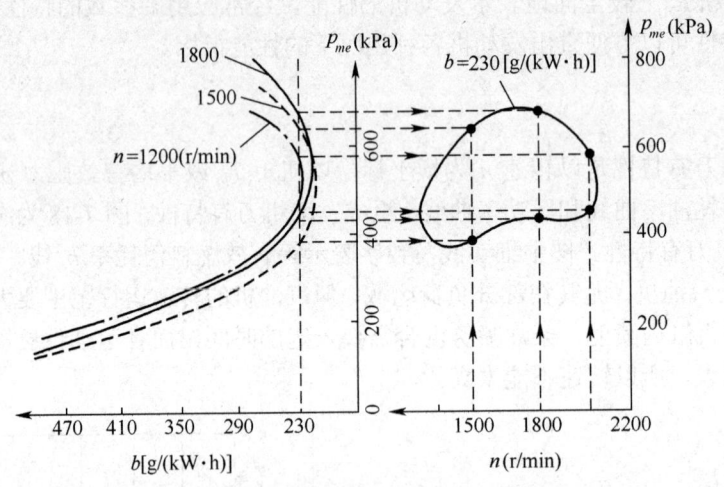

图 7-20　万有特性的做法

2. 等功率曲线

根据公式 $P_e = \dfrac{p_{me} v_s n i}{120} \times 10^{-3} = K p_{me} n$，可画出等功率曲线，它是一组双曲线。

3. 边界线

将外特性中的 $T_{tq} \sim n$（或 $p_{me} \sim n$）画在万有特性图上，构成边界线。

7.4.3　万有特性的应用分析

（1）在万有特性图中，最内层的等耗油率曲线是最经济的区域，耗油率最低。曲线越向外，经济性越差，从中很容易找出最经济的负荷和转速。

（2）等燃油消耗率曲线的形状及分布情况对发动机使用经济性有很大影响。如果等燃油消耗率曲线横向较长，表示发动机在负荷变化不大而转速变化较大的情况下油耗较小。如果等燃油消耗率曲线纵向较长，则发动机在负荷变化较大而转速变化较小的情况下的燃油消耗率较小。对于常用中等负荷，中等转速工况的车用发动机，希望其最经济区处于万有特性中部，等燃油消耗率曲线横向较长。对于转速范围变化较小而负荷变化范围较大的工程机械用发动机，希望最经济区在标定转速附近，等燃油消耗率曲线纵向较长些。

图 7-21 为 Sofim4 缸非增压和增压柴油机的万有特性。

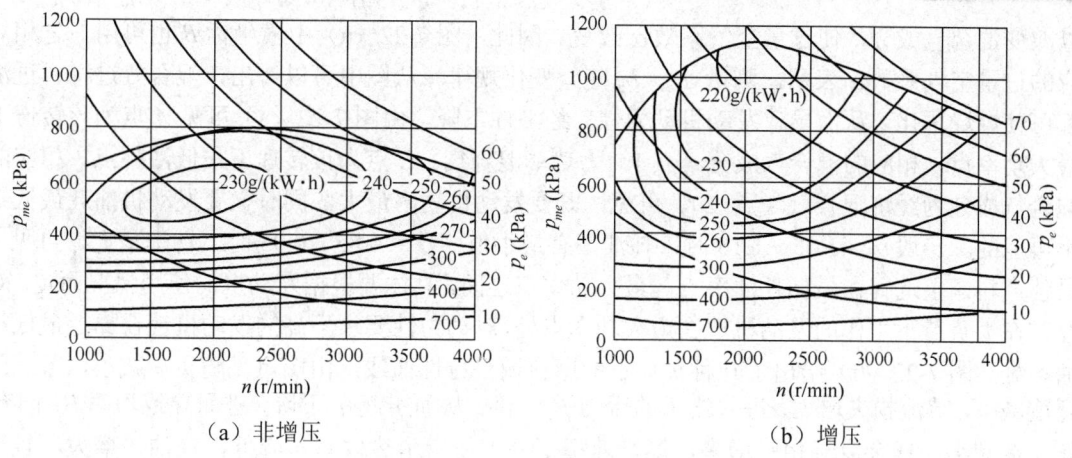

图 7-21　Sofim 柴油机万有特性

在万有特性图中，很容易找出最经济的负荷和转速，并且对增压前后发动机的动力性的变化也一目了然。

7.4.4　万有特性试验

试验目的是评定发动机在各种工况下的经济性，为选用汽车发动机提供依据。可选取下列方法之一进行。

1. 负荷特性法

在发动机工作转速范围内，均匀地选 8 种以上的转速，在每种转速下进行负荷特性试验。

2. 速度特性法

根据标定功率的百分数，适当地选择 8 种以上的油门开度，在每种油门开度下，在发动机工作范围内，顺序地改变转速进行测量，适当地分布 8 个以上的测量点。

根据所得的负荷特性或速度特性绘制发动机万有特性曲线。

7.5　发动机调整特性

发动机的调整特性是指发动机性能指标随调整参数而变化的规律。

7.5.1　汽油机调整特性

汽油机的调整特性有燃料调整特性及点火提前调整特性。

1. 燃料调整特性

汽油机转速及节气门开度一定，点火提前角最佳，有效功率 P_e、燃油消耗率 b_e 随混合气成分变化的关系，称为该转速和节气门开度的燃料调整特性。

分析燃料调整特性的目的是研究汽油机的动力性和经济性随混合气成分变化的规律。确定汽油机在不同工况时的最佳混合气成分，为发动机选择与匹配电控汽油喷射系统提供依据。

图 7-22 为发动机的燃料调整特性。图（a）中横坐标为每小时燃油消耗量 B，通过改变 B

以改变混合气成分,使过量空气系数 α 改变。因此,图 7-22(a)中横坐标 B 也可用与之相对应的过量空气系数 α 表示,测量 P_e、b_e 随其变化规律。从图中可以看出,混合气过稀、过浓都可使燃烧恶化,从而导致发动机动力性、经济性下降。由图 7-22(a)可见 A 点为该转速下最大功率点,相应的混合气成分(点 1)为功率混合气。C 点为该转速下最低油耗点,相应的混合气成分为经济混合气(点 2)。可见,既要发动机功率最大,同时又要发动机油耗最低是不可能的。一般 $\alpha=1.05\sim1.15$ 时,耗油率有最小值;$\alpha=0.85\sim0.95$ 时,功率最大。可见,最佳燃料调整选择在最低耗油率点与最大功率点之间,具体要根据发动机的使用情况而定。对经常在大负荷下工作的发动机选在最大功率点处,对动力性要求不高的发动机选在靠近最低耗油率处。图 7-22(b)给出了几种负荷下的燃料调整特性曲线,由图可见随负荷减小,节气门开度减小,节流损失增大,进气终了的压力 p_a 下降,从而引起 η_v 下降,进而导致功率 P_e 下降。随负荷减小,残余废气相对增多,燃烧速率下降,使指示热效率 η_i 降低,耗油率增大,且开度越小,耗油率曲线位置越高。

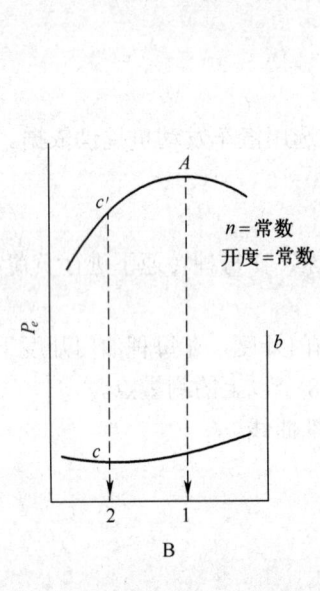
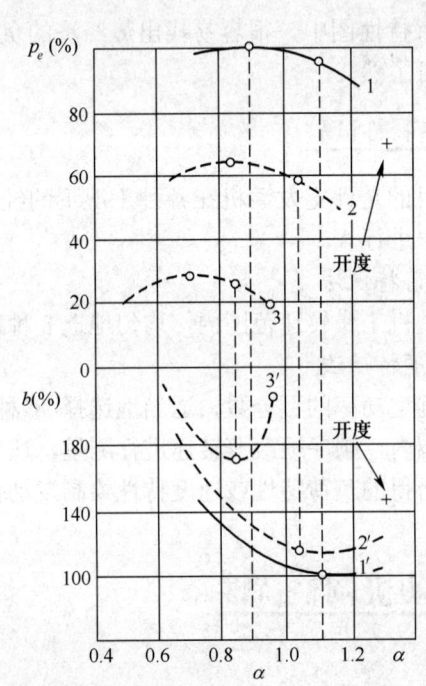

(a)用 B 作横坐标　　　　　　　(b)用 α 作横坐标,1、2、3—不同节气门开度

图 7-22　发动机燃料调整特性

2. 点火提前角调整特性

当汽油机节气门开度、转速以及混合气浓度不变条件下,汽油机有效功率 P_e 和燃油消耗率 b_e 等性能指标随点火提前角 θ_{ig} 变化的关系,称为点火提前角调整特性。

分析点火提前角调整特性的目的是研究汽油机性能指标随点火提前角变化的规律,确定汽油机不同工况时的最佳点火提前角。

点火提前调整特性曲线如图 7-23 所示。

其中,P_e 最高点与 b_e 最低点对应同一点火提前角 θ_{ig},即最佳点火提前角 $\theta_{佳}$。点火提前角过大时,由于压缩功增加,使 P_e 下降,b_e 增加而且爆震倾向增大;点火提前角过小时,由于燃烧不及时,补燃增加,也使 P_e 下降,b_e 增加。

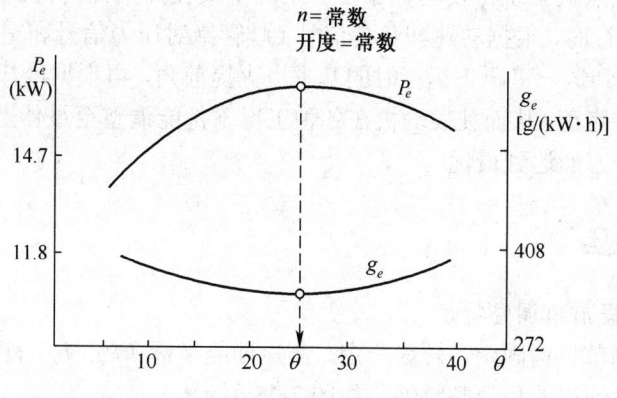

图 7-23　汽油机点火调整特性

实际上,最佳点火提前角更精确的定义为获得最大转矩时的最小点火提前角。因为精确的试验表明,当点火提前角从爆震极限逐渐后移时,在某一个点火提前角范围内扭矩基本保持不变。为了避免可能产生的爆震,通常取该范围内的最小点火提前角作为最佳点火提前角。

图 7-24(a)为节气门全开时的点火提前调整特性。可见当节气门全开时,随汽油机转速的增加,最佳点火提前角相应增大。传统汽油机上,点火系的离心提前调节机构对点火提前角的调整,应尽量与该调整特性接近。

图 7-24(b)为常用转速的点火调整特性。当转速一定时,随节气门开度的减小,进气管真空度增加,气缸内实际进气量减少,残余废气系数增加,火焰燃烧速度减慢,因此,最佳点火提前角相应增大。传统汽油机上,点火系的真空提前调节机构对点火提前角的调整,应尽量与该调整特性接近。

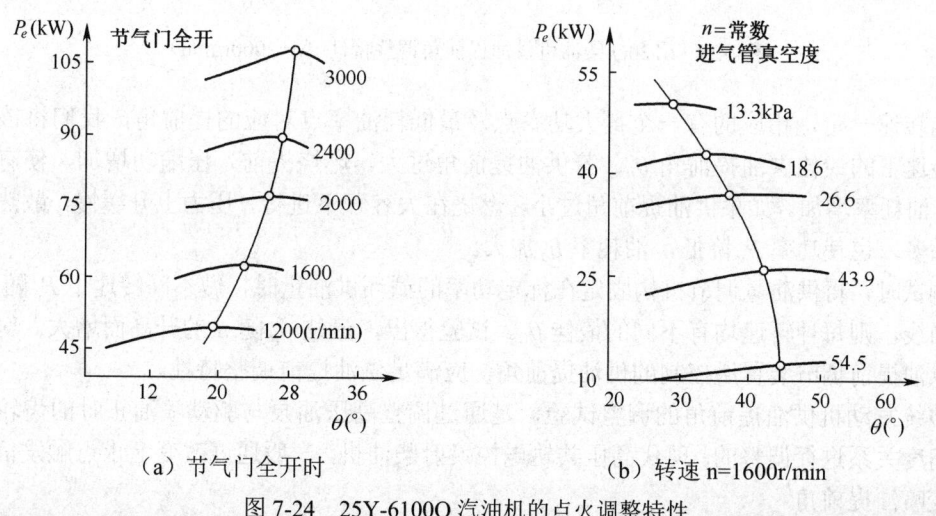

(a) 节气门全开时　　　　　　(b) 转速 n=1600r/min

图 7-24　25Y-6100Q 汽油机的点火调整特性

点火提前角对汽油机的性能影响较大。试验表明,如果点火提前角偏离最佳值 5°(曲轴转角),热效率下降 1%;偏离 10°(曲轴转角),热效率下降 5%;偏离 20°(曲轴转角),热效率下降 16%。除了转速和负荷以外,影响最佳点火提前角的因素还有燃料性质、大气压力、进气温度、湿度、冷却液温度、燃料辛烷值、空燃比、残余废气系数、排气再循环等。

现代电控发动机点火系统将发动机在各种工况下最佳点火提前角储存在控制单元的存储器中,发动机实际运行时,根据转速和负荷信号(歧管绝对压力信号和空气流量计的进气流量信号)在存储器中查到这一工况下运行时的基本点火提前角,再根据冷却液温、进气温度和节气门位置等信号进行修正,从而使发动机在各种工况下都能调整至最佳点火提前角,使其动力性、经济性和排放等方面达到最优。

7.5.2 柴油机调整特性

1. 柴油机供油提前角调整特性

柴油机供油量调节机构固定,转速一定,测定性能指标(P_e、b_e)随供油提前角而变化的规律,称为柴油机供油提前角调整特性,如图 7-25 所示。

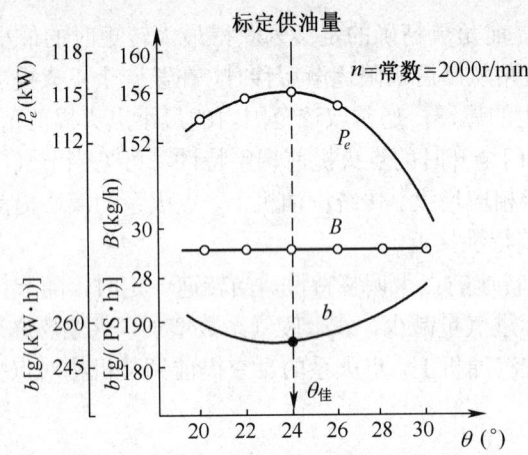

图 7-25　6120Q 柴油机供油提前角调整特性(n=2000r/min)

当转速一定,相应的有一个最大功率点及最低耗油率点对应的提前角,我们将该角度称为该转速下的最佳供油提前角 θ_{it}。若供油提前角过大,燃烧提前,压缩功增加,使有效功率下降,油耗率增加。如果供油提前角过小,燃烧在大容积下进行,压力上升缓慢,散热损失及补燃增多,也使功率 P_e 降低,油耗率 b_e 加大。

测试时,将供油量调节机构固定在标定功率的循环供油量时,做不同转速下 P_e 随 θ_{it} 而变化的曲线,则每种转速均有不同的最佳 θ_{it}。试验得出,最佳 θ_{it} 随 n 的升高而增大。对于由离心式供油提前调节装置所控制的供油提前角,应满足供油提前调整特性。

传统发动机供油提前角的调整试验,是通过调整高压油泵与驱动喷油正时的齿轮之间的连接角度关系进行调整的。现代高压共轨电控喷射柴油机,一般通过改变上止点触发信号位置来改变喷油提前角。

2. 柴油机燃料调整特性

柴油机燃料调整特性:当供油提前角调整到最佳位置,保持发动机转速不变,发动机的各项指标随小时耗油量的变化关系,称为燃料调整特性,如图 7-26 所示。

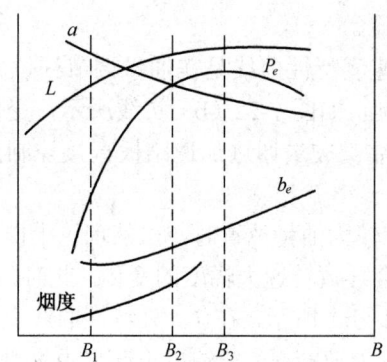

图 7-26　柴油机燃料调整特性

7.6　柴油机的调速特性

7.6.1　发动机稳定工作原理

发动机稳定工作的条件是发出的扭矩与外界阻力矩相等。而发动机扭矩曲线的形状决定了发动机工作的稳定性，如果发动机扭矩曲线能随转速增加而迅速下降，则当外界阻力矩有暂时变化时，这种曲线便具有自动保持稳定工作的能力，否则发动机不具备自动保持稳定工作的能力。

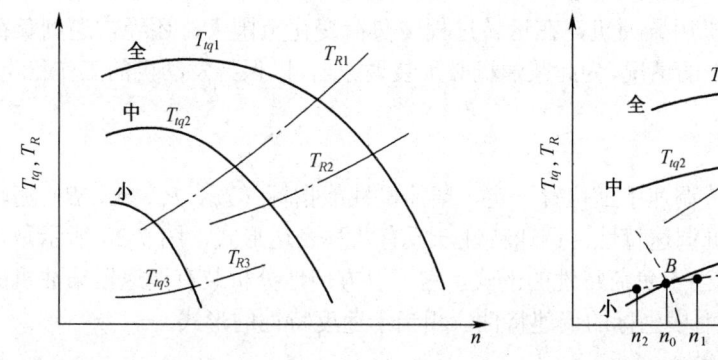
（a）汽油机不同节气门位置

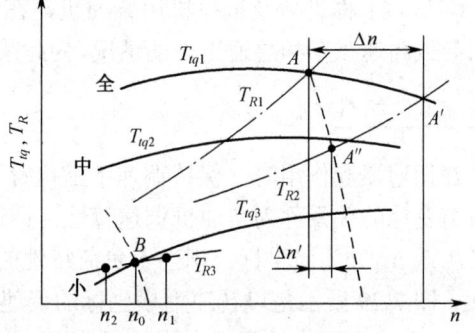
（b）柴油机不同油量调节杆位置

图 7-27　汽油机与柴油机的自调节性能对比

图 7-27 为汽油机与柴油机的自调节性能对比，图中实线表示发动机转矩 T_{tq} 曲线；点划线代表阻力矩 T_R 曲线；虚线表示调速特性曲线。

汽油机是利用节气门开度的大小来改变进入发动机的可燃混合气量，从而改变其运行工况。驾驶员通过加速踏板直接控制节气门开度，每一个节气门开度对应一条转矩随转速变化的速度特性曲线，如图 7-22（a）中实线所示。

汽油机的 T_{tq} 速度特性曲线具有良好的自调节能力。因为在任何节气门位置，向下倾斜的转矩速度特性曲线与向上倾斜的阻力矩线（图中点画线）的交点都是能稳定运行、转速变动不大的工况点。即使是外特性曲线的最高空车转速，也不会高到不能接受的程度。因此，汽油机不存在超速过多的"飞车"危险。

柴油机则不然，它的 T_{tq} 速度特性曲线是在油量调节杆位置不变时获得的。这条曲线受循环供油量 Δb 速度特性所控制，如图 7-22（b）实线所示，变化较平缓，在低速和小油量位置时甚至呈上升趋势。如果只靠驾驶员通过加速踏板直接控制油量调节杆，则会出现以下两个问题。

（1）当油量调节杆固定在较大油量位置时，虽然理论上能稳定在某一工况运行，但因曲线较平坦，较小的负荷变化就会导致转速大幅度的变化。此时，即使转速能稳定，也会因转速过高而出现"飞车"。如图 7-22（b）所示，在 T_{tq1} 外特性曲线上工作时，若阻力矩突然由 T_{R1} 减为 T_{R2} 而驾驶员未能及时缩回加速踏板，柴油机工况将由 A 变到 A'，出现较大转速增量 Δn，导致超速过多而"飞车"。

（2）当油量调节杆固定在较小油量位置时，将无法稳定运行。如图 7-22（b）下方转矩特性曲线 T_{tq3} 与阻力矩线 T_{R3} 的理论平衡工况点为 B，若负荷少许变化而使转速由 n_0 略升为 n_1 后阻力又恢复到正常值，由于 n_1 所对应的转矩大于阻力矩，转速还要上升，结果回不到原 n_0 工况点。反之，若转速略降为 n_2 后阻力恢复正常，则因 n_2 所对应的转矩小于阻力矩而使转速不断下降，直到熄火。

为了避免出现上述两种不正常现象，必须加装一种被称为调速器的装置，使得加速踏板位置不变而发动机高于一定转速后，T_{tq} 会随 n 上升而自动下降，如图 7-22（b）中高、低速两条虚线所示。这样一来，高速、高负荷时阻力矩由 T_{R1} 突然降到了 T_{R2}，工况点相应地由 A 变到 A''，所引起的转速变化 $\Delta n'$ 将大大低于不装调速器时的 Δn，不会出现"飞车"；而低速、低负荷的工况点 B 因转矩曲线由上升改为下降，其运转将极为稳定，不会出现熄火。

汽车、工程机械及拖拉机用柴油机，在运转过程中负荷变化范围大，还经常遇到负荷突变而导致高速飞车和怠速熄火的情况，为此柴油机必须装调速器，以保持发动机的工作稳定性。

7.6.2 调速特性

在调速器起作用时，保持调速手柄位置一定，柴油机性能指标（T_{tq}、P_e、b_e、B）随转速或负荷变化的关系称为柴油机调速特性。调速特性一般有两种表达形式，图 7-28 所示是以负荷（P_e 或 p_{me}）为横坐标，相当于负荷特性的形式，它可以方便地分析装有调速器柴油机的经济性。图 7-29 所示是以转速为横坐标的调速特性，相当于速度特性的形式。

1. 全程式调速器及调速特性

柴油机由最低转速到最高转速的宽广范围内，调速器都起作用，这种调速器即全程式调速器。工程机械、矿山机械、拖拉机等用柴油机一般装用全程式调速器。图 7-30 为全程式调速器工作原理图。各组成件的作用可概括为以下 3 点。

（1）转速给定元件。驾驶员根据所需转速，通过转动调速手柄 1（实际即加速踏板）可将调速弹簧 2 压缩（或伸张）到不同位置，以调整弹簧预紧力，在弹簧作用下，托板 6 左（右）移动，固定螺母 3 起限位作用。

（2）转速变化的感受元件。根据转速的变化，由喷油泵凸轮轴带动的旋转飞球就产生不同的离心力，离心力轴向分力抵抗弹簧弹力而作用于执行机构上。

（3）执行机构。它是用来执行感受元件所发生的变化，从而加油或减油的机构。图中的推力盘 5 在离心力的作用下，要向右（左）移动，而其移动又受到弹簧预紧力的抵制，因此推力盘的位置决定于弹簧弹力与离心力的平衡。推力盘 5 与油量调节拉杆 4 连在一起，所以盘 5 的位置也决定了油量调节拉杆的位置，从而控制油量。

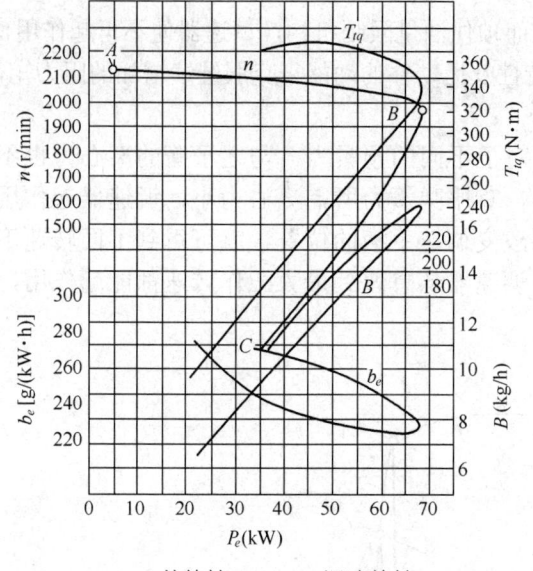

1—外特性；2～5—调速特性

图 7-28　6100 柴油机的调速特性

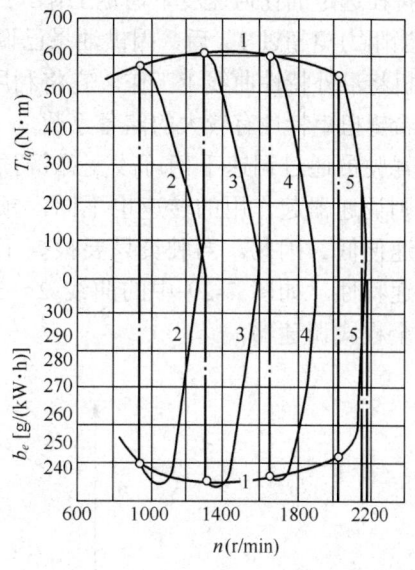

图 7-29　6120 柴油机的调速特性

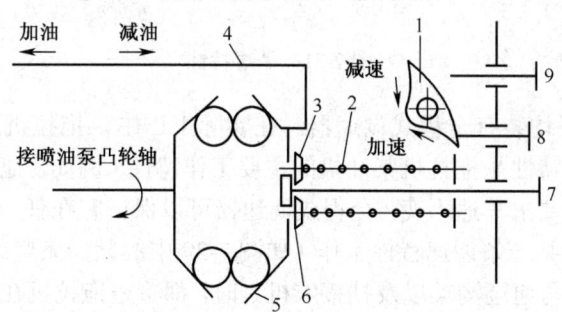

1—调速手柄；2—调速弹簧；3—固定螺母；4—油量调节拉杆；
5—推力盘；6—托盘；7—油量调节螺钉；8—怠速螺钉；9—限速螺钉

图 7-30　全程式调速器工作原理

当调速手柄固定在某一位置后，调速弹簧便具有一定预紧力。其调速特性如图 7-31 中的曲线 2 所示。例如，当外界阻力矩为 T_{R1} 时，柴油机扭矩与阻力矩平衡于 a 点，柴油机稳定在转速 n_1 下工作，此时飞球离心力与弹簧力平衡，使油量调节拉杆处于最大供油量位置。当外界阻力矩从 T_{R1} 减至 T_{R2}，柴油机转速增加，离心力增大，克服弹簧力，使油量调节拉杆向减少供油量的方向移动，柴油机扭矩下降至 b 点，与外界阻力矩 T_{R2} 相平衡，重新稳定在 n_2 下工作。当外界负荷全部卸掉，曲轴转速迅速上升，离心力使油量调节拉杆移到最小供油量，即柴油机空转（c 点），转速为 n_3。反之，当外界阻力矩增加时，柴油机转速降低，弹簧力大于离心力的轴向分力，使油量调节拉杆右移，增加供油量，柴油机扭矩很快增加，直至与外界阻力矩相平衡为止。

可见，由于调速器的作用，扭矩特性得到改善。它在调速手柄确定的某一转速范围内，可由最大到零或由零到最大，转速却变化很小。它不仅能限制超速和保持怠速稳定，而且能自动保持在选定的任何速度下稳定工作。

当阻力矩超过 T_{R1} 后，因供油量已调至最大而顶住油量限制机构，调速器便不再起作用，柴油机将沿外特性曲线 1 工作。它将利用扭矩特性及运动件的动能来克服继续增加的阻力矩，所以希望扭矩特性有较大的储备系数。

驾驶员通过调速手柄可改变弹簧预紧力，对于不同的预紧力，与之平衡的离心力也不同，则调速器起作用的转速也不同，预紧力小，克服弹簧力所需离心力小，调速器起作用的转速便低。因此，驾驶员只要根据工作需要改变调速手柄的位置，就可得到不同转速下的调速特性。如图 7-29 中的曲线 2～5。由于调速器从怠速到最大工作转速都能起作用，故称全程式调速器。

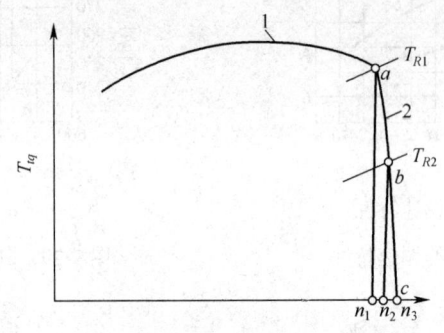

图 7-31 调速特性

拖拉机柴油机一般均装有全程式调速器。在实际工作中，拖拉机通常在调速器起作用的范围内工作，因而调速特性是拖拉机柴油机的主要工作特性。例如，拖拉机工作时负荷波动较大，为保证耕作质量而要求车速不变，全程式调速器可以保证它在任一选定的转速下，以近似不变的转速工作，即沿某一条调速特性工作（如图 7-29 中的某一条竖线）。若拖拉机工作到地头，要转弯或超越障碍与通过沟渠以及挂接农机具时，都希望拖拉机在不换挡的情况下减低速度。装有全程式调速器就可以在不换挡的条件下，借助于改变柴油机转速来改变拖拉机行驶速度。这时，其工作是由某一转速下的调速特性转向另一转速下的调速特性（即图 7-29 上由某一条竖线转向另一条竖线）。

为提高柴油机的扭矩储备系数，常在柴油机调速器上设置校正装置，其原理如图 7-32 所示。螺钉左端加装校正弹簧 3，在原来的固定螺母处（对照图 7-30），改用一个小的挡头 2，它不妨碍托板 7 的运动，但能挡住校正弹簧 3 右移。

当调速器手柄放在靠近最大工作转速的位置，油量调节机构也在最大供油量位置时，若外界阻力矩减小，柴油机转速增加，离心力轴向分力大于弹簧力，使托板 7 的位置在挡头 2 右面，这时校正弹簧顶在挡头 2 上不起作用。若外界阻力矩增加，柴油机转速降低，离心力减小，托板 7 向左移，若没有校正弹簧（图 7-25），托板 6 顶住固定螺母 3，供油量便不可能再增加；若有校正弹簧 3（图 7-27），托板 7 可越过挡头 2 压缩校正弹簧，使油量调节拉杆 4 继续左移一小段距离，供油量相应增加，直到校正弹簧座 8 顶住固定螺母 5 后，校正器就不再起作用。装有校正弹簧和不装校正弹簧的循环供油量曲线对比如图 7-33 所示。

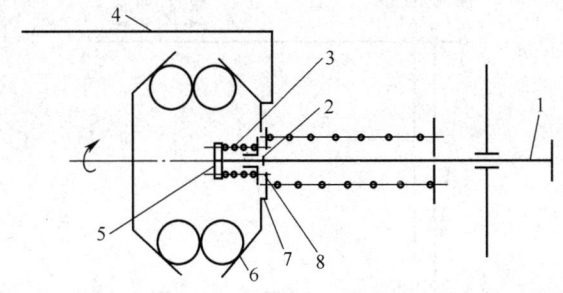

1—油量调整螺钉；2—挡头；3—校正弹簧；4—油量调节拉杆；
5—固定螺母；6—推力盘；7—托板；8—校正弹簧座

图 7-32　弹簧校正器工作原理

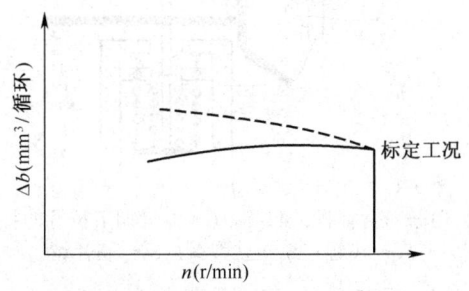

装校正弹簧——未装校正弹簧----

图 7-33　弹簧校正器作用

2. 两级式调速器及调速特性

两级式调速器是在最低转速与最高转速时起作用，以防止发动机怠速不稳和高速飞车，调速器在中间转速不起作用，由驾驶员通过油门控制供油量。车用柴油机一般采用两级式调速器。两级式调速器的工作原理如图 7-34 所示。

飞锤的径向位移通过弯臂杠杆 1、2、3 传递到驱动油量调节拉杆的杠杆 4、5、6 上，5 点的位置随驾驶控制装置而变。调速器工作时，飞锤的离心力可分别与两组预压弹簧 S_1、S_2 的作用力相平衡。低速工作时，飞锤顶住软的外弹簧 S_1，调速器起作用，控制最低转速；在最低转速和最高转速之间，由于飞锤离心力不足以克服硬弹簧预紧力，这时柴油机转速由驾驶员直接控制；只有转速达到最大工作转速时，飞锤才产生足够的离心力开始压缩内弹簧 S_2，带动油量调节拉杆 6，减小供油量，调速器再次起作用，控制最高转速。可见，它与全程式调速器的根本区别在于：全程式调速器弹簧的弹力可以连续调节（加速踏板位置决定了弹簧预紧力），而它的弹簧弹力（固定不可调）不能连续调节。

这种调速器的调速特性如图 7-35 所示，只有在最低转速及最高转速附近，柴油机的扭矩曲线在调速器的作用下才产生急剧变化，而在中间转速，调速器不起作用，扭矩曲线按速度特性变化。

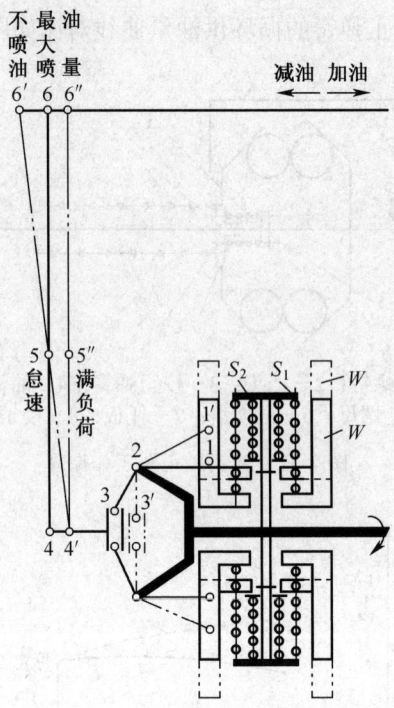

1、2、3—弯臂杠杆；4、5、6—油量调节拉杆的杠杆；
W—飞锤；S_1—软弹簧；S_2—硬弹簧

图 7-34 两级式调速器工作原理

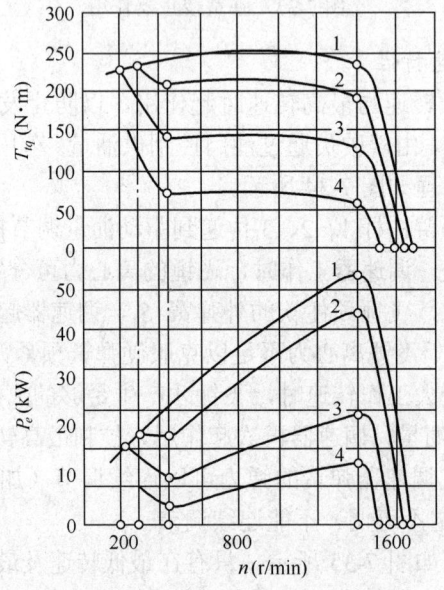

图 7-35 两级式调速器的调速特性

3. 两级式调速器与全程调速器性能对比

两级式调速器与全程式调速器性能对比如表 7-1 所示。

表 7-1　两级式调速器与全程式调速器性能对比

性能	两极式调速器	全程式调速器
转速控制范围	除高速和怠速可控制转速在较小范围内变动外，中间转速的控制取决于驾驶员的操作，转速变动较大	各工况均可控制转速在较小范围内变动
加速平稳性	加速踏板踩到底时，加速性与全程式调速器相同，其余情况过渡平稳，无强烈颠簸感	加速性好，但加、减速时常有不平稳及前后颠簸的感觉
操作轻便型	操作轻便，但因转速随负荷变化较大，故需要经常变换加速踏板位置	驾驶员直接控制调速弹簧，比较费力，易疲劳，但由于负荷变化时转速变动小，故不必经常踩加速踏板位置
排放性能	除全负荷加速外，其余工况加速时，可控制烟度在较小范围内变化	加速时易冒烟
作业效率	由于减小加速踏板位置也使供油量和扭矩下降，因此负荷增加时只能换低挡运行，作业效率下降	满负荷减速行驶时，只需减小加速踏板位置，不必频繁换挡

有关调速过渡性能与排烟问题解释如下：

使用全程式调速器加速时，过渡工况点都要绕经外特性曲线，而两级式调速器加速时无此要求。在图 7-36 中，$R_f=f(n)$ 线是在一定路况和排挡时，由克服汽车总阻力换算而得到的油量调节杆位置（循环供油量）随转速的变化曲线。当使用全程式调速器而加速踏板由①加速到②时，工况由 A 变到 B 的路径是 $A—C—D—B$；当使用两极式调速器而加速踏板由①′加速到②′时，相应路径是 $A—C'—B$。由于全程式调速器必须途经外特性 CD 段，此时油量过大，加速过猛，烟度也大，且由 AC 转 CD，或 CD 转 DB 时，加速度突然加大或减小，形成前后颠簸的感觉。

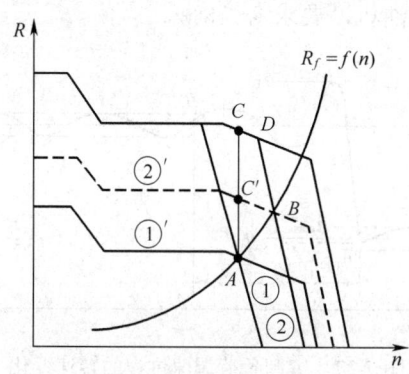

图 7-36　两级式与全程式调速器加速过渡工况路线对比

由表 7-1 可以看出，工程机械及拖拉机所用柴油机，由于作业要求稳速行驶，并强调提高作业效率，少换挡，必然要选用全程调速器。而车用柴油机为了运转平稳、减少冒烟，避免驾驶员踩加速踏板过于疲劳，较多选用两极式调速器。但由于习惯、传统以及使用条件不同等方面的原因，也有不少车用柴油机，特别是重型车用柴油机，选用全程式调速器。

7.6.3　调速器的工作指标

1. 调速率

调速率用来评价调速器工作的好坏。调速率可通过柴油机突变负荷试验测定，试验时，先让柴油机在标定工况下运转,然后突卸全部负荷,通过测定突变负荷前后的转速得到。根据测定条件不同,调速率可分稳定调速率和瞬时调速率两种。

(1) 稳定调速率 δ_2

$$\delta_2 = \frac{n_3 - n_1}{n}$$

式中　n_1——突变负荷前柴油机的转速(r/min);n_3——突变负荷后柴油机的稳定转速(r/min);n——柴油机的标定转速(r/min)。

稳定调速率表明柴油机实际运转时的转速波动相对于全负荷转速的变化范围。如果稳定调速率太大,不仅对工作机械的稳定工作不利,而且对于空转时柴油机零件的磨损也是有害的。一般规定,对于农业排灌及工程机械用的柴油机,要求 $\delta_2 < 8\%$;对于汽车、拖拉机柴油机,$\delta_2 \leq 10\%$;对于交流发电机组用柴油机则要求高一些,希望 $\delta_2 < 5\%$。

(2) 瞬时调速率 δ_1

由于突变负荷引起转速变化瞬时幅度的状况,称为瞬时调速率。表达式为

$$\delta_1 = \frac{n_2 - n_1}{n}$$

式中　n_2——突变负荷时柴油机的最大(或最小)瞬时转速(r/min);n_1——突变负荷前柴油机的转速(r/min);n——柴油机的标定转速(r/min)。

瞬时调速率是评定调速器过渡过程的指标。柴油机在负荷突然变化时,转速经过数次波动后,如果要求它能在新的转速下稳定工作,就必须使调速器推力盘移到一个新的平衡位置,这个过程称为过渡过程。图 7-37 为突卸负荷时,转速变化的情况。图中 t_n 为转速稳定时间,一般 $\delta_1 \leq 12\%$,对发电用的柴油机,要求 $\delta_1 \leq 8\%$。

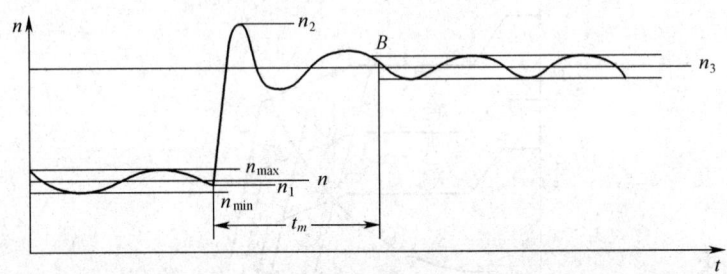

图 7-37　突卸负荷调速过程的转速变化

过渡过程不好时,调节的转速不能稳定在某一转速下,有较大的波动,严重时还会发出转速忽高忽低的响声,这种现象常称"游车"。调速器一旦发生"游车",工作就会失灵。使用中,调速器某些零件松旷、调速弹簧久用变形等均会引起调速器"游车",必须设法消除。

2. 不灵敏度 ε

调速器工作时,调速系统中有摩擦存在,需要有一定的力来克服摩擦,才能移动调整油量机构。不论柴油机转速增大或减小,调速器都不会立即得到反应以改变供油量,因为机构中的摩擦力阻止着推力盘的运动。例如,发动机转速为 2000r/min 时,调速器可能对转速 n_1=1970r/min 到 n_2=2030r/mid 范围内的变动都不起反应,这样两个起作用的极限转速之差对发动机平均转速之比就称为调速器的不灵敏度 ε。

$$\varepsilon = \frac{n_2 - n_1}{n}$$

式中 n_2——当柴油机负荷减小时，调速器开始起作用时的曲轴转速（r/min）；n_1——当柴油机负荷增大时，调速器开始起作用时的曲轴转速（r/min）；n——柴油机的平均转速（r/min）。

不灵敏度 ε 主要是由于调速系统中存在摩擦力所致，因而它还可用下式表示

$$\varepsilon = \frac{F_R}{F_E}$$

式中 F_E——调速器起作用时，作用在推力盘上的推动力；F_R——调速器推力盘移动时所受的摩擦力。

不灵敏度过大时，会引起柴油机转速不稳，在极端的情况下，甚至会导致调速器失去作用，有使柴油机产生飞车的危险。低速时调速器的推动力小，喷油泵调节杆移动时的摩擦力增大，结果调速器不灵敏度 ε 显著地增加。一般规定 ε 在标定转速时不超过1.2%~2%，最低转速时不超过10%~13%。

7.6.4 柴油机调速特性试验

试验目的是评定柴油机的稳定调速率。试验可与外特性试验结合在一起进行。

1. 试验准备

（1）检查发动机和喷油泵总成内机油面高度是否符合要求，给测功器加注机油。

（2）打开油阀、水阀、接通电路、开启稳压电源及测试仪表。

（3）根据仪器设备的操作及试验数据的记录需求，给学生分工。

2. 试验步骤

（1）启动发动机进行预热，注意观察机油温度和压力、燃油温度和压力、冷却水温度和压力的读数，待发动机各项温度和压力达到正常时，开始试验。试验中控制各温度尽量保持不变。

（2）调整调速手柄位置和测功器负荷，把柴油机固定在标定工况，并将调速手柄位置固定。

（3）卸去全部负荷，待发动机达到最高稳定空载转速之后，逐渐增加负荷，使转速逐渐下降，直至最大扭矩转速附近为止，测取每种工况时的转速、测功器读数、燃油消耗量、耗油时间，以及各种温度、压力值。测量时选取10个测量点，使较多的点分布在转折区。

（4）卸掉全部负荷，同时放松油门，使发动机在怠速下运行5min后停机。

7.7 发动机台架试验

发动机试验是评定发动机的动力性、经济性、可靠耐久性和排放噪声性等不可缺少的手段，也是研究、设计和制造发动机的一个必不可少的重要环节。发动机各项性能指标、参数及各类特性曲线，通常都是在发动机试验台架上按规定的试验方法进行测定的。

7.7.1 发动机试验的分类及相关标准

发动机试验分类很多，实际工作中根据所评定发动机性能的侧重点不同，进行相应的试验。同一台发动机由于试验条件、试验环境及试验方法不同，试验结果差别很大，为了使产

品质量有一个统一的检验标准和比较尺度,发动机台架试验应严格按国家标准和相关行业标准进行。

1. 发动机试验分类

发动机试验分为以下几种类型。

（1）定型试验

凡是新产品，改进、变型产品，转厂生产的产品，为检验发动机的性能指标是否达到设计或改进的要求，并对其可靠性、耐久性作出评价所进行的试验。

（2）可靠性试验

发动机在试验台上进行全负荷、标定转速连续运转，以考核发动机动力性、经济性的稳定程度和零部件的耐用性。

（3）验收试验

为检验产品是否符合合同和有关技术文件所规定的技术要求而进行的试验。它可与抽查试验结合进行。

（4）出厂试验

为保证产品质量，每台发动机出厂前在台架上进行主要性能的试验，以检查产品质量是否符合要求。

（5）抽查试验

成批或大量生产的发动机应根据批量的大小，抽取一定数量的产品进行性能试验和功能检查。必要时，同时进行可靠性、耐久性试验，以考核发动机制造的稳定性。

（6）研究性试验

为了提高发动机性能和以新技术的运用为目的的试验。其试验内容根据科学研究的需要来确定。

2. 发动机试验的相关标准

由于试验方法、试验条件、试验环境等的不同，可以使试验结果差异很大。为了使试验结果客观上有可比性，避免由此引起的争论和混乱，就必须规定统一的试验标准。世界上各国都制定了相应的内燃机或发动机试验标准，这些标准通常都是按内燃机种类和用途分类制定的。我国制定的内燃机和发动机试验的标准有：1984年颁布的机械工业部标准JB3743—84《汽车发动机试验方法》、1987年制定颁布的GB1105.2—1987《内燃机台架性能试验方法　试验方法》、GB1105.3—1987《内燃机台架性能试验方法　测量方法》、国家汽车行业标准QC/T524—1999《汽车发动机性能试验方法》、QC/T525—1999《汽车发动机可靠性试验方法》、QC/T526—1999《汽车发动机定型试验规程》、GB/T18297——2001《汽车发动机性能试验方法》，其中对性能试验、可靠性试验和现生产的发动机抽查试验等有关事项，如功率标定、性能试验项目、可靠耐久性试验规范、出厂试验内容、测试设备和精度及试验方法等都作了详细的规定。

7.7.2　发动机试验台简介

为了模拟发动机实际使用条件下的各种工况，严格控制试验条件、监测试验环境，并按国家标准规定进行试验，发动机试验通常是在试验台架上进行的。

如图7-38为发动机试验台架简图。由于发动机试验时有较大的振动和旋转力矩，所以试验台用坚固、防振混凝土做基础。基础上固定有发动机用的铸铁底座和前后支架。为保证发动机能迅速拆装和对中，前后支架在底座上的位置和高度做成可调式。

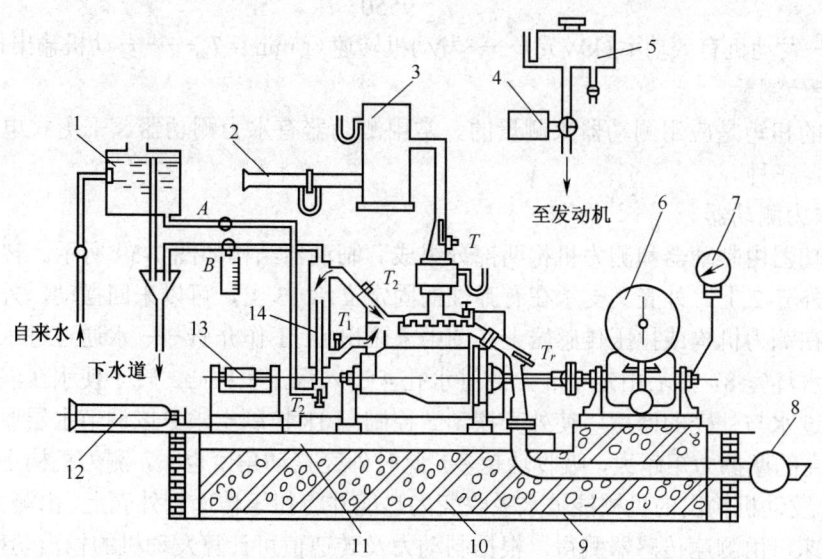

1—冷却水箱；2—空气流量计；3—稳压箱；4—量油装置 5—燃油箱；6—测功器；7—转速表；8—消声器；9—垫层；10—基础；11—底板；12—高压气瓶；13—示功器；14—混合水箱

图 7-38　发动机台架实验简图

试验台安装的设备和仪器大致分为三类：

1. 基本设备

包括测功器、转速表、油耗测量装置。

2. 监测仪器

包括冷却水温计、机油温度计、机油压力计、排气温度指示器、气压计、室内温度计、湿度计等。

3. 特殊设备

包括示功器、空气流量计、冷却水流量计、废气分析仪、烟度计、声级计、测振仪等。

发动机曲轴与测功器转子轴用联轴节连接。通过测功器和转速表所测读数，可以计算出被测发动机的功率。

为保证发动机工作时水温正常，设有专门可调的冷却系统。冷却水出水温度控制系统能自动保持出水温度正常，使出水温度达到规定（80±5 ℃）的试验要求。燃油由专门油箱通过油量测量装置供给发动机的燃料供给系统。为排出发动机的有害排放物，减少室内噪声，应有保证室内通风、消音的装置。

目前，台架试验越来越多地采用自动控制系统。计算机控制的自动化试验台，可以提高测量精度和测量速度。并且微机控制的发动机自动化数据采集运算、控制、显示系统，可自动完成主要参数监控、试验结果显示、曲线拟合、测量点配置等工作。

7.7.3　发动机功率的测量

测功器用来吸收试验发动机发出的功。改变其负荷及转速，可模拟实际使用的各种工况，测定发动机输出扭矩。输出转速由转速表测得。通过下式计算出发动机的有效功率。

$$P_e = \frac{M_e \cdot n}{9550}$$

式中　P_e——发动机有效功率（kW）；n——发动机转速（r/min）；T_{tq}——发动机输出扭矩（N·m）。

1. 扭矩的测量

发动机的扭矩是应用测功器来测量的。常用测功器有水力测功器、平衡式电力测功器和电涡流测功器三种。

（1）水力测功器

水力测功器由制动器和测力机构两部分组成。制动器结构如图7-39所示。转子6由滚动轴承支承在外壳2上，外壳又支承在有弹性的固定支承13上，可以来回摆动，外壳通过一悬臂杠杆支撑在测力机构或拉压传感器上（图中未画出）。工作介质——水通过进水管7同时进入两侧的进水环室8，然后由定子5上的进水孔4进入涡流室中心。转子使水在涡流室中作旋转运动，通过水与外壳的摩擦，使外壳摆动。控制阀18控制出水量以调节水层厚度，水层越厚，水与外壳的摩擦力矩越大，吸收功越多，此时外壳摆动角度也大，测力机构上的读数随之增加。这样，发动机输出的机械能被水吸收变为热能并将扭矩传递到外壳上，由测力机构测出。测功器的转速可由测速传感器测得，根据制动力及转速值可计算发动机的输出功率。

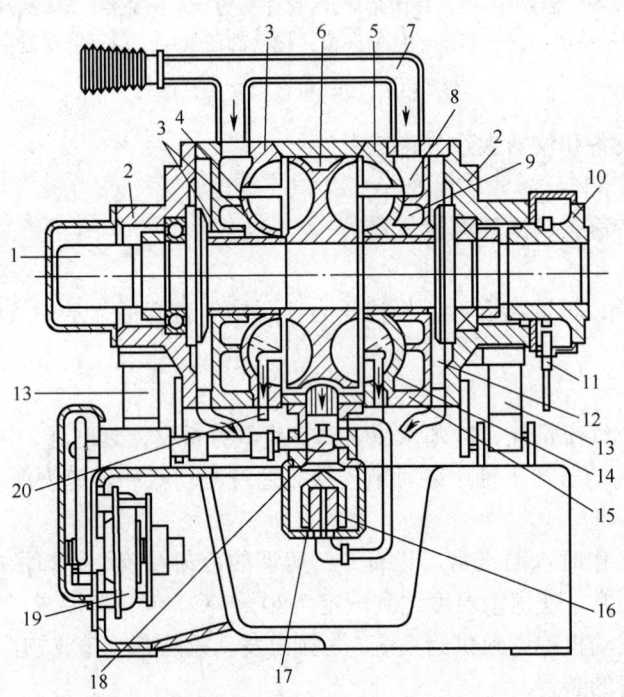

1—转子轴；2—外壳；3—无接触密封；4—进水孔；5—定子；6—转子；7—进水管；
8—进水环室；9—分隔室；10—联轴节；11—转速传感器；12—排水室；13—固定支承；
14—回水孔；15—隔板；16—浮动活塞阀；17—活塞座；18—控制阀；19—伺服电机；20—排水孔

图7-39　水力测功器结构图

水力测功器的缺点是测量精度低，不能进行反拖试验，试验中能量不能回收。但它具有价格便宜、结构简单、操作简便、便于维修、体积小等优点，因而得到广泛应用。

（2）平衡式电力测功器

测功器由平衡电机、测力机构、交流机组、励磁机组、负荷电阻等组成。

平衡式电机结构如图 7-40 所示。直流电机转子 1 由发动机带动并在定子（外壳）磁场中旋转。定子（外壳）支承在与转子轴同心的滚动轴承上，可自由摆动。外壳与测力机构相连，依靠外壳摆动角度的大小来指示测力机构读数。

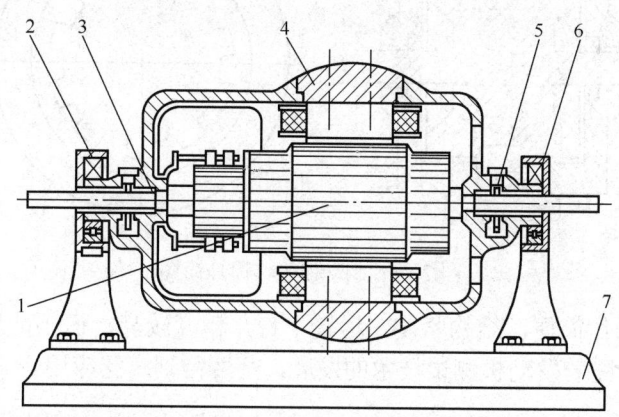

1—转子；2、6—滚动轴承；3、5—滑动轴承；4—定子外壳；7—基座

图 7-40 平衡式电机结构

发动机带动转子在定子磁场中转动时，转子线圈切割磁力线而产生感应电流。感应电流的磁场与定子磁场相互作用产生方向相反的电磁力矩，定子外壳受到的电磁力矩与转子旋转方向相同，与发动机加于转子的扭矩大小相等。因此，通过外壳摆动角度经测力机构可反映发动机输出功率的大小。在一定转速下，改变定子磁场强度（通过改变励磁机组供给平衡电机的励磁电流的大小）及负荷电阻即可调节负荷。

平衡式电力测功器的交流机组使平衡电机作发电机运行时，吸收发动机扭矩，并将发出的直流电变成三相交流电输入电网，回收电能。当需要平衡电机反拖发动机时，交流机组又把三相交流电变为直流电输入平衡电机的电枢中，可以进行发动机机械损失测定、起动、磨合试验等。

尽管平衡式电机结构复杂、价格昂贵，但可回收电能，反拖发动机，且工作灵活、精度高，因此也得到广泛应用。

（3）电涡流测功器

电涡流测功器由电涡流制动器、测力机构及控制柜组成。如图 7-41 所示为电涡流制动器工作简图。转子盘为圆周上加工有均匀分布的齿槽的钢齿轮。定子包括摆动壳体、涡流环（摆动体）、励磁线圈。

在励磁线圈中通过直流电时，即产生通过外壳、涡流环和转子盘的磁力线。发动机带动转子盘转动。由于转子外圆涡流槽的存在，会在空气隙处产生密度交变的磁力线，因而在涡流环内产生感应电动势而形成涡电流。此电流与产生的磁场相互作用即形成一定的电磁力矩，从而使浮动在架上的定子偏转一定角度，由测力机构测出。

调节励磁电流大小，可调节电涡流强度，从而调节吸收负荷的能力。涡流制动器把吸收的功率转换成热能，靠冷却水的流动把这些热量带走，以保证正常运行。

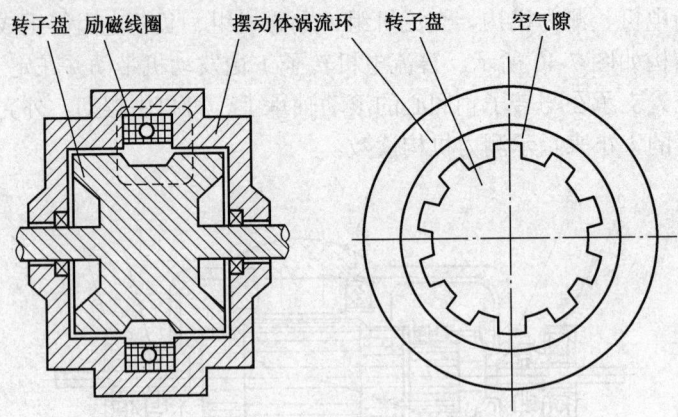

图 7-41 制动器工作原理简图

电涡流测功器操作简便，结构紧凑，运转平稳，精度较高，但不能反拖发动机，能量不能回收，价格较高。随着发动机测试技术的发展，逐渐得到广泛应用。

2. 转速的测量

现代的测功器都附有转速测定装置，用于测量转速，进行特性控制，还可为计算功率提供转速信号。

现代的测功器几乎都采用磁电式转速计。如图 7-42 所示，在转轴上装有测速齿盘 1 和装在支架上的磁电传感器。磁电传感器由绕有线圈 2 的永久磁铁 3 制成。齿盘一般制有 60 个齿。当轴旋转时，每转一周，磁电传感器能产生 60 个脉冲信号。设脉冲信号的频率 f（Hz），n 为发动机的转速（r/min），Z 为齿数，则

$$f = n \times Z / 60 = n \times 60 / 60 = n$$

所以，当齿数为 60 时，磁电传感器脉冲信号的频率与转速的数值相同。

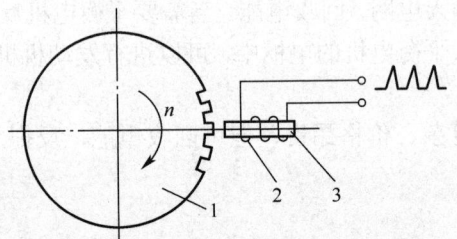

1—齿盘；2—线圈；3—永久磁铁

图 7-42 磁电式转速计原理

磁电式转速计的结构简单，工作安全可靠，转速精度高，测速范围广，绝大多数测功器都采用这种结构。

3. 稳态测功的测试方法

（1）将发动机安装在测功器台架上，使发动机曲轴中心线与测功器转轴中心线重合。

（2）安装仪表并接上电器线路及接通各种管路。

（3）检查调整气门间隙，汽油机检查调整分电器的断电器触点间隙、火花塞电极间隙及点火提前角；柴油机要检查调整喷油器的喷油提前角、喷油压力、喷油锥角及喷雾情况。检查

调整各紧固件。

（4）记录当时的气压和气温。

（5）起动发动机，操纵试验仪器，观察仪表工作情况，记录下数据，根据记录数据计算并绘制出发动机有效功率 P_e、发动机有效扭矩 T_{tq} 与发动机转速 n 之间的关系曲线。

7.7.4 燃油消耗率的测量

燃油消耗量的测量方法有容积法和质量法。其测量原理是通过测量消耗一定容积（或质量）的燃油所需要的时间，进而计算出燃油消耗率。

1. 容积法

容积法是通过测定消耗一定容积的燃油所需的时间，然后按公式算出 B 和 b_e。如图 7-43 为容积法测燃油消耗量示意图。

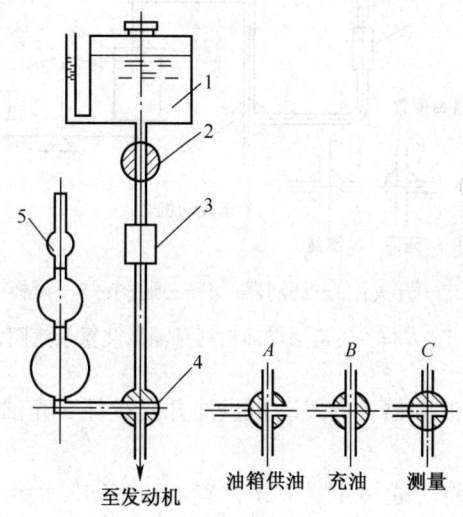

1—油箱；2—开关；3—滤清器；4—三通阀；5—量瓶

图 7-43　容积法测燃油消耗量示意图

燃油从油箱 1 经开关 2、滤清器 3 到三通阀 4，向发动机供油并可向量瓶 5 充油。试验时操作如下：

（1）打开油箱开关，三通阀置于 A 位置，发动机由油箱供油。

（2）测量前将三通阀置于 B 位置，油箱同时向发动机和量瓶供油，直到量瓶油面高于所选球泡容积的刻线，将三通阀转向位置 A。

（3）测量开始时，将三通阀转至 C 位置，发动机由量瓶供油。记录燃油流过所选球泡上、下刻线所用的时间 t 秒。

（4）测量完毕，将三通阀再次转回 B 位置，向量瓶充油，准备下次测量。

燃油消耗量按下式计算

$$B = 3.6 \frac{V \cdot \gamma}{t}$$

式中　V——球泡容积（mL）；γ——燃油密度（g/mL）；t——消耗容积 V 的燃油所用时间（s）。

若发动机功率 P_e 以千瓦为单位，有效耗油率

$$b_e = \frac{B}{P_e} \times 1000$$

或

$$b_e = 3600 \frac{V \cdot \gamma}{P_e t}$$

2. 质量法

质量法是通过测量消耗一定质量的燃油所花费的时间，然后通过公式计算得到。如图7-44为质量法燃油消耗量测量装置示意图。

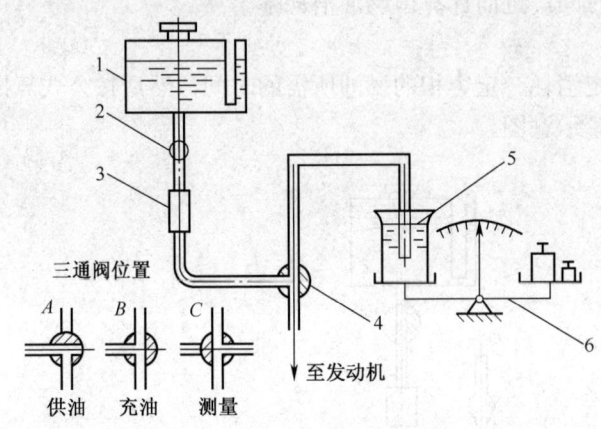

1—油箱；2—开关；3—滤清器；4—三通阀；5—量杯；6—天平

图7-44 质量法燃油消耗量测量装置示意图

燃油从油箱经开关2、滤清器3向发动机供油并向量杯5充油，量杯放在天平6上。测量操作顺序如下：

（1）打开油箱开关，将三通阀4置于A位置，油箱向发动机供油。

（2）三通阀转至B位置，油箱向发动机供油并向量杯充油。当量杯内燃油比天平另一端砝码稍重后，将三通阀转向A位置。

（3）测量时，将三通阀置于C位置，柴油机用量杯内油，当天平指针指零瞬间，起动秒表，然后取下一定质量的砝码。

（4）当天平指针再次到零位的瞬间，停止秒表，记录用去的燃油量m克和相应的时间t秒。

（5）将取下的砝码放回到天平上，将三通置于B位置，在量杯充好油后，将三通转至A位置，准备下次测量。

燃油消耗量按下式计算

$$B = 3.6 \frac{m}{t}$$

$$b_e = \frac{B}{Pe} \times 1000$$

式中　t——消耗m（g）燃油所需时间（s）；P_e——消耗m（g）燃油时测量的有效功率（kW）；B——小时耗油量（kg/h）；b_e——有效燃油消耗率[g/(kW·h)]。

7.7.5 发动机功率标定及进气修正

1. 发动机功率标定

发动机铭牌上规定的最大输出功率 P_{emax} 及其对应的转速 n 所确定的工况叫标定或额定工况。标定工况并不是发动机所能达到的极限最大功率点,而是根据发动机用途、使用特点,综合考虑各种性能要求和使用寿命后,人为规定的一个限制使用的最大功率点。

同一型号的发动机,在不同的使用条件及寿命要求下,铭牌上所标定的功率及相应的转速可以不同。发动机铭牌上标出的功率均为使用中允许的最大功率(参见 7.1.3 节,此处不再赘述)。

2. 进气修正

同一种类型的发动机在不同的大气状况下试验,其试验结果相差很大,为了使产品质量有一个统一的检验和比较标准,应将不同大气状况下试验所得的结果,换算成标准大气状况下的数值,即进气修正。

进气状况是发动机运行地点的环境大气压力、大气温度和相对湿度。当大气压力降低、大气温度升高和相对湿度增大时,吸入气缸的干空气量减少,发动机功率会下降。这就使同一台发动机在不同的大气状况下使用,其性能差别很大。为了使功率标定不至于混乱,产品质量有统一的检验标准,同时也为了比较和选用发动机方便,需要规定一种标准大气状态,并且还应有一种办法,把在不同大气状况下试验所得的结果,换算成标准大气状况下的数值。GB1105.1-87 中规定了标准环境状况,并给出了不同大气状况下的试验结果换算成标准环境状况下数值的方法。

(1) 标准环境状况

大气压 p_0=100kPa (750mmHg),大气温度 T_0=298K (25℃),水蒸气分压 p_{swo}=1kPa (7.5mmHg),干空气压力 p_{so}=99kPa (742.5mmHg)。

(2) 进气修正

1) 汽油机的换算。

$$P_0 = \alpha_a P$$

$$\alpha_a = \left(\frac{99}{P_s}\right)^{1.2} \left(\frac{T_d}{298}\right)^{0.6}$$

式中 P_0——校正到标准状况的功率 (kW);P——实测功率 (kW);α_a——汽油机的功率换算系数;T_d——进气温度 (K);P_s——试验时的干空气压力 (kPa)。

以上公式适用于汽油机油门全开,实际进气温度 288K$\leqslant T_d \leqslant$308K、系数 0.93$\leqslant \alpha_a \leqslant$1.07、干空气压力 80kPa$\leqslant P_s \leqslant$110kPa 的状况。若试验超过上述范围,应在试验报告中详细说明试验时的现场环境状况。

2) 柴油机的换算。

① 功率换算。

$$P_0 = \alpha_d P$$

$$\alpha_d = f_a^{f_m}$$

式中 α_d——柴油机功率换算系数;f_a——大气因素。

对于非增压和机械增压柴油机

$$f_a = \left(\frac{99}{P_s}\right)\left(\frac{T_d}{298}\right)^{0.7}$$

对于涡轮增压柴油机

$$f_a = \left(\frac{99}{P_s}\right)^{0.7}\left(\frac{T_d}{298}\right)^{1.5}$$

式中　f_m——柴油机特性指数。

$$f_m = 0.036\,\frac{q_c}{\pi_k} - 1.4$$

式中　q_c——比循环供油量[mg/(L·循环)]；π_k——增压比（非增压柴油机 $\pi_k=1$）。

对四冲程柴油机

$$q_c = 33333\frac{B}{V_{sL}n}$$

对二冲程柴油机

$$q_c = 16667\frac{B}{V_{sL}n}$$

式中　V_{SL}——发动机总排量（L）；B——每小时燃料消耗量（kg/h）；n——发动机转速（r/min）。当 $q_c/\pi_k<40$，取 $f_m=0.3$；$q_c/\pi_k>65$，取 $f_m=1.2$。

该方法适用于柴油机供油拉杆处于标定循环供油量位置，实际进气温度 283 K≤T_d≤313 K，系数 0.9≤α_a≤1.1，干空气压力 80kPa≤P_s≤110kPa 的状况。若试验不符合上述要求，应在试验报告中详细说明试验时的现场环境状况。

②燃油消耗率换算。

$$b_0 = \beta_a b$$
$$\beta_a = 1/\alpha_d$$

式中　b_0——标准状况下的燃油消耗率[g/(kW·h)]；b——实测燃油消耗率[g/(kW·h)]；β_a——燃油消耗率修正系数。

试验时柴油机的温度应控制在 313±5 K，汽油机不进行燃油消耗率校正。

本章小结

发动机性能指标随调整情况及运转工况而变化的关系称为发动机特性。其中随调整情况而变化的称调整特性；性能指标随运行工况而变化的关系称为性能特性。特性用曲线表示称为特性曲线，它是评价发动机性能的一种简单、方便、必不可少的形式。了解形成特性曲线的原因以及影响它变化的因素，就可以按需要方向改造它，使发动机性能进一步提高，并设法满足使用要求。

发动机性能指标随转速变化的关系称为发动机的速度特性。

汽油机节气门开度（柴油机为供油拉杆位置）固定不动，其有效功率 P_e、扭矩 T_{tq}、燃油消耗率 b_e、每小时耗油量 B 等随转速变化的关系称为汽（柴）油机速度特性。特性曲线在试验台上测取，测取前，各工况应调整到各自的最佳点火（供油）提前角和理想的混合气成分（汽油机）。另外，水温、油温、油压等参数也应保持正常稳定的状态。

节气门保持全开（或油量调节机构位置固定在标定功率循环供油量位置）时，所测得的速度特性称为外特性。节气门部分开启（或油量调节机构位置固定在小于标定功率循环供油量各个位置）时所测得的速度特性称部分速度特性。外特性表示了发动机的最大工作能力。

比较汽油机、柴油机速度特性曲线可得：

（1）汽油机的 T_{tq} 曲线总体上向下倾斜较大，小负荷时倾斜更大，而柴油机的 T_{tq} 曲线总体变化平坦，小负荷时甚至上扬。这种差别引起了这两种机型配套汽车时存在动力性和运行稳定性的巨大差异。总的来说，汽油机的速度特性曲线更符合汽车的动力性和使用要求，而柴油机的速度特性曲线需要校正和调速才能满足汽车的动力性和使用要求。

（2）汽油机的 P_e 外特性曲线存在最大值点，一般将标定功率点设在 P_e 最大值点附近，而柴油机达到 P_e 最大值点的转速很高，所以其标定点并非该特性曲线的极值点。

（3）柴油机的燃料消耗率 b_e 曲线要比汽油机的平坦，小负荷时更是如此。

用扭矩储备系数、适应性系数和转速储备系数表示发动机的扭矩特性。

由于柴油机扭矩曲线变化平坦，扭矩储备系数较小，应进行校正，方法有：出油阀校正、弹簧校正器校正。

负荷特性是指发动机转速不变，其经济性指标随负荷而变化的关系。

汽油机及柴油机负荷特性曲线的变化规律取决于汽（柴）油机指示热效率 η_{it}、机械效率 η_m 随负荷的变化规律。

比较汽油机、柴油机负荷特性曲线可得：

（1）汽油机的有效燃料消耗率 b_e 比同负荷的柴油机高，这是由于两种机型的混合气形成、着火燃烧以及负荷调节方式不同造成的。

（2）中、低负荷区 b_e 的差值明显比最低油耗点和标定功率点大，即柴油机中低负荷燃油经济性明显优于汽油机。

此外，无论是汽油机还是柴油机，都希望尽可能提高负荷率，使其经常接近最经济的80%～90%负荷率区工作。这一点对汽油机尤为重要。提高运行负荷率已成为改善发动机燃油经济性、降低实际使用油耗的一个极为重要的原则。

万有特性是以转速为横坐标，以平均有效压力（或扭矩）为纵坐标，在图上画出许多等耗油率曲线和等功率曲线。在万有特性图中，最内层的等耗油率曲线是最经济的区域。曲线越向外，经济性越差，从中很容易找出最经济的负荷和转速。

发动机调整特性是指发动机性能指标随调整情况而变化的关系。

汽油机调整特性有燃料调整特性及点火提前角调整特性。

燃料调整特性：汽油机转速及节气门开度一定，点火提前角最佳，有效功率 P_e、燃油消耗率 b 随混合气成分变化的关系。分析燃料调整特性的目的是研究汽油机的动力性和经济性随混合气变化的规律，确定汽油机在不同工况时的最佳混合气成分。

点火提前角调整特性：当汽油机节气门开度、转速及混合气成分一定时，有效功率 P_e、燃油消耗率 b 随点火提前角变化的关系。分析点火提前角调整特性的目的是研究汽油机性能指标随点火提前角变化的规律，确定汽油机不同工况时的最佳点火提前角。

柴油机调速特性：

为保证柴油机工作稳定性，必须装调速器。调速器有两极式和全程式。

调速特性为调速器起作用时，柴油机性能指标（P_e、T_{tq}、b、B）随转速或负荷变化的关系。

车用柴油机一般采用两极式调速器。调速器在怠速和标定转速附近起作用，以防止发动机怠速不稳和高速飞车。中间转速调速器不起作用，由驾驶员通过加速踏板控制供油量。

工程机械及拖拉机所用柴油机必须选用全程式调速器。调速器在任意转速下都起作用。

实验所测得的发动机各项性能指标，都应校正到标准的进气状态，以便互相比较而不受试验环境气候条件的影响。

发动机各项性能指标、参数以及各类特性曲线，通常都是在发动机台架上按规定的试验方法进行测定。

试验台架是将待测发动机与测功器用联轴节联结，并固定于坚实、防振的水泥基础上，安装发动机的支架和底板做成可调节高度和位置的形式，以便迅速拆装和对中。

测功器是用来吸收试验发动机发出的功，改变其负荷及转速，模拟实际使用的各种工况，同时测定发动机输出扭矩。用转速表测出转速，即可求出发动机功率。

常用测功器有水力测功器、平衡式电力测功器和电涡流测功器三种。三种测功器施加阻力的方式不同。水力测功器是通过改变水量的多少从而改变阻力大小；平衡式电力测功器和电涡流测功器是通过改变励磁电流来改变定子磁场强度，从而改变电磁力矩的大小进而改变发动机阻力的。

耗油率的测量可分为容积法和质量法。容积法是通过测量消耗一定容积的燃油所用的时间，进而算出发动机的小时耗油量和耗油率；质量法是通过测量消耗一定质量的燃油所用的时间，进而算出发动机的小时耗油量和耗油率。

知识训练

1．选择题

（1）汽油机负荷特性是指（　　）不变，性能指标随（　　）变化的关系。
A．转速、负荷　　　　B．节气门开度、转速　　　C．转速、供油拉杆位置

（2）柴油机的耗油率比汽油机的（　　），因为柴油机的压缩比（　　）。
A．高、高　　　　　　B．低、高　　　　　　　　C．低、低

（3）电涡流测功器是通过改变（　　）进而改变发动机阻力矩的，该阻力矩即为发动机的（　　）。
A．激磁电流、扭矩　　B．水层厚度、扭矩　　　　C．激磁电流、指示功

（4）水力测功器是通过改变（　　）进而改变发动机阻力矩的，该阻力矩即为发动机的（　　）。
A．激磁电流、扭矩　　B．水层厚度、扭矩　　　　C．激磁电流、指示功

（5）汽油机速度特性是指（　　）不变，性能指标随（　　）变化的关系。
A．转速、负荷　　　　B．节气门开度、转速　　　C．转速、节气门开度

（6）发动机最大扭矩转速（　　），车辆在不换挡的情况下，克服阻力增加的潜力（　　）。
A．越低、越强　　　　B．越低、越差　　　　　　C．越高、越强

2．判断题

（1）负荷特性主要用于评价发动机的动力性。（　）

（2）同一转速下最低耗油率 b_{min} 越小，曲线越平坦，经济性越差。（　）

（3）耗油率曲线随负荷的变化规律取决于指示热效率 η_i 和机械效率 η_m 随负荷的变化规律。（　）

（4）使用外特性上的数值高于外特性上的数值。（　）

（5）汽车行驶时为减少换挡次数，要求发动机的扭矩随转速降低而降低。（　）

3．填空题

（1）柴油机的负荷特性是_____不变，性能指标随_____而改变的规律。

（2）汽油机的负荷调节是通过改变_____从而改变_____的方法实现的，称这种调节方法为_____。

（3）柴油机的负荷调节是通过改变_____从而改变_____的方法实现的，称这种调节方法为_____。

（4）常用的测功器有_____。

（5）测取速度特性时，是_____一定，通过改变测功器负载的大小，从而改变_____。

（6）测取负荷特性时，通过改变节气门开度及相应改变_____，从而保持转速一定。

（7）柴油机的速度特性是_____固定不动，性能指标随_____而变化的规律。

（8）柴油机的扭矩曲线必需进行校正，目的是提高柴油机的_____。

（9）调速器的基本原理是利用_____和_____的平衡过程改变油量调节机构的。

（10）柴油机装调速器的目的是保证发动机工作_____。

4．简答题

（1）试比较柴油机负荷特性曲线上 A、B 两点下列参数的大小？并说明为什么？

①转速；②循环供油量；③过量空气系数；④烟度；⑤有效热效率。

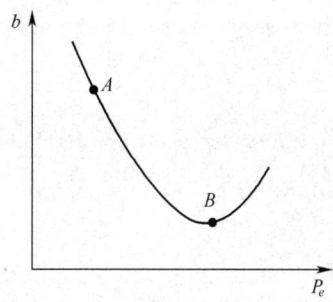

（2）说明在试验台上测取负荷特性的方法。根据测得的负荷特性如何判断发动机经济性？

（3）画出汽油机、柴油机负荷特性，并分析曲线变化趋势。

（4）说明水力测功器、平衡式电力测功器、电涡流测功器测量发动机扭矩和功率的原理。

（5）简述容积法和质量法测量发动机油耗的原理和方法。

（6）试比较汽油机外特性曲线上 A、B 两点下列参数的大小。并说明为什么？

①节气门开度；②充气效率；③机械效率；④点火提前角；⑤过量空气系数；⑥爆震倾向。

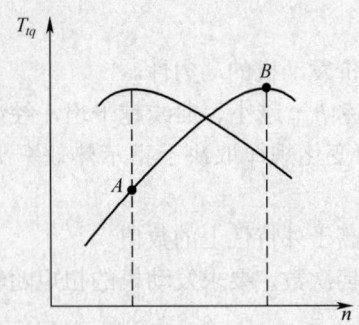

（7）柴油机为什么要装调速器？

（8）分析说明柴油机装调速器后速度特性有哪些变化？对柴油机性能有何影响？

（9）什么是发动机万有特性？如何由各种转速的负荷特性作出万有特性？

（10）发动机万有特性曲线的形状、位置对发动机性能有何影响？

（11）发动机主要做哪些台架性能试验？

分析说明载货汽车和各种大、中型客车为什么选用柴油机，而轿车发动机则以汽油机为主。

8 发动机废气涡轮增压

1. 掌握发动机增压技术评价指标。
2. 了解废气涡轮增压的类型，掌握废气能量的利用。
3. 了解废气涡轮增压器的结构，掌握其工作原理及与发动机的匹配。
4. 熟悉并掌握废气涡轮增压对发动机性能的影响及解决措施。
5. 了解汽油机增压的基本内容。

1. 能够说出发动机增压技术的类型及评价指标。
2. 能够分析废气涡轮增压的工作原理及对发动机性能的影响。
3. 能够说出目前轿车上常用的废气涡轮增压结构形式。

8.1 发动机增压概述

8.1.1 增压的定义及衡量指标

1. 增压定义

所谓增压，就是利用增压器将空气或可燃混合气进行压缩，再送入发动机气缸的过程。

2. 增压的衡量指标

增压的衡量指标包括增压度 φ_k 和增压比 π_k。

（1）增压度 φ_k

增压度 φ_k 是指同一发动机增压后增加的功率与增压前的功率之比。φ_k 衡量了增压后使功

率提高的程度

$$\varphi_k = \frac{P_{ek} - P_{e0}}{P_{eo}} = \frac{P_{ek}}{P_{e0}} - 1$$

式中，P_{ek}，P_{e0} 分别是增压前、后的功率，单位：kW。

增压度取决于所采用的增压系统，采用对增压后的空气进行中冷可使增压度提高。汽油机的增压度受到爆燃限制；柴油机的增压度受到燃烧最高爆发压力的限制，通常以降低压缩比来补偿。

根据增压度将增压技术分为低增压、中增压、高增压和超高增压。当 φ_k <1.9 时，为低增压；当 φ_k 介于 1.9~2.5 之间时为中增压；当 φ_k 介于 2.5~3.5 之间时为高增压；当 φ_k >3.5 时为超高增压。

车用机的增压度不高，在 0.1~0.6 的范围内，大部分为 0.2~0.3；船用大型低速四冲程柴油机的增压度可达到 3.0 以上。

（2）增压比 π_k

增压比 π_k 是指在标定工况下，增压器压气机出口处压缩空气的压力与压缩前气体压力之比，简称增压比，用增压比来衡量增压程度

$$\pi_k = \frac{p_k}{p_0}$$

式中，p_k 和 p_0 分别表示增压前、后气体压力。

增压比 π_k 与增压度 φ_k 有一定函数关系，但不成正比。由于 π_k 是状态参数压力的比值，在增压发动机性能分析中应用较广。根据增压比 π_k 的变化，若 π_k 介于 1.3~1.6 时为低增压，相应的平均有效压力 p_{me} 为 700~1000kPa；若 π_k 介于 1.6~2.5 时为中增压，相应 p_{me} 值为 1000~1500kPa；若 π_k 大于 2.5 时为高增压，相应 p_{me} 值为 1500kPa 以上；若 π_k 介于 4.5~5.5 时为超高增压，相应 p_{me} 值为 2500~3500kPa。

现代四冲程增压柴油机的增压度 φ_k 可高达 300%以上，而大多数车用增压发动机的 φ_k 则在 10%~60%之间。φ_k 受原机型主要零部件的热负荷、机械强度以及动态特性和车辆对转矩加大的适应性等条件限制，并非越高越好。

3. 发动机增压的优缺点

发动机增压后在动力性、经济性、排放性等方面具有一定优点，包括：增压后增大了进气密度，提高了升功率，降低了单位功率成本，提高了材料的利用率；功率相同时，发动机的空间尺寸减小，质量减轻。

（1）发动机随海拔高度升高而导致的功率下降（海拔每上升 1000 m，功率约下降 10%），可通过增压来弥补。

（2）排气能量得到回收利用，热效率显著提高。由于平均有效压力提高，机械损失相对值小；且在相同结构的前提下，增压发动机在达到额定输出功率时，摩擦损失相对更小。因而，效率提高，经济性改善。

（3）柴油机增压后，缸内压力和温度都提高，滞燃期缩短；降低压力升高率和燃烧噪声，与增压器消声作用一起，使噪声显著降低。

（4）增压可以使有害物排放量降低。涡轮内的后燃使 HC、CO 值降低，降低压力升高率

使 NO_x 排放量降低；对于增压柴油机，由于空气更加过量，使 HC、CO 和烟度有所下降。

当然，发动机增压后也存在缺点及一些问题，包括：

（1）增压后汽缸压力和温度明显提高，机械负荷和热负荷加大，影响发动机工作可靠性和耐久性，所以需限制缸内最大爆发压力。

（2）废气涡轮增压发动机在低速时，由于排气能量不足，造成增压效果差。需通过增压器的合理设计与匹配，将发动机扭矩特性改进为低速高扭矩，适应车用机的要求。

（3）废气涡轮增压从排气能量的变化到进气压力的建立需要一定的时间，所以加速响应特性不如自然吸气式。

8.1.2 发动机增压的结构形式及分类

发动机增压可以采用不同的增压形式，不同的增压形式具有不同的特点。根据增压系统结构形式和工作原理的不同，可将发动机增压分为：机械增压、涡轮增压、气波增压和复合增压。

1. 机械增压系统

由发动机曲轴通过齿轮等机械传动机构直接驱动压气机，经压气机预压后的气体经进气管进入气缸实现进气增压。

机械增压早期较多采用离心式压气机，后来发展了各种转子式、叶片式增压器。

机械增压时一般压力不超过 0.17MPa，否则压气机消耗功率过大，使整机的机械效率下降，导致燃油消耗增加过多。一般增压后，发动机燃油消耗增加 3%～5%。

机械增压系统的优点是，发动机转速的变化可直接导致压气机流量的变化，加速响应性较佳；与涡轮增压系统相比，低速转距性能较好；对排气系统无干扰，机械增压器与发动机容易匹配，结构也比较紧凑。其主要缺点是，由于驱动增压器需消耗发动机的功率，因此机械损失增加，燃油消耗率升高。机械增压系统主要用于增压比不高（$\pi_k<1.6$）和小排量的发动机。

2. 涡轮增压系统

涡轮增压系统就是利用发动机排出的具有一定能量的废气进入涡轮机并膨胀做功，推动涡轮机叶轮旋转，并带动与其同轴安装的压气机叶轮工作，将新鲜充量在压气机中压缩后送入气缸，如图 8-1 所示。涡轮机与压气机通常装成一体，称为涡轮增压器，其结构简单，工作可靠。

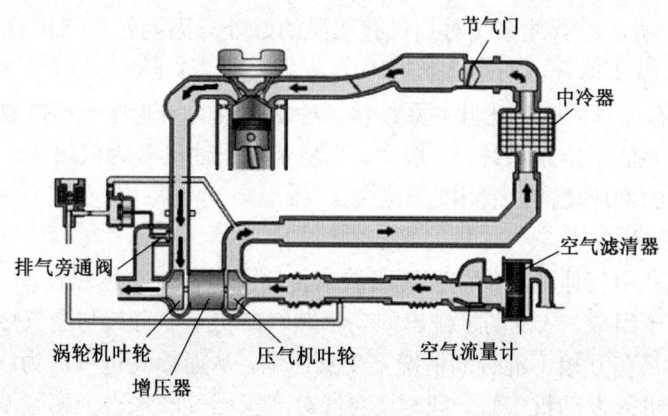

图 8-1 汽车涡轮增压系统示意图

涡轮增压系统的优点包括：

（1）在发动机不作重大改变、质量体积增加很少的情况下，一般可提高功率30%～50%，而且容易实现高增压。

（2）由于压气机消耗的功是涡轮从废气中回收的一部分能量，再加上相对地减少了机械损失和散热损失，提高了机械效率和热效率，可使发动机涡轮增压后燃油消耗率降低5%～10%，经济性能有明显提高。

（3）可降低排气噪声和烟度。排气在涡轮中可以实现充分膨胀，排气噪声降低；排气中的有害成分也可减少，因而减少了对环境的污染。正是由于涡轮增压的这些突出优点，使其在各种用途的发动机中得到了广泛的应用。

但由于增压器与发动机之间是气动连接，气体流动回路长，故起动性、加速响应性能较差。同时低速转矩性能较差。

根据发动机利用废气能量方式的不同，涡轮增压系统可以分为定压系统和脉冲系统两种基本形式，如图8-2所示。其他的涡流增压系统大都由这两种系统演变而来。

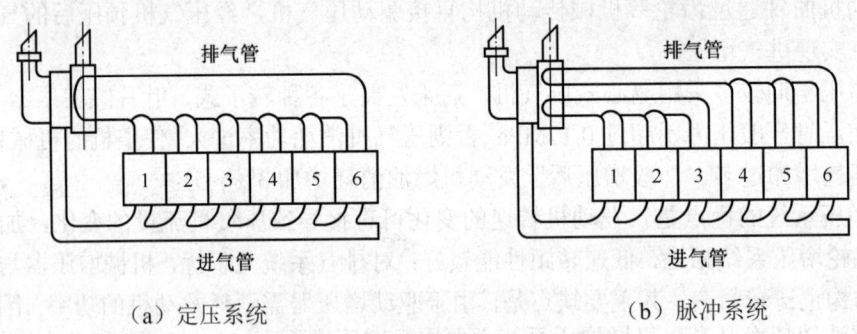

图8-2　涡轮增压系统的两种形式

定压涡轮增压系统把所有气缸的排气歧管都通向一个体积较大的排气总管，如图8-2（a）所示。排气过程中，各歧管的压力有较大波动，各缸排气时间互有差异，且部分重叠，但汇集到总管后，各缸排气相互混合、减速和滞止，基本保持压力恒定，起到了稳压作用。然后，废气按定压由总管导入涡轮机的喷嘴环。脉冲涡轮增压系统原则上是将各缸排气歧管中的脉冲气流直接导入涡轮机中，以尽量减小定压系统废气汇集到总管时出现较大的不可逆膨胀能量损失，如图8-2（b）所示。脉冲系统对扫气有明显的好处。因为在气门重叠的扫气期，脉冲系统已基本排空，p_k处于低谷，而定压系统由于p_k波动不大，所以其扫气压差低于脉冲系统。同时，定压系统动态过程的响应比脉冲系统慢，对发动机的加速性能和排放性能都不利。但脉冲系统的绝热效率要低于定压系统。一般中、小型车用柴油机多为低增压，采用脉冲系统较为有利；大型柴油机的增压比高，宜用定压系统。

3. 气波增压系统

气波增压器是利用气体的压缩波和膨胀波来传递能量的一种增压器，如图8-3所示。它由一个转子和两个定子组成。从发动机排出的高压燃气在转子中直接与空气接触，利用高压燃气的脉冲气被迫使空气在互相不混合的情况下受到压缩，从而提高进气压力。空气的压力、温度升高后从另一定子进入发动机气缸。同时，空气对高压燃气产生一个膨胀波，使燃气压力、温度下降，低压燃气从原来定子排入大气。转子由曲轴通过带轮等传动装置驱动，消耗整机功率的 1.0%～1.5%。气波增压的主要特点是结构简单，低工况有较高的增压压力，加速特性好，工况变动范围大、适应性好等优点，但也存在整体质量大、进排气系统要求高、全负荷时燃油消耗率高、噪声大等缺点。气波增压系统至今尚未得到广泛应用。

4. 复合增压系统

复合增压系统是将几种增压方式组合使用，包括机械增压与涡轮增压组合系统、涡轮增压与涡轮增压组合系统、涡轮增压与进气动态效应组合系统等。最为常用的是涡轮增压和机械增压组合的复合增压系统，如图8-4所示。

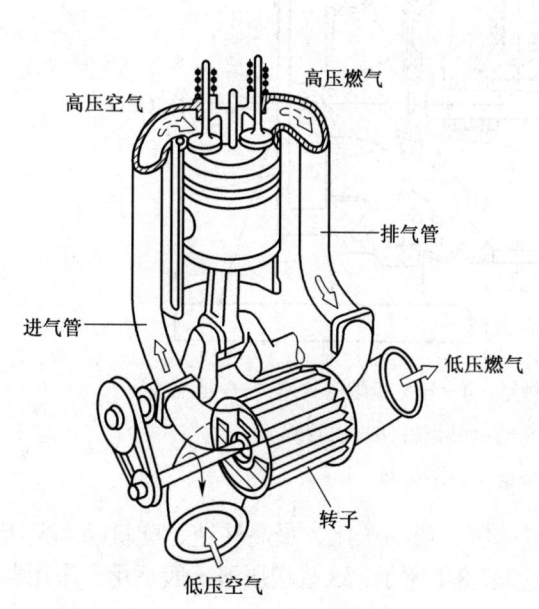

图 8-3　气波增压系统示意图

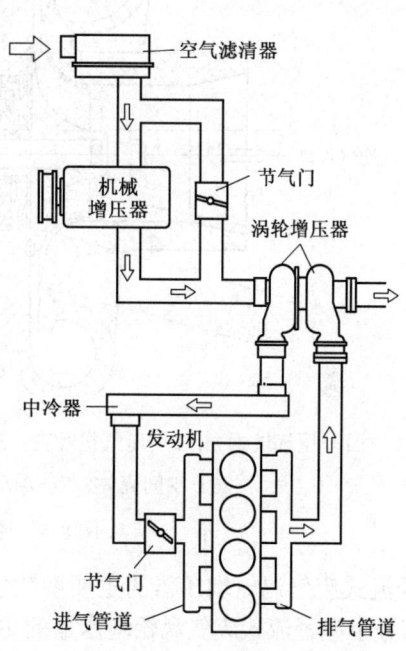

图 8-4　复合增压系统示意图

该系统先由机械增压压气机将初级增压后的空气输入涡轮增压器压气机中，经二次增压后再送入发动机。这种组合是为了改善涡轮增压的弊端，保证获得起动及低速、低负荷工况所需的增压压力，改善低速的转矩特性。

8.2　废气涡轮增压器基本原理

废气涡轮增压器主要由涡轮和压气机组成。发动机排出的废气经排气管进入涡轮，对涡轮做功，涡轮叶轮与压气机叶轮同轴从而带动压气机吸入外界空气并压缩后送至发动机进气管。增压中冷发动机在压气机出口和发动机进气管入口之间增设中间冷却器（中冷器），使压缩后空气的温度降低、密度增大。

根据废气在涡轮机中不同的流通方向，涡轮增压器可分为径流式涡轮与轴流式涡轮两类。大、中型柴油机多采用轴流式涡轮增压器，而车用内燃机则采用径流式涡轮增压器。

径流式涡轮增压器的结构图如图8-5所示，主要由同轴的离心式压气机和径流式涡轮机，以及支撑装置、密封装置、冷却系统、润滑系统等组成。目前各国绝大多数径流式涡轮增压器均具有大同小异的结构,即两叶轮悬臂布置;总布置呈哑铃形,轴承体为油冷,采用径向进油、双列全浮动轴承和活塞式密封装置;压气机端采用后弯叶轮和无叶扩压器,蜗牛形压气机壳;涡轮端采用星形盘式涡轮和双梨形、360°全进气无叶涡轮。为适应增压器与车用发动机匹配,在增压器上常设置放气阀。

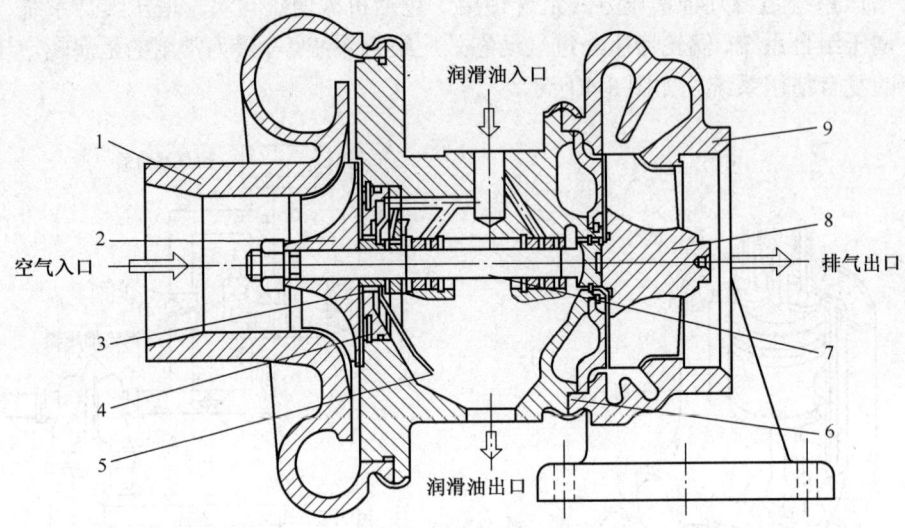

1—压气机蜗壳;2—压气机叶轮;3—推力轴承;4—压气机端密封座;5—挡油板;
6—中间壳体;7—浮动轴承;8—涡轮叶轮;9—涡轮蜗壳

图 8-5 径流式涡轮增压器结构图

径流式废气涡轮增压器的主要参数包括流量范围、最高压比、最高转速、配机功率范围等。部分小型径流式废气涡轮增压器的主要参数如表 8-1 所示,这些增压器一般适用于车用柴油机,有些也可用于车用汽油机。

表 8-1 部分小型径流式废气涡轮增压器参数表

制造厂	型号	流量范围 ($\pi_k=2$)(kg/s)	最高压比	压气机叶轮直径(mm)	最高转速(r/min)	质量(kg)	配机功率范围(kW)
(中)黎明、无锡	J65	0.05~0.25	2.9	65	130000	8	45~125
(中)黎明、凤城	J70	0.1~0.3	3.0	70	130000	9	59~147
(德)K.K.K.	K0	0.015~0.13	2.7	~45		3	10~80
(德)K.K.K.	K1	0.02~0.18	2.7	40~55	220000		15~110
(德)K.K.K.	K2	0.06~0.29	3.4	60~87	160000		40~220
(美)A.S.	TV61	0.24~0.61	3.6	~89	113000	5.2~10.9 16.33	110~260
(英)Holset	H1A	0.048~0.23	2.9	60~65	125000	5.8	75
(英)Holset	H1B	0.108~0.25	2.9	65	125000	10.0	130
(英)Holset	H1C	0.074~0.21	3.2	65~72	140000		60~130
(日)三菱重工	TD02	0.1~0.05	2.2	34	260000	2.0	6~30
(日)三菱重工	TD05	0.05~0.22	2.9	58	170000	5.0	30~130
(日)三菱重工	TD06	0.8~0.28	3.0	68	145000	6.5	50~170

8.2.1 离心式压气机的工作原理

1. 离心式压气机结构

离心式压气机结构如图 8-6 所示，由进气道、叶轮、扩压器和压气机蜗壳等部件组成。

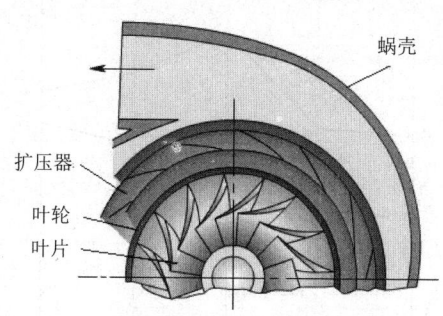

图 8-6 离心式压气机

进气道的作用是将外界空气导向压气机叶轮。为降低流动损失，其通道为渐缩形。进气道可分为轴向进气道和径向进气道两种基本形式。轴向进气道如图 8-6 所示，气流沿转子轴向不转弯进入压气机，结构简单、流动损失小。中、小型涡轮增压器多采用这种结构。径向进气道的气流开始是沿径向进入进气道，然后转为轴向进入压气机叶轮，流动损失较大。

压气机叶轮是压气机中唯一对空气做功的部件，它将涡轮提供的机械能转变为空气的压力能和动能。压气机叶轮分为导风轮和工作叶轮两部分，导风轮是叶轮入口的轴向部分，叶片入口向旋转方向前倾，直径越大处前倾越多，其作用是使气流以尽量小的撞击进入叶轮。

压气机扩压器的作用是将压气机叶轮出口高速空气的功能转变为压力能。扩压器的效率是动能实际转化为压入能的转化量和没有任何流动损失的定熵过程动能转化为压力能的转化量之比，扩压器效率对压气机效率有重要的影响。

压气机蜗壳的作用是收集从扩压器出来的空气，将其引导到发动机的进气管。由于扩压器出来的空气仍有较大的速度，在蜗壳中还将进一步把动能转化为压力能。因此，压气机蜗壳也有一定的扩压作用。蜗壳效率是动能转化为压力能的实际转化量和定熵转化量之比。

2. 空气在压气机中的流动及状态变化

当空气流经压气机通道时，压力 p、速度 c 和温度 T 的变化趋势如图 8-7 所示。

在入口，空气从环境状态进入，压力、速度、温度分别为 p_a、c_a、T_a。由于进气道是收敛形的通道，少部分压力能转化为动能。因此，在进气道中，空气的压力略微降低，速度略有升高。由于压力降低，温度随之降低。在进气道出口，亦即叶轮入口，空气的压力、速度、温度分别为 p_1、c_1、T_1。

在压气机叶轮中，空气受离心力压缩被甩向工作轮边缘，空气从回转的工作轮上获得能量，使空气的压力、温度和速度都有较大升高。在叶轮出口，亦即扩压器入口，空气的压力、速度、温度分别为 p_2、c_2、T_2。

在扩压器中，由于扩压器流通面积渐扩，使气体的部分动能转化为压力能，因此，空气的速度降低，压力升高，温度亦随压力而升高。在扩压器出口，亦即蜗壳的入口，空气的压力、速度、温度分别为 p_3、c_3、T_3。

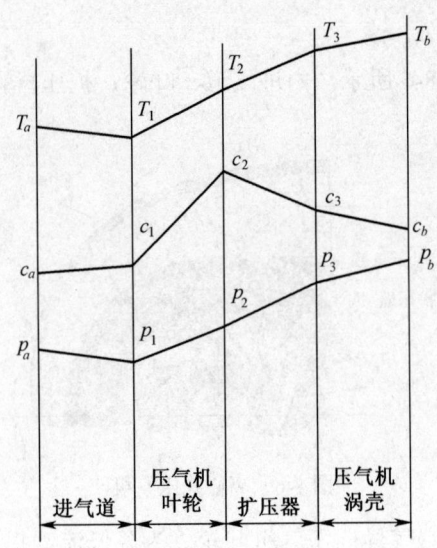

图 8-7　压气机通道中空气参数状态变化

扩压器通常由无叶扩压器与叶片扩压器组成。无叶扩压器实际是两侧壁形成的环形空间，高速气流在此环形空间中沿对数螺旋线运动，气流速度与圆周切线之间的夹角 α 保持不变，流动轨迹较长，扩压效果缓慢。为此，在无叶扩压器外侧设置叶片扩压器，这时空气的流动轨迹是由叶片所限定的。叶片的存在迫使空气不能沿对数螺旋线自然运动，而使其沿着 α 角增大的方向偏移，因而在相同的直径下，可以获得较大的扩压比，减小了气流运动轨迹的长度和摩擦损失，提高了扩压器效率。

在压气机蜗壳中仍有部分动能进一步转化为压力能，使空气的速度进一步降低，压力和温度升高。在蜗壳出口亦即整个压气机出口，空气的压力、速度、温度分别为 p_b、c_b、T_b。

空气流经压气机的这些流道时，完成一系列功能转换，将涡轮机传给压气机工作轮的大部分机械功转变为空气的压力能。

在压气机的通道中，只有叶轮是唯一对空气做功的元件，其他部位都不对空气做功，而只进行动能和压力能之间的相互转化。如不计与外界热和质的交换，进气道出口空气的总能量应与环境状态空气的总能量相等，此处空气的滞止温度应为环境温度，而扩压器中和蜗壳中空气的总能量亦应与叶轮出口的总能量相等，即叶轮出口、扩压器出口和蜗壳出口三处的滞止温度相等：$T_2^* = T_3^* = T_b^*$。

3. 压气机的绝热效率

压气机的绝热效率是评价压气机性能的基本指标。

压气机的压缩过程如图 8-8 所示。图中的 0 点 (p_0, T_0) 表示压气机进口处的空气状态；点 $4'$ ($p_4' = p_k$, T_4') 表示空气按绝热过程压缩后压气机出口处的状态；点 4 ($p_4 = p_k$, T_4) 表示空气按多变过程压缩后压气机出口处的状态。

（1）压缩功

按理想情况，将 1kg 空气从压力 p_0 压缩到压力 p_4 (p_k) 耗功最小的为可逆绝热过程，所需

的绝热压缩功（J/kg）为

$$h_{ad-k} = \frac{K}{K-1}RT_0\left[\left(\frac{p_k}{p_0}\right)^{\frac{K-1}{K}} - 1\right] = C_p(T_4' - T_0)$$

绝热压缩功在 p-V 图上相当于面积 $a04'ba$，在 T-s 图上相当于 1kg 气体在等压下从温度 T_0 加热到 T_4' 所需的热量，相当于面积 $a4''4'ba$。

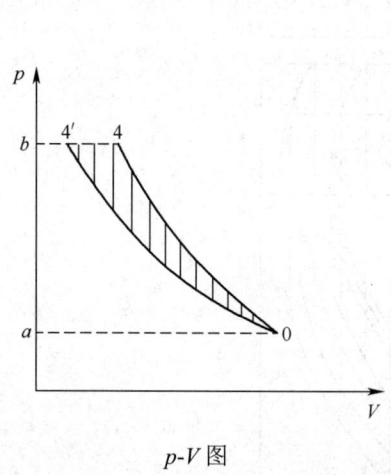
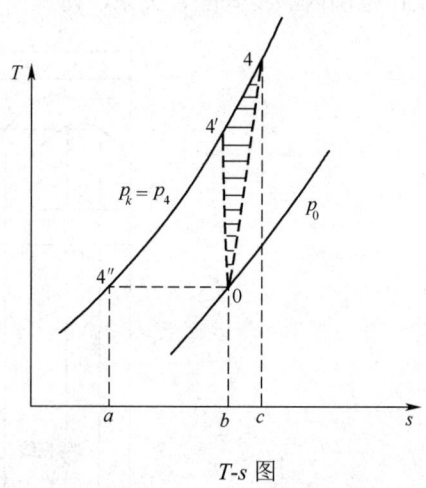

图 8-8　空气压缩过程

实际压缩是个多变过程，伴随有摩擦及流动损失，所以将 1kg 空气从 p_0 压缩到 p_k 消耗的实际压缩功（J/kg）为

$$h_k = C_p(T_4 - T_0)$$

实际压缩功在 T-s 图上相当于面积 $a4''4ca$。

（2）绝热效率 η_{ad-k}

实际压气机工作过程完善的程度是通过与理想压气机相比较来评定的。通常以绝热效率来评定，亦即压缩到同一压力时，在理想压气机中压缩空气的绝热压缩功与在实际压气机中消耗的实际压缩功之比

$$\eta_{ad-k} = \frac{h_{ad-k}}{h_k}$$

绝热效率 η_{ad-k} 说明了在消耗于转动压气机的机械功中，有多少是有用功的部分，表明了压气机流通部分的完善程度。

目前在涡轮增压器上应用的离心式压气机，其绝热效率为：0.60～0.80。

（3）压气机功率

如果已知 1kg 空气的绝热压缩功为 h_{ad-k}（J/kg），空气的质量流量为 q_{mk}（kg/s），压气机的绝热效率为 η_{ad-k}，则压气机功率为

$$P_k = \frac{q_{mk}h_{ad-k}}{\eta_{ad-k}}$$

4. 压气机的特性曲线

压气机在工作中，其主要性能参数将随着压气机运行工况的变动而变化。压气机的主要性能参数在各种工况下的相互关系曲线称作压气机的特性曲线。通常所说压气机的特性曲线是指在不同的转速下，增压比和效率随流量的变化关系，即流量特性。它包括效率特性和压比特性，如图 8-9 所示。由于压气机实际运行中的多变工况，为了解压气机在全部工作范围内气流参数之间的关系，分析在各种工况下压气机运行的完善程度，以及为了获得增压器与柴油机间在全部工作范围内的良好配合关系，研究压气机特性曲线具有重要意义。

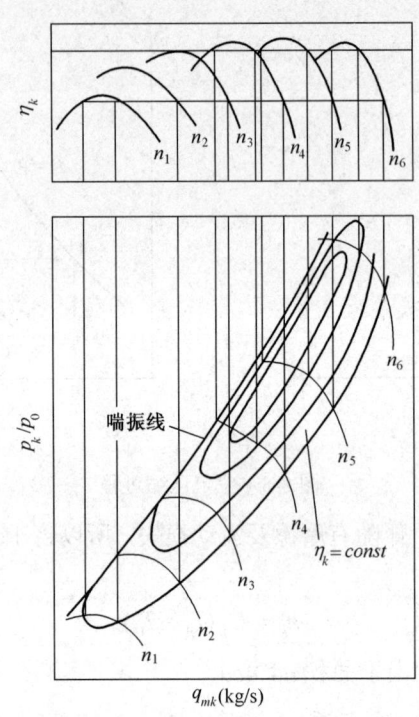

图 8-9 离心式压气机特性曲线

（1）压气机的压比流量特性

由图 8-9 特性曲线可知，在转速保持一定的情况下，在某一流量下压比和效率有一最大值时，随流量的增大或减小，压比和效率都降低。

当流量减小到某一数值时，压气机出现不稳定流动状态。压气机中气流发生强烈的低频脉动，引起叶片的振动，产生很大的噪声，并有可能导致压气机的破坏，这种现象称为压气机的喘振。每一转速下部有一个喘振点，将各种转速下的喘振点连接起来就可以确定一条压气机不稳定的工作边界线，称为喘振线。喘振线以左的区域为喘振区。压气机只能在喘振线右边的范围内工作。在增压发动机上，如果遇到压气机喘振。发动机进气管压力便不稳定，发动机转速也不稳定，并在进气管中发出"轰隆"的响声。因此，增压发动机绝对不允许压气机工作在喘振区。

从特性曲线的等效率曲线看，中间是高效率区，高效率区一般比较靠近喘振边界线，沿高效率区向外，效率逐渐下降，特别是在大流量及低压比区，效率下降很多。

当流量增大到某一数值时，压比和效率均急速下降。换言之，即使以压比和效率下降很多作为代价，流量也难以增加。这个现象称为压气机的阻塞。产生阻塞的原因，是在压气机叶轮入口或扩压器入口这种局部喉口截面处，气流的速度达到了当地声速，从而限制了流量的增加。由于阻塞点难以严格界定，通常人为规定，当效率降低到η_{ad-k}=55%时，就认为出现了阻塞。

（2）通用特性曲线

上述压气机特性曲线中的压比、效率、转速和流量参数等都是在实验条件的外界大气状况下测得的。当大气状况变化时，这些参数以及由这些参数作出的压气机特性曲线也随之变化。为了使实验曲线与实践应用一致，引进了相对的折合参数的概念，就是把实验测得的上述参数根据气流动力相似理论换算成标准大气状况（标准大气压为101.33kPa，标准大气温度为293K）下的参数值，换算后的质量流量称为折合流量

$$q_{mk-np} = q_{mk} \frac{101.33}{p_0} \sqrt{\frac{T_0}{293}}$$

折算后的转速称为折合转速

$$n_{k-np} = n_k \sqrt{\frac{293}{T_0}}$$

式中　　p_0、T_0——分别是试验测量时的大气压力（kPa）、温度（K）。

至于压力比$\pi_k = \frac{p_k}{p_0}$和绝热效率η_{ad-k}是无因次参数，保持不变。由这些无因次参数整理的曲线称为通用特性曲线，图8-10所示为某压气机通用特性曲线。

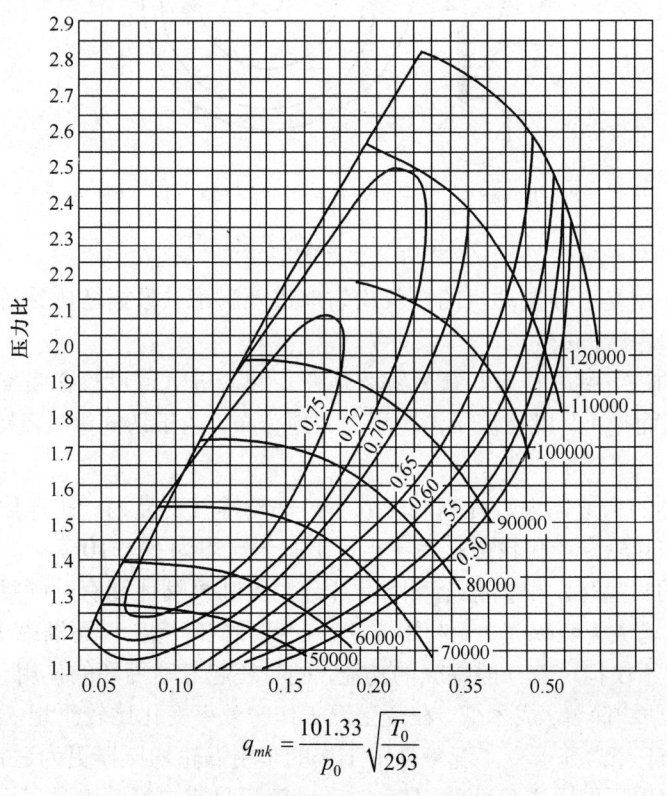

$$q_{mk} = \frac{101.33}{p_0} \sqrt{\frac{T_0}{293}}$$

图8-10　通用特性曲线

8.2.2 径流式涡轮机的工作原理

涡轮增压器中涡轮的工作过程与压气机相反，它是把发动机排出的废气的能量转化为机械功来驱动压气机涡轮的一种原动机。涡轮增压器的性能，在很大程度上取决于涡轮的性能。

在涡轮增压器所使用的涡轮中，按气体在涡轮叶轮的流动方向，可以分为轴流式涡轮、径流式涡轮和混流式涡轮。其中径流式涡轮中气体的流动方向是近似沿径向由叶轮轮缘向中心流动，在叶轮出口处转为轴向流出。径流式涡轮结构紧凑、质量轻、体积小，在小流量范围涡轮效率较高，且叶轮强度好，能承受很高的转速，在中、小型涡轮增压器上应用广泛。本节主要介绍径流式涡轮机的工作原理。

1. 径流式涡轮机结构

径流式涡轮机主要由进气蜗壳 1、喷嘴环 2、工作轮 3 以及出气道 4 等组成，如图 8-11 所示。径流式涡轮在形状上很像离心式压气机，但气流的流动方向与压气机相反，在一定程度上可以把径流式涡轮的工作过程看成离心式压气机的逆过程。

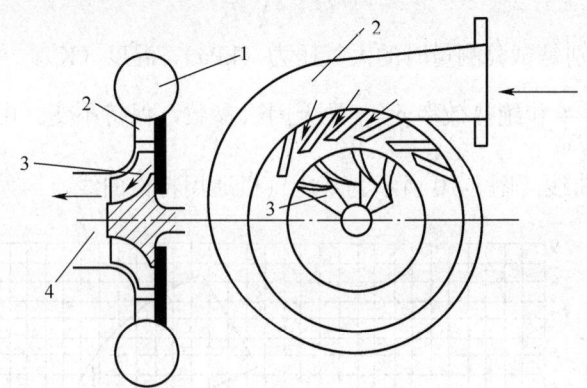

1—进气蜗壳；2—喷嘴环；3—工作轮；4—出气道

图 8-11 径流式涡轮机简图

进气蜗壳的作用是引导发动机的排气均匀地进入涡轮。根据增压系统的要求，蜗壳可以有 1 个、2 个甚至更多个进气口。

径流式涡轮的进气蜗壳一般与排气蜗壳连在一起，进气道设置在喷嘴环径向的周围，离进口越远，流通截面越小，以使流量沿圆周均匀地分布，由于切向进气流动损失小，因此多采用切向进气形式。

为了减小气体的余速损失，提高涡轮效率，涡轮排气蜗壳为一扩压段。扩压段的形状与尺寸由叶轮出口的叶轮直径和轮鼓直径决定，扩张角一般为 8°～10°。

径流式涡轮的喷嘴环，根据有无喷嘴叶片分为无叶喷嘴环和有叶喷嘴环。无叶喷嘴环与涡轮壳做成一体，构成无叶蜗壳。无叶蜗壳的径向截面向喷嘴出口逐渐缩小，而喷嘴入口则没有明确的界限。它不仅担负着一般蜗壳的功能，同时还起着喷嘴环的作用。无叶蜗壳的特点是尺寸小、质量轻、结构简单、成本低。在变工况工作时效率变化比较平坦，但最高效率低一些。因此，无叶蜗壳用于经常处于变工况条件下工作的车用涡轮增压器更为适宜。但无叶蜗壳匹配不同的发动机时要用不同通道尺寸的蜗壳，与有叶喷嘴只需更换喷嘴环甚至只更换喷嘴叶片相比，其适用范围较小。有叶喷嘴环由喷嘴叶片和环形底板形成径向收敛的通道。采用有叶喷嘴只需更换喷嘴就可得到适应不同发动机要求的变型产品，有利于涡轮增压器的系列化。

径流式涡轮的工作轮，一般都是半开式结构。为了提高涡轮增压器在发动机变工况时的响应性，要求转子部件的转动惯量尽量小。因此，小型涡轮增压器中，通常采用开式叶轮，开式叶轮还可减少叶轮轮盘的离心应力，对叶轮轮盘的强度有利。但开式叶轮的自振频率较低，这对叶片的强度和刚度极为不利。因此，在开式叶轮中，在叶片进口沿轴向取一较大的后弯角，并沿径向设计成等强度截面，即直径越小处叶片越厚。涡轮叶片的叶型目前大多采用抛物线叶型，因为抛物线叶型气动性能好，效率较高。考虑加工制造难度等问题，实际生产的涡轮增压器中，涡轮叶轮直径小于 160mm 时，全部采用径流式涡轮；超过 300mm 时，多采用轴流式涡轮；在上述尺寸之间时，两种涡轮都可以采用。

2. 气体在涡轮机中的流动

气体在涡轮机中流动的状态参数如图 8-12 所示。由发动机排气管中排出的气体具有压力 p_T、温度 T_T，并以速度 c_T 经进气蜗壳流入喷嘴环。在喷嘴环上均匀地安装了具有一定角度的叶片，这就使燃气经过叶片间的通道后更具有方向性，使气流更加均匀且有秩序地流入涡轮机工作轮。叶片间的通道面积是渐缩的，使部分压力势能转变为气体的动能，即气体的压力降低到 p_1，温度降低到 T_1，气体流动的速度增加到 c_1。

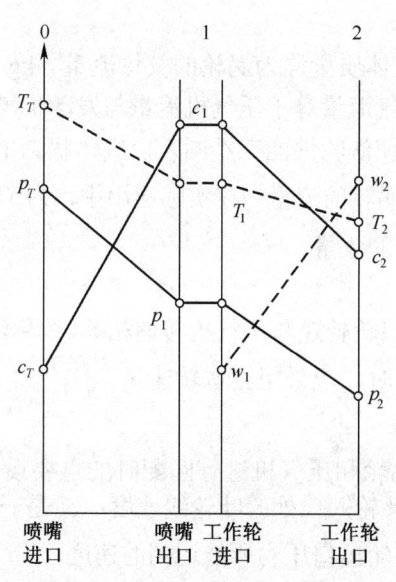

图 8-12　涡轮机中气流状态参数

由于气流在工作轮中是向心流动的，所以在工作轮叶片之间的通道也是呈渐缩的形状，气体在通道中继续膨胀，在工作轮出口处压力下降到 p_2，温度降低到 T_2，此时气体的绝对速度下降到 c_2，工作轮后气体的绝对速度 c_2 远小于 c_1，这说明燃气在喷嘴中膨胀所获得的动能已大部分传给了工作轮。

燃气离开工作轮时还具有一定的速度 c_2，即还有一部分动能未能在涡轮机中得到充分利用，这部分动能损失称为余速损失 $c_2^2/2$。

由参数状态可知，具有一定热能及压力能的燃气，在喷嘴环通道中仅部分得到加速而转变为燃气的动能；而从喷嘴环中流出的具有一定动能及压力能的燃气，在工作轮中将所具有的能量大部分转变为机械能。

3. 涡轮的主要工作参数及特性

涡轮的主要工作参数有涡轮效率、膨胀比、气体流量和涡轮转速等，并依这些参数从其相互关系来表示涡轮的工作性能。

(1) 涡轮效率 η_T

涡轮效率是涡轮的主要性能参数，它是评价涡轮设计和制造完善程度的重要指标。涡轮效率的定义为实际过程气体对涡轮做功与理想的定熵过程气体对涡轮做功的最大可用能量之比，即

$$\eta_T = \frac{W_T}{H_T}$$

涡轮机的效率一般很少直接测定，而是通过测定涡轮增压器总效率来确定。涡轮增压器总效率为 $\eta_{Tk} = \eta_{ad-k} \eta_T \eta_m$。现代废气涡轮增压的涡轮机效率为 $\eta_T = 0.65 \sim 0.85$。

(2) 膨胀比 π_T

涡轮膨胀比是代表气体在涡轮中具有做功能力的重要参数，定义为涡轮进口气体压力与涡轮出口气体静压力之比，即 $\pi_T = p_T^* / p_2$。

(3) 流量 q_{mT}

单位时间内通过涡轮的气体质量称为涡轮的气体流量（kg/s）。在涡轮增压发动机中，无泄漏和放气时，通过涡轮的燃气流量等于压气机流量与发动机燃烧的燃料流量之和。在分析各性能参数之间的关系时，为了使涡轮性能在不同入口气体状态下具有可比性，应采用无量纲的相似流量 $q_{mT} \times \sqrt{T_T^*} / q_T^*$ 表征涡轮的流量。在实际应用中，为了便于与设计工况进行比较，也经常采用折合流量来表征涡轮的流量。

(4) 涡轮转速 n_T

由于涡轮与压气机同轴，涡轮转速与压气机转速相等，统称涡轮增压器转速，单位为 r/mm。在分析各性能参数之间的关系时，应采用相似转速 $n_T / \sqrt{T_T^*}$。

(5) 速比

速比是涡轮设计中及对涡轮和压气机进行匹配时的重要设计参数。对于径流式涡轮，定义为 u_1/c_0。其中，u_1 是工作叶轮入口处的叶轮线速度；c_0 是一个假想速度，指燃气从进口状态不对外做功而定熵膨胀到涡轮出口压力所能达到的速度。

涡轮机作变工况运行时，燃气在涡轮机中流动，随着膨胀比增大，流量跟随增加，当膨胀比增加到某一临界值时，流量达到最大值，不再增加，该现象即为涡轮机的阻塞。一般来说，涡轮机流量特性虽然受阻塞现象的限制，但涡轮机的工作范围常比压气机大得多，一种涡轮机可以和多种不同的压气机配套使用。

目前小型径流式涡轮机开始采用结构简单的大喷嘴涡轮机，它将进气蜗壳与喷嘴环简化为一体，气流自半径大的环形截面流向半径小的环形截面。环形通道自然地形成收敛，气流在其中膨胀而得到加速。它的渐缩进气蜗壳能把经过排气管分为几路的废气从整个圆周范围内引入工作轮叶片，以适应多缸机脉冲系统的需要。

8.3 废气能量的利用

在柴油机增压系统中，几乎都采用排气涡轮增压系统。排气涡轮增压系统就是通过柴油机的排气来驱动涡轮增压器工作，从而吸收排气能量来实现增压的目的。结合四冲程增压柴油机的理论示功图，分析说明可被涡轮增压器利用的柴油机排气中的能量。

8.3.1 发动机排气可用能量

如图 8-13 所示，面积 $12a31$ 为压气机耗功，其中面积 $82a68$ 为进入发动机气缸并留在气缸内的空气的压缩耗功，面积 18631 为扫气空气的压缩耗功。面积 $aczz'ba$ 为柴油机缸内气体膨胀功，面积 $674a6$ 为柴油机泵吸正功，这两块面积之和为柴油机指示功。面积 $b9K'b$ 为柴油机排气门打开时排气等熵膨胀至大气压力 p_a 时所能做的功，用 E_b 表示，其中面积 $b4T'b$ 为排气经排气门节流和排气歧管中自由膨胀所损失的能量，用 E_1 表示，另一部分，即面积 $49K'T'4$ 为排气在涡轮中进一步膨胀所回收的能量，用 E_T 表示，则

$$E_b = E_1 + E_T$$

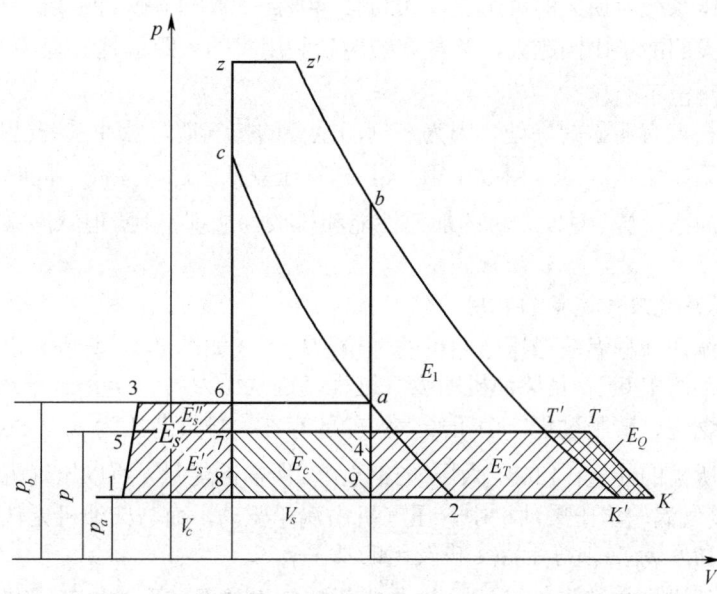

图 8-13 四冲程增压柴油机理论示功图

面积 $1KT51$ 为涡轮中排气的总能量，用 E_2 表示，由四部分组成：①面积 18751 为扫气空气进入涡轮后具有的能量，用 E'_s 表示；②面积 89478 为活塞推出排气使排气增加的能量，用 E_c 表示；③面积 $49K'T'4$ 为排气在涡轮中的膨胀功，即 E_T；④面积 $T'K'KTT'$ 为损失的能量 E_1 中的一小部分转变为热能，加热排气，使焓值增加而得的附加能量，用 E_Q 表示，故

$$E_2 = E'_s + E_c + E_T + E_Q$$

由此可见，排气的最大可用能 E 由三部分组成：①排气门打开时，气缸内气体等熵膨胀到大气压力所做的功 E_b；②活塞推出排气，排气得到的能量 E_c；③扫气空气所具有的能量 E_s。

$$E_s = E'_s + E''_s$$

式中，E''_s 为面积 5-7-6-3-5 所代表的扫气空气节流损失。

这样，排气的最大可用能量可表示如下：

$$E = E_b + E_s + E_c = E_1 + E_T + E_c + E_s$$

8.3.2 排气涡轮增压系统的基本型式及能量利用

1. 排气涡轮增压系统的基本形式

从对排气中可用能量的利用情况，脉冲增压系统与恒压增压系统对能量的利用各有特点。

由于废气流入总管造成强烈的节流和不可逆膨胀损失，定压系统可用能利用率低。特别在低增压比、大喷嘴环流通截面时，涡轮机前的总管压力 p_k 下降多，能量损失大。试验结果表明，当增压比 π_k =1.5～1.6 时，只能利用排气总能量的 12%～15%；而当 π_k >3.0 时，排气总能量利用率可增加到 30%～35%。脉冲系统正是为了降低这一损失而提出的。由于脉冲系统不存在大容积的集气总管，理论上应不会出现不可逆膨胀损失。实际上，初始排气时仍有很大压降，此时对应于自由排气阶段。但此阶段时间很短，再加上脉冲系统流入涡轮机的排气已具有较高的动能（速度），此能量的一部分在涡轮机中也可转为机械功，所以它的能量利用率要比定压系统高。定压系统所损失的可用能，大约有 40%～50% 可在脉冲系统中得到利用。π_k 越低，定压系统损失的能量比例越大，两种系统能量利用率的差距就越显著。当 π_k >2.5 时，脉冲系统的这一优势已不明显。

脉冲系统对扫气有明显的好处。因为在气门重叠的扫气期，脉冲系统已基本排空，p_k 处于低谷，而定压系统由于 p_k 波动不大，所以其扫气压差低于脉冲系统。同时，定压系统动态过程的响应比脉冲系统慢，对发动机的加速性能和排放性能都不利。但脉冲系统的绝热效率要低于定压系统。

2. 恒压增压系统废气能量的利用

恒压增压系统四冲程涡轮增压柴油机的理论示功图（如图 8-13 所示）说明了发动机废气能量的利用情况。图中 6—a 是柴油机的吸气过程，进气压力为 p_b。$a-c-z'-z-b$ 为柴油机汽缸中的压缩、燃烧、膨胀过程。由于废气涡轮的存在，排气背压为 p_T。86a28 为压缩进入柴油机汽缸空气所需的能量；13681 为压缩扫气空气所需的能量，所以压气机消耗的总能量为 13a21。因为在废气涡轮增压柴油机中，压气机由涡轮驱动，而与柴油机无任何机械联系，因此压气机消耗的功率 p_b 必须等于涡轮机发出的功率 p_T。

恒压涡轮前的燃气参数用 T' 表示，这是由于汽缸中的燃气经过排气阀节流和排气管中不可逆的自由膨胀到 p_T 所产生的结果。恒压涡轮的功以面积 $87T'K'8$ 表示，面积 15871 为扫气空气在涡轮中所做的功，因此恒压涡轮的总功用 $15T'K'1$ 表示。

在恒压系统中排气管中维持着恒定的压力 p_T。在排气阀刚打开时，压力 p_b 远高于 p_T。随着气体自汽缸中排出，汽缸中的压力不断下降。在汽缸压力下降至 p_T 以前，气流通过排气阀将产生强烈的节流作用。节流损失在超音速阶段表现为流出气门时的高速气流进入排气管后由于管道变粗，流速大大降低，大量的动能通过气体分子相互撞击、摩擦和形成涡流而损失，这是可用能量损失的主要原因；还包括流入排气总管时，所产生的不可逆膨胀损失；在亚临界阶段（包括排气冲程活塞推出废气的阶段），也表现为动能损失，亦即流出排气阀时的摩擦损失。超临界阶段的节流损失是所有损失中的最主要部分，亚临界流动时的动能损失数值不大，此外还包括气体在管道内的摩擦损失和通过排气管壁的散热损失，但是它们在数量上更是属于次要方面。

损失能量所产生的热量将加热气体，必将导致涡轮前的燃气温度较等熵膨胀 T' 点的温度高，以 T 点表示。涡轮功的面积将增加 $T'TKK'T'$，就是损失 $b4T'b$ 中的复热回收部分。这仅是能量损失中的一小部分而已，恒压增压系统中可用能量的损失为

$$W_K = 面积_{b4T'b}$$

根据能量平衡

$$W_k = G_T C_P \Delta T$$

式中：ΔT——涡轮前废气升温；G_T——燃气流量。

因此，涡轮做功能力的增加值为

$$\Delta W_T = 面积_{T'TKK'T'} = G_T C_P \Delta T \left[1 - \left(\frac{p'_0}{p_T} \right)^{k-\frac{1}{k}} \right]$$

复热回收部分占损失能量的比例为 b-4-T 的比例'

$$\frac{\Delta W_T}{W_K} = 1 - \left(\frac{p'_0}{p_T} \right)^{k-\frac{1}{k}}$$

由上式可知，在恒压系统中，p_T 越高，则复热回收的比例越大，也就是恒压增压系统越有效。

在实际情况中，涡轮实际所作之功将等于面积 $15T'K'1$ 乘以涡轮机有效效率，压气消耗的功是面积 $13a21$ 除以压气机效率。因此在增压压力 p_b 较低，而涡轮增压器的综合效率不高时，恒压系统就较难实现压气机和涡轮机的功率平衡要求。究其原因，就是在于面积 $b4T'b$ 的能量没有很好地加以利用。

恒压增压系统的主要优点：涡轮在恒压下会全周进气，效率较高，气流引起的激振较小，不易引起叶片断裂；排气系统简单，成本较低，易于布置和维护。主要缺点是脉冲能量的利用率较低，试验表明，当 p_b=150～160kPa 时，定压系统只利用了排气能量的 12%～15%，p_b>300kPa 时，所利用的排气能量达 30%～35%。此外，定压增压的发动机的低速转矩特性和加速性能较差。

3. 脉冲增压系统废气能量的利用

脉冲增压系统的作用可以改善面积 $T'TKK'T'$ 能量的利用情况。脉冲增压系统的特点是尽可能将气缸中的废气直接而迅速地送到涡轮机中去。为此，需要涡轮机尽量靠近气缸，把排气管做得短而细，使容积相当小，并且为了减少各缸排气压力波的相互干扰，用两根或更多排气支管将相邻发火气缸的排气相互隔开，如图 8-14（b）所示。这样，在气缸开始排气后不久，排气管内的压力 p_T 便迅速升高并接近于气缸内的压力 p；由于同一排气管内没有其他的气缸同时排气，所以随着排气流入涡轮，排气管压力 p_T 迅速下降，接着是气缸压力 p 迅速下降。然后同一排气管内相邻发火间隔的气缸开始排气，排气管压力 p_T 又再次迅速升高而后又接着迅速下降。于是形成了排气管内压力的周期性脉动。由于涡轮是在进口压力有较大波动的情况

下工作,所以称为脉冲增压系统(或变压系统)。

在脉冲增压系统中,气缸刚开始排气时的节流损失很大,但由于排气管内的压力 p_T 迅速升高,并接近气缸内的压力 p,因而总的节流损失大大减少。同时,由于排气管较细,排气管中气流速度较高,因而部分气流动能可以在涡轮中加以利用,这样一来,使涡轮机拥有的能量增加,增压压力 p_b 得以提高。

从以上分析可以看出,脉冲增压系统比恒压增压系统可以更好地利用柴油机的废气能量。排气管容积较小,废气能量利用也较好。当排气系统正确设计时,在恒压系统中损失的可用能量 $b4T'b$ 中大约有 40%~50% 可以在变压系统中获得利用,因此涡轮的能量就大,建立的压力就更高。反之,如果要求同样的压力,那么在变压系统就可以放大喷嘴环的截面积,加快排气管排空,减少活塞推出废气所做的功,使充量更换正功更大,从而改善柴油机机械效率,使柴油机比油耗进一步下降。

在脉冲增压系统中,排气能量利用的程度与排气管中的压力变化有关,受到很多因素的影响,如最佳的排气门开启定时选择、排气门流通截面积增大、排气门开启速度增加、排气管截面和长度减小等均可影响脉冲传递损失;减小涡轮喷嘴环的流通截面积可使排气背压提高,排气能量增加。

4. 恒压增压系统与脉冲增压系统的比较

恒压增压系统与脉冲增压系统的特点比较如下。

(1)排气能量利用的效果

脉冲增压系统由于排气过程的超临界阶段相对较短,气流的流动阻力小,排气能量的损失比恒压系统小。同时,脉冲增压系统部分利用了排气的脉冲能量(面积 $T'TKK'T'$ 所表示的能量),所以系统对排气能量的利用比恒压系统要好。但是当增压比提高时,恒压系统排气管内的压力也相应提高,排气损失有所下降,且脉冲能量在排气能量中所占的比重也随增压比增加而减小,所以两种系统对排气能量的利用效果将随增压比的提高而逐渐接近。一般而言,当增压比小于 2.5 时,采用脉冲增压系统对于排气能量的利用是比较有利的。当增压比大于 2.5 时,采用脉冲增压的优势就不明显了。

(2)发动机气缸内的扫气作用

脉冲增压系统对气缸中扫气有明显的好处。如图 8-14 所示为两种增压系统中排气脉冲波与发动机扫气性能图。由图中可知,在发动机扫气期间,脉冲增压系统(图(a))的排气管压力 p_T 正处于波谷,因此即使在低增压和高增压的部分负荷工况,仍能保持足够的扫气压力差 $p_b - p_T$,以保证气缸内有良好的扫气,达到提高充量系数、减小燃烧室中受热零件热负荷的目的。而在恒压增压系统(图(b))中,由于排气管压力 p_T 波动小,扫气压力差大大减小,不容易保证气缸内的扫气效果。

(3)发动机的加速性能

在脉冲增压系统中,由于排气管容积较小,当发动机负荷改变时,排气的压力波立刻发生变化,并迅速传递到涡轮机,从而改变增压器转速,以适应负荷变化的要求,所以使用脉冲增压系统的发动机加速性能较好。此外,在发动机转速降低时,脉冲增压系统的可用能与恒压系统的可用能之比增大,有利于改善发动机的转距特性。而在排气管容积较大的恒压系统中,涡轮机前的压力变化比较缓慢,加速性就比较差,特别在低增压时,排气能量的利用程度差,加速性能就更差。恒压系统的转矩特性也明显不如脉冲系统。

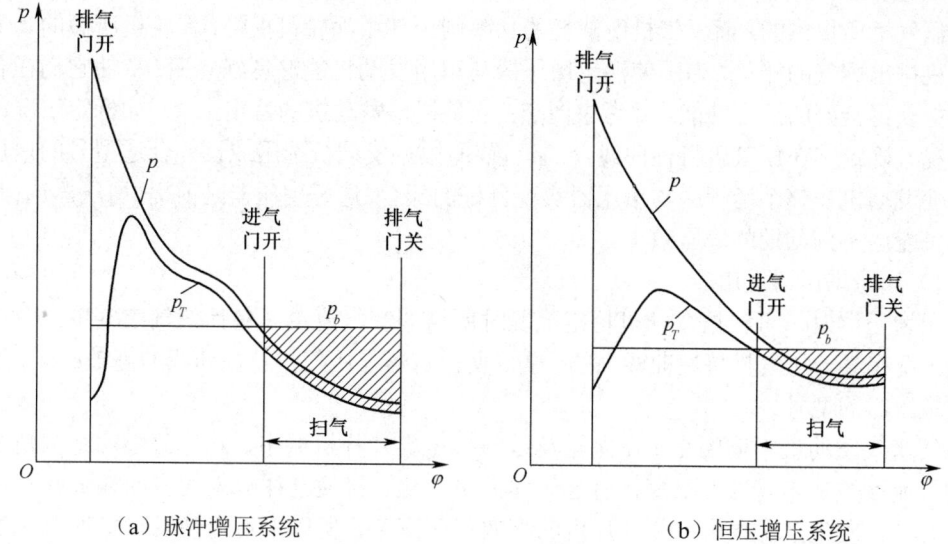

(a) 脉冲增压系统　　　　　　　　（b) 恒压增压系统

图 8-14　排气脉冲波与发动机扫气性能

(4) 增压器效率

从涡轮效率来看，脉冲系统的涡轮平均等熵效率比恒压系统的略低。这是因为在发动机开始排气时，气以很高的流速进入涡轮，流动损失很大。特别是，涡轮前的排气压力和温度都是周期性脉动的，进入工作轮叶片的排气流动方向也周期性地改变，而工作轮叶片的安装角都是固定的，所以气流和叶片不断发生冲击和气流分离，造成比较大的撞击损失。此外，在有些情况下，涡轮机还存在着部分进气损失。恒压增压系统的涡轮前压力恒定，且涡轮喷嘴环全周进气，涡轮的效率较高。

(5) 增压器结构

脉冲系统的排气瞬时流量也是周期性变化的，其瞬时最大流量比恒压系统的流量（相当于脉冲系统的平均流量）大。因此，脉冲涡轮的尺寸较大，其排气管的结构也复杂，受每根排气管连接气缸数目的限制，在一台发动机上有时不得不采用几个涡轮增压器，使得整个增压系统复杂，柴油机的轮廓尺寸加大。

综上所述，在低增压时，采用脉冲涡轮增压较为有利；而在高增压时，则两种系统各有所长，应根据实际情况（如用途、发动机气缸数、冲程数、在发动机上的安装等）综合考虑。车用发动机大部分时间都在部分负荷（此时增压压力较低）下工作，对加速性能和转短特性要求较高，所以即使是在高增压的车用发动机上仍较多采用脉冲增压系统。

8.4　车用增压发动机性能

8.4.1　涡轮增压器与柴油机联合运行的基本特点

在涡轮增压器与发动机联合工作时，彼此间没有机械联系，它们是通过空气流或燃气流来传递能量的。发动机达到预定的有效功率和燃油消耗率指标所需要的空气流量与增压压力，正好是压气机所提供的，而压气机所消耗的功率则全部由涡轮机提供，涡轮机所做的功又来源于发动机排出废气的能量。为了使涡轮增压器与车用发动机能够良好地配合，使它们在各种工况下都能获得良好的综合性能，要考虑两点：一是根据发动机的特定工况（如标定工况或最大转短工况），确定其在压气机特性曲线上的位置（即根据发动机选用或设计合适型号的增压器）；二是要使发动机在整个运行区与增压器实现良好的配合。选好增压器是前提，增压器选得不好，发动机可能达不到预期的增压效果。

（1）涡轮增压器选用

选用增压器时，可根据发动机特定工况时所需的空气流量（包括扫气空气量）及压比，判断该工况在某一压气机特性曲线上的位置，使该点落在压气机特性曲线的高效率区，即可初步选定增压器的型号。

与活塞式发动机不同的是，在涡轮及压气机这类叶片机械中，叶片前缘的结构角由设计工况的气流参数决定。当工况变化引起气体流量变化，将使气体流入的方向偏离叶片前缘结构角的方向，发生撞击损失，使叶片机的高效率区变窄，所以不可能使发动机所有工况都处在压气机的高效率区工作，只能顾及到柴油机的某些特定的工况。由于车用发动机增压的目的不在于高转速时有尽量人的动力输出，而在于低转速时产生更大的转矩或提供更大的牵引力，以利于大负载下迅速起步，并提高爬坡能力，因此车用发动机在选配增压器时，常以最大转距工况作为设计工况，把最大转矩点的工况放在高效率区，而标定工况常偏离在高效率区之外。

（2）涡轮增压器与柴油机联合运行

以单级涡轮增压系统为例讨论增压器与柴油机的联合运行。根据质量守恒定律，在增压系统中，压气机所提供的空气量正好等于发动机所需的空气量。因此在稳定工况下，压气机特性线上的流量和发动机所需的流量相等。发动机在某一工况下，对应该工况功率所需的增压压力基本确定，压气机提供的增压压力必须等于发动机所需的增压压力。因此，可在压气机特性曲线图上，将该工况下以增压比 π_d 和空气流量 q_{mb} 表征的增压器和柴油机联合运行点确定下来。当柴油机按某一特性运行时的所有工况点都可在压气机特性曲线上确定下来，从而形成了图 8-15 中 1、2、3、4 所示的待性曲线，通常称其为增压器和柴油机联合工作后的联合运行线。

发动机增压系统由压气机、涡轮及发动机等联合运行，它们之间的参数互相影响，十分复杂，各自的限制条件均反映在运行线上，联合运行线的限制条件是压气机、涡轮和发动机三者限制条件的综合反映。

1）压气机的限制条件。

- 最高转速限制线：随发动机负荷或转速增加，排气的能量或流量增大，使增压器转速增加。当增压器转速超过某一值后，离心力增加过大，以致超过叶轮机械强度所能承受的程度，就会发生事故。因此压气机有一条最高转速限制线（图 8-15 中曲线 6）。
- 喘振边界线：发动机负荷或转速降低都伴随着流量的减少。若发动机流量减少到压气机喘振边界线以左，使压气机进入喘振区，即无法工作。因此，压气机运行受喘振边界线的限制（图 8-15 中曲线 5）。

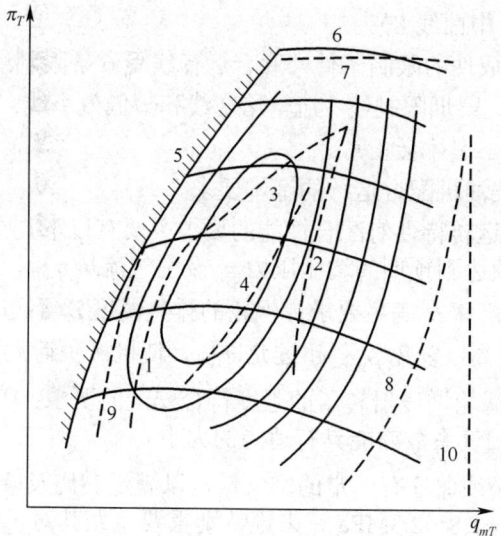

1—n_{min} 负荷特性；2—n_{max} 负荷特性 3—外特性；4—螺旋桨特性；5—喘振边界线；
6—最高转速线；7—最高排温线；8—最低效率线；9—冒烟限制线；10—流量堵塞线

图 8-15　涡轮增压器与车用发动机联合运行线

2) 涡轮的限制条件。

- **最高温度限制线**：发动机负荷增大和转速升高，都伴随着排气温度升高。当排气温度超过涡轮材料热应力承受的程度，就会发生故障。因此，涡轮有一条最高温度限制线（图 8-15 中曲线 7）。

- **最高转速限制线**：与压气机一样，涡轮转速过高、离心力过大，以致超过叶轮材料强度所能承受的程度，就会发生事故。涡轮叶轮的材料优于压气机叶轮，但涡轮工作温度显著高于压气机，所以增压器最高转速限制线应根据压气机和涡轮的实际薄弱环节来确定。

- **喷嘴环出口流量堵塞线**：在一定转速下，当喷嘴环喉部流速达到当地声速时，流经涡轮的流量达到最大值。这时，即使发动机流量再增大，涡轮的流量也不再增大，除非增大喷嘴喉部流通面积。因此，涡轮有一条最大流量的限制线，也称流量堵塞线（图 8-15 中曲线 10）。但在增压系统中，涡轮的流量范围很宽，而且喷嘴环出口面积可变动，所以这条限制线一般不会出现。

3) 发动机的限制条件。

- **冒烟限制线**：当发动机的转速、负荷降低时。排气温度降低，涡轮转速下降，压气机提供的压比和流量均减少，然而按外特性运行的柴油机循环供油量不变，造成低速冒烟。冒烟度超过规定指标后，柴油机不能运行，因此运行线受冒烟限制线（图 8-15 中曲线 9）的制约。

- **最低效率线**：增压系统的热效率与发动机的热效率、涡轮增压器的总效率有关。涡轮增压器的总效率与压气机等熵效率、涡轮等熵效率及机械效率有关，尤其是压气机等熵效率的高低与增压系统热效率的关系最为密切。若联合运行线在压气机的低效区，则发动机的功率、油耗率将会直接受损。因此，运行线受压气机最低效率线的限制（图 8-15 中曲线 8）。

综合增压系统的各组成件的限制条件，联合运行线受 6 条限制线的制约，即喘振边界线、最高转速线、最高温度线、冒烟限制线、流量堵塞线和最低效率线。换句话说，联合运行线必须在这 6 条限制线之内，工作才会正常。

（3）涡轮增压器与柴油机配合运行的基本要求

涡轮增压柴油机及其运转特性对配合性能的要求主要有以下几个方面：

1）在标定工况下，须达到预期的增压压力 p_b 及空气流量 q_{mb}，有足够的燃烧过量空气系数，使燃烧完善，燃油消耗率 b_e 满足要求；涡轮的排气温度 T_T 不超过预定值，以保证气缸热负荷不致过高；p_b 不能过高，以免 p_{max} 超过允许值，使机械负荷太大；涡轮增压器的转速 n_T 必须低于允许值，以保证涡轮增压器转子的强度符合安全的要求；在标定工况时，希望涡轮增压器的总效率 η_{Tk} 要高，扫气系数亦能具有适当的大小。

2）在低工况时，也必须保证有一定的空气量，以满足燃烧及降低热负荷的要求。这一点对于高增压柴油机（$p_{me}=1.8\sim2.3MPa$）来说特别重要，尤其对一些特定用途的场合，如快艇、拖船、坦克及车用等，这时低负荷、低转速性能往往是一个突出的问题。

3）要求在整个运转范围内不发生增压器喘振与阻塞。由于涡轮允许运转的范围较广，高效率运转区亦较大，配合运行时的问题相对来说较少；而不论是有叶或无叶扩压器式的增压器，它能运转的流量范围较窄。因此，一般在研究配合特性时，首先要看柴油机与增压器的配合特性。希望柴油机依其特定用途运转时的空气流量特性曲线能通过增压器空气流量特性曲线的高效率区域，最好与增压器等效率曲线大致平行，而且必须在增压器的稳定工作范围内，既不喘振亦不阻塞。

图 8-16 为 12V240 高增压四冲程柴油机的联合运行线。图中联合运行线为按螺旋桨推进特性（$P_c = cn^3$）进行。整个运转范围离喘振线有一段距离（在标定工况的流量 q_{mT} 为相同压力下喘振流量的 112%），且都在高效率区域内运行。对于高增压柴油机来说，标定工况配合点位置的选择，其活动的余地是不大的，因为高增压比的增压器，在高增压比处能稳定运转的流量范围不大。配合点离喘振线越近，增压器的效率越高，但易喘振。因为增压器与柴油机匹配运行时，进气管气体压力会有波动，即增压器出口压力波动；或在变负荷时柴油机转速下降太快等都会使增压器发生喘振，所以配合点不能离喘振线太近。但离喘振线太远，则将在低效区域运转，并接近阻塞区域。因此，一般说在按负荷特性或螺旋桨推进特性运行时，标定工况的流量为相同 π_T 喘振流量的 110%～115%；若按外特性（如车用等），则高些，达 120%，这是因为柴油机的空气流量特性曲线的形状、位置是随柴油机的运转特性而变的。

对车用、坦克、电传动柴油机的运转特性，实际上已不是一条运转线，而是在如图 8-16 中的最低转速负荷特性线 1、外特性线 3 及最高转速负荷特性线 2 组成的一个区域内运转。在高增压的情况下，外特性线只能用高转速时的一段。低转速时，T_T 会太高，甚至不能很好燃烧。后面只能按等过量空气系数线运转。因此，车用的运转特性对增压器配合运行的要求更高。

如果高增压柴油机主要是在高速、高负荷下运转，则必须把增压器的高效率运转区域设计得广一些。有些柴油机低转速工况要求较苛刻，如车用柴油机，不仅依外特性运转，而且转矩的适应性系数高，所以增压器的高效率区域选在柴油机转速较低的地方，这样做即使在标定工况时性能稍差一些也是值得的。对于超高增压柴油机，低工况性能更为突出。因此，在选配涡轮增压器时，除了要进行变工况运行的配合性能计算外，还必须进行样机的配合调整试验，以满足各方面的要求。

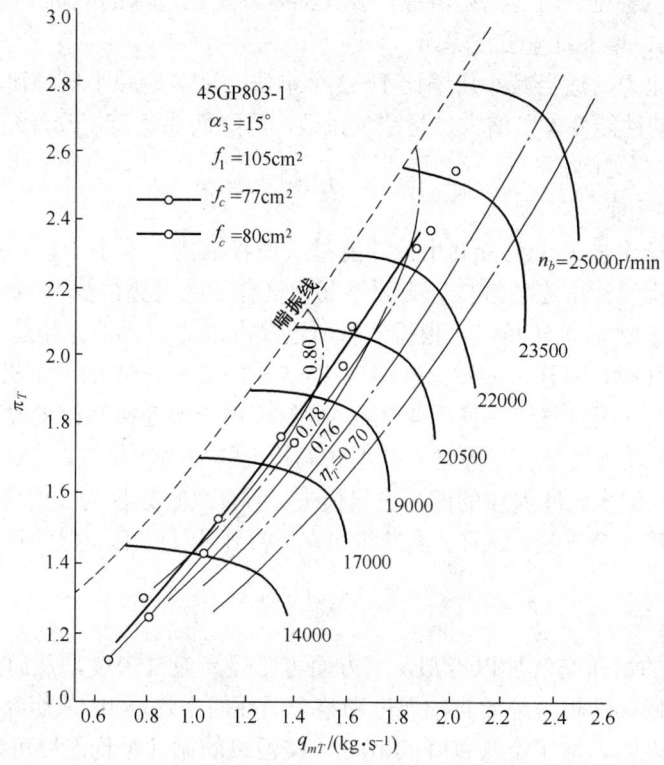

图 8-16　12V240 柴油机与增压器的联合运行线

8.4.2　增压发动机在结构上的变动

为适应增压及增压后功率增长的要求，降低其机械负荷与热负荷，发动机的结构和工作参数要进行适当的改动。包括机体和主要零件在结构上要加强，活塞可能要通油冷却，供油、配气、冷却、润滑等各部分都要重新考虑。

1. 增大供油量、调整供油系

为了增加循环供油量，如果仍采用非增压的喷油泵，势必增加供油持续角，使燃烧过程拉长，经济性变坏。对于增压柴油机，为使供油持续时间近似不变，常采用以下方法：增大柱塞直径、增加供油速率（使喷油泵凸轮廓线变陡）以及加大喷油嘴孔径等。提高喷油压力和加大喷孔直径还可以增加油雾的穿透能力，保证在汽缸空气密度增大的情况下有足够的射程，从而适应油束、气流及燃烧室尺寸之间配合的需要。对于增压柴油机，应适当减小喷油提前角，即减少上止点前燃烧的燃油量，以限制最高爆发压力的增长。但过多地减小喷油提前角，会使燃烧大量地延续至膨胀线上，以致发动机经济性和涡轮工作条件变坏。

2. 改变配气相位

合理地增加气门叠开角，可加强汽缸的扫气作用，有助于降低燃烧室零件的表面温度，增加充量系数，改善涡轮的工作条件。气门叠开角也不宜过大。研究表明，当气门叠开角超过

80°曲轴转角以后，其扫气冷却效果将不会进一步改善；叠开角过大将使扫气空气量增加，加重压气机的工作负担，引起发动机在低速、低负荷时废气倒流，影响整机的加速及变工况性能；当叠开角过大，为了避免气门与活塞碰撞，要在活塞顶上挖过深的凹坑，使得燃烧恶化。

3. 减小压缩比、增大过量空气系数

为了降低爆发压力，适当减小压缩比 1~2 个单位。过多地减小压缩比，不仅会恶化整机经济性，也会使起动性能变差。增大过量空气系数，可降低热负荷，改善经济性。一般宜将过量空气系数增大 10%~30%。

4. 设置分支排气管

在脉冲增压系统中，为了充分利用脉冲能量，使各缸排气互不干扰，排气管必须分支。分支的原则是一根排气管所连各缸排气必须不互相重叠（或重叠很少）。一般四冲程柴油机排气脉冲延续时间为 240°曲轴转角，一根排气管所连接汽缸的数目不宜超过 3 个，同时应该使相邻发火的各缸排气相互隔开，如发火次序为 1—5—3—6—2—4 的六缸机，可采用 1、2、3 缸及 4、5、6 缸各连一根排气管。直列 4 缸或 V8 缸，由于所连接汽缸的发火间隔大于一个汽缸的排气延续角，所以排气管有一段时间并不向涡轮机的喷嘴环供气，此时工作轮叶片产生鼓风作用而损耗能量，称为脉冲涡轮的部分进气损失。所有汽缸数目为 3 的倍数的柴油机，一般安排一根排气管连接 3 个汽缸。这样，涡轮机虽在脉冲压力下工作，但涡轮机各段喷嘴环的进气都是连续的。

5. 冷却增压空气

将增压器出口的增压空气加以冷却，一方面可以提高充气密度，从而提高柴油机功率；另一方面也可以降低柴油机压缩始点的温度和整个循环的平均温度，从而降低柴油机的热负荷和排气温度。实践表明，增压空气每降低 10℃，柴油机的循环平均温度可降低 25℃~30℃。在压力比为 1.5~2 时，供气量可以比不采用增压空气冷却的增压柴油机提高 10%~18%。

冷却增压空气的方法一般是用水或空气在中间冷却器中进行间接冷却。采用独立水冷却系统使结构庞大而复杂，在汽车上布置困难，而采用空气冷却的方案比较常取。被涡轮增压器压缩的空气经一个中间冷却器后进入柴油机，冷却空气由一个空气涡轮所驱动的轴流式风扇所提供，而驱动空气涡轮的压缩空气就取自涡轮增压器所压缩的工质。

冷却增压空气尽管是降低热负荷量合理的措施之一，但它只有在增压压力较高时（增压压力大于 200kPa）才是合适的。在低增压时没有必要设置中间冷却器。

对于不同的增压机型，可能还需要针对性的结构改进，例如加粗进气管、加强冷却系等。

8.4.3 车用增压发动机性能

1. 涡轮增压柴油机的性能优势

（1）提高动力性能，改善经济性能

发动机平均有效压力和有效燃油消耗率是反映发动机动力性能和经济性能的重要性能指标。增压后影响平均有效压力和有效燃油消耗率的各因素发生变化，造成平均有效压力和有效燃油消耗率均产生变化。

1）增压后发动机的进气密度增加，若采用增压中冷，发动机的进气温度降低，进气密度更高。增压后扫气质量改善，发动机缸内残余废气系数降低，同时减少了对进气的加热作用，使充量系数提高。一般非增压高速四冲程柴油机充量系数为 0.75~0.85，增压高速四冲程柴油机的充量系数为 0.9~1.0。

2）发动机采用涡轮增压后，因部分排气能量被利用，使进气得到压缩，换气过程形成正的泵气功，所以增压后发动机的指示热效率略有增加。

3）增压后发动机的机械损失增加，这是因为增压器的安装使发动机排气背压升高，当 $p_T > p_b$ 时，排气冲程中活塞耗功增加；同时，爆发压力升高后，各运动摩擦副的耗功增加。同时为减轻热负荷和增加喷油量，风扇、水泵、机油泵及喷油泵的耗功均增加。但是，柴油机增压后，指示功率增加更多，所以增压后发动机的机械效率有所提高。一般非增压四冲程柴油机机械效率 $\eta_m = 0.78~0.85$，增压四冲程柴油机 $\eta_m = 0.80~0.92$。

4）为了降低发动机的热负荷和改善经济性，增压发动机可适当加大过量空气系数。

增压后过量空气系数 ϕ_a 有所增大，但充量系数 ϕ_c、指示热效率 η_i、机械效率 η_m、空气密度 ρ_s 的乘积增加更多。因此增压后发动机的平均有效压力 p_{me} 将显著增加，动力性能大大提高，如图 8-17 所示。同时，燃油消耗率 b_e 有所降低，经济性有所改善，如图 8-18 所示。

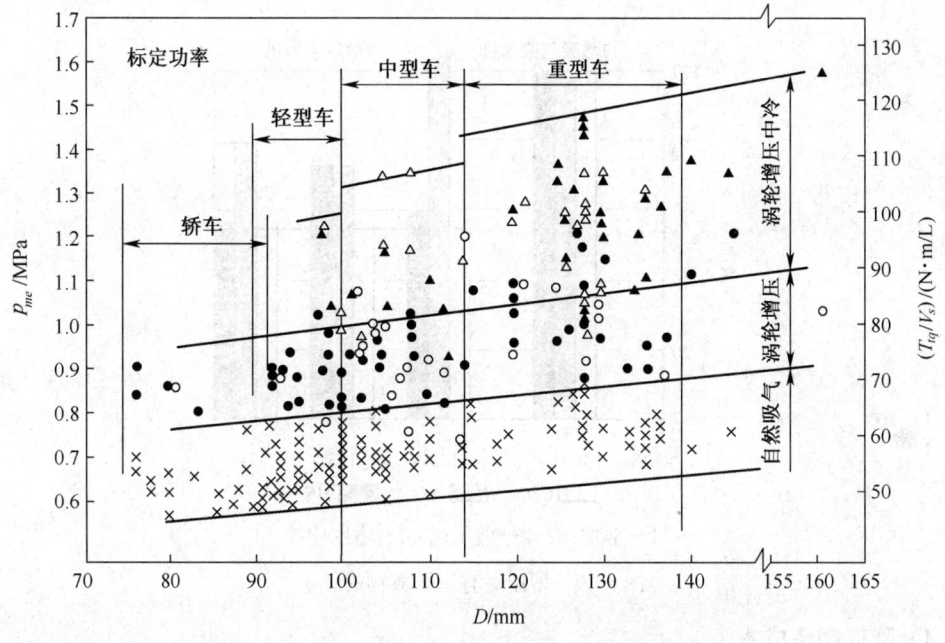

图 8-17 各类增压与非车用柴油机的部分动力性指标统计

（2）改善排放性能

增压后，由于进气量增大，混合气变稀（过量空气系数 ϕ_a 上升），使得有害排放 HC、CO 和烟度都有所下降。但是增压后，主要由于进气温度的升高，NO_x 排放有所增加。此时若采取适当措施，例如采用高喷射率并延迟喷射，尤其在采用增压中冷技术以后 NO_x 放量也可明显降低。因此从总体上看，增压有利于降低排放，如图 8-19 所示。

（3）降低燃烧及排气噪声

柴油机增压后，由于压缩压力与进气温度的增加，使着火延迟期缩短，燃烧的压力升高率降低，使燃烧噪声降低。增压系统中涡轮机的设置，相当于在排气管中加设一个消声器，降低排气噪声。

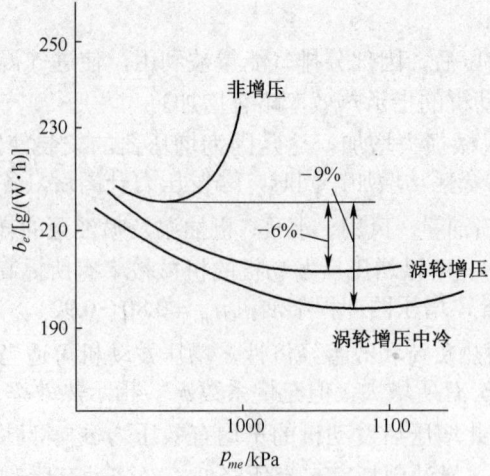

图 8-18　增压机型对经济性的影响

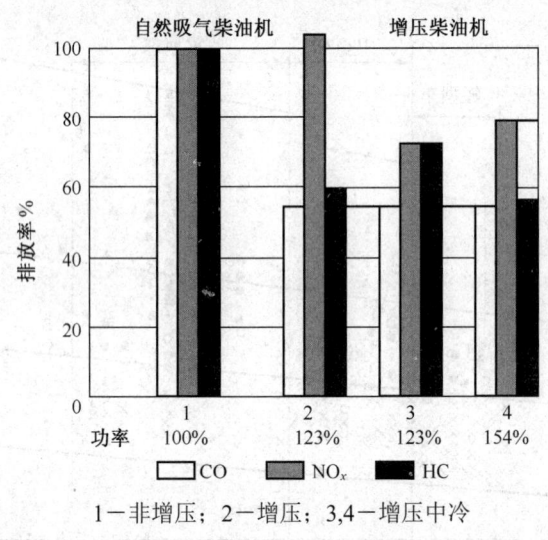

1—非增压；2—增压；3,4—增压中冷

图 8-19　增压对有害排放物的影响

（4）降低制造成本

增压柴油机单位功率质量的下降，使发动机单位功率的制造成本降低，材料的利用率提高。对大型柴油机而言，经济效益更加突出。

2. 涡轮增压柴油机的性能劣势

（1）增大机械负荷与热负荷

增压后缸内工作压力以及温度明显提高，使发动机主要零部件的机械负荷与热负荷都大幅度上升，这不仅成为进一步提高发动机性能的主要限制因素，也使发动机的可靠性和耐久性受到考验。

（2）低速转距性能下降

车用柴油机沿外特性运行时要求低速时的转矩储备高，可是一般涡轮增压柴油机在低速时转矩性能差，影响了汽车的加速性能及爬坡性能。主要原因是由于在低速时增压压力下降，致使循环供气量不足。采用脉冲增压，充分利用低速时的脉冲能量，使增压器与柴油机在较低转速下实现最佳配合以及采用低速气门定时等，是可以改善其低速转矩性能的。近代各种增压机型可以获得较好的转矩储备。不过，增压后最大转矩所在的转速比非增压机型均有所增加，这对改善车辆的牵引性能仍有不利之处。

增压发动机的转矩储备不好，也可以说是因为高速、高负荷区的排气能量过高，或压气机供气量过多所致。车用发动机按外特性工作，最大平均有效压力 p_{memax} 一般出现在 55%～60% 额定转速处，增压匹配时往往在 p_{memax} 处使其涡轮机效率达到最大值。该工况下流量未达到最大值，喷嘴环流通截面积选择比较小。当发动机处于标定工况时，转速提高，废气流量增大，而喷嘴环流通截面积不变，增压器转速就会大大提高，相应增压压力 p_b 就会大幅度提高，必然导致发动机最高爆发压力升高，机械负荷加剧。若将匹配点选在标定工况处，喷嘴环流通截面积选择比较大，可满足高速时增压适量，但低速时则供气不足。

为了改善低速转矩性能（或在大转矩时确保良好的匹配特性），而在标定工况下又不至于增压过量，可以采用放气调节，即在发动机高转速时放掉一部分废气或者压缩空气。放掉一部分废气使涡轮进口流量减少，压力 p_T 降低，增压器转速下降，压气机出口压力降低，从而克服了增压过量现象；放掉一部分压缩空气使 p_b 降低，也可克服增压过量现象。十分明显，无论放掉部分废气还是压缩空气，这种调节都是不经济的，尤其是后者。因此，放气调节法适用于标定工况不常用，而标定工况下的 p_T、T_T 使增压系统的热负荷、机械负荷又无法承受的场合。

可变截面涡轮增压技术是解决发动机低速少气，高速增压过量的最佳措施。对有叶喷嘴，通过改变叶片安装角，从而改变流通截面积（如图 8-20 所示）；对无叶喷嘴，蜗壳内设置某一辅助装置来改变蜗壳截面积。因此，当发动机低速运转时，喷嘴出口流通截面积 f_c 自动减小，气流速度相应提高，增压器转速上升，压气机出口压力增大，供气量加大，发动机转矩相对上升（如图 8-21 所示，①～④喷嘴环流通截面积依次减小），油耗相对减小，排烟相对得到改善。当发动机转速大于最大转矩转速时 f_c 增大，增压器转速相对减小，增压压力降低，发动机增压过量得到抑制。

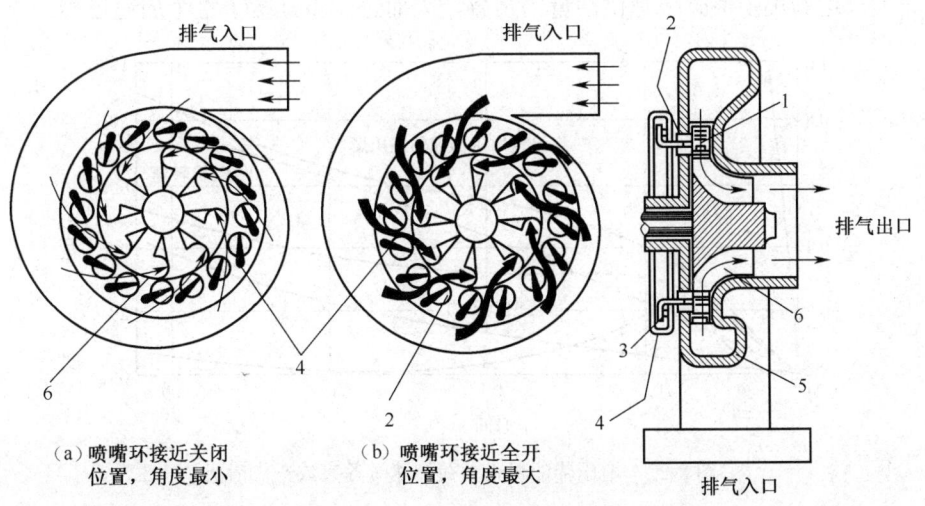

1—喷嘴环；2—轴销；3—喷嘴传动杆；4—喷嘴控制盘；5—蜗壳；6—涡轮叶片

图 8-20 可调喷嘴环

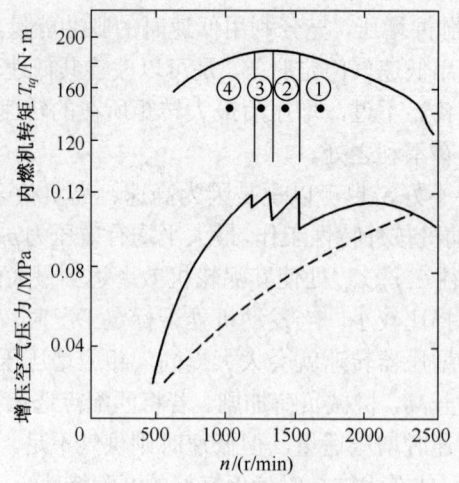

图 8-21　可调喷嘴环调节特性

可变截面涡轮增压技术的工作机理在 20 世纪 50 年代就曾提出，但由于结构复杂和当时自动化技术水平的限制，没有得到发展。目前电子控制的可变几何参数涡轮 VGT（variable geometry turbocharger）或 VNT（variable nozzle turbocharger）已在追求高动力性能的车辆上采用。

（3）加速性能变差

发动机能对负荷与转速作出迅速响应，这对车辆行驶安全性、经济性都是有利的。但是由于涡轮增压器与发动机之间没有机械联系，在涡轮增压器中，从排气能量的传递到进气压力的建立需要一定的时间，加之增压器自身的惯性使其对突变负荷的响应能力变差。因此，增压发动机的加速响应性比非增压机型差。某一增压柴油机带负荷加速时各项参数变化的情况如图 8-22 所示。在加速过程中增压压力上升缓慢，使柴油机转速及平均有效压力的增加都要经历一段较长时间过程，而且在加速过程中烟度也会增加。为了防止在加速过程中冒烟，需要装上在增压压力未达到规定值时限制供油量的装置，因而进一步延缓了整个加速过程。

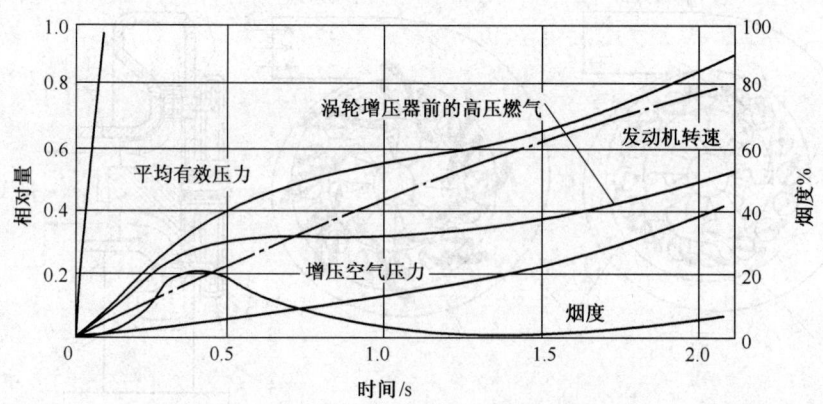

图 8-22　增压柴油机带负荷加速时各参数变化情况

为了改善加速性，采用脉冲增压系统，减少进、排气管道容积，采用放气调节或可变喷嘴，减少转子的转动惯量，采用较小的气门叠开角等都是有利的。另外，利用车辆上的制动空气系统的高压空气向压气机工作轮进行喷射。可以起到帮助增压器加速的作用，也是简单而且有效的。

（4）起动与制动困难

柴油机起动时，因无高温排气，使涡轮机无法工作，压气机也不能供气。这时增压柴油机在起动瞬时的进气压力及温度均不高，加上增压柴油机的压缩比较低，使起动时压缩终点的温度降低，造成着火与起动困难。

重型车下坡时，常采用不脱挡发动机制动。按汽车总质量配用的非增压柴油机，其制动力与气缸排量成正比。但增压柴油机的升功率高，因此按增压后的功率配置的载货汽车发动机的制动力就感觉不足。为此，在使用发动机制动时，应借助一定的自动装置，在活塞压缩冲程终了时将排气门打开，这样就减去了气体膨胀功而增大了发动机的制动力。

目前，随着车用增压技术日趋进步与完善，在柴油机上采用增压技术已成为各类车辆的基本措施之一。从增压与非增压机型强化指标的对比可以看出，现有增压产品已使整机及整车动力性大幅度改善，各类增压车用柴油机在动力性、经济性、运转寿命及可靠性等方面已达到很高的技术水平，为车辆在国民经济中的运用带来了巨大的技术经济效益。

8.5 汽油机增压技术

从排气能量利用的角度来看，汽油机的涡轮增压与柴油机并没有本质的区别，但长期以来，汽油机涡轮增压技术除了在赛车发动机和高原行驶车辆发动机中得到应用外，在其他应用领域的普及性远不如柴油机。主要是汽油机混合气形成与燃烧的特殊性使得将增压技术应用于汽油机时困难较多，因此限制了它的发展。由于电控技术的广泛应用，燃油喷射方式的改变，小型增压器耐高温能力及自身特性的改善，对爆燃控制能力的提高等，大大推动了汽油机增压技术的普及与发展。

1. 汽油机涡轮增压的技术障碍

（1）热负荷加重

汽油机的过量空气系数小，燃烧温度高，压缩比低，燃烧后膨胀做功不充分，所以排气温度也比柴油机高 200℃～300℃。增压后，汽油机的整体温度提高，热负荷加重，同时，为避免可燃混合气的损失，一般气门叠开角不大，燃烧室的扫气作用不明显，对受热零件的冷却作用不强，因此增压汽油机的燃烧室、活塞、排气门及涡轮等零部件的热负荷均比增压柴油机严重。

（2）爆燃倾向增大

对增压汽油机来说，由于进入气缸的混合气都经过压气机压缩，致使压缩始点、压缩终点的压力、温度增高，这就为混合气加速焰前反应创造了条件。同时增压汽油机热负荷增大后，气缸及燃烧室壁面温度升高，对混合气的热辐射和传导作用都加强，导致焰前反应加剧，虽然正常燃烧速度也加快，但爆燃倾向增大。正因为如此，汽油机的增压度一般比柴油机低得多，其增压比一般不超过 2，这样，功率的最高增加幅度为 40%～50%，但燃油经济性不一定降低。

（3）响应滞后现象严重

非增压汽油机的加速响应性一般比柴油机好。但采用增压后，响应滞后的现象比柴油机严重，这主要是因为增压器在进气系统中与进行负荷调节的节气门串接在一起，当节气门突然开启，要求混合气量迅速变化时，由于增压器与发动机之间为气动连接，增压器转速不能马上提高，增压器供气往往受限，特别是节气门从关闭到全开，空气流量变化很大时。随着增压汽油机强化水平的提高，即 p_{me} 的提高，发动机加速性问题更加突出。完全消除增压后的响应滞后现象比较困难，但合理的结构可使响应滞后减小。

（4）对增压器要求更高

由于汽油机增压度低，热负荷高，最高转速高且转速变化范围大，流量范围广，工况变化频繁等一系列因素，要求增压器体积小、耐高温、转动惯量小，效率也要保证在一定的范围内，同时要求有增压调节装置等，所以汽油机增压器的制造难度比柴油机增压器更高。

2. 汽油机增压技术措施

（1）电控汽油喷射系统在增压汽油机上的应用，成功地摆脱了增压器与化油器匹配的困难，为汽油机增压技术奠定了基础。通过电控技术的应用，在汽油机增压系统中实现了爆燃控制、放气控制、排放控制、增压器可变技术的应用等综合控制。目前采用的汽油机直喷技术使汽油机增压技术的采用更加方便。另外，现代汽油机上多气门机构的普遍采用（如双顶置凸轮轴四气门机构），更加充分发挥了增压技术的优势，对促进整机高速动力性起了重要的作用。

（2）为克服因增压而带来的爆震倾向的增大，可采用点火提前角自适应控制。即通过爆震传感器检测爆燃信息，并通过爆燃控制的输入回路将爆震传感器的输出波形进行滤波。此外，降低压缩比，使用高辛烷值燃料和喷射抗爆剂等措施克服增压带来的爆震问题。

（3）采用增压中冷技术。汽油机增压中冷技术不仅可以增加充量，有效提高动力性能，降低燃油消耗，同时对降低热负荷、消除爆燃以及减少 NO_x 排放均十分有利。图 8-23 为增压空气温度对发动机性能的影响。

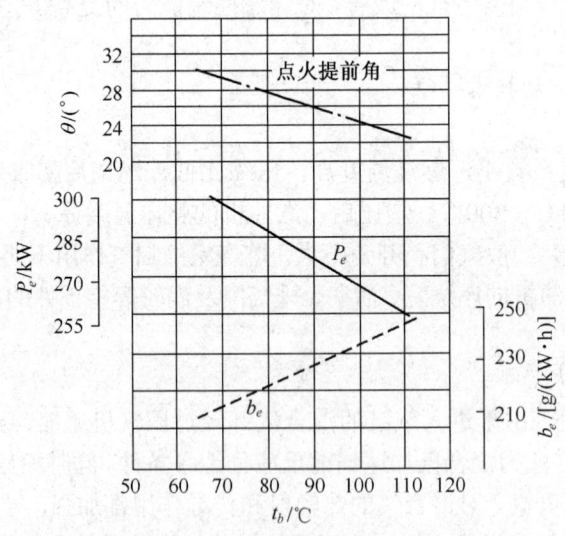

图 8-23 增压空气温度对发动机性能的影响

（4）采用增压压力控制系统。与柴油机相比，汽油机运转的转速范围宽，从低速到高速的流量变化范围大，这就使得涡轮增压器的选配变得困难，可能出现低速时增压压力不足，高速时增压压力过高的情况；另一方面，汽油机混合气浓度范围窄，其空燃比接近化学当量比，即使在满负荷时也比柴油机小很多,从而造成排气温度高,涡轮入口的排气可用能大。因此,为了避免增压空气温度使发动机爆燃及限制热负荷,并有利于高、低速转矩特性的控制,汽油机容许的增压压力常比柴油机低,为此必须对汽油机增压压力进行控制。

对增压压力进行控制的方案很多,例如,采用进气或排气的放气系统、进气或排气的节流控制、可变喷嘴环截面的涡轮等。

(5) 为减小汽油机增压后的响应滞后现象,可采用低惯性转子、脉冲增压系统、带放气阀的控制系统,增压器前置方案,减小进排气管的长度及容积,提高压缩比及可变点火正时等措施。

总体而言,汽油机的增压技术在过去的二三十年中获得了重大的突破。各种装备增压汽油机的高性能轿车陆续推出。随着电子控制技术和发动机管理系统的大规模应用,以及高性能增压器的不断出现,汽油机增压技术的发展将有一个新的局面。

本章从发动机增压定义出发,介绍了发动机增压的评价指标、主要类型。重点介绍废气涡轮增压的结构形式、增压原理及增压对发动机性能的影响。最后介绍了汽油机增压的难点和措施。

1. 选择题

(1) 如何在排量固定的情况下提高功率(   )。
   A. 增加喷油　　　　　B. 提前点火　　　　C. 增加进气

(2) 如何提高进气效率(   )。
   A. 多气门设计　　　　　　　　　B. 长短进气道设计
   C. 进气相位控制　　　　　　　　D. 降低进气温度

(3) 机械增压与涡轮增压的共同点(   )。
   A. 有中冷器　　　　　　　　　　B. 机械效率高
   C. 响应速度慢　　　　　　　　　D. 响应速度快

(4) 废气旁通阀打开时(   )。
   A. 增压压力降低　　　B. 增压压力升高　　C. 增压压力不变

(5) 中冷器的作用是(   )。
   A. 降低进气温度　　　B. 提高进气效率　　C. 防止爆震

(6) 电磁式增压旁通执行器作用是(   )。
   A. 防止进气压力过高　　B. 防止进气压力过低
   C. 防止排气压力过低

2. 简答题

(1) 增压前、后发动机的性能参数是如何变化的?

(2) 为什么增压后要采用进气中冷技术?

（3）排气涡轮增压发动机中的排气能量是如何利用的？
（4）压气机与涡轮的工作参数有哪些？
（5）车用发动机采用增压时应进行哪些调整？

能力训练

结合废气涡轮增压特点和机械增压特点，分析说明低速采用机械增压，中高速采用废气涡轮增压设计复合增压系统的好处。

9 发动机排放与控制

1. 了解发动机排放污染物的种类及其危害。
2. 了解汽油机和柴油机污染物形成的影响因素。
3. 掌握汽油机和柴油机排放物污染物的控制方法。
4. 了解排放测试方法和排放法规。

1. 能够说出发动机排放污染物的种类和影响因素。
2. 知道排放污染物的生成机理。
3. 了解国内外的测试方法和排放法规。

9.1 发动机排放污染物及危害

以内燃机为动力的汽车已经历了 100 多年的发展，使人类社会获得了空前的繁荣进步。从 1886 年诞生第一辆汽车开始，各国就争相发展汽车工业。根据目前的估计，到 2050 年全球将拥有 30 亿辆汽车。进入 21 世纪以来，中国汽车需求量和保有量也出现了加速增长的趋势。随着居民收入的提高、汽车价格的下降和消费环境的改善，我国汽车市场规模将持续扩大。

但是从 1943 年的洛杉矶市"光化学烟雾"开始，汽车有害排放逐渐成为世界大气环境恶化的最主要原因之一。以 1966 年美国加州颁布的第一个汽车排放法规为始点，治理汽车排放污染的工作逐渐在全球展开。目前，美国、日本和欧洲各国的汽车排放水平与 1970 年排放水平相比已降低了 90% 以上。但由于全球汽车保有量的持续高速增长，汽车排放污染的现状仍十分严峻。

一般来说,汽车发动机排出的各种有害物质主要包括:一氧化碳(CO)、碳氢化合物(HC)、氮氧化物(NO_x)和微粒等。

1. 一氧化碳

CO 是在发动机内由于空气不足或空气中氧含量不足造成混合气过浓而产生的,汽车尾气中 CO 的含量不至于导致人死亡,但其危害相当大,能使血液的输氧能力大大降低,使心脏、头脑等重要器官严重缺氧,引起头晕、恶心、头痛等症状,使中枢神经系统受损,慢性中毒,严重时会使心血管工作困难。

2. 碳氢化合物

HC 是未燃和未完全燃烧的燃油、润滑油及其裂解产物和部分氧化产物,包括多环芳香烃、醛、酮、酸等在内的 200 多种成分。HC 中的大部分对人体健康不产生直接影响,但其中的某些醛类和多环芳香烃对人体有严重危害,如甲醛等损伤眼睛、上呼吸道及中枢神经;多环芳香烃及其衍生物有致癌作用。另外,HC 可在阳光作用下与 NO_x 进行光化学反应,形成一种毒性较大的光化学烟雾。其中最主要的生成物是臭氧 O_3,它具有很强的氧化力和特殊的臭味,使橡胶裂开,植物受损,可见度降低,并刺激眼睛及咽喉。

3. 氮氧化物

汽车排放气体中氮氧化物是一氧化氮和二氧化氮的总称。NO 是无色气体,只有轻度刺激性,直接接触毒性不大。NO 在大气中被氧化成 NO_2,NO_2 的毒性很强,是红褐色有刺激性气味的气体,当它在空气中的质量分数达到 5×10^{-6} 时,就会闻到很强烈的臭味,对人的呼吸免疫功能有很大危害。氮氧化物也是光化学烟雾的主要作用物。

4. 微粒(PM)

排气中的微粒是指经空气稀释后的排气,是在低于 52℃下,在涂有聚四氟乙烯的玻璃纤维滤纸上沉积的除水以外的物质,如柴油机的碳烟粒子,汽油机的铅及硫酸盐等。当温度低于 500℃时,这些微粒被有吸附性和凝聚性的碳氢化合物所覆盖,这些覆盖物可通过溶解和加热的方法分离掉,又称为微粒的可溶性有机成分。可溶性有机成分是微粒威胁人体健康的主要因素,特别是柴油机排出的微粒要比汽油机高出数十倍,所以要求对排气中的微粒进行限制。

碳烟是构成柴油机微粒(PM,Particulae Matter)排放的主要颗粒物。碳烟主要是燃料燃烧不完全的产物,是燃料在高温缺氧条件下裂解生成的。柴油机在扩散燃烧阶段易生成碳烟,而汽油机产生碳烟比柴油机少很多。

5. 二氧化碳

CO_2 是一种无色气体,略带刺激性气味,本身并没有毒性,它的危害在于作为温室气体造成地球表面温度升高,也就是所谓的温室效应。由于地球上森林资源日益减少,而燃料燃烧后排入大气的 CO_2 不断增加,温室效应就越来越严重。在大气层中 CO_2 气体像一层日益加厚的透明薄膜,太阳光照射在地球表面的能量由于受到 CO_2 层的阻隔难以逸出,热量经多年积累将使全球气候变暖,造成全球范围内气候反常变化,破坏自然界的生态平衡。

为了摆脱温室效应的严重后果,世界各国正在开发各种高性能的汽车发动机,以降低燃料消耗和 CO_2 排放,同时还在开发使用各种非化石燃料的动力装置,如太阳能、氢燃料、核能等。

汽车有害排放物对城市大气污染构成严重影响,因此制定法规对其进行控制十分必要。

影响有害排放物生成的因素很复杂,特别是由于汽油机与柴油机在燃烧机理上的差异,使这两类机型的有害排放物的生成显示出不同的特点。

9.2 发动机主要排放污染物的形成机理

1. 一氧化碳

一氧化碳（CO）是碳氢燃料在燃烧过程中生成的重要的中间产物。CO 生成的机理比较复杂,但一般认为,燃料分子（RH）经高温氧化生成 CO 要经历如下步骤：

$$RH \rightarrow R \rightarrow RO_2 \rightarrow RCHO \rightarrow RCO \rightarrow CO$$

这里 R 代表碳氢根。CO 在火焰中及火焰后,以缓慢的速率氧化成 CO_2。

从化学当量的角度看,CO 的生成率主要受混合气浓度的影响。对于浓混合气而言,没有足够的氧使燃油中的碳完全燃烧成 CO_2。即使在稀混合气中,由于燃烧产物 CO_2 及 H_2O 的高温离解反应,也可能生成一部分 CO。

2. 碳氢化合物

未燃碳氢化合物（HC）的生成与排出有三个渠道：其中 HC 总量的 60%以上由废气（尾气）排出,另外的 25%由曲轴箱窜气,从油箱等处油蒸汽泄漏占 15%～20%。在燃烧过程中 HC 的生成,主要有以下途径：

（1）在压缩与燃烧过程中,汽缸内压力升高,把一部分未燃混合气压入与燃烧室相通的狭缝（例如：活塞顶环上面和汽缸壁形成的狭缝）。由于燃烧时火焰不能进入狭缝,因此不能完全燃烧,在膨胀和排气冲程中,在汽缸压力降低后,以未燃 HC 的形式进入排气。这是生成 HC 的主要来源,被称为缝隙效应。

（2）相对冷态的汽缸壁对火焰产生的热与活化基物质起着吸收的作用,火焰在汽缸壁表面产生激冷与淬熄现象,于是在离汽缸壁小于 0.1mm 的薄层内留下未燃 HC。

（3）存在于汽缸壁、活塞顶以及汽缸盖底面上的一层润滑油膜,有可能在燃烧前、后吸收或放出燃料中的 HC 成分。

（4）在发动机作加、减速等瞬态工况运行时,点火定时、空燃比以及废气再循环值均不处于最佳状态,有可能使燃烧品质恶化,使 HC 排放增加。特别是在减速及怠速工况,HC 排放量很高。

3. 氮氧化物

发动机排出的氮氧化物主要是 NO,NO_2 排出量较少。对于 NO 的产生,可以认为,氮的氧化反应发生在燃料燃烧反应所形成的环境中,其主导反应过程是：

$$O + N_2 \underset{逆向}{\overset{正向}{\rightleftharpoons}} NO + N$$

$$N + O_2 \underset{逆向}{\overset{正向}{\rightleftharpoons}} NO + O$$

促使上述反应正向进行而生成 NO 的因素有以下三点：

（1）温度。高温时,NO 的平衡浓度高,生成速率也大。在氧充足时,温度是生成 NO 的重要因素。

（2）氧的浓度。在高温条件下,氧的浓度是生成 NO 的重要因素。在氧浓度低时,即使温度高，NO 的生成也受到抑制。

（3）反应滞留时间。由于 NO 的生成反应比燃烧反应慢，所以即使在高温下，如果反应停留的时间短，则 NO 的生成量也受到限制。

在实际发动机中，因为燃烧过程经历的时间极短（ms 级），温度上升和下降都很迅速，尽管 NO 的生成（正向反应）没有达到平衡浓度，可是 NO 分解（逆向反应）所需的时间也不足，从而使缸内 NO 的实际浓度由于逆向反应速率太低而几乎没有下降。

4. 微粒

柴油机排气中微粒的主要成分是碳烟粒子（见表 9-1），它是燃料在燃烧过程中经历了一系列物理—化学变化后形成的。首先燃料分子在高温中裂解或氧化裂解，所生成的裂解产物主要是乙炔，乙炔是生成碳烟的重要中间物，接着形成碳烟核心，以上为成核阶段，成核后同时经历表面增长和凝聚两个过程。当碳烟粒子长大到某一尺寸时，增长速度急剧下降。以后便以集聚力式形成链状结构物。从核的萌发到成长、集聚这一系列生成过程，都伴随着碳烟的氧化。因此，排气管排出的碳烟浓度是碳烟生成和氧化相竞争的结果。

表 9-1 柴油机微粒的组成

成分	质量分数
干碳烟	40%～50%
可溶性有机成分	35%～45%
硫酸盐	5%～10%

9.3 汽油机排放污染物的影响因素及控制

9.3.1 汽油机排放污染物生成的主要影响因素

影响汽油机排放污染物生成的因素很多，主要有以下几种因素。

1. 混合气浓度

如图 9-1 所示，当过量空气系数小于 1 时，排出的 CO 浓度随过量空气系数减小急剧上升；反之，当过量空气系数大于 1.1 时 CO 排放则趋于稳定，并且数值很低。这说明混合气越浓时，由于燃烧所需要的氧气不足，导致不完全燃烧而引起 CO 的急剧增长。要减小 CO 的排放，就必须采用稀混合气。

HC 与 CO 不同，过量空气系数小于 1.15 时，随着过量空气系数的增大，HC 的排放浓度下降。但过量空气系数继续增大至大于 1.2 时，由于混合气过稀，易发生火焰不完全传播，甚至断火，使 HC 排放浓度迅速增加。

混合气浓度对 NO_x 的影响是：当混合气很浓时，由于燃烧温度和可利用的氧的浓度都很低，使 NO_x 的生成量也较低。用过量空气系数为 1.05～1.1 的稍稀混合气时，排出的 NO_x 浓度最高。对过量空气系数大于 1.09 的稀混合气，虽然氧浓度的增加可以促进 NO_x 的生成，但是稀混合气中燃烧温度和形成速度降低也会造成 NO_x 生成量降低。因此对于很浓或很稀的混合气 NO_x 的排放浓度均不高。

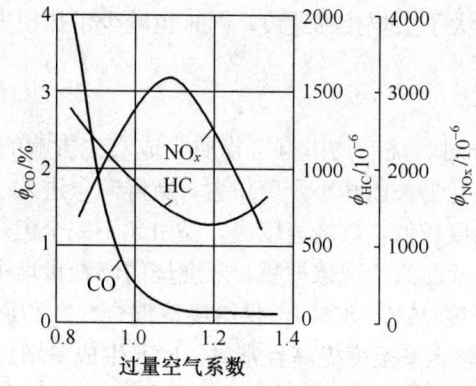

图 9-1　过量空气系数对汽油机排放性能的影响

2. 点火时刻

减少点火提前角对降低 NO 及 HC 均有利（如图 9-2、图 9-3 所示），但会以降低动力性为代价。从示功图上可知，减小点火提前角，降低燃烧最高温度、减少燃烧反应滞留时间，对降低 NO 十分有利；同时由于点火推迟，膨胀时的温度及排气温度均上升，对降低 HC 也很有利。

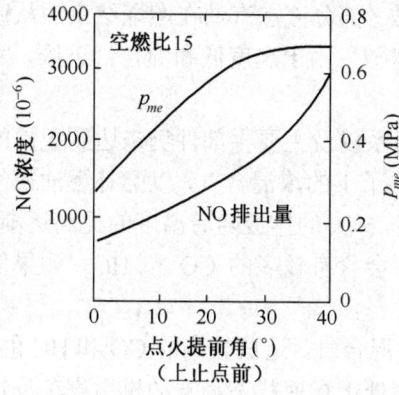

图 9-2　点火提前角与 NO 的关系

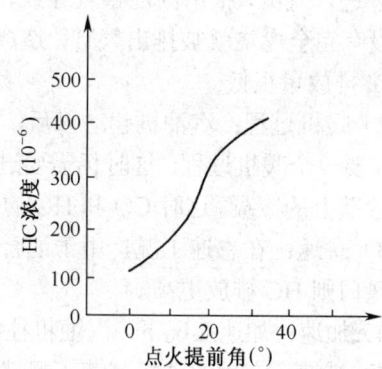

图 9-3　点火提前角与 HC 的关系

3. 转速

当转速增加时，HC 排放浓度有明显降低。这是因为转速的升高增强了气缸中的扰流混合与涡流扩散，同时又增加了排气的扰流和混合。前者改善了气缸内的燃烧，增进了激冷层的后氧化，后者促进了排气的氧化反应。

转速的变化对 CO 的排放浓度没有太大影响。这是由于在正常的排气温度下，排气中 CO 的氧化并不受混合的限制，而是取决于化学反应速度。

但在怠速情况下适当提高怠速转速，由于节气门的节流减小，进入的新气量增多，使残余气体的稀释程度有所减小，燃烧得到改善，结果使 HC 和 CO 的排放浓度同时降低。因此，目前从汽车排气净化的要求出发，怠速转速有提高的趋向。

对于不同空燃比的混合气，转速对 NO 生成速度有不同的影响。对于燃烧速度较低的稀混合气，在点火时刻相同的情况下提高转速，由于燃烧过程相对应的曲轴转角增大，燃烧峰值温度反而下降，NO 生成速度会变慢。而对于燃烧速度较高的浓混合气，提高转速时，由于加强了气体在气缸内的扰动,加大了火焰传播速度,同时也减少了热损失,使得 NO 的生成速度有所增大。

4. 负荷

负荷是通过混合气成分对燃烧产物中有害物质生成产生影响的。汽油机在怠速及小负荷工况运行时,节气门分别在几乎关闭和小开度位置,新鲜气量进入少,废气相对较多,供给的混合气偏浓,而且燃烧室温度较低,燃烧速度慢,易引起不完全燃烧,使 CO 排出量增加;又因为燃烧室温度低,燃烧室壁面激冷现象严重,未燃烧的燃油量增多,结果导致 HC 排放量增加。在中等负荷(节气门开度 25%~80%),供给经济混合气,燃烧较完全,废气中 CO 含量最少,HC 含量较少。由于燃烧室温度提高且富氧,NO_x 生成量增加。在大负荷时,供给浓混合气,使燃烧气体压力、温度升高,致使 NO_x 生成量增加;同时提高了排气温度,使 HC 在排气中继续氧化,其排放量减少;但因混合气较浓,使 CO 排放量增加。

5. 工况

(1) 冷起动:汽油机冷起动时,由于进气系统和气缸温度很低,汽油蒸发不好,汽油易沉积在进气管壁上,流速低,造成油气混合不好,因此需要增加供油量,以便使汽油机能正常起动。汽油机冷起动时混合气的过量空气系数小于 1,混合气中的汽油以部分蒸气状态、部分液体状态进入气缸,很浓的混合气导致较高的 CO 排放。部分液态汽油在燃烧结束后从壁面上蒸发,没有完全燃烧就被排出气缸,造成 HC 的大量排放。由于温度低和混合气过浓,冷起动时 NO_x 排放量很低。

(2) 暖机过程:汽油机起动以后,冷却系和润滑系以及主要零部件仍未达到正常的温度水平,需要一个暖机过程。这时仍需要过量空气系数小于 1 的浓混合气,以弥补燃油在气缸壁和进气管壁上的冷凝。这时 CO 和 HC 的排放仍然很高,NO_x 的排放随着温度的提高逐渐增大。

(3) 怠速:在怠速工况,由于混合气浓,废气中会含有较多的 CO 和 HC。如果低温下使用阻风门则 HC 排放更高。

(4) 加速:加速工况下,汽油机往往供给较浓的混合气,造成较高的 CO 和 HC 的排放。

(5) 减速:车用汽油机减速工况就是节气门关闭处于怠速状态,发动机由汽车反拖,在较高转速下空转。汽油喷射发动机减速时不再供油,且进气管中液态油膜少,因此排放污染物较少。

9.3.2 汽油机的排放污染物的控制

1. 汽油机的机内净化技术

(1) 废气再循环(EGR)系统

废气再循环(EGR,Exhaust Gas Recirculation)的目的是引一部分排气到发动机的进气系统中,以抑制燃烧过程中氮氧化物的生成,是目前在汽车发动机中较为常用的一种减少排气中氮氧化物的方法。

由于废气的引入,稀释了进入发动机气缸内的混合气的氧浓度,导致燃烧速度下降;另外,废气量的增加使缸内混合气的比热容增加,特别是废气中的 CO_2 摩尔热容较大,可有效抑制气缸内燃烧温度的升高。由于上述两种原因,采用排气再循环方式的汽车发动机,由于燃烧温度的大幅度下降,使 NO_x 的排放量可以明显地降低。

排气再循环量对发动机的工作性能有很大的影响,排气循环量过少,不能有效地降低 NO_x

的排放量,而循环量过大,发动机的性能恶化,工作不稳定。不同工况对于再循环排气量的要求也不同。

1)发动机起动时,为了使发动机能顺利起动并能稳定运转,需切断排气再循环。

2)怠速时,燃烧温度不高,NO_x 的排放量不大,为了使发动机怠速运转稳定,需要切断排气再循环。

3)在低速、低负荷时,由于喷油量少,燃烧变得不稳定,应降低排气再循环率,而在高速、大负荷时,为了获得较高的输出功率,也应降低排气再循环率;在全负荷(节气门全开)时,考虑到发动机对输出功率的要求,不进行排气再循环。

4)在进气温度较低时,气缸内的燃烧温度也会降低,这时也应减少排气再循环量,以使燃烧过程能良好地进行。

5)发动机冷却水温度较低时,混合气在气缸内各处分布不均匀,燃烧不稳定,而且燃烧温度较低,需要切断排气再循环。随着冷却水温度的升高,逐渐增加排气再循环量。

要满足对发动机排气再循环的控制,必须采用电子控制系统,否则达不到预定的目的。图 9-4 是现代汽车广泛使用的电子控制 EGR 系统。

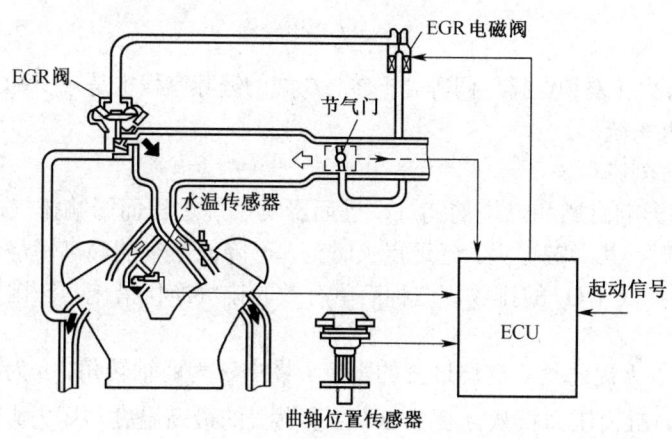

图 9-4 废气再循环装置

EGR 阀膜片的下部通大气,装有弹簧的另一边为真空室,其真空度由 EGR 电磁阀控制。增大真空室的真空度,使膜片克服弹簧力上拱,阀的开度增大,排气再循环量增大。当上部失去真空度时,膜片在弹簧力的作用下向下拱而使阀关闭,阻断排气再循环。

EGR 电磁阀有 3 个通气口(图 9-5),不通电时,弹簧将阀体向上压紧,通大气阀口被关闭。这时 EGR 电磁阀使进气管与 EGR 阀真空室相通;当 EGR 电磁阀线圈通电时,产生的电磁力使阀体下移,阀体下端将通进气管的真空通道关闭,而上端的通大气阀口打开,于是就使 EGR 阀的真空室与大气相通。

ECU 根据各有关传感器的信号确定排气再循环流量后,通过输出相应的占空比脉冲信号,控制 EGR 电磁阀在相应的占空比下工作,将 EGR 阀的真空室的压力调节到相应的值,使 EGR 阀有相应的开度。

(2)燃烧系统优化设计

由于电控燃油喷射加三效催化技术使汽油机的排放大大降低,因而从排放控制角度对汽油机燃烧室设计的要求明显低于柴油机,但并不能忽视合理的燃烧室设计对控制汽油机排放的效果。紧凑的燃烧室形状可以使燃烧快速充分地进行,并减少淬熄效应,由此可以降低 CO 和 HC 的排放;改善缸内气流运动,有助于加强油气混合,同样使燃烧快速充分地进行;还可以改善燃烧时的循环波动,而循环波动也是 HC 排放以及动力经济性恶化的重要成因。

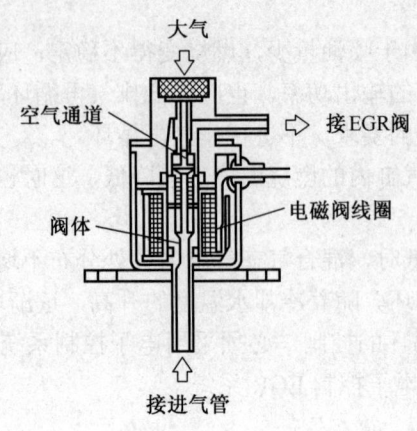

图 9-5 EGR 电磁阀

减小活塞头部、火花塞和进排气门等处不参与燃烧的缝隙容积也是减少 HC 排放的有效途径。

（3）改进点火系统

1）推迟点火时刻。

点火时刻直接影响点燃和燃烧的初态,进而影响燃烧过程而影响排气成分,尤其在稀混合气和低温、低压时,其影响更大。延迟点火时刻,可降低燃气的最高燃烧温度和延长燃气的燃烧时间,因此可降低 NO_x 的排放。这种简单有效的排气净化措施,在国外已在各种低公害车上应用。

图 9-6 为减小点火提前角对燃烧过程的影响。图中 φ 为曲轴转角, p 为缸内压力,当点火时间由 a 减少到 b,缸内压力将从 A 变成 B,由于燃气的最高温度与压力大致成正比下降,可使 NO_x 生成量减少。同时由于燃烧时间从 a' 延长到 b',使 HC 反应的有效温度时间加长,也使 HC 排放量降低。

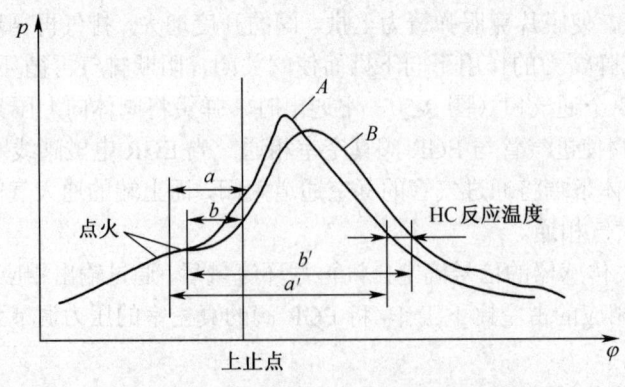

图 9-6 延迟点火对燃烧过程的影响

但减小点火提前角,使冷却系统热负荷加大,功率下降,油耗上升,因此必须采取折中的办法，兼顾热效率和排气净化两方面的要求。

2）加大点火能量

采用高能点火系统，加强火花强度及加长火花持续时间，强化了燃烧，可降低 HC 的排放。尤其在稀薄燃烧时，配合高能点火可促使火焰核心的形成，提高着火性。

为了满足高速时完全充分燃烧及降低排污，一般采取晶体点火装置。触点式晶体管点火系统，采用大功率晶体管作开关，使白金触点通过微小电流（为原电流 10%～20%）从而达到控制初级绕组中通过较大电流，因此可提高触点寿命和点火能力。

在触点式点火系统中仍存在机械触点易磨损的缺点，且在高速闭合时存在着振动，结果使本来很短的高速闭合时间变得更短了。这样既影响高速点火性能，又影响点火时间准确度。为此发展了无触点式晶体管点火系统，它使用信号发生装置代替白金触点，不仅克服了触点装置的缺点，而且还便于采用电子方式实现点火提前角的调整（不采用传统的离心、真空式调节）。

（4）电控汽油喷射技术

汽油喷射是将汽油喷入进气管或直接喷入汽缸的供油方法。汽油喷射能使各缸分配均匀，并能根据运行条件分别控制汽油量与空气量，精确地供给合适的空燃比，在减速等过渡工况下能改变燃料的供给。当采用电子喷射时，可根据发动机转速、冷却水温、进气管真空度等的变化来改变燃料喷射量，确保混合气完全燃烧，大幅度减少排气中的 CO 和 HC 含量。

另外，可变进气系统、可变配气相位、可变排量、稀薄燃烧以及缸内直喷式燃烧方法等新技术，在改善汽油机动力性和经济性的同时，也不同程度地改善了排放特性。

总之，汽油机的机内净化技术措施并不是很多、很复杂，这是由于汽油机目前主要采用以闭环电喷加三效催化剂为核心的排放控制技术，因而大大减轻了对机内净化的要求，燃烧过程的组织仍可以动力性和经济性指标作为优化目标，而用燃烧以外的排气后处理技术来降低已生成的有害成分排放。

2. 汽油机的机外净化技术

（1）热反应器

汽油机工作过程中的不完全燃烧产物 CO 和 HC 在排气过程中可以继续氧化，但必须有足够的空气和温度以保证其高的氧化率。热反应器装在紧靠排气总管出口处，它有较大的容积和绝热保温部分，使反应器内部温度达 600～1000℃。同时在紧靠排气门处喷入空气（即二次空气），以保证 CO 和 HC 氧化反应的进行。这种系统若设计匹配合理，可得到 50%以上的净化效率，但对 NO_x 无净化效果。为保持较高的排气温度，一般要加浓空燃比并推迟点火时间，因而会导致燃油消耗率升高。

在二十世纪七八十年代，热反应器在国外汽油车上采用得较多，随着净化效率更高的催化器特别是三效催化器的普及，新生产的汽车上已不采用热反应器。由于摩托车的排气后处理装置要求结构简单和成本低廉，并且摩托车的主要排放污染物是 CO 和 HC，因而热反应器在摩托车上仍有较好的应用价值和较广泛的实际应用。

（2）催化转换器

催化转换器是利用催化剂，像滤清器那样通过排气，将有害成分 CO、HC 和 NO_x 进行化学反应转化为无害的 CO_2、H_2O 和 N_2 的一种反应器。

近年来，国内外已发展了三效催化剂，可以同时净化 CO、HC 和 NO_x。三效催化转换器的结构原理如图 9-7 所示。采用铂和铑的混合物作为三效催化剂，铂能促使排气中 CO、HC

氧化成 CO_2 和 H_2O，铑能加快有害气体 NO 还原成 N_2 和 O_2，从而起到净化排气的作用。三效催化剂的转换效率与空燃比有关，其转换效率只有在发动机的理论空燃比 14.7 附近运行时，才能达到最佳。为此，必须精确控制发动机的空燃比保持在理论空燃比 14.7 附近。

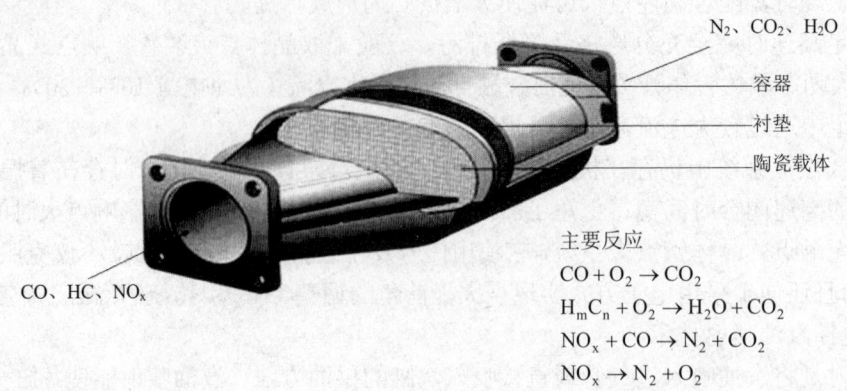

图 9-7 三效催化转换器的结构原理图

电控单元在发动机运行时采集各传感器信号确定喷油量，即控制空燃比，但是很难将实际空燃比控制在三效催化转换器效率最佳的范围内。为此，在发动机电控系统中普遍采用氧传感器组成的空燃比反馈控制方式，即闭环控制方式。氧传感器安装在三效催化转换器前面的排气总管中，其功能是检测排气中的氧含量，以确定实际空燃比和理论空燃比的差距。并向电控单元发出相应电压信号，从而控制喷油量的减少或增加。

（3）NO_x 吸附还原催化剂

稀燃汽油机大部分工况都在大于理论空燃比的过稀状态下工作，一般三效催化剂无法适用。目前已实用化并成功地应用于缸内直喷式汽油机的主要是 NO_x 吸附还原催化剂。吸附还原催化剂的工作原理如图 9-8 所示。

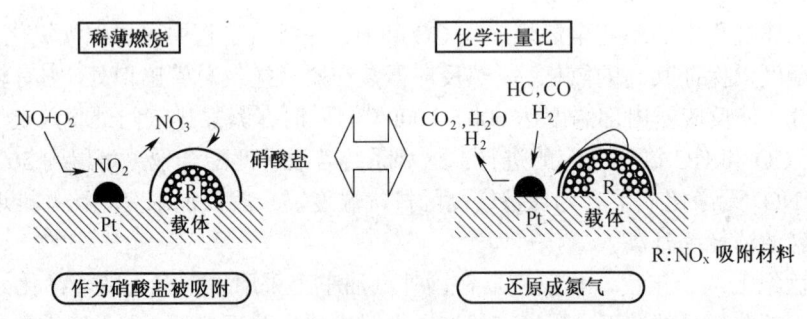

图 9-8 吸附还原催化剂的工作原理

吸附还原催化剂的活性成分是贵金属和碱土金属（或碱土金属和稀土金属）。当发动机在稀燃状态工作时，排气中处于氧化气氛，在贵金属（Pt）的催化作用下，NO 与 O_2 反应生成 NO_2，并以硝酸盐 MNO_3（M 代表金属）的形式被吸附在碱土金属表面，同时，CO 和 HC 被氧化反应成 CO_2 和 H_2O 后排出催化器。而当发动机在化学计量比或浓混合气状态下运转时，硝酸盐 MNO_3 分解析出的 NO_2 和 NO 与 CO、HC 及 H_2 反应，生成 CO_2、H_2O 和 N_2，同时使碱土金属得到再生。

为保证催化剂能在稀—浓交替的气氛中工作而又不影响发动机的动力经济性，实际稀燃发动机可以每隔一定时间（如 50～60s）使空燃比短时间地由大变小一次，使催化剂再生。

9.4 柴油机排放污染物的影响因素及控制

9.4.1 柴油机排放污染物生成的主要影响因素

1. 混合气成分

从宏观上讲，柴油机在运转中总有一定数量的过量空气，加上柴油蒸发性比汽油小，因此柴油机的 HC 及 CO 排放浓度一般比汽油机低得多，如图 9-9 所示。但在接近满负荷时（A/F 减小），CO 浓度骤增。NO 生成率最高处仍出现在油量较大的高负荷工况。与汽油机不同的是，柴油机 NO_x 的生成浓度较高。NO_2 浓度随 A/F 增加而减少。柴油机排气中有碳烟排出，随着混合气变浓，排烟浓度增多。

2. 喷油时刻

延迟喷油是降低 NO_x 的主要措施之一。喷油定时与排放的关系如图 9-10 所示，延迟喷油可减少 NO 的生成，但减小喷油提前角将导致燃烧变差，最高爆发压力降低，因而使油耗及排气烟度增加。为了在延迟喷油以后燃烧不致恶化，加强缸内气流运动、促进混合气形成、提高喷油速率以及改善喷雾质量是很有必要的。实践证明，延迟喷油的同时提高喷油速率，要比单纯延迟喷油定时的效果好。在各种工况下，NO 排放浓度都随喷油速率的增加而降低，CO 浓度亦随喷油速率的增加而降低，HC 的生成量则变化不大。

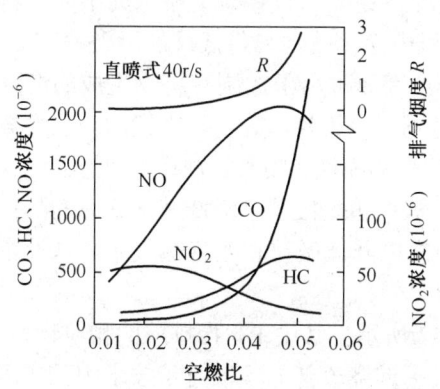

图 9-9　柴油机混合气成分与排放的关系

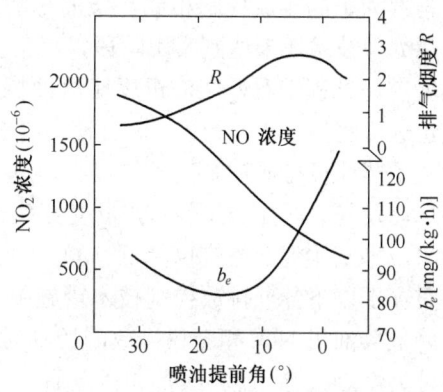

图 9-10　喷油定时对排放的影响

3. 燃油品质

（1）粘度：柴油粘度大而重质馏分多，分子间相互作用力大，其雾化性和蒸发性能差，导致喷雾质量低，燃料混合气不均匀、燃烧不完全而冒黑烟。

（2）十六烷值：柴油十六烷值对柴油机尾气排放性能影响较大。柴油十六烷值不足而使燃料着火性差，使滞燃期加长，预混合燃烧量过多，导致 NO_x 排放增加。但柴油十六烷值高（大于 65）则使燃料稳定性变差，易高温裂解，形成大量不容易完全燃烧的游离碳，导致后燃期加长而排放大量黑烟。

4. 转速

柴油机在高速运转时，空气运动加快，但同时氧化和混合的时间减少，使微粒排放增加，HC 的排放也增加。转速增加，燃烧速度加快，使发动机的热负荷增强，NO_x 排放增加。

5. 负荷

柴油机供油量是根据负荷来调节的。负荷大，供油量相应加大，随之而来的烟度也随供油量增加而增加；负荷过小，发动机热状态和雾化质量会降低，因而长期高速空转或怠速时也会微微冒烟；发动机超负荷时，则会因燃料燃烧不完全而冒黑烟。一般情况下，NO_x 的排放随负荷的增大而减小，主要是预混燃烧随负荷增大而减少的缘故。HC 排放随负荷增大而减小，主要是因为氧化作用增强。

6. 工况

（1）冷起动：燃油喷注中有部分燃油以液态分布在燃烧室壁上，在燃油自燃之前，喷入缸内的燃油会以未燃 HC 的形式直接排出气缸。喷入缸内的燃油开始燃烧以后，吸附在壁面上的燃油也不能完全燃烧，有一部分在蒸发后被排出。柴油机冷起动时排放的高浓度 HC 表现为白烟。

（2）加速：加速对柴油机工作过程的影响小于汽油机，非增压柴油机的正常加速几乎是各稳定工况的连续。涡轮增压柴油机突加负荷时，涡轮增压器需要一段时间才能达到高负荷所对应的增压转速和增压压力。如果未采取专门措施，增压柴油机常会在加速时冒黑烟。

（3）减速：柴油机减速时不喷油或只喷怠速所需的油量，有害气体排放量较少。

9.4.2 柴油机的排放污染物的控制

与汽油车的排放控制相比，柴油车的排放控制难度更大，有效对策技术尚不多，特别是排气后处理技术还未达到实用阶段，目前主要依靠机内净化技术来降低排放污染。

就燃烧过程来看，柴油机远比汽油机复杂得多，因而可用于控制有害物生成的燃烧特性参数也远比汽油机丰富得多，这就使得寻求综合考虑排放、热效率等各种性能的理想燃烧放热规律成了柴油机排放控制技术的核心问题。为此，理想的喷油（喷雾）规律、理想的混合气运动规律以及与之匹配的燃烧室形状是必需的。为使 NO_x 和微粒同时降低并保证高的热效率，柴油机应抑制预混合燃烧以降低 NO_x，促进扩散燃烧以降低微粒和改善热效率。这一指导思想将贯穿于以下各项排放控制技术措施中。

降低柴油机 NO_x 和微粒排放的控制对策如表 9-2 所示（其中 PT 指排放的颗粒物）。总体上可分为燃烧改善、燃料改善和排气后处理三类。其中燃烧改善的各项对策技术中已实用化的包括作为降低 NO_x 有效措施的推迟喷油时间（即减小喷油提前角）、EGR 以及改善喷油规律，作为降低碳烟和微粒排放有效措施的增压技术和高压喷射。像柴油机的均质混合燃烧等一些新型燃烧方法正在研究探索中。柴油机排放后处理技术尽管还存在许多实用化的障碍，但有些已开始进入应用阶段。另外，随着改善燃烧所造成微粒排放明显下降，严格控制润滑油消耗量以降低微粒中由未燃润滑油带来的成分已变得非常重要。

每一种技术措施在降低某种排放成分时，往往效果有限，过度使用则会带来另一种排放成分增加或发动机动力性、经济性的恶化，因而实际中常常是几种措施同时并用。另外，具体采用何种措施应根据所要满足的排放法规来确定。

表 9-2 降低车用柴油机排放的技术措施

分类	对策技术	实施方法	控制对象
燃烧	推迟喷油时间		NO_x
	EGR	EGR，中冷 EGR，内部 EGR	NO_x
	加水燃烧	进气喷水，缸内喷水，乳化油	NO_x
	燃烧室设计	各种燃烧室，设计参数优化，新型燃烧方式	NO_x、PT
	喷油规律改进	喷油规律曲线形状，预喷射，多段喷射	NO_x
	高压喷射	电控高压油泵，共轨系统，泵喷嘴	PT
	进排气系统	进排气动态效应，可变进气涡流，多气门	PT
	增压	增压，增压中冷，可变涡流喷嘴截面系统（VGS）	PT
燃料	降低含硫量	含硫量<0.05%	
	含氧燃料	醇类燃料，二甲醚，脂类燃料	PT
	合成燃料		
后处理	后处理装置	氧化催化器，微粒捕集器，NO_x 还原催化器	NO_x、PT
其他	降低机油消耗率		PT

1. 柴油机的机内净化技术

（1）改变喷油时间

在直接喷射式柴油机中，当其他参数不变，加大喷油提前角会造成滞燃期增长，使更多的燃料在着火前喷入混合，加快了燃烧速度并较早地结束了燃烧过程，所有这些因素可使排气的烟度降低，然而过早喷射会引起更大的燃烧噪声、较大的机械和热应力以及较高的 NO_x 排放。

（2）排气再循环

由于柴油机排气中的氧含量相对汽油机要高得多，同时 CO_2 浓度要小得多，因而必须使用更大量的 EGR 才能有效地降低 NO_x。一般汽油机 EGR 率不超过 20%，而直喷式和非直喷式柴油机的 EGR 率可分别超过 40%和 25%。EGR 对柴油机性能的影响关系图如图 9-11 所示。由图可知，采用 EGR 可以使 NO_x 明显降低，其原因除了由于大量惰性气体阻碍了燃烧的快速进行以及混合气的比热容增大使燃烧温度降低之外，EGR 对进气加热和稀释造成的实际过量空气系数下降也是重要原因。因而，随 EGR 率的增大，在 NO_x 降低的同时，碳烟和燃油消耗率也会随之而恶化（图中虚线）。为此，可采用冷却 EGR 的方法，如图中实线所示，它使发动机性能恶化的趋势被明显抑制住。

EGR 对发动机性能的负面影响，主要表现在大中负荷时，小负荷时影响不大，甚至有燃油消耗率和 HC 排放略有改善的报道。因此，实际应用时应随工况的不同而改变 EGR 率。

（3）增压及增压中冷

增压可以大幅度提高进气的密度，在足够大的过量空气系数条件下保证燃烧完全，因而碳烟和微粒的产生很容易被抑制住，CO 和 HC 也会进一步降低。增压还可使柴油机的功率提高 30%～100%；由于燃烧充分加之泵气过程做正功，因而燃油经济性较好。如图 9-12 所示，在 NO_x 不变的条件下，通过提高增压度使过量空气系数增大，结果使排气烟度和燃油耗率都明显降低。

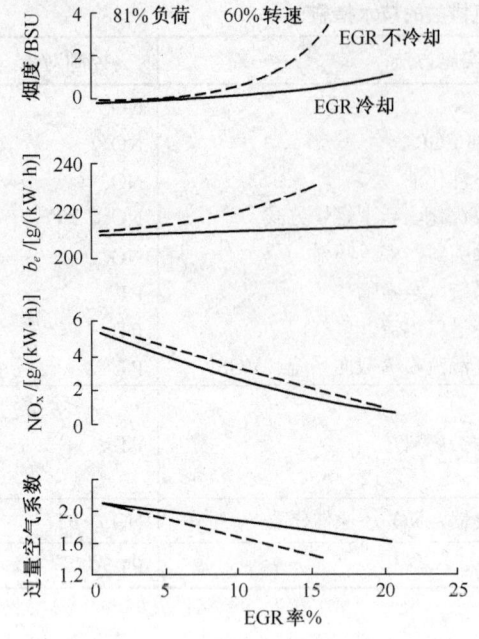
图 9-11 EGR 率对柴油机性能的影响

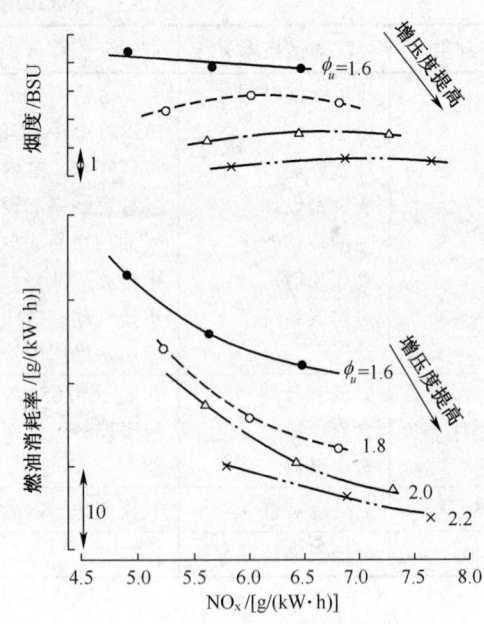
图 9-12 增压柴油机的排放特性和燃油消耗率

但增压伴随的压缩终了温度升高和富氧氛围可能造成 NO_x 排放量升高,对此,可采用增压中冷的方法使进气温度降低,以抑制 NO_x 排放的恶化。国外经验表明,重型车用柴油机安装带中冷的排气涡轮增压系统可明显降低 NO_x 排放。

(4)柴油机电控喷油系统

为了更精密地控制柴油机燃烧过程,柴油机电子控制燃油喷射系统近年来已经商业化,使柴油机的性能得到了很大的提升,其排放污染物得到很大改善。

(5)改善燃料特性及新型清洁燃抖

柴油十六烷值过低,则着火性差,着火落后期长,预混合燃烧量增大,最终导致燃烧噪声和 NO_x 排放上升。低排放柴油要求十六烷值在 55 以上。

燃料的 C/H 比值越大、分子结构越紧密,越容易生成碳烟。烷烃生成碳烟的倾向最小,而芳香烃、炔烃最大,国外低排放的改质柴油要求芳香烃含量在 10%以下。

柴油含硫量高,会使排气微粒中的硫酸盐成分增多,还会降低催化剂的使用寿命。

燃油中的氧有助于完全燃烧,降低碳烟、CO 及 HC 的排放量。含氧燃料是低排放燃料,已被人们熟知的含氧燃料有醇类、醚类燃料,二甲醚(DME)因其优良的排放性能受到了国内外厂家的广泛关注。

2. 柴油机的机外净化技术

与汽油机一样,柴油机单靠燃烧改进等机内净化技术很难满足越来越严格的排放法规要求,排气后处理技术已日显其重要作用。

(1)氧化催化转化器

采用氧化催化剂的目的主要是降低微粒中的可溶性有机组分 SOF 中的大部分碳氢化合物,以及使本来已不成问题的 HC 和 CO 进一步降低。同时,对目前法规尚未限制的一些有害成分(如多环芳烃、乙醛等)以及减轻柴油机排气臭味也有净化效果。

柴油中所含的硫燃烧后生成 SO_2，经催化 SO_2 氧化后变为 SO_3，然后与排气中的 H_2O 化合生成硫酸盐。催化氧化效果越好，硫酸盐生成更多，甚至达平时的 8～9 倍。硫酸盐的增加不但抵消掉了 SOF 的减少，甚至使微粒排放上升。同时，硫也是催化剂中毒劣化的重要原因。因此，减少柴油中的硫含量就成了氧化催化器实用化的前提条件。

（2）柴油机微粒过滤及再生装置

微粒是柴油机排放的突出问题，对车用柴油机排气微粒处理，主要采用过滤法。在滤芯上存积的微粒需及时清除，为此，应设置对过滤器进行净化的再生装置。过滤器再生的原理是，将微粒尽可能烧掉，变成 CO_2，随排气一起排入大气。壁流陶瓷过滤器—燃烧器再生系统如图 9-13 所示。壁流陶瓷过滤器由多孔陶瓷材料制成，其过滤效率较高。在过滤器入口前，设置一个燃烧器，靠泵及喷油器向燃烧器供给少量燃油，利用排气的氧或另外供给空气，用火花塞或电热塞点燃，由高温燃气再烧掉微粒。一般经过 1～2min 后，即可完成再生过程，燃烧器停止工作。

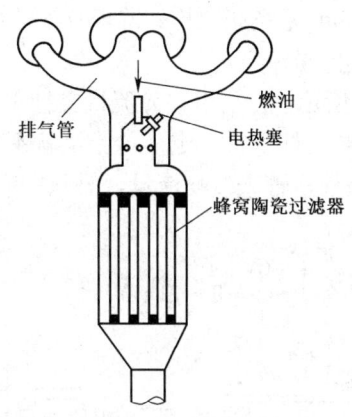

图 9-13　陶瓷过滤器—燃烧器再生系统

带逆向喷气净化器的颗粒过滤装置如图 9-14 所示。其最大特点是能将过滤器与颗粒燃烧部分隔开，所以该装置不存在再生时过滤器由于微粒燃烧放热而产生的裂缝和熔化问题，另外还解决了因微粒燃烧留下灰分并在过滤器内累积的问题。

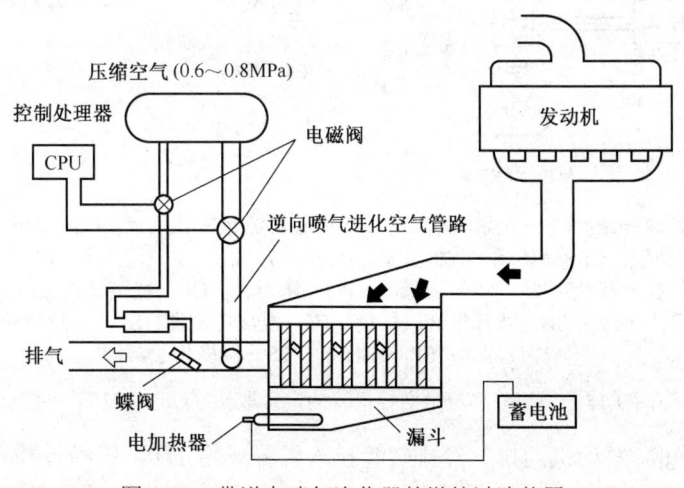

图 9-14　带逆向喷气净化器的微粒过滤装置

在现代柴油机的排气后处理装置中，连续再生微粒捕集器（CRT）和选择催化还原系统（SCR）是各个国家研究的热点。其中，连续再生微粒捕集器采用了前置氧化型催化转换器氧化排气中的 CO、HC，同时将 NO 氧化成为 NO_2，由 NO_2 氧化微粒捕集器捕集的微粒，从而达到同时降低 4 种有害排放污染物的目的。在选择催化还原系统中，在排气中注入尿素，尿素水解反应产生氨气，氨气是良好的还原剂，还原排气中的 NO_x。

9.5 排放测量与排放法规

9.5.1 排放测量

1. 发动机排气污染物采样系统

目前世界各国的排放法规大多规定对汽车的排气先用干净空气进行稀释，然后用定容取样 CVS（Constant Volume Sampling）系统取样。除取样袋收集的气体外，大部分排气被排出取样器，由测量器测量排出气体的总流量。

典型的 CVS 系统如图 9-15 所示，它采用临界流量文杜里管进行定容取样，其总流量由一临界文杜里管 CFV 来确定，只要文杜里管一定，总流量就不变。该系统受温度影响较小，结构相对简单，但只可通过切换文杜里管来改变流量，且只能有级地改变。

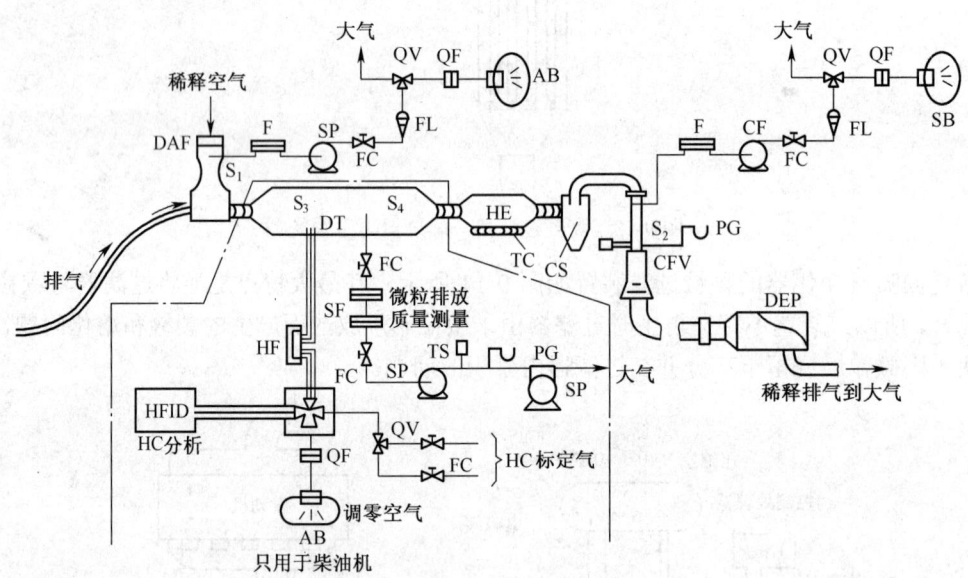

AB—稀释空气取样袋；CF—积累流量计；CFV—临界流量文杜里管；CS—旋风分离器；DAF—稀释空气滤清器；DEP—稀释排气抽气泵；DT—稀释风道；F—过滤器；FL—流量计；FC—流量控制器；HE—换热；HF—加热过滤器；PG—压力表；QF—快接管接头；QV—快速作用阀；$S_1 \sim S_4$—取样探头；SB—稀释排气取样袋；TC—温度控制器；SF—测量微粒排放质量的取样过滤器；SP—取样泵；TS—温度传感器

图 9-15 采用临界流量文杜里管的定容取样（CFV-CVS）系统

由图 9-15 可知，发动机的排气经排气管排入稀释风道 DT，用经过稀释空气滤清器 DAF 过滤的环境空气稀释，形成恒定体积流量的稀释排气。排气污染物与稀释空气充分混合后，经

取样探头 S_2 送到稀释取样袋 SB。在测试循环结束后，通过测量取样袋中各污染物的浓度，然后结合 CVS 系统中流过的稀释排气总量，就可获得发动机在测试循环中各污染物的总排放量。

为了保证 CVS 系统的取样精度，流经系统的稀释排气质量流量必须保持恒定。流量控制器 FC 用于保证在试验过程中从取样探头处采集的样气流量稳定（约 10L/min），气体样气流量应保证在试验结束时样气足够分析用。流量计 FL 用于在试验期间调节和监控气体样气的流量稳定。

测试柴油机时，因较重的 HC 可能在样气袋中冷凝，需对 HC 进行连续分析，因此，稀释排气用加热到 463K 的管路输送到分析器，并用积分器测试循环时间内的累计排放量。柴油机包括微粒排放量的测量，还需一个由流量控制器、微粒过滤取样器、取样泵和积累流量计组成的微粒取样系统。

为保证排气与稀释空气均匀混合，CVS 系统中稀释排气流动必须满足雷诺数 $R_e > 4000$。

2. 排气成分分析仪

各国采用的分析仪器大致相同。测定 CO 及 CO_2 是采用不分光红外线分析仪（NDIR），测定 HC 含量的标准方法是氢火焰离子分析仪（FID），测定 NO_x 方法是化学发光分析仪（CLD）。

（1）不分光红外线吸收型分析仪（NDIR）

红外线是波长为 0.8～600μm（工业上多为 2～15μm）的电磁波。多数气体对一定波长的红外线具有吸收能力，其吸收能量与气体浓度有关，例如 CO 能吸收波长 4.5～5μm 的红外线。由此，NDIR 的基本原理如图 9-16 所示。由光源发出两束能量相等的平行红外线，其波长为 2～7μm，进入左右两室，左室为基准室，充满不吸收红外线的标准气体如 N_2，右室为分析室，测量开始前也充入与左室相同的气体，这样红外线穿过两室，射入检测电容器的能量相等。测量时将待测气体通过分析室，由于待测气体吸收红外线，使穿过右室的红外线能量减少，则检测器中金属薄膜右侧的压力减小，薄膜向右凸起，电容量减少，并且正比于待测气体的浓度；然后把电容量调制为超低频交流电压的信号，经放大、整流后在记录仪上显示。

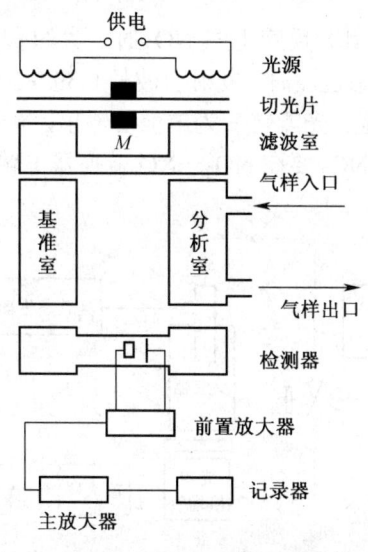

图 9-16 NDIR 原理

由于 NDIR 具有对吸收红外波长的选择性，从而不干扰组成浓度的变化，对待测组成浓度测量没有影响，不需要预先提纯，把被测气体与非被测气体分开，而且它还具有灵敏度高、测量精度高、能连续分析等优点，可测量浓度很大或微量（10^{-6} 级）的气体。

（2）氢火焰离子型分析仪（FID）

FID 工作原理是利用有机 HC 在氢火焰的高温（约 2000℃）中燃烧，一部分分子或原子就会离子化而生成自由离子；在外加电场作用下，离子向两极移动，形成离子电流，其电流大小与待测气体的流量和浓度成正比。FID 简图如图 9-17 所示。由于 HC 中各组成沸点不同以及为消除水的影响，在直接取样时应加热，一般汽油机为 150℃ 左右，柴油机在 200℃ 以上。

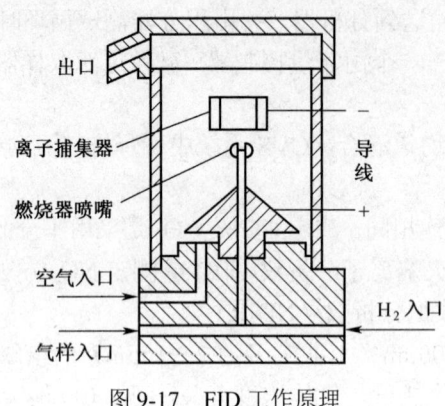

图 9-17　FID 工作原理

FID 分析仪可测从几个到 50000×10^{-6} 浓度的 HC，而且线性好，不受其他气体干扰，反应速度高。

（3）化学发光型分析仪（CLD）

化学发光法原理如下：

$$NO + O_3 \longrightarrow NO_2^* + O_2$$

$$NO_2^* \longrightarrow NO_2 + h_\nu$$

当气样中的 NO 和 O_3（臭氧）反应生成 NO_2 时，大约有 10% 的 NO_2 处于激化状态（以 NO_2^* 表示）。这些激态分子向基态过渡时，发射出波长 $0.59 \sim 2.5\mu m$ 的光量子 h_ν，其强度与 NO 量成正比。利用光电倍增管将这一光能转变为电信号输出，可推算出 NO 浓度。CLD 工作示意图如图 9-18 所示。排气中的 NO_2 要在 $NO_2 - NO$ 转换器中转换成 NO，再与 O_3 反应。

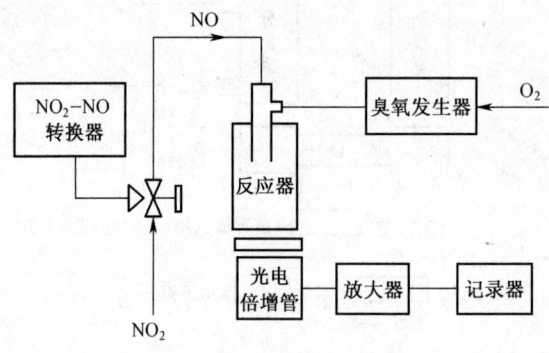

图 9-18　CLD 监测装置

CLD 灵敏度高，响应性好，其感度可为 0.1×10^{-6}，在 10000×10^{-6} 范围内输出特性为线性关系，适用于连续分析。

9.5.2 排放法规

1. 世界各国主要排放法规

世界各国的排放法规中，对测试装置、取样方法和分析仪器的规定基本是一致的，但测试循环和排放限值的差别较大。目前，美国、日本和欧洲三大汽车排放标准体系被世界各国广泛引用，中国采用欧洲汽车排放标准体系。在测试循环中，美国、日本和欧洲采用不同的测试循环。同时各国的试验法规也不同，因而允许排放的限值及使用单位也不一样。各国排放法规虽历经多次修改，但总的趋势是排放限值日趋严格。

（1）欧洲的排放标准

在欧洲标准中，对于最大总质量不超过 3500kg，座位数不多于 9 座的客车或货车称为轻型汽车。对于轻型汽车的排放循环测试分两部分进行：四个 ECE 循环和一个 NEDC 循环组成。ECE 循环是城市工况循环，模拟城市车况，特点是低车速、低发动机负荷及低废气排放温度；NEDC 循环代表郊外公路的运行状态，特点是高车速、高负荷。运行 11.007 公里，历时 1180 秒。测试循环如图 9-19 所示。

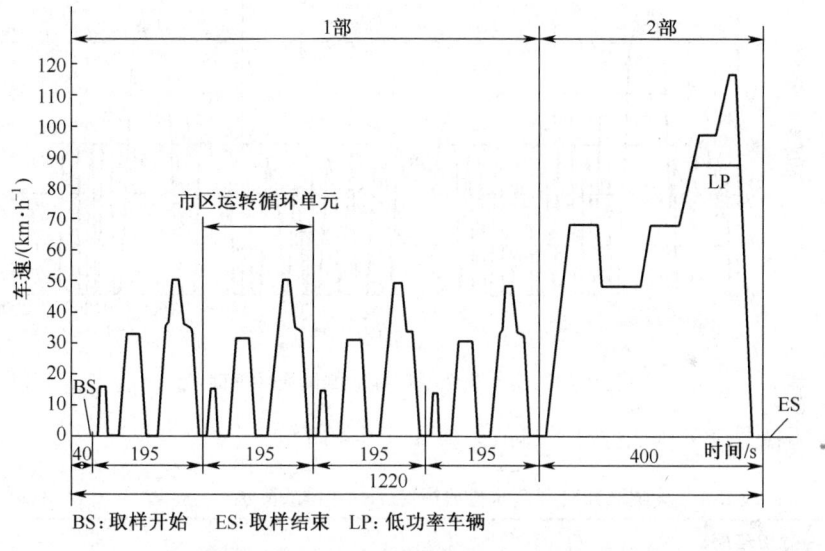

图 9-19 欧洲轻型汽车排放测试循环

根据不同的车型有不同的排放限制。对于总质量小于等于 2.5 吨，座位数小于等于 6 座的乘用车其排放限值如表 9-3 所示。

表 9-3 欧盟乘用车排放限值（总质量≤2.5t，座位数≤6） g/km

排放等级	CO	HC	HC+NO$_x$	NO$_x$	PM
柴油车					
欧Ⅲ	0.64	—	0.56	0.50	0.05
欧Ⅳ	0.50	—	0.3	0.25	0.025
欧Ⅴ	0.50	—	0.23	0.18	0.005
欧Ⅵ	0.50	—	0.17	0.08	0.005

续表

排放等级	CO	HC	HC+NOₓ	NOₓ	PM
汽油车					
欧Ⅲ	2.3	0.2	—	0.15	—
欧Ⅳ	1.0	0.1	—	0.08	—
欧Ⅴ	1.0	0.1	—	0.06	0.005
欧Ⅵ	1.0	0.1	—	0.06	0.005

（2）美国轻型车排放标准

美国联邦城市测试循环标准采用 FTP-75。FTP-75 主要由三部分组成：冷启动阶段、过渡阶段、热启动阶段。运行里程为 17.86 公里，持续时间为 1874 秒。FTP-75 测试循环标准如图 9-20 所示。

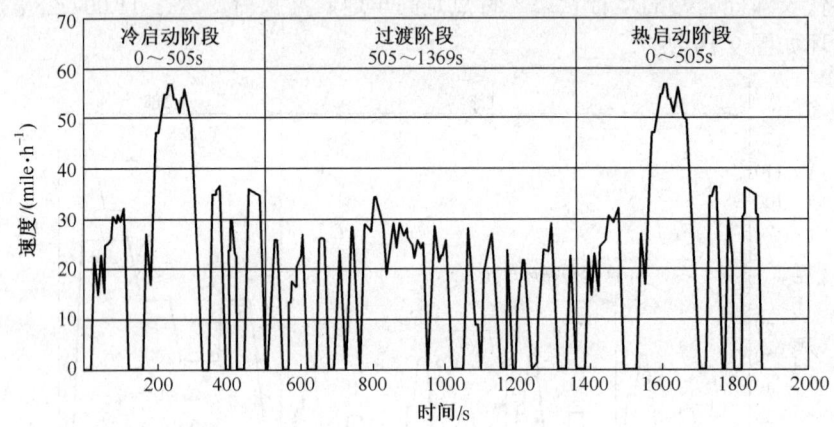

图 9-20 美国联邦城市标准测试循环 FTP-75

美国联邦轻型汽车排放标准的排放限值如表 9-4 所示。

表 9-4 美国联邦轻型汽车排放标准 Tier Ⅱ 排放限值　　g/mile

污染物	行驶里程/mile	Bin8	Bin7	Bin6	Bin5	Bin4	Bin3	Bin2
NMOC	50 000	0.100	0.075	0.075	0.075	0.070	0.055	0.010
	120 000	0.125	0.090	0.090	0.090			
CO	50 000	3.4	3.4	3.4	3.4	2.1	2.1	2.1
	120 000	4.2	4.2	4.2	4.2			
NOₓ	50 000	0.14	0.11	0.08	0.05	0.04	0.03	0.02
	120 000	0.2	0.15	0.10	0.07			
PM	120 000	0.02	0.02	0.01	0.01	0.01	0.01	0.01
HCHO	50 000	0.015	0.015	0.015	0.015	0.011	0.011	0.004
	120 000	0.018	0.018	0.018	0.018			

（3）日本轻型车排放标准

10-15 工况是日本目前用于轻型汽车排放和燃油经济性验证的工况，如图 9-21 所示。整个工况循环由三个 10-工况及一个 15-工况组成，排放物的取样包括上述四个部分。整个循环运行 4.16 公里，历时 660 秒。

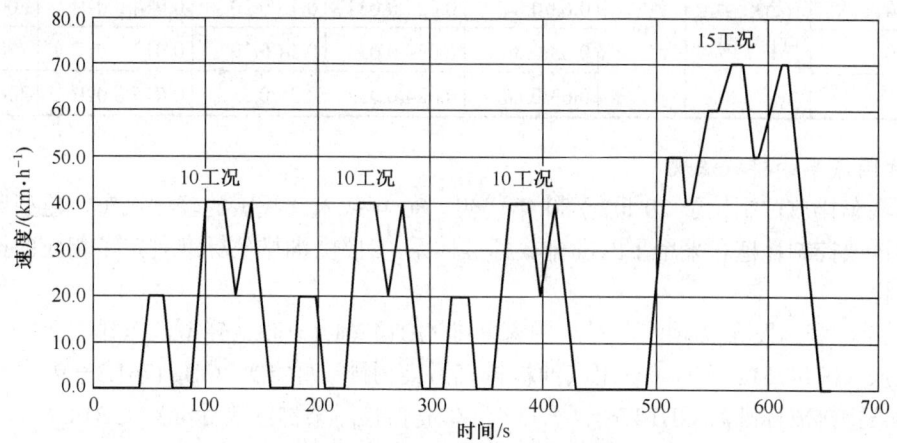

图 9-21　日本 10-15 工况循环

日本轻型汽油车和柴油车的排放标准的排放限值如表 9-5 所示。

表 9-5　日本轻型汽车排放标准的排放限制

车型	测试循环	单位	CO	HC	NO_x	PM	新车型
轻型汽油车及液化石油气汽车							
新短期排放法规（平均/最大）							
乘用车	10-15 工况	g/km	0.67/1.27	0.08/0.17	0.08/0.17	—	2000.10
微型紧凑车			3.30/5.11	0.13/0.25		—	2002.10
轻型商务车			0.67/1.27	0.08/0.17		—	2000.10
中型商务车			2.10/3.36	0.08/0.17		—	2002.10
新长期排放法规（平均/最大）							
乘用车	10-15 工况 +11 工况	g/km	1.15/1.92	0.05/0.08	0.05/0.08	—	2005.10
微型紧凑车			4.02/6.67	0.05/0.08	0.05/0.08	—	2007.10
轻型商务车			1.15/1.92	0.05/0.08	0.05/0.08	—	2005.10
中型商务车			2.55/4.08	0.05/0.08	0.07/0.10	—	2005.10
轻型柴油车							
新短期排放法规（平均/最大）							
乘用车≤1265kg	10-15 工况	g/km	0.63/0.98	0.12/0.24	0.28/0.43	0.052/0.11	2002.10
乘用车>1265kg			0.63/0.98	0.12/0.24	0.30/0.45	0.056/0.11	2002.10
轻型紧凑车			0.63/0.98	0.12/0.24	0.28/0.43	0.052/0.11	2002.10
微型紧凑车			0.63/0.98	0.12/0.24	0.49/0.68	0.06/0.12	2003.10

续表

车型	测试循环	单位	CO	HC	NO_x	PM	新车型
新长期排放法规（平均/最大） NMHC（非甲烷HC）							
乘用车	10-15 工况 +11 工况	g/km	0.63/0.84	0.024/0.032	0.14/0.19	0.013/0.017	2005.10
微型紧凑车			0.63/0.84	0.024/0.032	0.15/0.20	0.014/0.019	2005.10
轻型商务车			0.63/0.84	0.024/0.032	0.14/0.19	0.013/0.017	2005.10
中型商务车			0.63/0.84	0.024/0.032	0.25/0.33	0.015/0.020	2005.10

2. 我国汽车的排放法规

我国汽车排放控制始于20世纪80年代初。80年代末，我国的轻型汽车、重型柴油车和摩托车的排放控制移植和采用了欧洲排放标准体系，参照欧洲排放标准制定了相应的排放限值和测试规程。

1993年，我国发布7项汽车排放国家标准GB14761.1－93《轻型汽车排气污染物限值及测试方法》、GB14761.2－93《车用汽油机排气污染物排放标准》、GB14761.3－93《汽油车燃油蒸发污染物排放标准》、GB14761.4－93《汽车曲轴箱污染物排放标准》、GB14761.5－93《汽油车怠速污染物排放标准》、GB14761.6－93《柴油车自由加速烟度排放标准》和GB14761.7－93《汽车柴油机全负荷烟度排放标准》。

1999年，我国正式发布4项汽车排放国家标准GB 14761－1999、GB 17691－1999、GB 3847－1999和GMW 692－1999，于2000年1月1日起实施。至此，我国新车排放达到欧洲20世纪90年代初期水平。2001年4月16日国家发布了GB 18352.1－2001与GB 18352.2－2001，分别于2001年4月16日与2004年7月1日起实施。2002年11月27日颁布了GB14762－2002，从2003年1月1日起实施。2005年发布了汽车排放标准GB 18352.3－2005《轻型汽车污染物排放限值及测量方法（中国Ⅲ、Ⅳ阶段）》，于2008年7月1日实施第Ⅲ阶段排放限值（如表9-6所示）。第Ⅳ阶段排放标准于2010年7月1日起实施。

表 9-6 中国轻型车污染物排放限值情况　　　　g/km

类别	级别	RM/kg	CO		HC		NO_x		HC+NO_x		PM
			汽油	柴油	汽油	柴油	汽油	柴油	汽油	柴油	柴油
第一类车	—	全部	2.30	0.64	0.20	—	0.15	0.50	—	0.56	0.050
第二类车	Ⅰ	RM≤1 305	2.30	0.64	0.20	—	0.15	0.50	—	0.56	0.050
	Ⅱ	1305<RM≤1760	4.17	0.80	0.25	—	0.18	0.65	—	0.72	0.070
	Ⅲ	1760<RM	5.22	0.95	0.29	—	0.21	0.78	—	0.86	0.100

RM为汽车基准质量。

第一类车包括驾驶员座位在内，座位数不超过6座，且最大总质量不超过2500kg的M1类车；第二类车指除第一类车以外的其他所有轻型汽车。

应该注意到，我国轻型车污染物排放法规各项控制指标限值比欧盟的欧Ⅳ相应控制指标限值高出1~2倍，在所控制指标中，汽油车CO限值与欧洲差距最大，国内限值为欧洲限值的2.3倍；柴油车CO限值与欧洲差距最小，国内限值为欧洲限值的1.3倍。同时在排放法规的使用年限和技术方面具有一定差距。

本章小结

汽车发动机排出的各种有害物质主要包括：一氧化碳（CO）、碳氢化合物（HC）、氮氧化物（NO_x）和微粒等。本章详细介绍了汽车排放污染物的形成及其相关影响因素。本章从发动机机内和机外两方面，分别讲解了汽油机和柴油机的排放污染物的控制方法。汽车排放污染物的测量和国内外排放法规，也是需要了解的一个方面。

知识训练

1．选择题

（1）汽车发动机主要排放污染物不包括（　　）。
　　A．HC　　　　　　　B．NO_x　　　　　C．O_3　　　　　　D．微粒

（2）以下属于汽油机的机外净化技术的是（　　）。
　　A．EGR 系统　　　　　　　　　　B．改进点火系统
　　C．电控汽油喷射技术　　　　　　D．催化转化器

（3）下列属于柴油机的机内净化技术的是（　　）。
　　A．氧化催化器　　　　　　　　　B．增压及增压中冷
　　C．微粒捕集器　　　　　　　　　D．还原催化器

（4）排气测量时，测定 NO_x 采用（　　）。
　　A．不分光红外线分析仪（NDIR）　　B．氢火焰离子分析仪（FID）
　　C．化学发光分析仪（CLD）

2．判断题

（1）汽缸内温度越高，排出的量越高。　　　　　　　　　　　　　　（　）
（2）EGR 系统会对发动机的性能造成一定的影响。　　　　　　　　（　）
（3）碳烟排放是汽油机的主要问题。　　　　　　　　　　　　　　　（　）
（4）喷油提前角过大将导致柴油机工作粗暴且氮氧化物增加。　　　（　）
（5）点火延迟会使 HC 排放增加。　　　　　　　　　　　　　　　　（　）
（6）只有当混合气的空燃比保持稳定的时候，三效催化转换器的转化效率才能得到精确控制。　　　　　　　　　　　　　　　　　　　　　　　　　　　　　　　（　）

3．简答题

（1）简述排放污染物的分类及其危害。
（2）简述发动机排放的处理措施。

（1）论述汽油机三效催化转换器的催化反应机理。
（2）试对汽油机 EGR 和柴油机 EGR 进行比较。

附录　常用符号表

B——每小时耗油量
b_e——有效燃油消耗率
b_i——指示燃油消耗率
c——声速
C——比热容
C_v——比定容热容
C_p——比定压热容
D——气缸直径
f——频率
H——焓
h——比焓
h_μ——燃料低热值
θ——点火提前角
h_m——混合气热值
λ——压力升高比
i——气缸数
K——适应性系数,绝热指数
M_a——马赫数
m——质量
m_e——比质量
n——转速
P_i——指示功率
P_m——机械损失功率
P_e——有效功率
P_L——升功率
p_a——进气终点压力
p_b——膨胀终点压力
p_c——压缩终点压力
p_z——循环最高压力
p_{me}——平均有效压力
p_{mi}——平均指示压力
p_{mm}——平均机械损失压力

p_r——排气终点压力
Q——热量
S——熵,活塞行程
s——比熵
T——热力学温度
T_0——大气温度
T_a——进气终点温度
T_b——膨胀终点温度
T_c——压缩终点温度
T_z——循环最高温度
T_{tq}——有效扭矩
T_r——排气终点温度
φ——曲轴转角
V——容积
V_s——气缸工作容积
V_c——压缩容积
v——比体积,流速
W——功
W_i——指示功
ε——压缩比
η_e——有效热效率
η_i——指示热效率
η_m——机械效率
η_v——充气效率
η_s——扫气效率
β——过量扫气系数
η_t——给气效率
μ——扭矩储备系数
ρ——密度,预胀比
τ——行程
τ_i——着火延迟期